Goldmann Sachbuch

WALTER und PAULA
REHBERG

Chopin

Eine Biographie

Wilhelm Goldmann Verlag

Bildnachweis
Sämtliche Abbildungen: Bildarchiv
Preußischer Kulturbesitz, Berlin

Made in Germany · 7/78 · 1. Auflage · 118
Lizenzausgabe mit Genehmigung des Artemis Verlags Zürich. Umschlagentwurf: Creativ Shop, A. + A. Bachmann, München. Umschlagbild: Teil eines unvollendeten Gemäldes von Eugène Delacroix. Druck: Presse-Druck Augsburg. Verlagsnummer: 11927 · Richter/Hofmann
ISBN 3-442-11927-8

DIE GESCHICHTE DES LEBENS UND DER WERKE

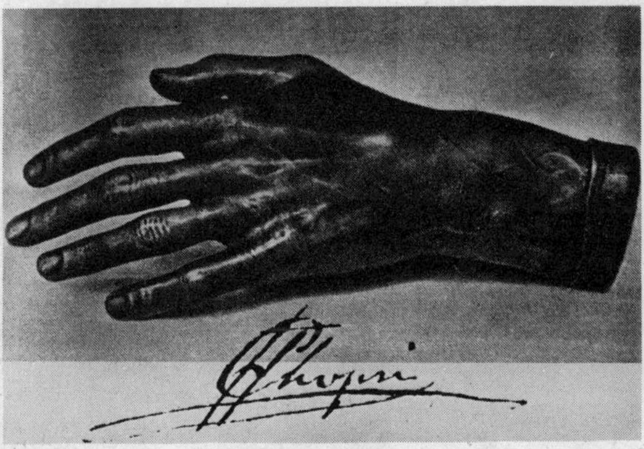

Frédéric Chopin: Bronzeabguß seiner linken Hand.

ERSTES KAPITEL

Vorgeschichte – Von 1810 bis 1818

In den Frühherbsttagen anno 1810 verabschiedete sich Nikolaus Chopin vom Dorfe Zelazowa Wola und der ihm freundlich gesinnten Gräfin Skarbek, in deren Diensten er gestanden, um sich mit Frau und Kindern der großen Stadt Warschau zuzuwenden. Vorbei war es mit dem ländlichen Idyll, vorbei aber auch mit der Beengung, die sein strebender Geist in der Abgeschlossenheit des Gutslebens empfunden. Es lockte ihn die geistig regsame und damals auch endlich sozial aufholende Residenz des von Napoleon aus dem polnischen Staatstorso dekretierten Herzogtums Warschau. Dort wartete seiner eine Anstellung an dem eben gegründeten Lyzeum. Zunächst zwar nur als Professor der französischen Sprache und mit einem kleinen Gehalt; doch sollte es an ihm nicht fehlen, sich weitere Aufgaben zu erschließen und sie zu erfüllen. Mit seiner geliebten und verständnisvollen Gefährtin zur Seite war es kein Wagnis, eine Existenz zu erstreben, die ein gutes Auskommen bieten und die künftige Ausbildung der Kinder ermöglichen konnte.

Wechselvoll war sein Schicksal gewesen, ehe er für die Dauer von fast einem Jahrzehnt in dem sechs Meilen von Warschau entfernten Orte Zelazowa Wola als Erzieher des jungen Grafen Skarbek seßhaft geworden war. Er wurde in Nancy am 17. April 1770 (nach einer andern Version in

Marainville [Vogesen] am 15. April 1771) «als Sohn des Franciszek Chopin und der Malgorzata Deflin aus Marainville» geboren. Sein Großvater soll einem polnischen Geschlecht Szop oder Szopen entstammen und nach Frankreich emigriert sein im Gefolge des vormaligen Wahlkönigs von Polen, Stanislaus Leszczynski, dem durch die Wiener Friedensverträge von 1735 die Regentschaft der Herzogtümer Lothringen und Bar zugesprochen worden war.

Szop gründete, wie man annimmt, mit seinem Freund Kowalski zusammen in Nancy die Firma Chopin et Ferraud, eine Weinhandlung. Die Umbildung des für Franzosen nicht gerade zungengerechten Familiennamens Szop oder Szopen in Chopin läßt sich aus den praktischen Erwägungen eines umsichtigen Geschäftsmanns wohl erklären. Urkundlich nachweisbar ist aber weder die polnische Herkunft noch die Französierung des Namens jenes Weinhändlers*. Doch scheint die Abstammung hinreichend belegt durch den Umstand, daß sich Szops Nachkommen in Gesinnung und Tat als echte und treue Polen erwiesen und insbesondere sein Urenkel Friedrich Chopin die Zugehörigkeit und Liebe zu seinem polnischen Vaterland in der Schöpfung nationaler Musik und auch in seinem Verhalten zwingend dokumentierte.

Weder über Szop-Chopin, den Weinhändler, noch seinen Sohn ist Erzählenswertes bekanntgeworden. Erst Nikolaus Chopin, von dem wir ausgingen, ist der Rück-

* Zu den französischen Familien Chopin und Choppin d'Arnouville, die sich ansehnlicher Träger ihres Namens rühmen können (ein Rechtsgelehrter René 1537–1606, ein um 1800 geborener Schriftsteller und der Dichter Charles Auguste Chopin 1811–1844), lassen sich keinerlei Beziehungen feststellen. Indes bleibt zu beachten, daß sich ein französischer Einschlag in der polnischen Familie (Szop-) Chopin von seiten der Großmutter des Komponisten, jener Malgorzata Deflin vorfand, die vermutlich einer französisch-polnischen Ehe entstammte.

schau erfaßbar. Weiß man aus seiner Jugend auch nicht mehr, als daß er, angeregt durch den polnischen Verkehr seiner Eltern, stets Sehnsucht nach dem Lande seiner Väter trug, so läßt sich sein Lebensweg doch von dem Zeitpunkt seiner Auswanderung dorthin, 1787, an verfolgen. Um dies jedoch mit Nutzen tun zu können, wollen wir uns zunächst auf einen kurzen Gang durch die bewegte und leidensvolle Geschichte Polens begeben. Solche Fundierung unserer Darstellung scheint geboten zur Aufzeigung der Situation, welche der aus Lothringen nach Warschau gekommene siebzehnjährige Nikolaus Chopin vorfand, sowie der mannigfachen Schicksalsschläge, die das Polentum damals heimsuchten und denen auch er zu begegnen hatte. Sie blieben übrigens nicht ohne auch positiv zu wertende Auswirkung insofern, als sie allgemein zur stärkeren Ausprägung und Festigung der schon an und für sich bemerkenswert unvermischt gebliebenen nationalen Eigenart führten, vor allem aber auch zu einem tiefwurzelnden Patriotismus, der fernerhin, namentlich in der Emigration, die Herzen einte und die polnischen Landsleute zum Kampfe für das Vaterland fest zusammenschloß.

Nirgends sonst waren die Gegensätze zwischen den Herrschenden und den Beherrschten so unvermittelt und schroff wie im früheren Polen. Die besitzende und zugleich unerhört privilegierte Klasse setzte sich nahezu ganz aus Adeligen zusammen. Die Bauern litten unter einer fast sklavischen Leibeigenschaft, der Bürgerstand unter Armut und Rechtlosigkeit*. – Das alte Königreich Polen,

* In seinen *Considérations sur le gouvernement de Pologne* bemerkt J. J. Rousseau, daß nicht, wie behauptet werde, Ritterstand, Senat und König die drei Klassen Polens darstellten, sondern der Adel, welcher alles, der Bürgerstand, welcher nichts, und der Bauernstand, welcher weniger als nichts bedeute.

das hinsichtlich seiner Struktur, Ausdehnung und Einflußsphäre vielfachen Änderungen unterworfen war, erlebte seine größte Entfaltung und schließliche Glanzzeit unter den Jagellonen (1386–1572). Mit dem Erlöschen dieser Dynastie und der Einführung des Wahlkönigtums wurde dem Adel eine übermächtige Position eingeräumt. Äußerer Glanz und oberflächliche Ausbreitung, Mißachtung staatsnotwendiger Disziplin und Mangel an sozialer Einsicht kennzeichneten die selbstsüchtige adelige Wählerschaft und machten den jeweiligen Königen das Leben schwer und das Regieren unfruchtbar. Bestechlichkeit, Verleumdungssucht, politischer Ehrgeiz und religiöse Unduldsamkeit verwüsteten nach und nach den Gesellschaftsorganismus und lockten Beutegierige auf den Plan. Ungehört verhallten die Warnungen der Regenten und Priester, und so erfüllten sich mit den Jahren deren düstere Prophezeiungen. Die Stellung Polens auf dem Schachbrett der Nationen war durch die geschilderten Verhältnisse überaus geschwächt. Dadurch kam es – nach innerpolitischen Aufständen – zu einer Bevormundung des gesamten Regierungsapparates durch die Russen und 1772, gerade zweihundert Jahre nach der unseligen Verfassungsänderung, gar zu einer Teilung Polens, durch die es ein Drittel seines Gebietes und etwa fünf Millionen Einwohner an Österreich, Preußen und Rußland verlor. Dies war ein harter Schlag. Doch allmählich besserte sich die politische Konstellation dergestalt, daß unter den Patrioten die Hoffnung auf Rückgewinnung der einstmaligen Bedeutung und Größe ihres Vaterlandes wieder auflebte.

So lagen die Verhältnisse, als Nikolaus Chopin aus dem beschaulichen Nancy in die buntbevölkerte Hauptstadt Polens kam. Der Verkehr von Nachkommen polnischer Ansiedler in seiner elterlichen Familie und deren Erzählungen aus der Zeit Stanislaus Leszczynskis* mag in ihm das Erbgut der Väter haben aufleben lassen. Jedenfalls traf sich das Angebot einer Anstellung bei der Warschauer Niederlage einer französischen Tabakfabrik mit seinem eigenen Wunsche, Polen kennen zu lernen. Unbedenklich ergriff er die Gelegenheit, sich dort niederzulassen. Nach wenigen Wochen der Eingewöhnung interessierte sich der aufgeschlossene Jüngling eifrig für das geistige und politische Leben seiner neuen Umgebung, und er begann bald sich die Voraussetzungen tätiger Anteilnahme zu schaffen, indem er sich dem Studium der Sprache und Menschen, nicht zuletzt aber dem der Geschichte Polens hingab. Ihr wurde gerade um jene Zeit manch neues Blatt hinzugefügt. 1788 und 1789 beschloß nämlich der nach vielen Schwierigkeiten zusammengebrachte Reichstag einige Reformen, und zwei Jahre später kam dann die sogenannte *Konstitution von 1791* zustande. Obwohl sie dem Adel noch einen großen Teil seiner Privilegien beließ, bedeutete sie doch einen erheblichen Ruck nach vorwärts. Die Befugnisse der Minister erfuhren durch sie eine beträchtliche Erweiterung, vor allem aber wurden die rechtlichen, wirtschaftlichen und sozialen Bestimmungen wesentlich verbessert. Leider

* Die in Lothringen niedergelassenen polnischen Abkömmlinge ergingen sich gern in Schwärmereien über ihre Heimat und den Herzog Stanislaus, der ein weiser und gütiger Regent gewesen sein soll. Kein Schatten fiel auf sein Andenken, als nach seinem 1766 durch einen Unfall verursachten Tod die beiden Herzogtümer Lothringen und Bar mit Frankreich vereint wurden. Nancy und Lunéville, wo er residierte, hatten seinetwegen stets große Anziehungskraft auf polnische Reisende und Auswanderer ausgeübt. Um so mehr als Stanislaus Leszczynski trotz dem einfühlsamen Verständnis für seine fremdrassigen Untertanen und der glänzenden Durchführung seiner lothringischen Aufgaben doch ein echter und aufrechter Pole blieb. Es ist möglich, daß gerade in seinem Verhalten und Wirken der Ausgangspunkt der Sympathien zu suchen ist, die bis auf unsere Zeit Franzosen und Polen verbinden.

konnte sich diese gut ausgedachte und Keime künftigen Fortschritts in sich bergende Konstitution nicht lange halten. Sie scheiterte an der Uneinigkeit in den eigenen Reihen, dem Versagen des Königs und den gesteigerten Machtansprüchen des östlichen Nachbarn. So kam es 1793 zu einer zweiten Teilung Polens, die wiederum einen empfindlichen Verlust an Land und Bevölkerung, vornehmlich zugunsten Rußlands, mit sich brachte.

Dieses nationale Unglück, verschärft durch die Zwangsmaßnahmen der beidseitigen Okkupanten, hatte das Aufflammen einer glühenden und opferbereiten Vaterlandsliebe zur Folge. Unter der Führung des von den nordamerikanischen Freiheitskämpfen heimgekehrten Tadeusz Kosciuszko erhob sich 1794 die tief getroffene Nation zum Widerstand gegen die feindlich gesinnten Großmächte. Doch auch der heilige Eifer und die todesmutige Tapferkeit der unter tüchtigen Feldherren kämpfenden, aber ganz auf sich allein gestellten Nationalgarde vermochte den zahlenmäßig weit überlegenen Gegnern – Rußland, Preußen und Österreich – nicht lange standzuhalten. Mit der Belagerung und dem Fall Pragas, einer Vorstadt Warschaus, neigte sich das Drama seinem tragischen Ende zu: der dritten Teilung Polens im Jahre 1795. Damit hatte es seine Existenz als selbständiger Staat für lange Zeit verloren. Napoleon war es vorbehalten, wenigstens das Herz Polens wieder zum Schlagen zu bringen. Seine Machtstellung, die er sich durch beispiellose Siegeszüge errungen, erlaubte ihm eine Zeitlang, die politische Landkarte Europas selbstherrlich zu verändern. Im Frieden von Tilsit, 1807, verfügte er, nachdem gerade Preußen von ihm niedergerungen und Rußland taktisch zur Gefügigkeit genötigt war, die Schaffung eines Herzogtums Warschau. Das neue kleine Staatsgebilde blieb bis zum Wiener Kongreß bestehen.

Nikolaus Chopins Geschick war mit den eben geschilderten Ereignissen verflochten. Hatte er sich doch zur polnischen Nationalgarde gemeldet, was übrigens den Verlust seiner französischen Staatsbürgerschaft bedeutete, und sich als so tüchtiger Soldat erwiesen, daß er als Vierundzwanzigjähriger bereits den Rang eines Hauptmanns bekleidete. Er befand sich unter den Verteidigern Pragas und konnte es einem gütigen Geschick danken, daß er mit seiner Kompanie wenige Stunden vor dem Fall der Vorstadt abgelöst worden war. Denn kaum einer von den zuletzt auf der polnischen Seite Kämpfenden verließ lebend das Schlachtfeld.

Nach der Auflösung Polens, 1795, trug er sich mit dem Gedanken der Rückkehr nach Lothringen, doch hinderte ihn seine Erkrankung an der Ausführung des Vorhabens. Wir finden ihn – nachdem er kurze Zeit privat unterrichtet hatte – wieder gesundet auf dem Lande in Kujawy als Hauslehrer der vier Kinder der Staroscina Laczynska*.

* Staroscina ist der Titel einer Adeligen, die ein Kronlehen verwaltet. Die Laczynskis waren ein verarmtes Geschlecht. Unter den Niklaus Chopin anvertrauten Kindern befand sich jene Marie, die später, kaum sechzehnjährig, aus finanziellen Erwägungen mit dem greisen Grafen Walewski vermählt wurde und als Gräfin Walewska eine bedeutende Rolle in Napoleons Leben spielte: Bei einem dem korsischen Eroberer zu Ehren gegebenen Fest in Warschau, 1806, waren sich die beiden erstmals begegnet. Napoleon entbrannte in Liebe zu der schönen Polin, doch wurden seine Bewerbungen um sie zweimal abgewiesen. Erst die Aussicht, ihrem unglücklichen Vaterland durch nähere Beziehungen zu dem Kaiser der Franzosen dienen zu können, und die Bestärkung seitens ihrer Umgebung besiegten ihre Hemmungen. Gräfin Walewska folgte Napoleon auf seinen Feldzügen. Obwohl sie sich nach seiner Verheiratung mit Marie Louise von Österreich von Napoleon zurückgezogen hatte, besuchte sie ihn nach seinem Zusammenbruch noch auf Elba und weilte auch während seiner «Hundert Tage» Regentschaft bei ihm bis zur Verbannung nach St. Helena. Der Verbindung entstammte ein Sohn, Graf Alexander Florian Walewski, nachmaliger französischer Botschafter in Florenz und Neapel, Gesandter in England und ab 1855 Außenminister Napoleons III.

Nach einigen Jahren vertauschte er diesen Wirkungskreis mit jenem gleichgearteten im Skarbekschen Hause, von dem bereits die Rede war. Dort lernte er die 1780 geborene, als Haushälterin wirkende Justyna Krzyzanowska kennen, eine verarmte, mit den Skarbeks verwandte adelige Polin, mit der er 1806 den Bund der Ehe schloß und ein einfaches Heim in Zelazowa Wola bezog. Hier wurde ihnen am 6. April 1807 ihre Tochter Louise (Ludwika) und am 22. Februar 1810* ihr einziger Sohn Friedrich Franz (Fryderyk Franciszek) geboren. – Von Justyna Chopin, die ein hohes Alter erreichte und den Gatten und drei ihrer vier Kinder überlebte, kennt man weder Herkunft noch Vorfahren und Anlagen, sondern nur, was überlieferte Äußerungen und Briefe widerspiegeln. Doch dieses wenige ist das Beste, das sich über eine Mutter sagen läßt, die, ausgestattet mit allen weiblichen Tugenden, reichem Gemüt und guter Intelligenz, ihre vornehmste Aufgabe in der Betreuung ihrer Familie sieht: Mittelpunkt einer harmonischen, glücklichen Gemeinschaft, voll Güte, Verständnis und hingebender, warmer Liebe. Diese stille, immer im Hintergrund bleibende Frau war nach George Sands Auffassung ihres Freundes Chopin «einzige Liebe». Er selbst, der große Sohn, verehrte in ihr «die beste aller Mütter». Ist unter den dreihundert erhaltenen Briefen Chopins auch nicht ein einziger an seine Mutter selbst gerichtet, so hat er doch fast in jedem Schreiben an die Angehörigen ein besorgtes, gutes und liebes Wort besonders für sie.

* Das Geburtsdatum Friedrich Chopins stand lange nicht fest. In älteren Biographien wurde das Jahr 1809 angegeben. Der polnische Schriftsteller Ferdinand Hoesick, der die Chopin-Forschung um ein gutes Stück vorwärts gebracht hat und sich mit der Sammlung und Herausgabe von Briefen sowie seiner mehrbändigen *Biographie* großes Verdienst erwarb, machte den Geburtseintrag ausfindig und stellte das Datum richtig.

Doch so weit ist unsere Darstellung noch nicht gediehen. Im Zeitpunkt der Übersiedlung der kleinen Familie in die herzogliche Hauptstadt Warschau lag Friedrich Chopin noch in den Windeln. – Im Juli 1811 wurde als drittes Kind das Töchterchen Isabella geboren, und zwei Jahre später folgte dann als letztes Emilie. Diese jüngste und begabteste der Schwestern hatte von ihrem Vater, wie Friedrich wohl auch, die Anfälligkeit für Tuberkulose geerbt. Im vierzehnten Lebensjahr schon erlag sie der tückischen Krankheit, bald nachdem sich ihr poetisches Talent in schönster Weise zu entfalten begonnen hatte. Ihre Gedichte berechtigten zu großen Hoffnungen und nicht minder ihre Versuche auf dem Gebiete der Prosa. Zusammen mit ihrer Schwester Isabella, der späteren Gattin des Mathematikers und Gymnasialinspektors Barcinski, übersetzte sie die Jugendschriften Christian Gotthilf Salzmanns. Auch Isabella und Louise gaben gemeinsame Arbeiten über Sozial- und Erziehungsfragen heraus. Letztere, die Lieblingsschwester und Vertraute Friedrich Chopins, veröffentlichte auch noch nach ihrer Verheiratung mit dem Rechtsgelehrten Jedrzejewicz Bildungsliteratur für Jugendliche und den Handwerkerstand. – Man sieht: Nikolaus Chopins Freude am Lehren war auch seinen Töchtern eigen. Er selbst galt als ausgezeichneter Pädagoge, was auch seine Berufung an die Warschauer Artillerie- und Ingenieurschule im Jahre 1812 und an die Militärvorbereitungsschule 1815 belegt. Die von Napoleon eingeleitete staatliche Umgestaltung, die friedlich vor sich gegangen war, hatte dem bis dahin rückständigen Erziehungswesen der polnischen Metropole mancherlei Reformen gebracht. Binnen weniger Jahre vervierfachte sich die Zahl ihrer Schulen. Insbesondere die fachlichen und sprachlichen Ausbildungsstätten wurden vermehrt und gefördert. Für die Bevölkerung bedeuteten die erhöhten Aufwendungen allerdings eine neue Belastung. Zeitgenössischen Schilderungen zufolge herrschte damals nicht nur in den unteren Klassen, sondern in allen Schichten in finanzieller Hinsicht ein ziemlicher Tiefstand. Am meisten litten darunter die hohen Gesellschaftskreise, die eines Teils ihrer Güter und Einkünfte verlustig gegangen waren und sich den veränderten Umständen nicht anzupassen wußten. Diese waren allerdings nicht von langer Dauer. Der Wiener Kongreß (die mehrmonatige Beratung der vom Kriege gegen Napoleon in Mitleidenschaft gezogenen Mächte) errichtete bei der Neuordnung der politischen Verhältnisse Europas 1815 an Stelle des Herzogtums Warschau wiederum ein Königreich Polen, das (mit Ausnahme der Republik Krakau) Rußland unterstellt wurde. Damit war die staatsrechtliche Stellung Polens für fünfzehn Jahre stabilisiert, die innere Lage aber nur scheinbar ins Gleichgewicht gekommen. Die Vaterlandsliebe und der einmal aufgerüttelte Nationalstolz ertrugen Demütigung und Unfreiheit nur schwer, und unter der scheinbaren Ruhe reifte, von emigrierten Freiheitshelden und Patrioten gefördert, eine Revolution, von der wir noch hören werden.

Im Hause Chopin waren die wirtschaftlichen Einschränkungen, welche der Familienzuwachs und die Teuerung mit sich gebracht, seit den Doppeleinkünften aus zwei Anstellungen Nikolaus Chopins gebannt. Er konnte nun die Verwirklichung eines Planes wagen, der seiner Lehrbegabung ein reizvolles und fruchtbares Feld eröffnete: die Errichtung eines Pensionates. Über Erwarten schnell führte es sich ein. Namentlich der Landadel schätzte es, seine Söhne, welche die Warschauer höheren Schulen besuchten oder für den künftigen Eintritt in diese vorbereitet werden sollten, dorthin zu schicken. – Hier haben wir die Grundlage einiger Freundschaftsbündnisse, die für Friedrich Chopin recht bedeutungsvoll wurden.

Aus seiner frühen Jugend wissen wir nicht viel. Das Elternhaus bot die denkbar günstigste Atmosphäre für eine glückliche Kindheit, geistige Entfaltung und gute Erziehung. Nichts weist auf das Vorhandensein besonderer Musikalität bei Vater, Mutter oder den älteren Vorfahren hin. Nikolaus Chopin spielte ein wenig Geige und Flöte, Justyna Klavier. Der zart und empfindsam veranlagte Knabe Friedrich reagierte auf Musik schon von früh auf. Sie griff ihm offenbar ans Gemüt, denn als Kleinkind konnte er sich der Tränen nicht erwehren, solange sie erklang. Den kaum schulpflichtig Gewordenen zog es unwiderstehlich zum Klavier hin, und ein wenig später diente ihm das Instrument bereits zum Dolmetsch seiner Empfindungen in freiem Improvisieren.

Sein Schicksal begann sich zu formen, als die Eltern ihn im Alter von etwa sieben Jahren zu dem angesehenen Musiklehrer Adalbert Zywny in den Klavierunterricht schickten. Dieser Pädagoge stammte aus Böhmen, war ein fleißiger und tüchtiger, etwas altmodisch-pedantischer Musiker, der sich das Vertrauen der gutbürgerlichen Kreise Warschaus zu erwerben verstand und auch in langwährende freundschaftliche Beziehung zur Familie Chopin kam. Einem Schüler von der Qualität Friedrichs war allerdings schnell vermittelt, was Zywny zu lehren vermochte. Technisch hatte der Knabe seinen Lehrer bald eingeholt und dann überflügelt. Von da an beschränkte sich die Aufgabe Zywnys auf die Überwachung der musikalischen Entwicklung des unaufhaltsam Fortschreitenden. Immerhin ist es ihm als bleibendes Verdienst anzurechnen, das

Studium des Knaben in methodische Bahnen gelenkt und ihn zu Johann Sebastian Bach hingeführt zu haben. «Das wohltemperierte Klavier» galt Chopin zeitlebens als das A und O seiner täglichen Übungen.

Die Kunde von dem «Klavierwunder» muß sich herumgesprochen haben. Der Knabe wurde zu Gesellschaften gebeten, und man konnte in der 1819 erschienenen *Denkschrift einer guten Mutter* aus der Feder Clementina Hofmanowas lesen, daß sie den kleinen Chopin in einer Soiree gehört habe, «ein Kind von noch nicht acht Jahren, das nach der Meinung der Kunstkenner ein zweiter Mozart zu werden verspricht».

Am 24. Februar 1818, zwei Tage nach seinem Geburtstag, trat Friedrich zum ersten Male öffentlich auf, und zwar in einer Wohltätigkeitsveranstaltung großen Stils. Er spielte ein Klavierkonzert des damaligen Modekomponisten Adalbert Gyrowetz mit der Virtuosität eines Berufspianisten und gab sich dabei mit der beglückenden Naivität seiner acht Jahre. Der schöne neue Kragen, den er trug, war ihm an der ganzen Sache weitaus das Wichtigste.

Der durchschlagende Erfolg dieses Debüts hatte insofern Bedeutung für ihn, als er damit zum erkorenen Liebling der Warschauer vornehmen Welt wurde. Die Einladungen in die Salons der fürstlichen und gräflichen Familien Czartoryski, Pruszak, Radziwill, Skarbek, und wie sie sonst noch hießen, häuften sich. Das entzückende Spiel und die reizende, feine Art Chopineks*, wie man ihn in diesen Kreisen nannte, bezauberte Gastgeber und Eingeladene so, daß immer neue Besuchsaufforderungen an ihn gelangten. Auf diese Weise wuchs die Zahl seiner Bewunderer ständig, vornehmlich der weiblichen, die sich darin überboten, den kleinen Virtuosen zu verwöhnen. Zum

* Chopinek = Diminutiv von Chopin.

Glück stak ein guter Kern in ihm, und zu Hause wurde wohl auch dafür gesorgt, daß die nicht ungefährliche Schwärmerei ohne schädliche Wirkung auf seinen Charakter blieb. – Im übrigen aber kam dieser häufige Verkehr in der Aristokratie seinem angeborenen edlen und ritterlichen Wesen sehr entgegen und wurde ein erheblicher Faktor für die Gestaltung seiner Lebensart und damit der ganzen späteren Lebenshaltung, seines Geschmacks und gesellschaftlichen Umgangs. Auch die Richtung, die sein aus dem unversiegbar reichen Quell echt polnischer Volksmusik schöpfendes Tonpoetentum einschlug, war von diesem Milieu mitbestimmt.

Zu Hause standen um jene Zeit Klavierstunden und Kompositionsversuche an vorderster Stelle. Seine Schöpferlust hatte sich schon geregt, als er noch nicht zu schreiben verstand. So war Zywny genötigt gewesen, neben dem Knaben am Instrument zu sitzen und zu notieren, was ihm dieser mit hocherhobenem Kopf und der Decke zugewandtem Blick vorphantasierte. Meist waren es Tänze, die er sich erdachte. Kritisch beäugte er den von seinem Lehrer zu Papier gebrachten ersten Entwurf, der ihn meistens nicht befriedigte. Nun wurde abgeändert, verbessert, mitunter noch einmal von vorn angefangen, so lange, bis so ein Walzer oder eine Mazurka ganz seiner Vorstellung entsprach. Als früheste Äußerung seines Schöpfertums ist eine 1817 entstandene Polonaise erhalten, die er seiner Patin widmete und die gleich gedruckt wurde. Sonst sind aus dieser frühesten Periode eine weitere Polonaise in B-dur und ein Militärmarsch bekannt, der ohne Nennung seines Namens 1819 veröffentlicht wurde. Es handelt sich hier um eine Komposition, die er dem höchstgestellten seiner Zuhörer, dem Großfürsten Konstantin, dedizierte, der sie instrumentieren und bei Militärparaden oft spielen ließ.

An brieflichen Dokumenten aus dem ersten Viertel von Chopins kurzem Leben ist nur eine Namenstagsgratulation an seinen Vater vorhanden. Sie bezeugt die Verehrung und Liebe des Knaben und streift zugleich die Bedeutung, welche die Musik für den noch nicht ganz Neunjährigen bereits besaß. In deutscher Übersetzung lauten die in polnischer Sprache geschriebenen Zeilen:

Mein lieber Papa!

Viel leichter würde es mir fallen, meinen Gefühlen Ausdruck zu verleihen, wenn ich sie in Klänge umsetzen könnte; aber auch das beste Konzert vermöchte die Liebe, die ich für Dich, lieber Papa, empfinde, nicht zu umfassen. So bin ich gezwungen, schlichte Worte meines Herzens zu Hilfe zu nehmen, um Dir die innigste Dankbarkeit und Anhänglichkeit in kindlicher Ehrerbietung darzubringen.

6. Dezember 1818 F. Chopin

ZWEITES KAPITEL

Von 1819 bis 1827

Grazie und Leichtigkeit im geselligen Verkehr, Heiterkeit, sprudelnder Übermut und nicht zuletzt ein köstliches Improvisationstalent machten den jungen Chopin überall beliebt. Seinen Kameraden, mit denen er zu Hause gemeinschaftlich unterrichtet wurde, galt er als zuverlässiger Freund und anziehender, einfallsreicher maître de plaisir. Keines langen Besinnens bedurfte es bei ihm, um etwas in Szene zu setzen. Brauchte er doch nur seiner Phantasie und den musikalisch-illustrativen Gaben, die ihm in die Wiege gelegt worden waren, den Lauf zu lassen, und schon war das schönste Vergnügen im Gange. Mit Vorliebe schilderte er am Klavier bekannte Persönlichkeiten in ihren Eigenheiten. Oder, noch unterhaltsamer: er bot mit Hilfe des Instrumentes Hörspiele, denen Märchen und selbsterfundene Geschichten zugrunde lagen und bei denen das gesprochene Wort nur als Basis und Stütze diente. Die seltsamsten Stimmungen entstiegen da den Tasten, voll Geheimnis, Spuk und Wunderglauben. Elfen und Zwerge schienen ihr Wesen zu treiben im nächtlichen Wald unter Windesgeflüster und Rabengekrächz. Wenn dann etwa Äolstöne zum Reigen der Nymphen in verlockender Weise erklangen oder der Bogen des Unheimlichen am stärksten gespannt war, zerriß der schalkhafte Erzähler plötzlich den ganzen Zauber mit einem schrillen Akkord. Befreites

Aufatmen ringsum! – und ein vielstimmiges Gelächter beschloß solchen Scherz.

Eine immer wache, oft übersteigerte Phantasie belebte seine Knabenzeit und kam seinen mimischen und zeichnerischen Neigungen sehr entgegen. Gern erprobte sich sein Nachahmungsvermögen, das er in seinen späteren Pariser Jahren noch vornehmlich an namhaften Musikern übte, in der Jugend an den hierzu geeigneten Besuchern seines Vaters, der als hochgebildeter Mann viel Umgang mit Wissenschaftlern und Literaten pflog. – Eine der imitatorischen Leistungen des Knaben Chopin ist überliefert. Sie betraf einen Pfarrer, der allsonntäglich mit Rücksicht auf die Zusammensetzung seiner Gemeinde abwechselnd deutsch und polnisch predigte, wobei sich seine mangelhafte Beherrschung der Landessprache sehr drollig ausnahm. Davon nun muß Friedrich, der über recht gute deutsche Sprachkenntnisse verfügte, eine zwerchfellerschütternde Parodie geboten haben. Auch sein Stift betätigte sich in dieser Art. Treffend erfaßte er die charakteristischen Merkmale seiner ahnungslosen Modelle, um sie im Handumdrehen vergröbert festzuhalten. Es ist möglich, daß so geartete Übertreibungen die Wurzel jenes ironischen Zugs bedeuten, der ihm später eigen war.

Auch Theaterspielen gehörte zu den Unterhaltungen der in dem Chopinschen Pensionat wohlversorgten und tüchtig geförderten Jugend. Es versteht sich von selbst, daß bei solchen Anlässen die Töchter des Hauses willkommene Mitwirkende waren. Doch nicht nur dies: sie beteiligten sich auch als Verfasserinnen kleiner Lustspiele, die bei Festlichkeiten oder an Feiertagen zur Aufführung gelangten. Friedrich, der ebenfalls zu den verseschmiedenden Textdichtern zählte, war die Seele des Ganzen. Besonders glänzte er in komischen Rollen und durch seine schlagfertigen Improvisationen, wenn einer der Mitspieler stecken blieb oder sonst etwas passierte. Seine schauspielerischen und imitatorischen Anlagen wurden übrigens später in Paris, wo sie sich hie und da einmal hervortaten, von den ausgezeichneten Darstellern Bocage und Madame Dorval als ganz vorzüglich bestätigt. Auch George Sand weiß in ihrer *Histoire de ma vie* von diesen unversiegten Talenten ihres Freundes zu erzählen: «Oftmals», heißt es an jener Stelle, «wenn er die Zuhörerschaft in tiefen Ernst oder in schmerzliche Traurigkeit versenkt hatte – denn seine Musik pflanzte bisweilen verzweifelte Mutlosigkeit in die Seele, namentlich wenn er improvisierte –, wandte er sich, wie um den andern und sich selbst den Eindruck und die Erinnerung des Schmerzes zu verwischen, plötzlich unvermerkt gegen einen Spiegel, strich sich Haare und Krawatte zurecht und zeigte sich auf einmal in der Gestalt eines phlegmatischen Engländers, eines impertinenten Alten, einer sentimentalen und lächerlichen Engländerin, eines schmutzigen Juden. Es waren dies stets traurige Typen, so komisch sie auch erschienen, aber meisterhaft erfaßt und so fein wiedergegeben, daß man nicht aufhören konnte, sie zu bewundern.»

Friedrichs Tage waren gut ausgefüllt. Neben den der Vorbereitung auf das Lyzeum dienenden Studien waren es vor allem die klaviertechnischen, die ihn fesselten. Dabei wandte er sein Augenmerk besonders der Erweiterung der Spannfähigkeit seiner Hände zu und erreichte in dieser Hinsicht Beachtenswertes, nicht nur durch seine unablässigen Übungen, sondern auch – darin glücklicher als Robert Schumann, dem ein ähnlicher Versuch zum Schaden ausschlug – durch eine selbsterfundene Vorrichtung, die er nachtsüber zwischen den Fingern anbrachte.

Angesichts der an Zahl und Wert wachsenden Erstlingskompositionen und der phantastischen Fortschritte im

Klavierspiel seines Sohnes übertrug Nikolaus Chopin dessen weitere musikalische Ausbildung dem ihm befreundeten Joseph Elsner, der gerade die Direktion des aus seiner eigenen Gesangs- und Deklamationsschule hervorgegangenen Warschauer Konservatoriums übernommen hatte. Die Beziehungen zu Zywny wurden indes durch den Wechsel keineswegs getrübt. Chopin sprach immer mit Achtung von seinem alten Lehrer und versäumte in Briefen an die Angehörigen nur selten, ihn grüßen zu lassen. Umgekehrt nahm auch Zywny unentwegt Anteil an der musikalischen Entwicklung seines ehemaligen Zöglings, und 1835 schrieb der Neunundsiebzigjährige noch persönlich mit zittriger Hand einen deutsch abgefaßten Brief an Chopin nach Paris, worin er sich seiner Freundschaft empfiehlt und sich «mit hertzlichem Kuß als sein treuer Freund» unterschreibt. Joseph Elsner, der neue Lehrer des damals etwa zwölf Jahre alten Friedrich, war ein vielseitiger Musiker und stammte aus dem deutsch-schlesischen Grotkau. Auf Wunsch seines Vaters hatte er zunächst in Breslau und Wien medizinischen Studien obgelegen. Seine schöne Stimme führte ihn über Kirchenchöre zum Theater, und von da an war kein Halten mehr möglich: Elsner sattelte um und wurde ausübender, schöpferischer und lehrender Musiker. Über Brünn, wo er als Geiger, und Lemberg, wo er als Kapellmeister tätig gewesen, kam er in gleicher Stellung nach Warschau. Sehr rasch assimilierte er sich dort und war in den mehr als fünfzig Jahren seines Wirkens ein ebenso glühender Anhänger seiner Wahlheimat wie einer der besten von Geburt polnischen Patrioten. Der Schwerpunkt seiner Bedeutung lag in der Organisation und Pflege des Musikwesens der Hauptstadt sowie der Heranbildung tüchtiger Leute vom Fach. Den größten Teil seiner Zeit aber widmete er dem Komponieren.

Kirchenwerke, Opern, Chöre, Sinfonien, Klavier- und Violinmusik, weit über hundert an Zahl, entstanden an seinem Schreibtisch. Trotz guter Qualität vermochten sie jedoch nicht zu internationaler Wertschätzung von Dauer zu gelangen. In Polen selbst waren seine Werke langlebiger und trugen ihm den Ehrentitel eines «Stammvaters der neueren polnischen Musik» ein*. Wie gut dieser gebürtige Deutsche das Landesidiom beherrscht haben muß, geht aus seinen vielbeachteten Abhandlungen über *Rhythmus und Metrum der polnischen Sprache* hervor. Er war ein überaus kenntnisreicher und verständnisvoller Pädagoge, der darauf hielt, seinem Schüler Chopin, dessen Genie er sofort erkannte, durch Übermittlung tiefgreifenden theoretischen und kompositorischen Wissens zu dienen, ohne ihm dabei den Zwang zur Einhaltung von Regeln, wohl aber die Pflicht zur Selbstkritik aufzuerlegen. Großzügig, doch wachsam und, wenn nötig, lenkend, ließ er den jungen Tondichter seiner Eigenart folgen, und den Tadlern, die das Abweichen Chopins von der Norm rügten und ihm rieten, sich an Hummel und Himmel zu halten, stellte er entgegen: «Laßt ihn nur in Frieden! Er geht deshalb nicht den gewöhnlichen Weg, weil seine Begabung eine außergewöhnliche ist; er hält sich nicht streng an die althergebrachte Methode; dafür hat er seine eigene, und er wird in seinen Werken eine Originalität offenbaren, wie sie bis dahin bei niemandem in solchem Grade zu finden war.»

Man sieht: Elsner, Chopins «weniger verdienstvollem als vom Glück begünstigtem Lehrer der Harmonie und des Kontrapunkts», wie dieser selbst sich bescheiden ausdrückte, lag es fern, eine solch starke Schülerindividualität seinem Muster nachzuformen. Wie richtig diese Haltung war, ist daran zu ermessen, daß er bereits nach zwei, drei

* In der *Neuen Zeitschrift für Musik*, Leipzig 1841 (Reiseblätter).

Jahren seiner Unterweisung die Erwartungen, die er auf Friedrich Chopin gesetzt, bestätigt fand und das Ziel seiner Hoffnungen für ihn weiter stecken konnte. Er liebte ihn fast wie einen Sohn und genoß dafür auch andrerseits des Schülers verehrende Zuneigung und volles Vertrauen in künstlerischen Dingen. Wir werden später noch Anlaß haben, das Porträt Elsners abzurunden an Hand der Wiedergabe seiner Stellungnahme zu einer für Friedrich Chopins künstlerische Weiterentwicklung wichtigen Frage.

Mit dreizehn Jahren trat Friedrich aus der Schule seines Vaters unter dem polonisierten Namen Szopenek in das Warschauer Lyzeum über, das seinem Lehrplan nach, der Mathematik, Lateinisch, Griechisch, neuere Sprachen und andere Fächer umfaßte, eine Art Gymnasium war. Dank seiner vorzüglichen Vorbildung konnte er gleich in die vierte Klasse aufgenommen werden. Das Studium der Geschichte und Literatur Polens soll damals sein Steckenpferd gewesen sein. Doch erwies er sich auch sonst als lerneifriger und geistig regsamer Schüler, der wiederholt mit Preisen ausgezeichnet wurde. Die Ferien verlebte er in der Regel auswärts mit Freunden auf deren elterlichen Gütern. Hier sprudelten ihm die Quellen des Nationalen in seiner Musik. Von Spiel, Gesang und Tanz der Mägde, Knechte und Lehensbauern erlauschte er polnische Weisen und Rhythmen. Und auch bei den rauschenden Festen seiner Gastgeber gab es urtümlich Polnisches zu hören. Zuweilen mochte es gar geschehen, daß noch ein echter *Polski* getanzt wurde, der von viel ausgeprägterer Charakteristik ist als die Volkstänze der meisten anderen Nationen. In Form einer die verschiedenartigsten Episoden phantasievoll aneinanderreihenden Improvisation brachte er die Gesamtheit der Triebkräfte, die Bräuche und kostbaren Trachten so mannigfaltig und vollständig zur Schau und Darstellung, daß so ein Polski für die Beteiligten und Zuschauer zu einem haftenden Erlebnis wurde. Viele Anregungen sind dem werdenden Komponisten daraus entstanden. Zwar hallt aus seinen Briefen davon nichts wider, aber die aus jener Zeit stammende Korrespondenz richtete sich an Freunde, die selbst derartige Gesellschaften mitmachten, wodurch sich eine Schilderung erübrigte.

Der Ferienbriefwechsel zwischen den verstreuten Kameraden war sehr lebhaft. Leider kennt man nur den Chopinschen Teil. Doch ist er umfangreich und dazu inhaltlich und sprachlich so lebendig, daß sich daraus nicht nur die Wesensart des jungen Schreibers, sondern – trotz der Einseitigkeit – ein Bild auch der jeweiligen Empfänger ergibt. Ohne weiteres kann man aus diesen Briefen den Grad der gegenseitigen Zuneigung und Verbundenheit sowie das Persönlich-Unterschiedliche der einzelnen Adressaten rekonstruieren. – Wie strahlen doch beispielsweise die folgenden, 1825 verfaßten Zeilen an Jan Matuszynski den Briefpartner und Friedrich Chopins Verhältnis zu ihm zurück! «Lieber Jas»*, jubelt er darin, «Frau von Sévigné wäre nicht imstande, Dir meine Freude über Deinen mir unerwartet zugekommenen Brief zu beschreiben, fürwahr, eher konnte ich den Tod als so eine Surprise erwarten, wie wäre ich auf den Gedanken verfallen, daß dieser verstockte Bücherwurm, dieser Philologe, der einzig über seinem Schiller hockt, die Feder in die Hand nehmen könnte, in der Absicht, einen Brief zu schreiben an den wie der Wirbelwind ungebändigten Zimbalisten; an den, der bisher noch keine einzige Lateinseite gelesen hat. Wirklich, es ist eine große Gnade meines Jas ... Dies möchte ich Dir noch schreiben, daß in Thorn die größte Impression oder alias Eindruck auf mich die Pfefferkuchen gemacht

* Diminutiv von Jan = Johann.

haben. Wohl habe ich auch die ganzen Fortifikationen auf allen Seiten der Stadt mit allen Einzelheiten gesehen, die berühmte Maschine zum Hinübertragen des Sandes von einem Ort zum andern habe ich gesehen, eine Maschine von äußerst einfacher Konstruktion, überaus interessant, welche dort die Deutschen Sandmaschine nennen; außerdem Kirchen von gotischem Bau, eine davon im Jahre 1251 erbaut. Ich habe den schiefen Turm gesehen, das berühmte Rathaus sowohl innen wie auch außen; seine größte Eigentümlichkeit besteht darin, daß es so viele Fenster hat, als es Tage im Jahre gibt, so viele Säle, als es Monate gibt, so viele Zimmer, als es Wochen gibt, und daß das Ganze der herrlichste gotische Bau ist. Doch all dies kann die Pfefferkuchen, ach, die Pfefferkuchen, von denen ich einen nach Warschau geschickt habe, nicht übertreffen. Doch was sehe ich? Kaum habe ich mich zum Schreiben hingesetzt, und schon liegt die letzte Seite vor mir!... Wie sehne ich mich danach, Dich zu sehen, gern würde ich das Opfer bringen und zwei Wochen lang nicht spielen, um Dich jetzt real zu sehen, denn ideal sehe ich Dich alltäglich ...»

Ganz anders ist der Verkehrston zwischen dem fünfzehnjährigen Chopin und dem um einige Jahre älteren Jan Bialoblocki. Man braucht nur die beiden im Juli 1825 an Jan nach Sokolowo gerichteten Briefe durchzulesen, um zu erkennen, welch andere Wesenheit der hier Angerufene darstellt. «Ich bedaure», schreibt Friedrich im ersten, «daß Du nicht da bist, denn so ab und zu war es sehr gut, mit Euer Gnaden zu plaudern, zu scherzen, zu singen, zu weinen, zu lachen, sich zu prügeln usw. ... Amice! vale! ich habe Dir nichts weiter zu sagen als nur das, daß ich aus Sochaczew noch keinen Brief von Dir erhalten. Wenn Du nicht geschrieben hast, so erwartet Dich im nächsten Brief ein tüchtiges Donnerwetter ...» – Kaum sind die erhofften

Zeilen in Friedrichs Besitz, glaubt er «ach, den Duft von Sokolowo zu verspüren» und antwortet postwendend in einer fast ausschließlich nur Jan Bialoblocki gegenüber angewandten Weise, nämlich der Einbeziehung scherzhafter phonetischer Transkriptionen französischer Sätze in den polnischen Text. «Mon scher», heißt es da, «la letr ke wu set asse geh, wie man aus der letr ersieht, sa ma donne dla sos und der Humor hat sich gebessert. – Demen nu finisson unser Examen; sche ne prandrepa de pri, kar le lawman le pren. Wenn ich zu Dir komme, werde ich Dir dieses Rätsel erklären; es possibl kon don en pri a en lawman? ... Lange müßte ich explizieren, bis ich Dir das im Briefe enträtseln könnte, dagegen wird Dir ein Wörtchen mündlich die Finesse dieses Ausdrucks aufklären können.... Ekute, so beginne ich, mein Lieber, die Konklusion oder den Schluß des Briefes; in Bälde werden wir uns sehen; Du weißt, daß ich nicht liebe, viel zu schmieren, höchstens für vier Hände; verzeihe daher, daß ich schon schließe ...»

Die an Bialoblocki gerichteten Briefe verdienen besondere Beachtung, weil sie als die zuletzt aufgefundenen und zugänglich gemachten* bislang biographisch wenig ausgewertet wurden, dabei aber für die Zeit des fünfzehn- bis

* Sie wurden durch Stanislaus Bereswiet-Soltan durch einen Zufall im Warschauer Staatsarchiv entdeckt und 1927 in der polnischen Orginalsprache, 1928 in deutscher Übersetzung erstmals veröffentlicht. Durch ihre späte Auffindung entgingen diese Briefe an Bialoblocki nebst einer Anzahl anderer der Bearbeitung Moritz Karasowskis. Dieser im übrigen recht verdienstliche, früheste ernstzunehmende Biograph Chopins hat nämlich die ihm zur Verfügung stehenden, großenteils in polnischer, sonst in französischer Sprache abgefaßten Briefe manchmal nicht nur allzufrei übersetzt, sondern sogar – wenn auch sicherlich in guter Absicht – gelegentlich abgeändert. Wir selbst bedienen uns der neuesten deutschen Übertragung sämtlicher erhalten gebliebener, von H. Opienski gesammelter Briefe Chopins: der 1928 im Verlag Gg. Müller, München, veröffentlichten A. v. Guttrys, die sich bei Nachprüfung als getreu erwiesen hat. Einige unbedeutende Freiheiten sind übersetzungsbedingter, rein stilistischer Natur.

siebzehnjährigen Chopin eine empfindliche Lücke in den Zeugnissen seines Lebens ausfüllen. Zwar ist in diesen teils sehr ausgedehnten Episteln nicht viel die Rede von besonderen Ereignissen oder eindrücklichen Erlebnissen. Sie erhalten ihren Wert vielmehr durch mancherlei Aufschlüsse über Absichten, Arbeiten, Studien, Kompositionen des Briefschreibers, nicht zuletzt aber durch die Gewährung eines tiefen Einblicks in sein Wesen. Friedrich hat darin von häuslichen und gesellschaftlichen Neuigkeiten zu berichten, was nicht ohne Hinzufügung eines Kommentars geschieht, der von gesunder Auffassung und Jugendfrische in der Darlegung zeugt. Ausführlich orientiert er den wegen eines unheilbaren Leidens Abwesenden über das Warschauer Konzert- und Theaterleben und bestrebt sich, das Fernsein durch lebhafte Schilderungen zu überbrücken. Dies geschieht dadurch, daß er Jan in alles, was ihn je interessieren könnte, einbezieht und ihn dabei zwanglos zu unterhalten und fröhlich zu stimmen trachtet. Man sehe sich darauf hin einmal folgenden Ausschnitt aus einem Schreiben vom Juni 1826 an: «Erwarte in diesem Brief keinerlei gewöhnliche Namenstagskomplimente», wendet sich Friedrich an seinen lieben Jas, «jene Gefühle, Ergüsse, Ausrufe, Apostrophen, pathetische Wendungen und anderen ähnlichen Blödsinn, Unsinn, alberne Salbadereien und Alfanzereien; das ist gut für jene Köpfe, denen es in Ermangelung von Anhänglichkeit an trivialen Ausdrücken nicht fehlt; allein, wen elfjährige Freundschaft verbindet, wer 132mal gemeinsam die Monate gezählt, 468 Wochen gemeinsam begonnen, 3960 Tage, 95040 Stunden, 5702400 Minuten, 322144000 Sekunden gemeinsam veratmet hat, der braucht sich nicht in Erinnerung zu bringen, braucht keine Briefe mit Komplimenten zu verfassen, denn nie wird er das zu schreiben vermögen, was er schreiben möchte ... Ecce homo! siehe da, ein Mensch ist gestern auf die Welt gekommen! Linde, Linde hat einen Nachkommen bekommen! Uns alle hat es gefreut, ich nehme an, daß auch Du die Freude teilst ... Laut wird davon gesprochen, daß man in zwei oder drei Wochen *Freischütz* aufführen wird; soviel mich dünkt, wird *Freischütz* in Warschau viel Aufsehen machen. Sicherlich und mit Recht wird es zahlreiche Repräsentationen geben. Fürwahr, es ist schon viel, wenn es unserer Oper gelingt, das berühmte Werk Webers aufzuführen. Berücksichtigt man das Ziel, auf das Weber im *Freischütz* zusteuert, seinen gedanklichen deutschen Inhalt, jene seltsame Romantik, die dem Geschmack der Deutschen angepaßte, auserlesene Harmonie, so kann man annehmen, daß das an die leichten Gesänge Rossinis gewohnte Warschauer Publikum von der ersten Einleitung an nicht so sehr aus Überzeugung, als den Stimmen der Kenner folgend, es deshalb loben wird, weil Weber überall gelobt wird. Wenn Du wüßtest, welche Änderungen in unserem botanischen Garten vorgenommen worden sind, so würdest Du Dich an den Kopf fassen. Viele Rabatten hat man angelegt, Wege, Plantationen, Büsche usw., daß es ein Vergnügen ist, hineinzugehen, besonders, da wir den Gartenschlüssel haben. Falls Dir meine Schrift etwas wild vorkommt, wundere Dich nicht, denn ich fühle mich nicht wohl. Falls Du darin nichts über die Ferien findest, wundere Dich nicht, denn ich werde es Dir im nächsten Brief schreiben. Falls ich Dir mein dummes Zeug für Clavecin nicht schicke, wundere Dich nicht, denn ich will es so ... Lebe also glücklich, teurer, geliebter Jas, ich erwarte einen Brief. Umarme Dich herzlich F. F. Chopin.»

Aus diesen Jugendbriefen entsteigt das Bild eines warmherzigen, aufgeschlossenen, selbständig denkenden, humorvollen und kameradschaftlichen Schreibers. An solcher Beurteilung vermögen auch die vom Frühling 1827 stammenden, letzten an den schwerkranken Freund gerichteten Zeilen nichts zu ändern, obwohl sie, obenhin betrachtet, sich nicht in das eben Gesagte fügen wollen. «Schreibe mir oft, gib mir einen Kuß, geliebtes Leben ... hoffentlich wird der Herrgott alles zum Guten wenden», so schloß der vorangegangene Brief. Und nun der scheinbar problematische: «Lebst Du? oder nicht? – Mein würdiger Namenstag ist vergangen, einen Brief habe ich nicht bekommen. Dies scheint das zu bestätigen, was man über Dich mit Tränen, mit Leid in Warschau redete. – Und weißt Du, was man redet, man redet, daß Du gestorben. Schon hatten wir alle üppig Tränen fließen lassen (vergeblich), schon hatte Jedrzejewicz ein Panegyrikon für den Kurier geschrieben, als wiederum plötzlich die Kunde losplatzte, Du seist am Leben! Jawohl, Du seist am Leben! Da erfreuliche Neuheiten in Trost suchenden Herzen leichter haften bleiben, erschien uns das letztere, was die Leute redeten, der Wahrheit näher. Nachdem ich also die von Tränen geschwollenen Augenlider getrocknet, ergriff ich die Feder, um Dich zu fragen, ob Du lebst, ob Du gestorben! Wenn Du gestorben, teile es mir mit, ich werde es der Köchin sagen, denn seit sie es erfahren, spricht sie ununterbrochen Gebete. Was doch so ein Pfeil Cupidos vermag; obschon es ein altes Weiblein ist, unsere Jozefowa, hast Du sie bei Deinem Aufenthalt in Warschau dennoch so sehr für Dich eingenommen, daß sie lange Zeit (als sie von Deinem Tod erfuhr) wiederholte: ‚Was war dies doch für ein junger Herr! Schöner als alle jungen Herren, die hier verkehren. Keiner, keiner ist so, so schön! Mein Gott! Wie hat er mir doch einmal aus Übermut das Kraut aus der Schüssel herausgegessen!‘ – Hahaha, berühmte

Klagelieder! Schade, daß Mickiewicz nicht da ist, vielleicht würde er eine Ballade *Die Köchin* schreiben! Doch dies alles beiseite lassend, gehe ich zur Sache über: Krankheit herrscht bei uns zu Hause. Seit vier Wochen schon liegt Emilie zu Bett, Husten hat sie bekommen, begann Blut zu spucken, Mama ist erschrocken. Malcz befahl also einen Aderlaß. Man tat es einmal, ein zweites Mal: unzählige Blutegel, Blasenpflaster, Senfpflaster, Tollkraut, Aventüren über Aventüren! Während dieser ganzen Zeit hat sie nichts gegessen, sie ist so verfallen, daß man sie nicht erkennen kann, jetzt erst kommt sie allmählich ein wenig zu sich. Du kannst Dir vorstellen, wie es bei uns zuging... Jetzt von etwas anderem...»

Frevelhaft könnte es auf den ersten Blick erscheinen, daß man einem Todgeweihten von den Gerüchten über sein Ableben schreibt und sich witzig über das Ob und Wenn ausläßt; als Mangel an Mitempfinden vermöchte die Sachlichkeit anzumuten, mit der Friedrich von der beängstigenden Erkrankung seiner jüngsten Schwester berichtet. Doch derartige Einwendungen würden fehltreffen. Denn – man darf uns dies auf Grund unserer Einsicht, die wir durch die Befassung mit den Dokumenten und der zeitgenössischen Spiegelung dieses Lebens erlangten, glauben – auch nicht ein Jota von Frivolität hat Raum in seinem Fühlen und Denken. Nein! Nur Schein und Versuch frommer Täuschung ist hier der Übermut, die Kühle und Gelassenheit. Angstvoll schlägt hinter verbergenden Worten ein liebendes Herz, und vertrauender Glaube spannt die Segel der Hoffnung, es möge dem treuen Freund, der geliebten Schwester das Scheidenmüssen, ihm selbst das Weh des Zurückgelassenen erspart bleiben. Denn er kannte sein empfindsames Gemüt und ahnte, was ihm der Verlust eines Nahestehenden bedeuten würde. – Was er befürchtet, mußte er erleiden: vier Wochen nach diesem Brief hieß es für immer Abschied nehmen von Emilie, und einige Monate später deckte Jan Bialoblocki gleichfalls der Rasen.

Über den Gesundheitszustand Friedrich Chopins ist bis zu seinem sechzehnten Lebensjahr nichts Ungünstiges zu vernehmen. Erstmals in einem Brief vom 12. Februar 1826 ist eine Erkrankung an heftigen, mehrere Tage anhaltenden Kopfschmerzen und Drüsenschwellungen erwähnt, die der behandelnde Arzt als katarrhalische Affektion bezeichnete und durch Anlegen von Blutegeln zu heilen versuchte. Die Beschwerden scheinen sich dann wieder verloren zu haben, doch der Umstand, daß die Eltern bald darauf ihren Sohn mit ihrer tuberkulösen jüngsten Tochter zur Kur nach Bad Reinerz schickten, deutet darauf hin, daß sie sich auch seinetwegen Sorge machten. Wochenlang tranken die Geschwister dort alltäglich Heilwasser in Verbindung mit viel Molke, dem meistangewandten Tuberkulosebekämpfungsmittel jener Zeit. Die Kur strengte die beiden Kinder sehr an und nahm sie so in Anspruch, daß ihnen kaum Muße blieb zum Schreiben. Nur zwei Briefe Friedrichs aus Bad Reinerz konnten ausfindig gemacht werden, wovon der eine für seinen Freund Wilhelm Kolberg bestimmt war, der andere – in französischer Sprache abgefaßt – für seinen Lehrer Elsner. Man geht wohl nicht fehl in der Annahme, daß Lehrer und Schüler miteinander dreisprachig verkehrten und daß Elsner, der, wie erwähnt, des Polnischen mächtig war, sich bemühte, während des Musikunterrichts die Deutschkenntnisse Chopins, für den er eine internationale künstlerische Laufbahn erhoffte, zu erweitern.

Vorerst mußte sich dieser allerdings – abgesehen von den Soireen in den Salons der Warschauer Aristokratie –

damit abfinden, nur selten aufzutreten. Das Jahr 1825 gab ihm erstmals einige besondere Möglichkeiten, sein Können unter Beweis zu stellen. Da war zunächst seine Mitwirkung in einer Wohltätigkeitsveranstaltung. Er spielte, wie dies damals bei den kunterbunten Programmfolgen so üblich war, nur einen Satz aus einem Klavierkonzert von Moscheles und improvisierte dann, und zwar nicht auf dem üblichen, sondern auf einem eben erfundenen, neuartigen Instrument, Äolopantalon genannt. Lassen wir darüber dem Referenten der Leipziger *Allgemeinen musikalischen Zeitung* das Wort: «Der Akademist Chopin ließ sich mit dem ersten Allegro aus dem Pianofortekonzert in f-moll von Moscheles und mit freier Phantasie auf dem Äolopantalon hören. Dieses Instrument, verfertigt von dem Tischler Dlugosz, verbindet das Äolomelodikon* mit dem Pianoforte ... Unter den Händen des talentvollen jungen Chopin, der sich durch einen Reichtum musikalischer Ideen in seinen freien Phantasien auszeichnet und ganz Herr dieses Instrumentes ist, machte es großen Eindruck ...»

Kurz darauf wurde der jugendliche Künstler ausersehen, einem illustren Gast die Erfindung vorzuführen, nämlich dem Kaiser Alexander I. von Rußland, der zur Eröffnung des polnischen Reichstags im Mai 1825 in Warschau weilte. Der Zar war von den Vorträgen des jungen Virtuosen sehr beeindruckt und schenkte ihm einen Brillantring. Kaum weniger bedeutungsvoll als diese Auszeichnung mag für ihn die Drucklegung des ersten numerierten Werkes, des als Opus 1 bezeichneten, ursprünglich für Klavier mit Orchesterbegleitung in Aussicht genommenen *Premier Rondeau pour le piano* im Warschauer Musikverlag

* Das Äolomelodikon war ein harmoniumartiges Instrument. Sowohl dieses als auch das von Chopin gespielte Äolopantalon kam über eine kurze Beachtung nicht hinaus und ist längst verschollen.

Brzezina gewesen sein. Er war um jene Zeit unter Elsners Anregung und behutsamer Leitung fleißig am Komponieren. 1824 schrieb er für seinen Schulfreund Wilhelm Kolberg eine Mazurka nieder, wohl sein frühestes ausgearbeitetes Stück dieser Gattung, und wenig später entstand sein erstes Variationenwerk über das Lied *Der junge Schweizerbua.* – Einem Brief an Bialoblocki vom November 1825 läßt sich entnehmen, daß er damals weitere Mazurken, dann Walzer und eine Polonaise unter Benützung von Themen aus Rossinis *Barbier von Sevilla* gestaltete. Leider ist die letztgenannte Komposition verlorengegangen, obwohl sie vermutlich gedruckt worden ist. Denn Chopin schrieb in dem vorerwähnten Brief, daß er das Manuskript zu der «Barbier»-Polonaise, die ziemlich gefalle, zum Lithographen bringen werde. Übrigens erfährt man aus dem gleichen Schreiben, daß seine Schwester Louise, die ihm seinerzeit die Anfangsgründe des Klavierspiels beigebracht hatte, sich ebenfalls kompositorisch versuchte. Frycek, wie der junge Chopin in verkürzter Zusammenziehung seiner beiden Vornamen (Fryderyk-Franciszek) kosend genannt wurde, äußerte sich nämlich: «Louise hat einen ausgezeichneten Mazur gemacht, wie Warschau schon lange keinen ähnlichen getanzt hat. Es ist ihr *Non plus ultra*, doch wirklich, in der Tat ein Nonplusultra in seiner Art. Voll Schwung, hübsch, kurz gesagt, richtig zum Tanzen. Ohne zu loben: von seltener Qualität. Wenn Du kommst, will ich ihn Dir vorspielen . . .»

Aus 1826 stammt eine Polonaise in b-moll, deren Trio-Thema Chopin Rossinis *Diebischer Elster* entlehnte und die ebenfalls Wilhelm Kolberg gewidmet ist, diesmal vor der Reise nach Bad Reinerz als Abschiedsgruß. Variationen in F-dur, ein Walzer in C-dur und Ecossaisen beschließen die Reihe der 1826 entstandenen Stücke. Mehrere der im folgenden Jahr vollendeten und der begonnenen Klavierkompositionen wurden von dem jungen Tonpoeten zurückgehalten, da sie bei seiner selbstkritischen Einstellung vermutlich der Überprüfung nicht standhielten. Erstmals 1827 taucht bei ihm die von Field kreierte Spezies des Nocturne auf. Das wichtigste Ergebnis dieses Schaffensabschnittes war das Variationenwerk über Mozarts *Don-Juan*-Thema *Reich mir die Hand, mein Leben.* Es ist das 1830 von Haslinger, Wien, verlegte Opus 2, für das sich Robert Schumann so flammend begeisterte, daß er den allerersten Artikel seiner *Neuen Zeitschrift für Musik* Chopin widmete und ihn als den aufgehenden Stern mitteleuropäischer Musikromantik ankündigte. Dies war 1834.

Schon zwei Jahre zuvor hatte sich Schumann mit den Erstveröffentlichungen seines Altersgenossen befaßt. Am 11. Januar 1832 schrieb er darüber an seinen Lehrer (und nachmaligen Schwiegervater) Friedrich Wieck: «Chopins erstes Werk (ich glaube sicher, daß es das zehnte ist) ist in meinen Händen; eine Dame würde sagen, daß es recht hübsch, recht pikant sei, fast moschelesisch. Doch glaub' ich, Sie werden's Clara'n einstudieren lassen, denn Geist ist die Fülle darinnen und wenig Schwierigkeiten. Daß aber zwischen diesem und Opus 2 mindestens zwei Jahre und zwanzig Werke liegen, behaupt' ich bescheiden . . .»

Unter der gesteigerten musikalischen Betätigung, die nicht zuletzt durch seine Erfolge und das Zureden Elsners immer wieder Auftrieb erhielt, litten notgedrungen Friedrich Chopins Leistungen im Lyzeum. Nun stand er nicht mehr so weit vornan wie früher, und mit Auszeichnungen war es dort vorbei. Herrlich frei fühlte er sich darum, als er 1827 das Maturitätsexamen bestanden hatte und mit dem Einverständnis seiner Eltern fortan ganz seiner geliebten Kunst leben durfte.

DRITTES KAPITEL

Musikhistorischer Rückblick – 1828

Es war gut, daß die Friedrich zur Verfügung stehende Zeit nun nicht mehr durch Schulverpflichtungen eingeengt wurde. Hatten doch seine Kräfte manchmal kaum ausreichen wollen, daneben noch sechs Stunden Kontrapunktstudien bei Elsner zu treiben, zu Hause die Klavierübungen so intensiv durchzuführen, wie er es für notwendig gehalten und sich vorgenommen hatte, und außerdem auch noch Konzerte und Theater zu besuchen. Letzteres war deshalb auch nur ganz selten geschehen. Jetzt aber verfügte er endlich über genügend Zeit und Muße, das künstlerische Leben Warschaus teilnehmend zu verfolgen. Bevor wir jedoch von Begegnungen und Eindrücken dieser Art vernehmen, wollen wir einen kurzen Rückblick werfen auf die Geschichte der Musik in Polen bis zu diesem Zeitpunkt.

Dank einem fast unerschöpflichen Reichtum an nationalen Weisen stand die Volksmusik – das einfache Lied sowie der mit Gesang und dem Spiel auf Zupf- und Schlaginstrumenten und besonders auf der «polischen Geige»* begleitete Tanz – von altersher in reicher Blüte. Dem

* Über die «polische Geige» äußerte sich bereits 1528, dem Zeitpunkt der damals im Prinzip schon endgültig festgelegten Umgestaltung der älteren Viola zur Violine, Martin Agricola in seinem Werk *Musica instrumentalis deudsch*. Er fand ihren Ton besonders lieblich.

gesungenen Volkstanz, *Polski* genannt, entwuchs im sechzehnten Jahrhundert als Gebrauchsmusik für die Feste des Hofes und hohen Adels eine instrumentale Form des Tanzes, welcher seiner Aufgabe, die Defiliercour zu begleiten, entsprechend von pomphafter, schreitender Art war. In dieser der Verschmelzung von Volks- und Kunstmusik entsprungenen Gestalt gelangte die *Polonaise* sehr bald über die Grenzen ihrer weiträumigen Heimat und verschaffte dieser polnischen Stilgattung Eingang in Deutschland, Frankreich und die nordischen Länder*. In Polen bildeten sich unter der Einwirkung der Kunstmusik weiterhin die Volkstänze der einzelnen Landschaften zu unterschiedlichen Typen aus, deren bekannteste die Mazurka oder auch der Mazur (Masurien), der Krakowiak (Krakau) und der Kujawiak (Kujawy) sind.

Neben der Volksmusik bestand schon seit der Wende des elften zum zwölften Jahrhundert, also bald nach der Ausbreitung des Christentums in Polen, eine verhältnismäßig hochwertige katholische Kirchenmusik, deren Schöpfung und Pflege vornehmlich den Klöstern oblag. Sie erlebte zwischen dem fünfzehnten und siebzehnten Jahrhundert ihre fruchtbarste Periode, die viele hochbedeutende Komponisten polnischer Herkunft aufwies. Volkstümliche geistliche Gesänge lassen sich schon im frühen Mittelalter nachweisen, und die aus jener Zeit stammende Marienhymne *Bogurodzica* wird noch heute in den polnischen Kirchen gesungen.

Auch die einfache Instrumentalmusik fand frühzeitig volkstümliche Anwendung und in ihrer durch die Kunst-

* Der *Polonaise* als Satz eines mehrteiligen Instrumentalstückes, zum Beispiel der *Suite*, kann man bei Couperin, Rameau, J. S. Bach, Händel, Telemann begegnen. Ihr Weg führte im Westen über Wilh. Friedemann Bach und Schobert, Beethoven streifend, zu den Romantikern.

musik angestrebten Form auch verhältnismäßig guten Boden. Das Orchester- und Theaterwesen konnte zu Chopins Jünglingszeit bereits auf mehr als ein Jahrhundert seines Bestehens zurückblicken. – Mit der Regentschaft der sächsischen Wahlkönige kam die Pflege der profanen Tonkunst in Aufschwung. August der Starke, Kurfürst von Sachsen und zugleich König von Polen, der alljährlich einige Monate in Warschau residierte, hatte sich ein Ensemble von Musikern verpflichtet, das er zur Unterscheidung von seiner bekannten Dresdener *Großen Kammermusik* die *Kleine Kammermusik* nannte. Ihr Stamm bestand aus fünf Streichern, sechs Bläsern und dem Dirigenten, durchweg erstrangigen Künstlern. Das böhmische Musikertum war darin beispielsweise durch Franz Benda und Johann Joachim Quantz, den nachmaligen Flötenkomponisten und Hofkapellmeister Friedrichs des Großen, vertreten. Als Leiter dieses Kammerorchesters amtete von 1717 an der Bologneser G. A. Ristori. Er hatte sich gleichzeitig als Kompositeur bei einer italienischen Opern- und Schauspieltruppe zu betätigen, die ebenfalls im Gefolge des Regenten für die Zeit seines Aufenthaltes in Polen aus Dresden mitkam. Auch das französische Ballett und ein Teil der französischen Schauspieler des Sächsischen Hofes zählten zu der international zusammengesetzten Künstlergesellschaft, die ihre Wirkungsstätte mindestens einmal im Jahr in achttägiger, erlebnisreicher Wagenfahrt von der Elb-Residenz nach der polnischen und zurück verlegte. Diese kostspielige Anordnung, die so ganz in den Rahmen der prunkhaften Lebensführung Augusts des Starken paßte, wich unter August III., der ihm – nach nochmaliger kurzer, interimistischer Regierung Stanislaus Leszczynskis – als Polenkönig folgte, einer vereinfachten Regelung: das Theater- und Musikantenvölkchen wurde großenteils für fest umrissene Aufgaben in Warschau angestellt und somit dort seßhaft. Nur die bedeutendsten Schauspieler, Sänger und Instrumentalisten Dresdens entsandte man hinfort noch zu Gastspielen nach Polen. So waren Joh. Adolf Hasse, der königliche Kapellmeister, und seine Frau Faustina, die Primadonna der Sächsischen Oper, des öfteren für längere Zeit in Polen beschäftigt. – Die Mitwirkung der ersten Kräfte des Dresdener Instrumentalkörpers übte guten Einfluß auf das inzwischen vergrößerte Warschauer Orchester aus. Dieses vervollkommnete sich in bemerkenswerter Weise, jedoch ohne dem Dresdener seinen damaligen Rang als das – nach J. J. Rousseau – unter allen europäischen führende streitig machen zu können.

Außer den Mitgliedern der königlichen Kapelle gab es auch sonst noch zahlreiche tüchtige Musiker in Warschau, die bei großen Anlässen zur Mitwirkung herangezogen wurden. Die meisten von ihnen standen, wie dies in jenem Zeitabschnitt üblich, in den Diensten des wohlhabenden Hochadels. Von rühmlichen und bekannt gewordenen Ausnahmen abgesehen, geschah die Anstellung von Sängern und Instrumentalisten seitens dieser fürstlichen und gräflichen Herrschaften weniger aus ehrlichem Kunstinteresse denn zur Befriedigung gesellschaftlichen Ehrgeizes. Doch erwarben sich diese jedenfalls das unbestreitbare Verdienst, nicht nur das ausübende, sondern vor allem das häufig mit diesem zusammenfallende schöpferische Musikertum gefördert zu haben. – Im Polen Augusts III., wo zwischen märchenhaft Reichen und Besitzlosen kaum eine ausgleichende Mittelschicht existierte, gab es fürstliche Hofhaltungen, deren Kapellen, Theater und Chöre bis zu hundert Mitglieder zählten. Oft stand diesem Troß von Künstlern ein Komponist vor, dessen Name durch eigene Werke oder musikbeflissene Nachkommen noch in spätere Zeiten hinüberklang. Solche Hausorchester hatten ziemlich viel zu tun. Denn außerhalb der regelmäßigen Konzert- und Theateraufführungen sowie größerer Festlichkeiten wurde auch zu den Hauptmahlzeiten musiziert, die sich selten auf den herrschaftlichen Familienkreis beschränkten, sondern fast immer durch zahlreiche Gäste, namentlich aus dem verarmten Adel, belebt wurden. Bei diesen Tischkonzerten nun war es Sitte, nationale Weisen zu spielen, also Polonaisen, Mazurken, Volks- und Kriegslieder, während für die anderen Gelegenheiten die mitunter sehr guten Hauskomponisten und auch der damals vielfach auf das Virtuose gerichtete Zeitgeschmack bestimmend waren.

Die nationale Selbstbesinnung, die durch das Unglück der ersten Teilung Polens heraufbeschworen wurde, ließ unter dem kunstsinnigen König Stanislaus Poniatowski (1764–95) in der bisher vornehmlich italienisch und etwas französisch orientierten öffentlichen Musikausübung das polnische Element merklich in den Vordergrund treten. Natürlich war nicht von heute auf morgen an eine Verdrängung des herrschenden Opernstils zu denken. Es fehlte hierzu zunächst an volkseigenen Stoffen und Bildnern. Doch, wie wir bereits an dem Beispiel Elsners sahen, gab es bei der fluktuierenden Struktur des polnischen Staatsgebildes genügend deutsche, österreichische, tschechische und ungarische Künstler, die der Polonisierung so aufgetan waren, daß das Stammeigene beinahe restlos absorbiert wurde. Der früheste nationalpolnische Opernkomponist, Mathias Kamienski, dessen erste und erfolgreichste seiner fünf polnischen Opern *Zoska* 1779 erschien, kam aus Ungarn. Die übrigen, etwa bis zur Mitte des vergangenen Jahrhunderts, dem Zeitpunkt von Chopins Tod, ihm folgenden, waren in ihrer Mehrzahl gleichfalls nicht polnischen Geblütes und außerdem allesamt belanglos. Erst mit der Oper «Halka» von Stanislaus Moniuszko kam 1849 das früheste rein polnische Bühnenwerk von Bedeutung zur Aufführung.

Wichtiger noch für unsere Betrachtung ist die Entwicklung des Konzertwesens. Sie setzte, in vorbildlicher Weise, erst nach der vorletzten Jahrhundertwende ein. Hohe klassische Kunst rückte an die Stelle der virtuosen einheimischen und aus dem Ausland stammenden Modemusik. Aufs engste ist dieser Aufstieg mit E. T. A. Hoffmann verbunden, dem universellen Romantiker, der Dichter, Musiker, Maler und – preußischer Richter in einer Person war und 1800–1807 in Polen lebte, wovon die letzten drei Jahre in Warschau. So sehr es uns lockt, hier einen Abriß der mit Erzählungsstoff prall gefüllten sieben polnischen Jahre des «Gespenster-Hoffmann» einzuschalten, müssen wir uns doch darauf beschränken, ihn nur insoweit hier heranzuziehen, als es uns für die Fortführung unseres Rückblicks auf das Musikwesen Polens wichtig erscheint. Während seiner Strafversetzung in den krähwinkelhaften Ort Plock, die über ihn verhängt worden war, weil er zum Karneval 1802 in Posen durch groteske Karikierung hochgestellter Persönlichkeiten einen Gesellschaftsskandal verursacht hatte, gewann seine zweite Natur die Oberhand. Der Musiker in ihm, dem er als *Kapellmeister Kreisler* zu literarischem Existenzrecht verhalf, drängte auf Betätigung. Das Schicksal war ihm wohlgesinnt: nach eigenen und der Freunde Bemühungen um Rehabilitierung bekam er in Warschau, damals gerade Hauptstadt der *Provinz Südpreußen*, ein Amt zugewiesen, das seinen Wünschen entgegenkam. Gestattete es ihm doch, gemeinsam mit einem anderen Beamten unter behördlicher Sanktionierung und mit Hilfe kulturell interessierter Persönlichkeiten eine musikalische Gesellschaft zu gründen, deren oberster Zweck sein sollte, durch gute Aufführungen hervorragender Werke möglichst viele Zuhörer zu Musikliebe und -verständnis zu führen. Zunächst mußte man sich für die Konzerte mit einem gemieteten Raum begnügen. Doch die von Hoffmann trefflich gewählten und unter seiner Direktion auch glänzend durchgeführten Programme mit Werken von Haydn, Mozart, Cherubini, Gluck und sogar schon Beethoven gewannen der Gesellschaft wohlgesinnte Geldgeber und immer neue Mitglieder. Bald konnte man zur Erwerbung eines geräumigen Palais schreiten, das nach Plänen Hoffmanns und unter seiner tätigen Mitarbeit* für die neuen Zwecke umgestaltet und im August 1806 mit einem von ihm dirigierten, festlichen Konzert eingeweiht werden konnte. Außer den großen *Akademien*, die nun regelmäßig stattfanden, wurden allsonntäglich Kammermusiken veranstaltet. Doch:

* «Mit dem ersten lauen Tag des Frühlings 1806», berichtete einer seiner Freunde, «war Hoffmann in seiner Wohnung nicht mehr anzutreffen. Fand man ihn nicht auf der Regierung, so saß er gewiß in der Malerjacke auf einem Gerüst in dem neuen Lokal der musikalischen Ressource, mitten unter seinen Farbtöpfen, eine Flasche Ungar zur Seite ... In unglaublich kurzer Zeit hatte er ein Bibliothekzimmer mit einer Einfassung von Hochreliefs in Bronze, ein Kabinett in ägyptischem Stil, in welchem er zwischen die wunderbarsten Darstellungen ägyptischer Gottheiten Karikaturgestalten einzelner Teilnehmer der Gesellschaft, durch Tierschwänze, Flügel und dergleichen maskiert, geschickt einzuflechten verstand, und noch viel anderes fertig geliefert, alles unbeschadet seiner öffentlichen Wirksamkeit. Nicht selten war es, daß Parteien, die einen Kontrakt zu schließen hatten und aus seinem Hause zu dem Mniszek'schen Palast gewiesen wurden, sich in dem weitläufigen Lokal mühsam nach ihm durchfragten und dann ihren eigenen Augen nicht trauen wollten, als er auf Vorzeigung der Präsidialverfügung, die ihn mit Aufnahme des Geschäftes beauftragte, schnell vom Malergerüste herabkletterte, die Hände wusch, ihnen vorantrabte und, mit gleicher Fertigkeit die Feder als den Pinsel führend, in wenigen Stunden ein gerichtliches Instrument, oft über die verwickeltsten Verhältnisse, auf das Papier hinwarf, an welchem auch die schärfste Kritik nichts auszusetzen fand ...» (Aus W. Bergengruens *E. T. A. Hoffmann.*)

was so schön begonnen, in dieser hohen Form blieb es nur von kurzer Dauer. Die bereits erwähnte, von Napoleon 1807 in Tilsit verfügte Konstituierung eines *Herzogtums Warschau* hatte die Zurückziehung der preußischen Beamten und damit auch E. T. A. Hoffmanns zur Folge, der nach schwerer Erkrankung und einigen Wochen des Abwartens schließlich nach Bamberg übersiedelte. Mit dem Scheiden ihres künstlerischen Leiters, das den Abgang auch vieler Mitglieder nach sich zog, verlor die *Musikalische Ressource* zusehends an Bedeutung. Sie ward indes zum Keim verschiedener anderer Musikpflege- und -bildungsstätten, während sie selbst nur als Singakademie fortbestand.

Erst 1818 wurde die tragende Idee des ehemaligen Hoffmannschen Unternehmens mit der Bildung einer Konzertgesellschaft wieder aufgegriffen. Die von ihr ins Leben gerufenen, in kurzen Abständen aufeinander folgenden Konzerte zeichneten sich durch sehr fortschrittliche Programmgestaltung aus. Auch die Kirchen- und Chormusik hatte nun wieder redlichen Anteil an der Hebung des Geschmacks und der Aufnahmefähigkeit für das «Musikalisch-Schöne». Wechselbeziehungen zwischen Leistung und Ansprüchen machten sich geltend, und so gab es in Warschau um die Zeit, da wir in unserer Darstellung Friedrich Chopin verließen, eine stattliche Anzahl bester und vielseitiger Musiker.

Von den Pianisten, die er noch in seinen Entwicklungsjahren gehört hat, ist zunächst Franz Lessel zu nennen, der Schüler und treue Adlatus Haydns, der nach seines Meisters Tod nach Polen heimgekehrt war; dann Wenzel Wilhelm Würfel, dem Chopin in Wien wieder begegnen sollte, wo er als Kapellmeister des Kärntnertortheaters wirkte; ferner der als Etüdenkomponist hochgeschätzte J. C. Keßler und nicht zuletzt Marie Szymanowska, die weibliche Zierde polnischer Klavierspielkunst, deren Ruf den ihrer vorgenannten Kollegen weit übertraf*. – Adalbert Sowinski, der auch zu den polnischen Pianisten jener Zeit gerechnet wird, zählte nicht zu denen, die Chopin in der Jugend erlebte, da er Warschau gemieden und sich zudem schon um 1828 in Paris niedergelassen hatte. Bald nach seiner Übersiedlung in das französische Kulturzentrum trat er indes in brieflichen Verkehr zu dem jungen Landsmann, dessen Ruf offenbar bereits in die dortigen polnischen Kreise gedrungen war, denn Sowinski lud ihn ein, für die von Fétis herausgegebene *Revue musicale* einen Artikel über den Stand der Musik in Polen und ihre besten Interpreten zu schreiben. Chopin lehnte ab mit der Begründung, daß er sich ein Urteil, welches eines Pariser Journals würdig sei, nicht anmaßen könne, da er bisher noch viel zu wenig gehört habe und insbesondere weder eine bessere noch eine schlechtere Oper als die Warschauer kenne.

Diese aber kannte er bestimmt gut. Keine Premiere des Warschauer Spielplans ließ er sich entgehen, und sobald eine Rolle umbesetzt oder von einem Gast übernommen wurde, war er wieder im Theater zu finden. In seinen Jugendbriefen ist daher schon lange vor seiner Schwärme-

* Goethe war von ihrem Spiel und ihrer charmanten Persönlichkeit sehr eingenommen. Er hatte sie in Marienbad in jenen kritischen Tagen kennengelernt, da er mit seiner Leidenschaft zu der jungen Ulrike von Levetzow rang und ihr entsagte. Auf seine Einladung hin war Madame Szymanowska im Oktober 1823 nach Weimar gekommen und hatte dort öffentlich und wiederholt in seinem Hause musiziert. Er ehrte die junge Künstlerin, die, wie er im Jahre 1831 zu Eckermann sagte, «durch ihre reizenden Melodien einen Nachklang jener jugendlich-seligen Tage» in ihm erweckte, mit dem Gedicht *Aussöhnung*, das er mit der *Elegie* und *An Werther* zu der *Trilogie der Leidenschaften* vereinte. Zelter notierte in seinen Aufzeichnungen, daß «Madame Szymanowska durch ihr munteres, fertiges, freyes, anmuthiges Fortepianospiel das liebeskranke Herz des göttlichen Dichters zu beschwichtigen und den Verlust der Geliebten zu erlindern vermochte».

rei für Konstanze Gladkowska häufig von Opern die Rede, und er nimmt dabei die Aufführungen kritisch unter die Lupe. Im Herbst 1828 nun sollte er erstmals Gelegenheit zu ausländischen Operneindrücken erhalten. Ein Freund seines Vaters, der Universitätszoologe Jarocki, der, einer Einladung Alexander von Humboldts folgend, an der Tagung der Naturforscher in Berlin teilnahm, hatte sich zur Mitnahme und Betreuung Friedrich Chopins bereitgefunden. Unendlich viel versprach sich der Jüngling von dem Aufenthalt in der preußischen Hauptstadt, namentlich an musikalischen Genüssen und Begegnungen. Seine für die Eltern und Geschwister bestimmten Schilderungen beweisen, daß er recht gut auf seine Rechnung gekommen ist. Er war weder ein Briefschreiber aus Passion noch ein guter Stilist, und es wäre verfehlt, seine Jugendbriefe mit denen von Berlioz oder Mendelssohn in Vergleich zu stellen. Doch haben auch sie, darin ähnlich jenen Mozarts, ihren Reiz durch die zum Ausdruck kommende gute Beobachtungsgabe, die Selbständigkeit des Urteils, die sachlich-knappe Darstellung der Begebenheiten und Ausstrahlung persönlichen Wesens. Einige Auszüge aus den Berliner Briefen mögen dies belegen:

«... Samstag gegen drei Uhr nachmittags sind wir in diese zu große Stadt hineindiligenciert. Gleich hat man uns in die Herberge *Zum Kronprinzen* geführt, wo wir seither logieren. Gut ist es hier und bequem ... Am Sonntag wurde *Das unterbrochene Opferfest* von Winter gespielt. Gestern fand das gemeinsame Diner jener (für mich Karikaturen) Gelehrten statt, die ich bereits in drei Klassen eingeteilt habe, nicht unter dem Vorsitz Humboldts (dieser hat sehr gute Manieren), sondern irgendeines anderen Zunftmeisters, an dessen Namen ich mich im Augenblick nicht erinnere, doch habe ich ihn mir aufnotiert unter einem von mir gezeichneten Porträt. Das sich ungewöhnlich lang hinziehende Diner gestattete mir nicht, dem Konzert des neunjährigen Birnbach, eines hier ziemlich gelobten Geigers, beizuwohnen. Heute gehe ich in *Ferdinand Cortez*, die Oper Spontinis. Es heißt, Paganini, der berühmte Geiger, würde hierherkommen; vielleicht geht es in Erfüllung ... Unsere Reisegesellschaft bestand aus einem deutschen Juristen, in Posen wohnhaft, der sich durch Witze schwersten Kalibers auszeichnete, und einem fetten Landwirt, den die Diligencen (er reist nämlich viel) gebildet hatten. Dies war unsere Kompagnie bis zur letzten Station vor Frankfurt an der Oder, wo sich uns noch eine deutsche Corinna zugesellte, mit vielen Achs und Jas und Neins, kurz, ein richtig romantisches Püppchen. Aber auch das war amüsant, zumal sie während der ganzen Reise sich über ihren juristischen Nachbarn ärgerte ... Die Umgebung Berlins von dieser Seite ist nicht sehr schön, doch ist man entzückt über die Ordnung, die Reinlichkeit, über die Auslese der Dinge, über eine gewisse Fürsorglichkeit, die sich fast in dem kleinsten Winkel bemerkbar macht ... Übermorgen soll abends ein Empfang bei Humboldt stattfinden. Herr Jarocki wollte sich bemühen, daß man mich dort einlasse, ich bat ihn jedoch, es nicht zu tun, denn es wird mir nicht viel Nutzen bringen, und vielleicht könnten mich andere ausländische Köpfe scheel anblicken, wenn sie einen Profanen in ihrer Mitte sähen. Übrigens will ich niemals an einem Platze sein, an den ich nicht gehöre. Ohnehin schien mir schon bei Tisch, daß mein Nachbar mich mit scheelen Blicken maß. Ein Botanikprofessor aus Hamburg war es. Herr Lehmann. Ich habe ihn um seine großmächtige Figur beneidet. Während ich die Semmel mit beiden Händen brechen mußte, drückte er sie mit einer platt. Ein Fröschchen mit Bärentatzen. Er unterhielt sich mit Jarocki über mich hinweg und vergaß sich im Gespräch so, ereiferte sich dermaßen, daß er mit seinen dicken Fingern auf meinem Teller herumfuhr und die Bröseln zusammenscharrte. (Das ist ein richtiger Gelehrter, denn außerdem hat er eine große und unförmige Nase.) Wie auf Nadeln saß ich während des Scharrens auf meinem Teller und nachher mußte ich mit der Serviette frottieren . . .»

Kurz und bündig äußerte der Achtzehnjährige seine Ansicht über die Frauen Berlins: «. . . Marylski hat nicht für einen Groschen Geschmack, wenn er behauptet, die Berlinerinnen seien schön. Sie sind aufgeputzt, das ist wahr, doch schade um den verlockenden, herrlichen Musselin für solche Lederpuppen . . .» Hier spricht der verwöhnte Salonspieler und Pole aus ihm, der manche gefeierte Beauté der Warschauer Aristokratie zu seinen Zuhörerinnen zählte; doch geben auch andere zeitgenössische und frühere Darstellungen Zeugnis von der einzigartigen Anmut und Schönheit der Polinnen.

Es war ziemlich viel los in jenen Berliner Septembertagen, wie man weiter von dem jungen Briefschreiber vernimmt: «. . . Seit Dienstag wird eigens für mich alltäglich etwas Neues im Theater gegeben. Noch wichtiger ist, daß ich schon ein Oratorium in der Singakademie gehört habe, außerdem den *Cortez* Spontinis, Cimarosas *Il Matrimonio segreto* und Onslows *Kolporteur*. Händels Oratorium *Cäcilienfest** entspricht doch mehr dem Ideal, das ich mir von der großen Musik gemacht habe . . . Spontini, Zelter, Mendelssohn habe ich gesehen, doch mit keinem von

* Aufgeführt wurde in jenen Tagen Händels Oratorium *Alexanderfest*, wie sich aus dem Bericht Zelters an Goethe ergibt. Ob sich Chopin nun verschrieben hat oder auf eine früher gehörte Aufführung von Händels *Cäcilienfest* Bezug nimmt, läßt sich aus dem Brieftext nicht feststellen.

ihnen gesprochen, weil ich nicht den Mut hatte, mich selbst vorzustellen . . . Die Fürstin Liegnitz sah ich in der Singakademie, und als ich jemand in einer Art Livree bei ihr bemerkte, fragte ich meinen Nachbar, ob dies ein königlicher Kammerdiener sei? ‚Ei, das ist ja Exzellenz von Humboldt', erwiderte dieser. Die Ministeruniform hatte ihn mir derart verändert, daß ich, trotzdem mir die Gesichtszüge dieses großen Pietons (er hat sogar den Cimborasso erklommen) im Gedächtnis gut haften geblieben waren, ihn gar nicht erkennen konnte . . . Vorgestern haben wir die Bibliothek besichtigt. Riesenhaft, doch sehr wenig Musikwerke. Einen eigenhändigen Brief Kosciuszkos habe ich dort gesehen, den Falkenstein, der Biograph unseres Helden, Buchstabe für Buchstabe abschrieb. Als er merkte, daß wir Polen seien, daß wir den Brief mit Leichtigkeit lesen konnten, den er mit so viel Mühe nachmalte, bat er Herrn Jarocki, ihm den Inhalt deutsch zu erklären und schrieb sich ihn nach Diktat in seine Brieftasche ein . . . Morgen *Freischütz*! Das gerade brauche ich. Ich werde Vergleiche ziehen können mit unseren Sängern. . . . Am Dienstag gab es ein Diner mit Gelegenheitsgesängen. Alles, was lebte, sang und alles, was bei Tische saß, trank und schlug im Takte der Musik an die Gläser. Zelter dirigierte; vor ihm stand auf einem dunkelroten Postament ein vergoldeter Pokal zum Kennzeichen der höchsten musikalischen Würde. Man aß mehr als gewöhnlich. Der Grund war folgender: die Herren Naturforscher und insbesondere die Zoologen haben sich hauptsächlich mit der Zurichtung des Fleisches, der Saucen, der Bouillons und ähnlicher Dinge beschäftigt, haben also in dieser Reihe von Sitzungstagen viele Fortschritte im Essen gemacht . . .»

Gegen Ende September 1828 traten Professor Jarocki und sein Schützling die Rückreise nach Warschau an.

Unterwegs, in Züllichau, unweit Frankfurt an der Oder, erlebte der «Liebling der Polyhymnia», wie ihn der Posthalter des Ortes später in einem Trinkspruch nannte, die Macht seines Klavierspiels. Und dies kam so: Um die Ungeduld über eine unfreiwillig lange Fahrtunterbrechung zu bannen und die Wartezeit sinnvoll zu verwerten, machte sich Chopin auf die Suche nach einem Klavier. Nicht lange, da hatte er das Gewünschte ausfindig gemacht und fing sogleich an, über polnische Weisen zu improvisieren. Die zauberischen Klänge lockten einen Mitreisenden nach dem andern herbei, und bald umstand auch die Familie des Posthalters sowie manch einheimische Schöne den Spieler. Als die Meldung kam, daß das neue Gespann bereit sei und die Fahrt fortgesetzt werden könne, war alles enttäuscht, mit Ausnahme des Pianisten, den es heimwärts drängte. Doch da fingen die Mädchen zu schmeicheln an, und alle Anwesenden baten im Chor, er möge doch noch nicht aufhören. Der Postmeister stellte gar ein weiteres Pferdepaar zum Einholen der Verspätung in Aussicht. Wer hätte da noch widerstehen können? Also phantasierte der junge Chopin noch eine ganze Weile weiter und schloß dann mit einer feurigen Mazurka. Nun wurde Wein gebracht und auf sein Wohl getrunken, und als es schließlich doch ans Abschiednehmen ging, trug ihn der Postvorstand, um ihn zu ehren, inmitten der Zuhörerschar zum Reisewagen, dessen Taschen inzwischen von begeisterter Weiblichkeit mit allerlei Proviant und Näschereien gefüllt worden waren.

Noch einmal wurde die Heimfahrt unterbrochen. Diesmal aber eigenem Plan entsprechend, und zwar in Posen, wo unsere beiden Warschauer einige Tage als Gäste des Erzbischofs Wolicki und des Fürsten Anton Radziwill zu verweilen gedachten. Letzterer war ein großer Musikfreund und selbst kompositorisch tätig. Eine Reihe seiner Gesangswerke mit Instrumentalbegleitung ist bekannt geworden, insbesondere aber seine Musik zu Goethes *Faust*, um deren Aufführung sich Zelter in Berlin sehr bemühte. Fürst Radziwill nahm reges Interesse an der künstlerischen Entwicklung Friedrich Chopins, das sich jedoch – entgegen der Annahme Liszts und anderer – nicht in finanziellen Unterstützungen auswirkte, sondern in Einladungen, in der Vermittlung dienlicher Beziehungen zum polnischen Hochadel und musikalischen Anregungen. Diesmal handelte es sich um des jungen Musikers ersten Besuch auf Radziwills Posener Gut Antonin. Im Nu eroberte er sich dort mit seinem Musizieren, unterstützt durch sein edles Wesen und seine feinen Umgangsformen, die Herzen aller. Sein pianistisches Können erwies er am Vortrage einiger Sonaten von Mozart, Beethoven und Hummel, das schöpferische in freien Improvisationen über eigene oder ihm aufgegebene Themen.

So gut es Friedrich im fürstlichen Schlosse gefiel: er sehnte sich inbrünstig nach Hause und erreichte sogar bei dem väterlichen Freund und Reisegefährten Jarocki, daß dieser der Beschleunigung wegen eine Extrapost bestellte, mit der sie am 6. Oktober 1828 wieder in Warschau anlangten.

Viel gab es daheim zu erzählen, und Friedrichs reichhaltiges Karikaturenheft ergänzte seine humorvollen Schilderungen. – Eine willkommene Überraschung wartete seiner: man hatte ihm ein entlegenes, ruhiges Zimmer zu einem zweckmäßigen und gemütlichen Arbeitsraum hergerichtet. Ungestört konnte er an diesem Zufluchtsort schaffen, und er tat dies auch gleich mit voller Hingabe. Waren doch alles in allem vier Wochen für die Berliner Reise aufgewendet worden, eine gar lange Pause für einen so übungsbeflissenen Pianisten. Auch das tondichterische

Element in ihm verlangte nach Betätigung. Noch harrte ein Klaviertrio der Vollendung, andere schöpferische Pläne waren fortzuführen und neue gereift. Kurz vor seiner Abreise hatte er seinem Freund und ehemaligen Schulkameraden Titus Wojciechowski noch von Kompositionsarbeiten und seinem Bemühen geschrieben, einen Verleger zu finden für die Elsner gewidmete Klaviersonate und die Mozart-Variationen, deren Dedikation er Titus mit den Worten anzeigte: «... auf letztere habe ich (vielleicht zu kühn) Deinen Namen gesetzt. Das Herz wollte es, die Freundschaft verwehrte es nicht, so nimm auch Du es nicht übel ...»

Die Briefe an Titus Wojciechowski unterscheiden sich von den übrigen uns zugänglichen durch die immense Empfindungsglut, die in den persönlichen Abschnitten lodert und um so auffälliger ist, als der Angerufene in dieser Spiegelung (auf die allein wir in Ermangelung Titusscher Antworten angewiesen sind) wesentlich kühler veranlagt erscheint als der Schreiber. Auf Titus' Urteil legte er größtes Gewicht, wie ihm überhaupt diese lebenslängliche Freundschaft nicht nur am Herzen lag, sondern auch, wenigstens bis zu seiner Pariser Zeit, maß- und richtunggebend war. Gefühlsausbrüche, wie sie Titus gegenüber auftraten, erlebte kein anderer seiner Briefpartner in solch eindringlicher und oft übersteigerter Form. Wenn überhaupt, dann einzig Konstanze Gladkowska in den wenigen Briefen, die ihr Chopin kurz vor seiner zweiten Reise nach Wien und durch Vermittlung Jan Matuszynskis von dort aus geschrieben hat. Leider kennen wir nur die Vorgeschichte dieser anderthalb Jahre geheim gehaltenen Jugendliebe und ihren Ausgang. Die anscheinend nicht beantworteten Briefe ihres Verehrers wurden von Konstanze Gladkowska kurz vor ihrem Tode verbrannt, weil sie «das, was der Stolz ihres Lebens geblieben, der Neugier der Welt nicht preisgeben» wollte. Verständlich, aber für uns doch mehr als schmerzlich.

Zwischenbemerkungen und Schlüsse der interessant erzählenden und über sein Tun berichtenden Briefe an Titus sind wahrhaft beredte Zeugnisse eines ungewöhnlich leidenschaftlichen Bedürfnisses nach Liebe und Freundschaft. Neben dithyrambischen Ergüssen und fast überspanntem Verlangen stehen Briefe, in denen der Überschwang spürbar gebändigt ist und deren verschämt werbende Innigkeit und Wärme etwas mädchenhaft Keusches und Rührendes hat. – Hier ein Beispiel letztgenannter Art aus dem oben erwähnten Brief vom 9. September 1828: «... Die Ohren müssen Dir oft geklungen haben, denn es verging kein Tag, wo man nicht Deiner gedacht ... Jetzt gib einen Kuß Deinem getreuesten F. Chopin, nochmals Küsse, Küsse*. Erbarme Dich doch und schreib mir manchmal ein Wörtchen, oder auch nur ein halbes, oder auch nur einen Buchstaben. Auch dieser wird mir teuer sein ...»

Vergeblich hatte er in Berlin und auch nach seiner Rückkehr von dort auf die erbetenen Zeilen aus Poturzyn, Titus' väterlichem Landgut, gewartet. Aufdringlich mochte Friedrich nicht sein, und so unterließ auch er, schweren Herzens zwar, über drei Monate das Schreiben. Doch wurde die Verbindung zwischen den beiden durch die gegenseitigen Besuche gemeinsamer Freunde aufrechterhalten. Das Jahresende aber konnte Friedrich nicht ohne schriftlichen Gruß an Titus vorübergehen lassen. Und so galt denn ihm sein letzter Brief von 1828. «... Ich will», heißt es einleitend, «diesen Zettel nicht mit einer Unmenge

* Das Küssen bei der Begrüßung oder Verabschiedung war damals in Polen eine auch unter Männern gebräuchliche Sitte. Gegenüber älteren oder hochstehenden Personen galten Handküsse als Zeichen der Ehrerbietung.

von Komplimenten, erlesenen Wünschen und ganz gewöhnlichen Konzepten belasten, weil Du mich kennst und ich Dich kenne ...» Allerlei Neuigkeiten und Mitteilungen über den Spielplan der Warschauer Theater schließen sich an. Die polnische Bühne wartete in jenen Tagen mit Webers *Preciosa* und *Geldhab*, einem Lustspiel von Alexander Graf Fredro, auf, die französische unter anderen mit Aubers *Maurer und Schlosser*. Auch eine Art Rechenschaftsbericht ist in diesem Neujahrsschreiben enthalten: «Am 9. Dezember in Sanniki bei Pruszak Rondo C-dur für zwei Klaviere umgearbeitet. Trio g-moll ist nicht ganz fertig. Am 27. Dezember Rondo à la Krakowiak in der Partitur fertiggestellt. Trio noch nicht beendet ... Die Introduktion des Rondo ist originell.» Dann wird Chopin ausführlicher: «Seit einer Woche habe ich nichts geschrieben, weder für die Menschen noch für Gott ... Heute gehe ich zu einem Abend bei der Wincengerod, von dort fahre ich morgen zu einem zweiten Abend bei Fräulein Kicka. Du weißt, wie angenehm das ist, wenn man Schlaf hat und die Leute einen um Improvisationen bitten. Mach' es allen recht! – Selten kommt mir ein ähnlicher Einfall, wie er mir gar manches Mal in der Frühe an Deinem Pantaleon (das ist ein Klavier) so selbstverständlich unter die Finger kam. Wohin man kommt, überall die erbärmlichen Instrumente ...» Und dann, sich verabschiedend: «Kostus erzählte mir, Du habest ihm geschrieben, glaube nicht, daß ich Dir böse bin, weil Du mir nicht geschrieben hast. Deine Seele kenne ich, das Papier schert mich nicht; und wenn ich Dir so viel Sinnloses gekritzelt habe, so nur deshalb, um Dich daran zu erinnern, daß ich Dich so in meinem Herzen trage wie früher, daß ich derselbe Fritz bin wie ehedem ... Du liebst es nicht, daß man Dich küßt. Erlaube es mir heute ...»

VIERTES KAPITEL

Das Jahr 1829

Mit dem erwachenden Frühling des Jahres 1829 war die erste Liebe über Friedrich Chopin gekommen. Ob sie langsam aus einer durch häufige Begegnungen geschürten Schwärmerei für die junge Konservatoristin Konstanze Gladkowska heranwuchs, oder ob sie ihn elementar überfiel, weiß man nicht. Denn lange glühte diese Leidenschaft ganz im verborgenen, allen, auch der Angebeteten selbst, streng verheimlicht. Sie war eine der beiden besten Schülerinnen Carlo Evasio Soliwas, die auf Staatskosten für die Warschauer Bühne ausgebildet wurden. Chopin, der sich ohnedies viel mehr für den Gesang als die nichtklavieristische Instrumentalkunst interessierte, wartete gespannt auf das erste Auftreten der werdenden Opernsopranistin, welches ihm wohl Mut und Anlaß geben sollte, sich ihr zu offenbaren. Doch dies dauerte viel länger, als er es sich vorgestellt; mehr denn ein Jahr verstrich bis dahin. Er wartete, wünschte und hoffte, alles ganz im stillen. Quälend war diese versteckte Liebe, über die er begreiflicherweise mit niemandem reden wollte, bevor er sie der heimlich Geliebten selbst gestanden. Seinem Schaffen nur vertraute er an, was ihn bewegte, in seine Musik ließ er Sehnsucht und erträumte Seligkeiten fließen. Aber als sich die Tage immer weiter in erwartungsvoller Ungewißheit hinzogen und der Herbst bereits das Zepter schwang, da verließ ihn die Kraft, das Verschwiegene allein zu tragen, und so schrieb er Titus Wojciechowski und gab ihm Einblick in den bis dahin verschlossen gehaltenen Schrein seines Herzens: «... vielleicht zu meinem Unglück habe ich schon mein Ideal. Sechs Monate sind verflossen, und ich habe mit ihr, von der ich jede Nacht träume, noch nicht ein Wort gewechselt. Zu ihrem Gedenken ist das Adagio in meinem Konzert* entstanden, sie hat mir diesen Walzer inspiriert, den ich Dir schicke. Beachte die mit einem + bezeichnete Stelle. Niemand außer Dir weiß davon. Wie süß wäre es für mich, könnte ich ihn Dir vorspielen, mein teuerster Titus ...»

Der Name der Geliebten wird dem Freunde in diesem Brief vom 3. Oktober 1829 und aus Vorsichtsgründen einstweilen auch weiterhin noch vorenthalten, aber man spürt, daß Chopin sich ihm anvertrauen möchte, ihm, vor dem allein er fähig war, seine innersten Empfindungen bloßzulegen. Titus' Rat hoffte er herauszufordern, um der verzehrenden Glut seiner unerlösten Liebe zu entrinnen. Von seinen Hemmungen gefesselt, zweifelte er daran, je Erfüllung finden zu können, und war halb und halb gewillt, ins Ausland zu gehen, um seine zarten Kräfte nicht in einer unglücklichen Schwärmerei zu untergraben. Lieber wollte er sie ungeschmälert der weiteren Ausbildung seiner künstlerischen Fähigkeiten zuwenden. Nach dem Ergebnis seiner ersten Wiener Reise, auf die wir bald noch zurückkommen werden, erschien ihm und seinen Eltern die höchstmögliche Entwicklung seiner Begabung als das Gebot seiner Bestimmung. «Du ahnst nicht», schreibt er an

* Gemeint ist das Klavierkonzert in f-moll op. 21, welches früher komponiert wurde als das zuerst im Druck erschienene in c-moll op. 11. Bei dem Walzer handelt es sich um den nach Chopins Tod als op. 70, Nr. 3 veröffentlichten in Des-dur.

anderer Stelle des eben erwähnten Briefes an Titus, «wie traurig Warschau jetzt für mich ist; wäre nicht meine Familie, die mir den Aufenthalt verschönt, so hielte ich es hier nicht aus. Wie hart das ist, niemanden zu haben, zu dem man in aller Frühe gehen und Leid und Freud teilen kann, wie bitter, wenn eine Last uns niederdrückt und wir sie nirgends ablegen können! – Du weißt, was diese Anspielung bedeutet – dem Klavier vertraue ich dann an, was ich so oft Dir sagen möchte . . . Nie möchte ich etwas tun, was Dir mißfiele. Wenn es Dir möglich sein wird, schreibe mir, und Du wirst mich wieder für einige Wochen erfreuen. Verzeihe, daß ich Dir den Walzer geschickt habe, der Dich vielleicht gegen mich verstimmen wird, doch ich wollte Dir damit weiß Gott eine Freude machen, weil ich Dich wahnsinnig liebe . . .»

Titus Wojciechowski, der sich auf dem Gut seines Vaters betätigte, konnte es anscheinend nicht ermöglichen, nach Warschau zu kommen, um dem zaghaften und unentschlossenen Freund aus seinen heimlichen Liebesnöten herauszuhelfen. Schriftlich ließ sich auf derartige vage Mitteilungen hin nichts Entscheidendes unternehmen, und so mußte Friedrich vorerst weiterpendeln zwischen Hoffnung und Resignation. Allein vermochte er einfach nicht den Mut zu finden, sich Konstanze Gladkowska zu erklären, und deshalb richtete er bald darauf einen neuen Hilferuf nach Poturzyn: «. . . Du glaubst gar nicht, wie mich jetzt in Warschau etwas bedrückt. Ich habe niemanden, mit dem ich zwei Worte sprechen könnte, niemanden, dem ich vertrauensvoll in die Augen schauen könnte . . . Du, mein Leben, bist gut; glaube mir, daß ich fast stets bei Dir bin, Dich nicht verlasse, und so wird es bis zum Tode sein . . .»

Diese letzten Sätze enthüllen die Romantik und Tiefe seiner Freundschaft zu Titus Wojciechowski. Es hat seine

Berechtigung, wenn man ihn als Chopins *Zweites Ich* bezeichnete. Nur ihm gegenüber legte er Rechenschaft über sich, über sein Tun und Lassen, Wollen und Wirken ab, nur von ihm erbat er sich ein Urteil darüber. Titus blieb auch weiterhin noch viele Monate lang der einzige, den er in sein Geheimnis eingeweiht, indes Konstanze noch immer nichts ahnte. Chopins Verhalten in dieser Herzensangelegenheit zeigt die Wandlung, die sich in ihm, dem als Knaben so Zugänglichen und Mitteilungsbereiten, während der Entwicklungsjahre vollzog. Zeigt sie in einer hier erstmals auftretenden Eigennote, die ihn nie mehr verließ: dem Verborgenhalten seines Ich. Es handelte sich da um mehr als ein bloßes Verschlossensein, nämlich um ein bewußt geübtes, welches zum Unterschied von jenem, das jeder Klarsichtige bald erkennt, nur einem tiefschauenden Beobachter recht bewußt wird. Man stelle sich einmal vor, welche Anstrengungen ein junger Mensch machen müßte, wollte er nirgends, auch nicht im Familienkreise, das geringste merken lassen von den Hochgefühlen einer ersten Liebe, den Qualen über die Unfähigkeit, sie der Angebeteten zu gestehen und den Zweifeln an der Möglichkeit ihrer Erwiderung. Oder in späteren Jahren: ein schweres Leiden nach außen hin zu ignorieren und völlig zu verbergen bis zu dem Zeitpunkt, wo die Mauer der Selbstbeherrschung dem Ausbruch schwerster Symptome nicht mehr standhalten *kann* und birst. Doch Chopin fiel es offenbar leicht, einen Mantel um sein Befinden und Innenleben zu legen. Dies läßt sich aus einem hier vorweggenommenen Brief erkennen, worin er sich in bezug auf ein Gerücht, das ihn mit der Prinzessin Elisa Radziwill in Verbindung brachte, zu Titus äußerte: «. . . Wenn Du den Verdacht irgendeiner Liebesangelegenheit hegst, so wie viele in Warschau, so laß ab davon und erfahre, daß ich es verstünde, über alles erhaben zu sein, da, wo es sich um mein eigenes Ich handelt, und wenn ich verliebt wäre, so verstünde ich es, noch einige Jahre länger die elenden Leidenschaften zu verbergen ...»

Doch würde man Chopin unrecht tun, wollte man glauben, er habe geheuchelt und sich verstellt. Andere Mittel waren ihm gegeben und gelegen, unerraten zu bleiben. Franz Liszt, der zu seinem Pariser Freundeskreis gehörte, kennzeichnete sie später einmal so: «Dadurch, daß er das Gespräch von seiner eigenen Person ein für allemal abwandte und über sein Empfinden unverbrüchliches Schweigen beobachtete, beschäftigte er die Gesellschaft mit allem, nur nicht mit sich selbst, so daß seine innere Persönlichkeit unberührt und ihre glatte Außenseite, die bei aller Höflichkeit keine Annäherung gestattete, unzugänglich blieb.»

Nun war Chopin jedoch ein ausgesprochener Gefühlstypus. Das Geistige spielte bei ihm nicht die große Rolle, die seinem Empfindungsleben zugemessen war. Reichtum an Gefühl verlangt indes darnach, sich zu verströmen, und so *mußte* sich seiner Überfülle ein Tor öffnen. Es tat sich auf, führte aber, wie schon dargetan, nicht in die Außenwelt, sondern in seine Musik. In diesem Bereich brauchte es keines Versteckspiels. Besser, als es Worte vermocht hätten, künden seine Werke, was er erlebte, ersehnte und erlitt. Sie sind wie bei keinem anderen Tondichter: das Tagebuch seines Lebens.

Nachhaltige Eindrücke und die Auseinandersetzung mit ihnen, Stimmungen, denen er nicht zu entkommen vermochte, Gedanken und Wünsche, die zu äußern ihn seine – übrigens typisch slawische – Zurückhaltung hinderte: alles legte er in seine Tondichtungen, und auch sein Spiel war Spiegel seines ganzen Wesens und Empfindens, ja sogar seiner physischen Beschaffenheit. So ist es selbstverständlich, daß sich auch das neue, vertiefende und erregende Element, das Konstanze Gladkowska, zunächst ohne ihr Wissen, in Chopins Gefühlssphäre brachte, in den Kompositionen dieser Zeit niederschlug.

Zu einem persönlichen Bekenntnis seiner Neigung gegenüber der jungen Sängerin scheint es erst kurz vor seinem Abschiedskonzert, bei dem sie und auch ihre Studienkollegin, Fräulein Wolkow, mitwirkten, gekommen zu sein. Ein von ihr stammendes Bändchen und ein Ring, den sie ihm zum Andenken schenkte, zeugen von ihrer Verständigung. Noch drei Wochen vor seiner endgültigen Abreise im Oktober hatte Chopin mit Bezug auf die Geliebte an Titus geschrieben: «... Wenn ich etwas vor Augen habe, was mich interessiert, so könnte ich unter Pferdehufe geraten, ohne es zu merken, und so ein Unglücksfall wäre mir vorgestern auf der Straße fast zugestoßen, als mich sonntags ein unverhoffter Blick in der Kirche traf, gerade im Moment einer wohligen Erschlaffung; ich stürzte sofort hinaus und wußte eine Viertelstunde nicht, was mit mir geschah ... Ich bin manchmal so verrückt, daß es fürchterlich ist ...»

Erstmals aus den Briefen seiner zweiten Wiener Periode an Jan Matuszynski, dem in der Wertschätzung gleich hinter Titus stehenden, doch in viel gemäßigterer Art geliebten Freund, läßt sich schließen, daß eine Aussprache mit Konstanze stattgefunden haben muß. Jan betätigte sich zwei- bis dreimal als Postillon d'amour; doch schon im Dezember 1830 müssen die noch ziemlich jungen Beziehungen bereits etwas getrübt gewesen sein. «Ach, ich raufe mir die Haare aus, wenn ich daran denke, daß man mich vergessen kann! Gressery! Besobrazow! Pisarzewski! nur so viel davon! Heut' bin ich Othello!» schrieb er nämlich in seinem Weihnachtsbrief an Jan Matuszynski, gegen russische Offiziere wetternd, die vermutlich bei Konstanze in Gunst standen. Und im Frühjahr darauf trug er in sein Notizbuch, aus dem merkwürdigerweise nur zwei Einträge bekannt sind, unter anderem ein: «Es scheint mir, daß ich sie nicht mehr liebe, und doch will sie aus meinem Gedächtnis nicht schwinden.» Auf Titus' Mitteilung von Konstanzens Verheiratung mit dem Kaufmann Grabowski erwiderte Friedrich im Dezember 1831: «Fräulein Gladkowska hat geheiratet! Allein das ist kein Hindernis für platonische Affekte.» Dies ist überhaupt das letztemal, daß der Name der Sängerin in seinen Briefen erwähnt wird. In seiner Musik aber ward sie nicht vergessen und lebt in ihr heute noch.

Doch nun haben wir weit vorgegriffen in unserer Darstellung und müssen uns zunächst wieder zurückbegeben in den Sommer 1829. Mitte Juli jenes Jahres trat Chopin in Begleitung dreier Freunde die bereits erwähnte Reise nach Wien an, zu der Elsner schon wiederholt geraten und die nach Italien auszudehnen er empfohlen hatte. Von der Fahrt und den Eindrücken, die sie ihm vermittelte, schrieb er den Eltern und Schwestern gleich, nachdem er «glücklich, fröhlich, gesund, ausgezeichnet und beinahe bequem in Wien angelangt». «Von Krakau ab sind wir», so heißt es weiter, «im Separatwagen besser gefahren, als wir hätten im eigenen Wagen fahren können. Die schönen Gegenden Galiziens bis Bielsk, später die Oberschlesiens und Mährens gestalteten unsere Reise um so angenehmer, als der nur manchmal nachts niedergehende Regen uns von dem nichtswürdigen Staub befreit hat.» Nun erzählt er, wie sie sich in Krakau einen Bauernwagen gemietet hatten, um nach Ojcow zu fahren und dort anderntags auf den Spuren Königs Lokieteks zu wandeln. Zum Übernachten war ihnen das Haus eines Bauern empfohlen worden. Ihr wegunkundiger Kutscher geriet aber mit Gefährt und Insassen in den Bach Pradnik, und nun saßen sie fest. Um neun Uhr abends kamen zufällig zwei Fußgänger vorbei, die sich ihrer erbarmten und sie zu ihrem Ziel zu geleiten versprachen. «Eine gute halbe Meile mußten wir zu Fuß gehen», fährt die Erzählung fort, «im Tau, über eine Unmenge von Felsen und scharfen Steinen. Oft mußte man auf runden Balken das Flüßchen überqueren, und all dies in finsterer Nacht. Endlich nach vielen Mühen, Stößen und Strapazen sind wir doch zu Herrn Indyk gelangt. Er erwartete so spät keine Gäste mehr und wies uns ein kleines Zimmer unter einem Felsen an in einem eigens für Touristen erbauten Häuschen ... Ein jeder von meinen Kollegen entkleidet sich und trocknet sich an dem durch die biedere Frau Indyk im Kamin entfachten Feuer. Nur ich setze mich in eine Ecke, naß bis über die Knie, und meditiere, ob ich mich entkleiden und trocknen soll oder nicht; da sehe ich plötzlich, daß Frau Indyk sich nach einer nebenanliegenden Kammer begibt, um Bettzeug zu holen. Ein erlösender Einfall inspiriert mich, ich folge ihr und gewahre eine Menge Krakauer Wollmützen. Es sind doppelte Mützen, eine Art Schlafmützen. In meiner Verzweiflung kaufe ich für einen Zloty eine Mütze, zerreiße sie in zwei Stücke, ziehe die Stiefel aus, umwickle mir die Füße damit, binde sie mit einer Schnur fest zusammen und bewahre mich auf diese Art vor der unvermeidlichen Erkältung. Dann trat ich an den Kamin, trank Wein, lachte mit meinen Kollegen, und inzwischen hatte Frau Indyk uns auf dem Boden ein Lager bereitet, wo wir ausgezeichnet schliefen.» Die Fortsetzung dieses Briefes ist nur dem Inhalt nach bekannt. Sie brachte eine Beschreibung der «Polnischen Schweiz» sowie der Schwarzen- und der Königsgrotte, in der, der Volkssage nach, König Lokietek sich gegen Ende des dreizehnten Jahrhunderts vor seinen Feinden verbarg. Die Schönheit Ojcows schien dem Schreiber die Strapazen aufzuwiegen.

In Wien, dem Reiseziel, erwartete ihn viel des Ungekannten und Interessanten, so daß er gar nicht dazu kam, anderes zu erzählen als das mit seinen Erlebnissen, Plänen und Konzerten Zusammenhängende. Gleich sah er sich von der musikdurchtränkten Atmosphäre der Donaustadt erfaßt, in der im Winter zuvor Franz Schubert sein junges Leben ausgehaucht und anderthalb Jahre früher Beethoven das Grabgeleit gegeben hatte. Mozart, Haydn, Gluck und daneben auch minderleuchtende Sterne hatten hier gelebt und geschaffen. Was jene der Welt geschenkt, begann man langsam zu erkennen, wenn man auch noch keine rechte Vorstellung besaß von der wahren Bedeutung der Großen der Musik und der überzeitlichen Geltung ihrer Werke.

Schon lange zog es Chopin nach Wien, nicht etwa, weil er sofort Konkretes für sich zu erreichen hoffte, sondern mehr, weil er das Terrain sondieren und einmal dort gewesen sein wollte, wohin es damals – und auch lange nachher noch – all jene lockte, die im Dienste von Frau Musica standen. Warschau war im Hinblick auf die noch recht primitiven Verkehrsmittel des frühen neunzehnten Jahrhunderts gar sehr abgelegen und das dort künstlerisch Gebotene ziemlich einseitig. Selten nur fanden – was bald anders werden sollte – große Künder der hohen Musik den Weg in die polnische Hauptstadt. Allerdings erlebte Chopin während seines ersten Wiener Aufenthaltes auch keine Begegnungen mit berühmten Virtuosen. Hierzu war der gewählte sommerliche Zeitpunkt nicht geeignet. Doch mag es für ihn zunächst mehr Sinn gehabt haben, direkte

Frédéric Chopin: Lithografie von Gottfried Engelmann (1788–1839) nach einer Zeichnung von P. R. Vigneron (1789–1872) um 1833.

Fühlung zu nehmen mit den Wiener Musikkreisen, um Anregungen zu bekommen und eventuell nach Möglichkeiten für eine weitere Ausbildung zu forschen, vielleicht auch, um einen Weg zu späterer beruflicher Ausübung seiner pianistischen Kunst zu ermitteln. Denn er wollte seinen Eltern, die in auskömmlichen, aber keineswegs vermöglichen Verhältnissen lebten, nicht länger auf der Tasche liegen, als die Umstände es erforderten.

Der gute Elsner hatte mit einer großen Anzahl wirkungsvoller Empfehlungsschreiben dafür gesorgt, daß sein Schützling von den führenden Wiener Musikern, sofern sie nicht in den Ferien weilten, herzlich aufgenommen und interessiert angehört wurde. Da waren die Kapellmeister Gyrowetz, Kreutzer, Lachner und Seyfried, dann Schuppanzigh, der Primarius, und Mayseder, der zweite Geiger des berühmten Streichquartetts, das Werke von Beethoven und Schubert aus der Taufe gehoben hatte, die Pianisten Czerny und Würfel, der Verleger Haslinger, die Klavierfabrikanten Graff und Stein, die sich überboten in Gefälligkeiten gegenüber Chopin, der Intendant Graf Gallenberg, der Journalist Blahetka, Vater einer vortrefflichen Klavierspielerin, und noch manch andere Persönlichkeit, die ihre Freude an dem jungen Polen und seiner ihnen privatim vorgeführten Kunst hatten. Auch der betagte Graf Husarzewski war von Charme und Können seines Landsmanns begeistert und veranstaltete ihm zuliebe ein Galadiner, zu dem viele Gäste der vornehmsten Kreise Wiens geladen waren. Alle, die ihn hörten, rieten ihm dringend, einen Klavierabend zu geben.

«... Wohin ich mich wende», heißt es in seinem zweiten Wiener Brief, «hämmern mir alle in den Kopf, ich solle spielen ... Haslinger behauptet, für meine Kompositionen wäre es besser, wenn Wien sie zu hören bekäme, die Zeitungen würden sogleich lobend berichten, alle bürgen dafür. Mit einem Wort, wer mich hier hört, verlangt, daß ich spiele, und Würfel fügte noch die Bemerkung hinzu, da ich nun schon einmal in Wien sei und meine Sachen in Bälde erscheinen sollen, müsse ich unbedingt auftreten, andernfalls müsse ich eigens noch einmal hierherkommen. Er beteuert, jetzt sei die günstigste Zeit, weil die Wiener nach neuer Musik lechzten. Ein junger Künstler dürfe sich solche Gelegenheit nicht entgehen lassen. Übrigens, würde ich lediglich als Exekutor auftreten, so wäre das von geringerer Bedeutung, da ich aber mit eigenen Werken hervortrete, so könnte ich es ruhig wagen und so weiter ... Die Stadt ist schön, gefällt mir; man redet mir zu, den Winter über hier zu bleiben ...»

Insbesondere Würfel, ein Freund von Chopins Vater und früherer Lehrer am Warschauer Konservatorium, sorgte für das Zustandekommen einer sogenannten *Musikalischen Akademie*. Er war es auch, der Friedrich mit dem damaligen Direktor des Kärntnertortheaters, dem Grafen Gallenberg*, bekannt gemacht hatte. «Würfel hat mich heute», fügte Chopin dem eben erwähnten Brief an, «jedem, dem er begegnete, als den jungen Mann präsentiert, den er beredet habe, ein Konzert zu geben (notabene ohne jedes Honorar, was dem Grafen Gallenberg sehr gefiel, weil es sich hier um seine Tasche handelt). Alle Zeitungsmenschen blicken mich mit großen Augen an, die Orchestermitglieder grüßen mich tief, weil der Herr Direktor der Italienischen Oper, die nicht mehr da ist**, mit mir

* Graf Gallenberg war der Gatte der von Beethoven einmal sehr geliebten Gräfin Giulietta Guicciardi, der die Mondschein-Sonate gewidmet ist und die eine Zeitlang zu unrecht als seine *Unsterbliche Geliebte* galt.

** Anspielung auf die frühere Liierung Gallenbergs mit Barbaja als Leiter der inzwischen eingegangenen Wiener Italienischen Opernbühne.

Arm in Arm geht. Würfel hat mir in der Tat alles erleichtert, er wird selbst bei der Probe sein und bemüht sich aufrichtig um mein Auftreten. Auch in Warschau war er für mich sehr gütig. Elsners gedenkt er innigst. – Man wundert sich hier, daß Keßler, Ernemann und Czapek in Warschau sitzen können, da ich dort bin. Ich machte ihnen aber klar, daß ich „bloß aus Musikliebe“* spiele und Unterricht nicht erteile. – Für das Konzert habe ich ein Instrument Graffs gewählt; ich fürchte, Stein dadurch zu beleidigen, werde ihm aber für seine Gefälligkeit schönstens danken. Ich hoffe, daß mir Gott beistehen wird – seid ohne Sorge!»

Das Konzert, welches Chopins erstes öffentliches Auftreten außerhalb Warschaus bedeutete, fand am 11. August 1829 unter Mitwirkung des Opernorchesters statt. Den Beginn machte eine Beethoven-Ouvertüre, dann folgten Chopins Variationen über «Reich mir die Hand, mein Leben» aus Mozarts *Don Juan* für Klavier und Orchester, und nach Vorträgen der beliebten Koloratursängerin Charlotte Veltheim brachte der Debütant – an Stelle des vorgesehenen Rondo Krakowiak – freie Improvisationen über ein Thema aus Boïeldieus *Weißer Dame*, die er gerade im Opernhaus gehört hatte, sowie über das mazurkaähnliche polnische Hochzeitslied *Chmiel.* – Die Programmänderung hing mit einem unliebsamen Probeverlauf zusammen. Das Orchester war wegen der Mangelhaftigkeit des Notenmaterials zum Rondo ungehalten geworden, wohl aber auch schon an und für sich durch den Umstand aufgebracht, daß dieser unbekannte Jüngling so «mir nichts, dir nichts» zum Konzertieren kam und Würfel als Diri-

* Diese und die noch folgenden, in „Gänsefüßchen“ gesetzten Worte innerhalb Chopinscher Briefe sind im polnischen Original in deutscher Sprache geschrieben.

genten mitgebracht hatte, gegen den irgendeine Animosität zu bestehen schien. Um der Mißstimmung die Spitze abzubrechen, schlug der Theaterregisseur vor, Chopin solle dieses Rondo fallen lassen und lieber improvisieren. «Als er dies gesagt, machte das Orchester große Augen», fährt sein brieflicher Bericht an Titus wörtlich fort, «darüber war ich so aufgebracht, daß ich aus lauter Verzweiflung einwilligte, und wer weiß, ob nicht gerade dieser mein unglücklicher Humor und das Risiko mich zu einem besseren Auftreten am Abend anspornten. Der Anblick des Wiener Publikums hat mich nicht erschreckt*, und da es hier nicht Sitte ist, daß das Orchester auf der Bühne auftritt, vielmehr auf seinen Plätzen bleibt, so setzte ich mich, leichenblaß, begleitet von einem rosig geschminkten Kumpan zum Umblättern der Seiten (er prahlte damit, er hätte Moscheles, Hummel, Herz und anderen, als sie in Wien waren, die Blätter gewendet) an ein wunderbares Instrument von Graff, wahrscheinlich das beste Wiener Instrument. Glaube mir, ich spielte aus Verzweiflung. Die Variationen haben so viel Effekt gemacht, daß ich trotz dem Beifall nach jeder Variation zum Schluß mich nochmals auf der Bühne zeigen mußte. Das Intermezzo sang Fräulein Veltheim, die Hofsängerin des Königs von Sachsen. Endlich kam die Reihe an die Improvisationen – ich weiß nicht, wie es kam, es ging aber so gut, daß sogar das Orchester zu klatschen begann und ich nach meinem Abgang wieder gerufen wurde. So endete das erste Konzert ...»

Trotz den beruhigenden Voraussagen seiner Berater war

* Angst und Hemmungen vor dem Publikum waren neben dem Mangel an Volumen seiner Tongebung die einzigen Schwächen des Pianisten Chopin und mit ein Grund für die Seltenheit seines Auftretens im öffentlichen Konzertleben.

Chopin auf abfällige Kritiken gefaßt gewesen, auch noch nach dem erfolgreichen Auftreten. «... Wenn sie mich in den Zeitungen so verreißen, daß ich mich der Welt nicht mehr werde zeigen können, so habe ich mich entschlossen, Zimmer zu tapezieren», tröstete er sich und die Eltern humorvoll, «denn am leichtesten ist es, einen Pinsel über ein Stück Papier zu streichen, und man bleibt dennoch ein Sohn Apolls ... Heute bin ich um mindestens vier Jahre klüger und erfahrener ...» – «Wenn je, so wäre ich jetzt froh, mit Euch zusammen zu sein», setzte er anderntags seine Darlegungen fort. «Vorhin habe ich den Grafen Lichnowski kennen gelernt, er konnte nicht genug des Lobs für mich finden. Würfel hat mich zu ihm gebracht. Es ist derselbe, der Beethovens größter Freund war. Die Stimme der Allgemeinheit behauptet, daß ich der hiesigen Noblesse gefallen habe. Die Schwarzenbergs, die Wrbnas und andere haben ganz besonders die Delikatesse und die Eleganz meines Spiels gelobt. Beweis hierfür ist Graf Dietrichstein, der zu mir auf die Bühne kam. Madame Lichnowska und ihre Tochter, bei denen ich heute zum Tee war, freuen sich unendlich, daß ich am nächsten Dienstag ein zweites Konzert geben werde ... Czerny hat mir viele Komplimente gesagt, Schuppanzigh und Gyrowetz desgleichen ... Heute sah mich irgendein Deutscher, stürzte auf mich zu und freute sich, daß er das Vergnügen habe, einen solchen „Künstler" näher kennen zu lernen und sagte mir: „Sie haben mich vorgestern entzückt und begeistert." – Ein drittes Konzert werde ich nicht mehr geben, und selbst ein zweites Mal würde ich nicht spielen, hätten nicht alle es so unbedingt gewünscht, und ferner kam mir in den Sinn, in Warschau könnte man sagen: ‚Was soll das viel bedeuten, ein Konzert hat er gegeben und ist abgereist, vielleicht ist es mißlungen.' Auch das zweite Mal spiele ich umsonst, und zwar deshalb, um den Herrn Grafen für mich zu gewinnen, dessen Taschen leer sind (dies im Vertrauen). Ich soll das Rondo spielen und improvisieren. Im übrigen bin ich gesund und frohgemut; ich esse und trinke gut. Wien gefällt mir, auch sind ziemlich viel Polen hier, selbst im Ballett ist einer, der sich bei meinem Auftreten so sehr meiner annahm, daß er mir eigenhändig Zuckerwasser brachte, mir Mut zusprach und so weiter. – Bitte dies alles Herrn Elsner wiederzuerzählen, und mich bei ihm zu entschuldigen, daß ich nicht schreibe, ich bin derart in Anspruch genommen, daß ich nicht weiß, wo mir die Stunden bleiben ...»

Auch über das zweite Konzert, das eine Woche später vor sich ging, hören wir am besten Chopin selbst in einem Brief an die Angehörigen: «Wurde ich das erste Mal gut aufgenommen, so gestern noch besser. Dreimal wurde der Beifall erneuert, als ich mich auf der Bühne zeigte; das Publikum war zahlreicher erschienen ... Durch mein Rondo habe ich alle professionellen Musiker für mich gewonnen ... Da ich heute abends neun Uhr abreise, muß ich am Vormittag Besuche abstatten. Gestern bemerkte Schuppanzigh, da ich so rasch Wien verlasse, müsse ich bald wieder kommen, um zu lernen; darauf warf jener Baron ein, „in diesem Falle brauche ich nicht mehr herzukommen“, was andere Stimmen bestätigten. Blahetka sagte, nichts wundere ihn so sehr, als daß ich in Warschau dies alles gelernt habe. Ich erwiderte, daß bei Herrn Zywny und Herrn Elsner der größte Esel etwas lernen müsse. Es tut mir leid, daß ich mich noch mit keiner Zeitung ausweisen kann ... Ich weiß es nicht, aber vielleicht haben sie auf mein zweites Auftreten gewartet. Das Blatt erscheint zweimal wöchentlich, vielleicht werdet Ihr früher als ich etwas Günstiges oder Ungünstiges über mich lesen.

Die Gelehrten und die Empfindsamen habe ich für mich eingenommen. Es wird viel zu erzählen geben. Ich wollte etwas anderes schreiben, der gestrige Tag steckt mir aber so im Sinn, daß ich meine Gedanken nicht sammeln kann ... Gestern war ich bei Czerny und Schuppanzigh, um mich zu verabschieden. Czerny ist gefühlvoller als alle seine Kompositionen ... In zwei Nächten und einem Tag werden wir in Prag sein; um neun Uhr abends besteigen wir den Eilwagen; schön wird die Reise sein, schön die Kompagnie.»

Der erste Schritt in die große Welt war nun getan, und der Ausgang seines Unternehmens durfte den nunmehr neunzehnjährigen Konzertgeber anspornen, auf dem eingeschlagenen Wege weiter zur Höhe zu streben. In der *Wiener Theaterzeitung* gestand ihm der gefürchtete Kritiker Adolf Bäuerle «sowohl wegen der Eigentümlichkeit seines Spiels als auch seiner Kompositionen fast schon ein wenig Genialität» zu. Er lege es gar nicht darauf an, zu brillieren, obwohl sein Spiel Schwierigkeiten besiegt habe, deren Überwindung selbst in Wien, der Heimat der Klaviervirtuosen, habe auffallen müssen. «Sein Anschlag», heißt es wörtlich weiter, «obwohl nett und sicher, hat wenig von dem Glanze, durch den sich unsere Virtuosen sogleich mit den ersten Takten als solche ankündigen, er markiert nur schwach, wie ein Konversierender in einer Gesellschaft gescheiter Leute, nicht mit jenem rhetorischen Aplomb, der bei den Virtuosen für unerläßlich gehalten wird ... und dennoch erkannte unser zartsinniges und feinfühliges Publikum in dem fremden, noch unberühmten Jüngling sogleich den wahren Künstler ...»

Interessant ist die Feststellung seiner *schwachen Markierung*, denn nach einer der Kritik vorangegangenen brieflichen Äußerung Chopins herrschte allgemein die Ansicht, er habe «zu leise gespielt, oder besser gesagt, zu delikat, da die Wiener Künstler gewohnt sind, auf das Klavier einzuhauen». – In dem Referat über das zweite Konzert unterstrich Bäuerle seine vorher schon gemachte Feststellung, daß der «Concertist» um der Musik willen spiele und nicht, um zu gefallen. – Von den übrigen, durchwegs sehr lobenden Besprechungen sei, der Wichtigkeit des Anlasses wegen, noch die des maßgebenden Fachblatts, nämlich der Leipziger *Allgemeinen musikalischen Zeitung* vom 18. November 1829 erwähnt: «Herr Chopin führte sich als Meister ersten Ranges ein. Die ausgezeichnete Zartheit seines Anschlags, eine unbeschreibliche mechanische Fertigkeit, sein vollendetes, der tiefsten Empfindung abgelauschtes Nuancieren, Tragen und Schwellen der Töne, des Vortrags so seltene Klarheit und seine durch hohe Genialität gestempelten Erzeugnisse – Bravour-Variationen, Rondo, freie Phantasie – geben den von der Natur so freigebig bedachten selbstkräftigen Virtuosen zu erkennen, der, ohne vorheriges Ausposaunen, als einer der leuchtendsten Meteore am musikalischen Horizonte erscheint.»

Chopin und seine ihn begleitenden Warschauer Freunde, die in Wien anderen Interessen nachgegangen waren und dort für ihn weiter keine nennenswerte Rolle spielten, trafen um die Mittagszeit des 21. August in Prag ein. Zu der Verabschiedung in Wien, die sich sehr rührend gestaltete, hatten sich verschiedene seiner neuen Bekannten eingefunden, darunter Vater Blahetka und seine Tochter, die ihrer Schwärmerei für den ein wenig älteren Kollegen Chopin durch Dedikation eigener Kompositionen Ausdruck gegeben, und ferner Thomas Nidecki, einer seiner Konservatoriums-Bekannten, welcher dank einem staatlichen Stipendium seine Musikstudien in Wien fortsetzen durfte.

Die drei Tage, welche unsere Reisenden in Prag verweilten, waren voll angefüllt mit Besuchen und Besichtigungen. Ausgerüstet mit einem halben Dutzend Empfehlungsschreiben Blahetkas und Würfels an die Prager Musikgrößen, stellte sich Chopin diesen vor; zum Musizieren kam er indes nicht. Besonders liebenswürdig wurde er von dem Violinvirtuosen Friedrich Pixis empfangen, und der Zufall wollte es, daß er in dessen Gesellschaft auch den gerade auf der Durchreise nach Wien und Italien befindlichen Kontrapunktisten Alexander Klengel kennen lernte, den in Dresden aufzusuchen er beabsichtigt hatte. Klengel trug dem jungen Kollegen sein Hauptwerk vor, die in der Art von Bachs Wohltemperiertem Klavier komponierten *Zweimal 24 Kanons und Fugen in allen Tonarten*, worüber dieser sehr erfreut war. «Welcher Unterschied zwischen ihm und Czerny ... Von allen Musikern, die ich kennen gelernt habe, gefällt mir Klengel am besten», ließ er Titus wissen.

Eine andere interessante Prager Begegnung war für ihn die mit dem tschechischen Philologen und Nationalbibliothekar Wenzel Hanka, an welchen Maciejowski, einer seiner Reisegefährten, empfohlen gewesen und dem er selbst sich als Patenkind des Grafen Skarbek bekannt machte. Hanka nahm sich anscheinend seiner jungen Besucher recht liebenswürdig an, führte sie durch das Prager Museum, dem er vorstand, und darnach auch in die Stadt. «Ich will mich nicht darüber auslassen, wohin er uns geführt», äußerte Friedrich an die Eltern, «welche prachtvollen Ansichten er uns gezeigt. Es mangelt mir an Platz, um die herrliche Kathedralkirche mit dem silbernen heiligen Johann Nepomuk zu beschreiben, die mit Amethysten und anderen kostbaren Steinen ausgelegte, wunderbare Wenzelskapelle ... wenn ich zurückkomme, werde ich davon erzählen ...» – Die ehrende Aufforderung Hankas, sich in das Gästebuch des Museums einzuschreiben, versetzte die beiden Warschauer etwas in Verlegenheit angesichts der poetischen und geistreichen Einträge bedeutender, darunter auch polnischer Persönlichkeiten. «Was sollte da ein Musikant beginnen? Zum Glück kam Maciejowski auf den Einfall, vier Mazurka-Strophen zu dichten; ich machte dieMusik* dazu und schrieb mich mit meinem Poeten so originell, wie nur irgend möglich, ein. Hanka freute sich darob, weil es ein an ihn gerichteter Mazur war, der seine Verdienste auf dem Gebiete des Slawentums pries ...»

Von Prag ging die Wagenfahrt nach Teplitz. Das Studium der Badeliste führte den unternehmenden Chopin dazu, einen ihm bis dato anscheinend nicht bekannten Landsmann, Louis Lempicki, aufzusuchen, mit dem Erfolg, daß ihn dieser gleich einlud, ihn abends zu einer Gesellschaft bei der fürstlichen Familie Clary zu begleiten. Der Nachmittag verlief in Gemeinschaft der Freunde mit Besichtigungen. Lassen wir Chopin selbst weitererzählen: «Wir gingen überall hin, auch in Dux waren wir, im Palais Wallenstein. Hier befindet sich ein Stück vom Schädel des großen Feldherrn, die Hellebarde, mit der er erschlagen wurde, und viele andere Andenken. Abends, statt ins Theater zu gehen, kleidete ich mich um, zog weiße Handschuhe an, die ich von meinem letzten Auftreten in Wien noch hatte, und begab mich um halb neun mit Lempicki zum Fürsten. Wir treten ein: kleine, aber nette Kompagnie, ein österreichischer Fürst, ein General, dessen Name ich vergessen habe, ein englischer Schiffskapitän, einige junge Elegants, wie es hieß, ebenfalls österreichische

* Diese Mazurka wurde in einem Artikel der böhmischen Zeitschrift *Dalibor* (Nr. 6 von 1879): *Chopins Aufenthalt in Prag*, veröffentlicht.

Fürsten, und ein sächsischer General, Leiser mit Namen, fürchterlich mit Orden besät und mit einer Schramme im Gesicht. Nach dem Tee, vor dem ich viel mit dem Fürsten Clary gesprochen hatte, bat mich dessen Mutter, ich möge ‚geruhen' mich ans Klavier zu setzen (ein gutes Klavier Graffs); ich ‚geruhte', bat aber meinerseits, man möge ‚geruhen', mir ein Thema zur Improvisation zu geben. Wie ein Lauffeuer ging es gleich um den großen Tisch herum, wo stickend, strickend und klöppelnd das schöne Geschlecht saß: un thème, un thème! Drei liebreizende Prinzessinnen berieten sich, bis eine sich an Herrn Fritsche wandte (soweit ich bemerkte, der Erzieher des jungen Clary), der unter allgemeiner Zustimmung mir aus Rossinis *Moses* ein Thema angab. Ich improvisierte – und irgendwie so glücklich, daß General Leiser nachher lange mit mir sprach, und als er hörte, daß ich nach Dresden fahre, schrieb er sofort an Herrn Baron von Friesen. Viermal spielte ich an diesem Abend, und die Prinzessinnen wollten, ich solle noch in Teplitz bleiben und mit ihnen zu Mittag speisen. Da ich aber meine Kollegen nicht verlassen wollte, lehnte ich mit großem Dank ab. Gestern also, fünf Uhr früh, brachen wir mit einem für zwei Taler gemieteten Fuhrmann von Teplitz auf und langten vier Uhr nachmittags in Dresden an. – Ich habe Glück auf der Reise: heute Goethes *Faust* und morgen, wie mir Klengel sagte, italienische Oper. – Den Brief gestern abends begonnen, heute früh beende ich ihn. – Ich kleidete mich an, gehe zu Baron Friesen und Morlacchi, weil ich keine Zeit zu verlieren habe. In einer Woche gedenken wir hier aufzubrechen. Vorher wollen wir jedoch die ‚Sächsische Schweiz' besuchen, wenn das Wetter gut sein wird. Einige Tage werden wir in Breslau verweilen, erst von dort geht es nach Hause. Es drängt mich so zu Euch, geliebteste Eltern ...

Geschichten und Abenteuer wird es zu erzählen geben, aber hübsche, hübsche ...»

Der Besuch bei Baron Friesen, dem sächsischen Hofmarschall, ging, entgegen den Erwartungen, über den Austausch zeremonieller Höflichkeiten nicht hinaus; von dem Kapellmeister Morlacchi jedoch wurde unser junger Künstler sehr freundlich empfangen und, einer Anregung Klengels folgend, zu dessen begabter Schülerin Fräulein Pechwell geführt, die ihm vormusizierte. – Zur *Faust*-Aufführung, die sich das Freundes-Glückskleeblatt nicht entgehen lassen wollte, mußte man, um Karten zu bekommen, bereits um viereinhalb Uhr nachmittags anstehen. Es handelte sich um eine Festvorstellung zur Feier von Goethes achtzigstem Geburtstag, mit Karl Devrient, dem Neffen des großen Ludwig Devrient, in der Titelrolle. In den Zwischenakten wurde Musik aus Spohrs Oper *Faust* gespielt*. Chopin, der über den Theaterbesuch nur in einem Postskriptum zum vorerwähnten Brief berichtete, war wohl zu müde, um über das Werk (das in der Tieckschen Bühnenbearbeitung gegeben wurde) mehr zu schreiben als: «eine erschütternde und große Phantasie».

Nach seiner Heimkehr war es ihm Herzenssache, Titus getreulich über alles zu berichten, was er erlebt, erfahren und empfand. Weit schwärmerischer noch als zuvor, vielleicht angefacht durch den – Chopins eigenen Briefen zu entnehmenden – stärkeren Widerhall, den er nunmehr bei

* Dies bedeutete die ehrendste Anerkennung, die Spohrs *Faust*-Musik widerfahren konnte. Als Oper vermochte sie, bei dem schlechten Text J. C. Bernards, nicht zu bestehen. Goethe äußerte sich an Zelter darüber in einem Brief vom 16. 12. 1829: «... Deine Relation von Spohrs Oper gibt einen neuen Beweis, daß, wenn schon die Poesie in völlige Nullität sich auflöst, der Musicus dabei doch seine Rechnung finden, eine Darstellung ihn befriedigen, ja teilweise sogar entzücken kann ...»

dem mit wahrer Leidenschaft geliebten Freund fand. Unwillkürlich wird man bei der Lektüre dieser Ergüsse an die Überschwenglichkeit mancher Jean-Paulschen Gestalten erinnert.

Mit den Zeilen vom 13. September 1829, die wir im Hinblick auf Chopins Liebesnöte bereits früher heranzogen, ward eine sich genau über dreizehn Monate hinstreckende Serie von sechzehn respektabel langen Briefen an Titus Wojciechowski eingeleitet. Manche Stellen darin geben der Vermutung Raum, daß es ursprünglich noch mehr gewesen und einige verlorengingen oder zurückgehalten, jedenfalls nicht bekannt wurden. Die Korrespondenz an Titus ist die einzige, die aus dieser Zeit vorhanden ist, einer Zeit, die Chopin – abgesehen von kurzen Unterbrechungen durch Besuche in Antonin bei Radziwills und in Strzyzewo bei seiner Patin, Frau Wiesiolowska – dauernd in Warschau zubrachte. Durch die eingehende und flüssige Erzählung alles Vorgefallenen und Erwogenen, aller Hoffnungen, Qualen und Erlebnisse sind diese Mitteilungen an Titus höchst aufschlußreich. Sie dienen uns als authentische Quelle für alles tatsächliche Geschehen während des folgenden Zeitabschnitts bis zu jenem letzten Brief der ununterbrochenen Kette, dem vom 12. Oktober 1830.

Friedrichs Überlegungen und die Unterredungen mit den Eltern und Elsner führten zunächst zu dem Plan, gleich im November wieder nach Wien zu reisen, den Winter über dort weiterzustudieren und am Musikleben teilzunehmen, um dann schließlich im Frühjahr nach Italien zu gehen, wovon man sich wohl auch im Hinblick auf seine zarte Konstitution Gutes versprach. War er doch immer sehr blaß und fror leicht, ein Zeichen der Blutarmut, an der er noch in späteren Jahren, und zwar in stärkstem

Maße, litt. Das Reisevorhaben wurde dann aber schließlich doch um ein Jahr hinausgeschoben. Vorher sollte sich Friedrich noch in Warschau als Konzertgeber vorstellen, und er selbst gedachte, die Zeit auch tüchtig zum Komponieren zu nützen, zumal er verschiedenes in Arbeit hatte, das er gern dort uraufgeführt sehen wollte.

Das Warschauer Konzertleben hielt allerdings den Vergleich mit dem Wiener nicht aus. Mit der Oper stand es etwas besser, doch gegen Ende 1829, mit dem wir dieses Kapitel beschließen, war der Spielplan ziemlich dürftig, kamen doch häufig Stücke zur Aufführung, die wir heute kaum noch dem Namen nach kennen, wie die Opern *Verkaufte Braut* von Hérold, *Bettler als Millionär* von Drechsler und *Lucifers Palast* von Kurpinski.

Manche Anregung boten die Hauskonzerte, die der «Etüden-Keßler» allwöchentlich veranstaltete. «Alles kommt dort zusammen und musiziert», ließ sich Chopin darüber vernehmen, «nichts ist vorher festgelegt, was den Anwesenden in die Hände gerät, wird gespielt. So wurde das cis-moll-Konzert von Ries vom Quartett vorgetragen, dann das Trio in E-dur, das letzte Trio von Beethoven (etwas ähnlich Großes habe ich schon lange nicht gehört, hier höhnt Beethoven der ganzen Welt), das Quator des preußischen Prinzen Ferdinand alias Dussek*, und zum Schluß Gesang, es war aber kein Gesang, nur eine Gesangsparodie, was in der Tat sonderbar war. Du mußt nämlich wissen, daß Cymmermann, der die Flöte spielt, mit Hilfe von Lippen und Händen eine besonders lächerliche Stimme hören lassen kann, halb Katze und halb

* Chopin war der irrtümlichen Meinung, J. L. Dussek, einige Jahre Hofpianist des Prinzen Louis Ferdinand von Preußen, sei der eigentliche Verfasser von dessen Kompositionen. Der Prinz war indes wirklich ein guter und sehr fruchtbarer Tondichter.

Kalb, etwas in dieser Art. Nowakowski hat auch eine originelle Stimme, ähnlich einer kleinen, falschen Kindertrompete. Durch flaches Zusammenpressen seiner Lippen bringt er sie hervor. Diesen Umstand benützend, hat Philipp ein Duett mit Chor für Cymmermann und Nowakowski geschrieben; ein großer Unsinn, wenn auch gut gemacht, doch so komisch, daß es nicht zu Ende geführt werden konnte. Obwohl es auf Beethovens Trio folgte, vermochte es dennoch nicht, den großen Eindruck zu verwischen, den jenes auf mich gemacht, besonders da es auch gut exekutiert wurde . . . »

Drei Wochen später spielte Keßler übrigens in der Warschauer Ressource das E-dur-Klavierkonzert von Hummel, und Chopin hoffte, demnächst auch in diesem Rahmen mit seinen Mozart-Variationen zu Gehör zu kommen. Er mußte aber noch einige Monate warten, bis es so weit war.

Eine herzliche Einladung zu den Radziwills brachte willkommene Abwechslung in sein Leben, das ihm nach den Wiener Tagen doch zu eintönig dünkte, und Ablenkung von der inneren Unruhe, die ihn ob seiner verheimlichten Liebe zu Konstanze Gladkowska heftig bedrängte.

Kaum war er wieder von Antonin nach Hause zurückgekehrt, schwärmte er Titus von seinem Aufenthalt und den sympathischen Menschen vor. Des Fürsten *Faust*-Musik hatte ihn angenehm überrascht: «Wie er die Musik liebt, weißt Du ja, er zeigte mir seinen *Faust* und viele Sachen fand ich, die glänzend durchdacht waren, ja, geradezu genial, wie ich sie vom Statthalter niemals erwartet hätte*. Unter anderem gibt es dort eine Szene, in der

* Fürst Anton Heinrich Radziwill, dem Beethoven seine Ouvertüre op. 115 gewidmet hat, arbeitete mehr als zwanzig Jahre an seiner *Faust*-

Mephistopheles vor Gretchens Haus sie durch Gitarrenspiel und Gesang in Versuchung führt, und gleichzeitig hört man Chorgesang aus der nahen Kirche. Dieser Kontrast macht bei der Exekution großen Eindruck; das Manuskript weist kunstvoll zusammengesetzten Gesang auf, oder vielmehr das Teufelsakkompagnement zu dem ganz strengen Choral*. Du kannst Dir daraus einen Begriff machen von seiner Auffassung der Musik; dabei ist er ein enragierter Verehrer Glucks; Theatermusik erkennt er nur insofern an, als sie Situation und Gefühl malt; deshalb hat selbst die Ouvertüre kein Finale, sondern geht in die Introduktion über, das Orchester bleibt stets hinter der

Musik, die er ständig ergänzte und feilte. 1810 wurden bereits Teile davon aufgeführt, in größeren Abständen immer wieder einmal neue Szenen hinzugefügt, die letzten 1831. Es ist reizvoll zu lesen, was Zelter, dem Radziwill für die Berliner *Singakademie* mehrere Werke verfaßte, darüber am 25. Mai 1820 an Goethe schrieb: «Gestern, am Geburtstag des Fürsten Radziwill, ist endlich unser *Faust* glatt und rund vom Stapel gelaufen. Der König war so zufrieden mit uns, daß ich sein Lob aus seinem Munde honigsüß vernommen habe und hinterher wohl sagen mag, daß ich selber wohl zufrieden war. Was ich nächstdem auch für Dich zu bemerken finde, besteht in der Anerkennung des Ganzen. Die Sensation unserer ersten Versuche seit zehn Jahren hatte bis heute einen Bittergeschmack, der in Einzelheiten und Worten seinen Grund hatte. Wenn Radziwills Kompositionen auch gar kein eigenes Verdienst hätten, so würde man ihm doch das Große zugestehen müssen: das bisher im dicksten Schatten verborgen gewesene Gedicht ans Licht zu bringen . . . wodurch sie nun erst Deutsch lernen. Denkst Du Dir nun den Kreis dazu, in dem dies alles vorgeht: einen Prinzen als Mephisto, unseren ersten Schauspieler als Faust, unsere erste Schauspielerin als Gretchen, einen Fürsten als Komponisten, einen wirklich guten König als ersten Zuhörer . . . .»

* Diese Szene beurteilte Zelter weniger günstig. Wir lesen darüber in seinem Brief an Goethe vom 21. November 1830: «Fürst Radziwill hat mich gestern drei neue Szenen seines *Faust* vernehmen lassen. Die Aufmerksamkeit, mit welcher alles bis in die kleinsten Teile durchdacht ist, konnte ich nur loben. . . . So geschickt und fleißig das nun alles in den Gang der Handlung verwebt und eingepaßt ist, so bleibt es doch ein Fehlgriff, weil der Chorgesang durch die Dazwischenrede gestört wird, auch ist es unkatholisch.»

Bühne, damit die Bewegungen der Geigenbogen, die Anstrengungen und das Blasen unsichtbar bleiben . . .»*

Von der Radziwillschen Familie war Chopin hell begeistert. Die Fürstin-Mutter wisse, daß nicht die hohe Herkunft ausschlaggebend für den Menschen sei, und sie verpflichte einen durch ihr Benehmen dermaßen, daß man sie unbedingt liebgewinnen müsse. Und erst die Prinzessinnen! Damit er der siebzehnjährigen Wanda etwas einzustudieren hatte, verfaßte er an Ort und Stelle eine *Alla Polacca* für Klavier und Violoncello, ihr Instrument und das ihres Vaters. «Ausschließlich Blendwerk für den Salon, für die Damen», schrieb er seinem Briefpartner. «Ich wollte, daß die Prinzessin Wanda es lerne. Während dieser Zeit habe ich ihr sozusagen Unterricht erteilt. Ein junges Ding, hübsch, und angenehm war es, weiß Gott, ihr die Fingerchen zu stellen. Doch Scherz beiseite: sie hat viel echtes musikalisches Gefühl, so daß man gar nicht viel zu reden braucht, hier crescendo und hier piano, hier schneller und dort langsamer und so weiter. – Ich konnte die Zusendung meiner Polonaise f-minor nicht abschlagen, die das Interesse der Prinzessin Elise erweckt hat, bitte also schicke sie mir mit der allerersten Post, denn ich will nicht als unhöflich gelten; aus dem Gedächtnis will ich sie nicht niederschreiben, Liebster, weil ich sie vielleicht anders schriebe, als sie in Wirklichkeit ist. Du kannst Dir ein Bild vom Charakter der Prinzessin machen, da ich ihr diese Polonaise vorspielen mußte, und sie nichts lieber hatte als das Trio As-dur. So gut sind sie alle dort . . . Du wolltest ein Porträt haben; hätte ich der Prinzessin Elise eines stehlen können, ich hätte es Dir geschickt: zweimal hat sie

* Fürst Radziwill ist der ursprüngliche Anreger des *verdeckten Orchesters*, das Richard Wagner als erster in Bayreuth zur Einführung brachte und das heute in den Operntheatern allgemein üblich ist.

mich in ihr Album gezeichnet, wie man allgemein behauptet, sehr ähnlich . . .»

Es war wundervoll zu musizieren im Salon von Antonin. Von verstehenden Freunden seiner Kunst umgeben, konnte Chopin bei der Intimität des Raumes, unbekümmert um die Tonstärke, die Tiefe und Leidenschaftlichkeit seines Empfindens ganz in die Intensität seines Klavierspiels legen. Hätte ihn die Arbeit am Finale seines zweiten Konzerts nicht unwiderstehlich nach Hause gezogen, er würde, wie er selbst brieflich geäußert, in jenem Paradies geblieben sein, bis man ihn fortgejagt. Doch nie wäre es hierzu gekommen, denn beide Prinzessinnen hatten ihm gar zu gerne gelauscht und auf die spielenden Hände gesehen. Die eine wohl auch zu tief in die Augen...

FÜNFTES KAPITEL

November 1829 bis November 1830

Unter den künstlerischen Begegnungen, die Chopin um die Zeit seines neunzehnten und zwanzigsten Lebensjahres in Warschau hatte, ragen drei als die bedeutendsten heraus: die mit Johann Nepomuk Hummel, Nicolo Paganini und Henriette Sontag. Von dem Auftreten Hummels, der neben Kalkbrenner, Moscheles und Field zu den Klaviergrößen jener Epoche zählte, sowie demjenigen Paganinis, des berühmten Geigenvirtuosen, finden sich in den zeitlich entsprechenden Briefen Chopins wohl Hinweise auf ihr Kommen, nicht aber Schilderungen. Da sich seine Korrespondenz damals, wie bereits erwähnt, ausschließlich an Titus Wojciechowski richtete, dem er bestimmt kein nachhaltiges Erlebnis vorenthalten hätte, kann man folgern, daß dieser zu den beiden Konzertereignissen selbst nach Warschau gekommen war und sie diese gemeinschaftlich genossen hatten. Als Briefstoff wurden sie dadurch ausgeschaltet, zumal bald darauf andere große Eindrücke, vor allem die durch Henriette Sontag vermittelten, das Feld beherrschten. Doch glauben wir nicht fehl zu gehen in der Annahme, daß Paganinis Spiel für Chopin nichts so Überwältigendes bedeutete* wie für die anderen

* Zwar schrieb er damals eine kleine Gelegenheits-Komposition *Souvenir de Paganini*, die in einer Beilage zum Warschauer *Echo Muzyczne* erschien, jedoch nicht weiter bekannt und von ihm auch nie erwähnt wurde.

großen Musiker, etwa für Schubert, Schumann, Liszt. Das ganze Wesen und dämonische Gebahren dieses Hexenmeisters der Violine mag dem zum Aberglauben neigenden Chopin etwas unheimlich, seiner vornehm-zurückhaltenden Art vielleicht auch zuwider gewesen sein. Später allerdings, losgelöst von dem ihn vermutlich irritierenden persönlichen Fluidum, führte Chopin Paganini oft als das Muster größter Geigenkunst an; doch ist es weit übertrieben, zu behaupten, wie man dies in manchen Chopin-Büchern lesen kann, er habe Paganini «angebetet». Den Wiener Geiger Slavik hat er beispielsweise kaum weniger geschätzt. Schon beim erstmaligen Hören gefiel er ihm, «wie keiner nach Paganini», und später, als er sich mit Slavik angefreundet und musiziert hatte, berichtete er den Eltern: «Er spielt wie ein zweiter Paganini, aber ein verjüngter Paganini, der mit der Zeit den ersten übertreffen wird. Ich würde es nicht glauben, hörte ich ihn nicht oft; bedauere nur, oh, wie ich es bedaure, daß Titus ihn nicht kennen gelernt hat. Auch Slavik versteht es, die Hörer zu betören, auch er bringt die Menschen zum Weinen.»

Was J. N. Hummel anbelangt, so schätzte ihn Chopin in erster Linie als Komponist. Er bewunderte und liebte seine Werke, spielte sie auch gern und oft. Doch ist kaum anzunehmen, daß ihm Hummels Pianistik einen überragenden Eindruck machte. Dazu dürfte sie in der Art – zeitgenössischen Darstellungen, aber auch seiner kompositionellen Klaviersprache nach zu urteilen – der Chopinschen zu verwandt gewesen sein. Und da der junge Pole damals bereits eine ausgezeichnete Technik besaß, so kann man sich vorstellen, daß ihm trotz aller Bescheidenheit Hummel durchaus nicht als unerreichbarer Virtuose erschienen sein mag. Er war auch gar nicht geartet wie so viele Jünger der Musik, die ihre Eigennote gewaltsam zurückdämmen, um irgendeinem Ideal nachzustreben, und an Minderwertigkeitsgefühlen leiden, wenn sie das Vorbild nicht einzuholen vermögen, wie weiland der jugendliche Franz Schubert. Jedenfalls ist keine briefliche Äußerung Chopins über Hummels Spiel vorhanden. Wohl aber – abgesehen von Werkbeurteilungen – anerkennende Worte über die «ungewöhnliche Liebenswürdigkeit des alten Hummel», der ihm in Wien manch nützliche Bekanntschaft vermittelte und dessen Sohn, der Maler, 1830 ein Porträt von Chopin in Kreide zeichnete «auf einem Schemel sitzend, im Schlafrock, mit inspirierter Miene, so ähnlich, daß es unmöglich treffender sein könnte». Das Bild ist leider verschollen, ebenso auch die Zeichnung, die der junge Hummel von Chopins Wiener Behausung entwarf.

Auch hinsichtlich Liszts Spiel, dessen Virtuosität sich in den ersten Pariser Jahren allerdings noch nicht recht entfaltet hatte, scheint Chopin «das Herz nicht so voll gewesen, daß der Mund überfloß». Außer Mitteilungen, jener werde bei ihm zu Hause (in Paris) musizieren oder habe dies getan, was anscheinend öfter der Fall war, findet sich in der Briefsammlung nur eine diesbezügliche Bemerkung, wenn man von dem übereilten und späterhin wohl selbst als unhaltbar empfundenen Vergleich mit Kalkbrenner absieht (siehe Seite 129). In einem mit Liszt und dem Violoncellisten Franchomme gemeinschaftlich verfaßten Schreiben an Ferdinand Hiller, einen Schüler Hummels, heißt es nämlich von der Hand Chopins: «... Ich schreibe Ihnen, ohne zu wissen, was meine Feder kritzelt, denn Liszt spielt in diesem Augenblick meine Etüden und verscheucht mir meine anständigen Gedanken. Ich möchte ihm die Art stehlen, wie er meine eigenen Etüden wiedergibt ...»

Stolz empfand er es, in jungen Jahren mit Cramer und Field, mit letzterem namentlich wegen seines Anschlags, verglichen zu werden. Field lernte er später in Paris persönlich kennen und hörte ihn auch einmal spielen, äußerte sich indes nicht darüber, was aus dem Umstand erklärbar ist, daß jener ihn «un talent de chambre de malade» genannt hatte. – Mit den Altersgenossen Mendelssohn und Schumann verband ihn einige Jahre deren Herzlichkeit und Interesse; wie er sie als Klavierkünstler einschätzte, erfährt man nicht, wohl aber, wie jene ihn beurteilten. Doch davon ein andermal! Um die Parade der großen Pianisten jener Zeit in Chopins Beleuchtung zu Ende zu führen, seien noch Czerny, den er namentlich als Komponist ablehnte, Henry Herz, dem er sich anfänglich in Paris als Spieler ähnlich dünkte, und der vorerwähnte Hiller genannt, «ein Jünger Hummels von großem Talent»; dann Clara Wieck, von der er 1839 schrieb: «Sie spielt, wie man nicht besser spielen kann», und zum Schluß noch Thalberg und Moscheles zusammen in einer Briefnotiz von 1830: «Thalberg spielt gut, doch ist er nicht mein Mann; jünger als ich, gefällt den Damen, macht ein Potpourri aus der *Stummen von Portici*, gibt das Forte und Piano mit dem Pedal, nicht mit der Hand wieder, nimmt Dezimen so leicht wie ich Oktaven, hat Hemdenknöpfe aus Brillanten, staunt nicht über Moscheles und glaubt sich über ihn erhaben. Was Wunder also, daß ihm nur das Tutti in meinem Konzert gefallen hat ...»

Nach diesem Ausflug in das Bereich der großen Pianisten jener Zeit wollen wir, uns nach Warschau um 1830 zurückversetzend, noch der beiden jungen Klavierkünstler gedenken, die sich dort erstmals hören ließen: der Czerny-Schülerin Anna Caroline de Belleville und des sechzehnjährigen königlich-preußischen Hofpianisten Wörlitzer. Wie verhältnismäßig wichtig nahm Chopin, der damals eben doch erst sehr wenig gehört und noch keinen Umgang mit der internationalen Musikwelt hatte, diese Darbietungen der jüngsten Virtuosen! Über Wörlitzer, der keine weitere Karriere machte, ließ er an Titus verlauten: «Sehr schön spielt der Kleine. Eigentlich ist er noch ein Kind . . . Seine Stärke sind die Variationen von Moscheles über den ‚Alexandermarsch'. Er spielt sie ausgezeichnet, wie mir scheint; läßt nichts zu wünschen übrig. Wenn Du ihn hörst, wirst Du mit ihm zufrieden sein, obgleich – unter uns gesagt – ihm noch manches fehlt.»

Zwischenbemerkungen wie die eben erwähnte, meist in die einfachste Form: «still!» gekleidet, sind typisch für den jungen Chopin, der sie selten unterließ, wenn er entgegen allgemeiner Ansicht etwas auszusetzen hatte. Diese Vorsichtsmaßnahme blieb aber auffallenderweise prinzipiell außer acht, wenn es sich um Verleger handelte. Von ihnen redete er mitunter in Ausdrücken, die man ihm kaum zutraut. Dies begann schon frühe damit, daß er Haslinger wegen seiner verlegerischen Drückebergerei vertrauten Freunden gegenüber mit dem – hier allerdings noch nicht so ganz ernst gemeinten – Wort «das Biest» belegte, und nahm in den letzten Lebensjahren, als ihn Geldnöte plagten und er aus seinen Kompositionen das Möglichste herauszuschlagen versuchte, ein ihm ganz wesensfremdes Ausmaß an. Allerdings nur indirekt, beschränkt auf den brieflichen Verkehr mit seinem Freund Fontana, der für ihn die Verhandlungen mit Verlegern führte. Im Zusammenhang damit kam auch des öfteren der in ihm schlummernde labile und seine rein persönlichen Beziehungen zu Juden nicht berührende Antisemitismus an die Oberfläche.

Die günstige Beurteilung Wörlitzers, von dem vor obiger Einschaltung die Rede war, wurde von Chopin sofort korrigiert, als ihm mit dem Auftreten von Mademoiselle Belleville eine Vergleichsmöglichkeit geboten wurde:

«Ein gewisses Fräulein Belleville, eine Französin, ist auch hier, spielt sehr schön Klavier, ungewöhnlich leicht und elegant*, zehnmal besser als Wörlitzer.»

Doch alles verblaßt vor dem Eindruck, den Henriette Sontag auf ihn machte. Es ist reizvoll, seine ungewohnt anschaulichen und liebevollen Ausführungen über die berühmte Sängerin zu lesen, die sich mit ihrem Warschauer Konzertzyklus als letztem Auftreten im Alter von erst vierundzwanzig Jahren von einer glänzenden Laufbahn zurückzog (allerdings doch nur bis 1843), um ihrem Gatten, dem Diplomaten Graf Rossi, nach Petersburg zu folgen. «Mein teuerstes Leben», schrieb Chopin im Juni 1830 an Titus Wojciechowski, «fünf Konzerte des Fräulein Sontag hast Du versäumt! . . . Du glaubst gar nicht, wieviel Freude ich erlebt habe mit diesem göttlichen Wesen, wie einige hiesige begeisterte Bewunderer sie nennen . . . Fürst Radziwill hat mich ihr schönstens präsentiert, wofür ich ihm herzlich dankbar bin. Während dieses ihres achttägigen Aufenthaltes bei uns habe ich jedoch meine Bekanntschaft nicht sehr ausgenützt, weil ich sah, wie müde sie stets war von den unglaublich langweiligen Besuchen der Kastellane, Senatoren, Woiwoden, Generale und Adjutanten, die nur kamen, um ihr in die Äuglein zu schauen, und vom Wetter sprachen. Sie empfängt sie alle mit der größten Höflichkeit, denn sie ist so herzensgut, daß sie nicht unhöflich zu sein vermag; gestern jedoch, um zur Probe ins Theater fahren zu können, mußte sie sich, als sie

* Sie muß wirklich eine gute Pianistin gewesen sein. Robert Schumann stellte sie einmal in einer Besprechung Clara Wieck, seiner späteren Gattin, wie folgt gegenüber: «. . . Sie sind verschiedene Meisterinnen verschiedener Schulen. Das Spiel der Belleville ist bei weitem technisch schöner; das der Clara aber leidenschaftlicher. Der Ton der Belleville schmeichelt, dringt aber nur bis ins Ohr; der der Clara bis ins Herz. Jene ist Dichterin, diese Dichtung.»

ihren Hut aufsetzen wollte, einschließen, denn der Lakei wußte sich mit den Anmeldungen im Vorzimmer keinen Rat ... Fräulein Sontag ist nicht schön, aber im höchsten Maße hübsch. Sie bezaubert alle durch ihre Stimme, die nicht sehr umfangreich ist. Doch ist sie außergewöhnlich geschult; ihre Diminuendi sind Nonplusultra, ihre Portamenti entzückend und die Tonleitern, insbesondere die chromatischen aufwärts, berückend ... Sie hat einige ganz neuartige Broderien, mit denen sie großen Eindruck macht, doch freilich nicht so wie Paganini, vielleicht deshalb, weil die Art kleiner ist. Man hat die Empfindung, als hauchte sie ins Parterre den Duft frischer Blumen, sie liebkost und besänftigt wonniglich ... Ihre Konzerte sind kurz, gewöhnlich singt sie viermal und dazwischen spielt außer dem Orchester niemand, und in der Tat braucht man nach ihrem Gesang Ruhe, so stark ist der Eindruck ...»

Chopins auch später noch oft bewiesenes Interesse an Gesangskünstlern hängt eng mit seinem Klavierspiel zusammen. Ihm war darum zu tun, jenen für seine eigene Kunst etwas abzulauschen, auf seinem Instrument mit seinen Werken einen vollendet schönen Gesang nachzubilden. Auch für seine Schüler galt die Parole, auf dem Klavier stets zu singen. Da ihm so viele seiner Instrumentalwerke als Lieder galten und so interpretiert werden sollten, hatte er gar kein Bedürfnis, Gesänge nach Texten zu komponieren. Die achtzehn polnischen Lieder, die er vermutlich nur für sich selbst, aus Liebe zu den betreffenden Dichtungen von Mickiewicz, Witwicki und anderen geschrieben hat, verteilen sich über zwanzig Jahre, und ihre nach seinem Tode erfolgte Veröffentlichung lag gewiß nicht in seinem Sinne.

Seit seiner Wiener Reise war eine erkleckliche Anzahl von Tondichtungen entstanden, die aber zum Teil vor seiner Selbstkritik keine Gnade fanden und zur Seite gelegt wurden, um nach seinem Hinscheiden ebenfalls eine von ihm nicht beabsichtigte Auferstehung zu erleben. Außer den bereits erwähnten Frühwerken op. 1 bis 4, dem Klaviertrio op. 8, der großen Fantasie op. 13, dem Rondo Krakowiak op. 14, einigen Mazurkas, Walzern und Etüden wurde als wichtigstes Opus anfangs 1830 das Klavierkonzert in f-moll vollendet, das später als zweites herauskam. Das Schwesterwerk in e-moll, als op. 11 gedruckt, stand kurz vor seinem Abschluß, entbehrte aber noch Titus' Sanktion, die dem Komponisten sehr wichtig war. «Ich weiß nicht, ob es deshalb ist, weil ich an Deiner Seite gelernt habe zu empfinden, aber so oft ich etwas schreibe», heißt es in einem Brief vom 10. April 1830, «stets möchte ich wissen, ob es Dir gefällt, und es dünkt mich, daß ich von dem Wert meines zweiten Konzerts in e-moll solange nicht überzeugt sein werde, bis Du es gehört . . .»

Das Erstlingskonzert in f-moll zierte das Programm des Warschauer Debüts Chopins als Konzertgeber am 17. März 1830. Er spielte es, wie damals üblich, in zwei Teilen, hier durch ein Hornsolo getrennt. Ouvertüren von Elsner und Kurpinski, sowie Gesangsvariationen von Paer bildeten das übrige Programm, und den Beschluß machte die vom Komponisten vorgetragene *Große Fantasie über polnische Themen*. Titus, den Chopin heiß herbeigesehnt – «ein einziger Blick von Dir nach jedem Konzert würde für mich mehr bedeuten als alles Lob der Zeitungsschreiber, der Elsners, Kurpinskis, Soliwas und so weiter», hatte er ihn gelockt – war nicht gekommen. So erhielt der Freund einen sehr sachlichen Bericht zusammen mit demjenigen über die eine Woche später abgehaltene zweite Veranstaltung. Der Erfolg des ersten Konzertes blieb hinter den Erwartungen zurück. Namentlich das « Potpourri über polnische Themen», wie er die Fantasie nannte, gefiel lange nicht so gut, wie er es sich vorgestellt. Bezeichnenderweise wurde wieder allenthalben Klage geführt über das «zu leise Spiel», und im *Kurjer Polski* riet ihm der Kritiker, nachdem er ihn «bis in den Himmel gelobt», vor allem mehr Energie zu entfalten. Chopin, der, wie Elsner auch, dem Instrument die Schuld des Mangels an Tonstärke zuschrieb, benützte bei dem zweiten Anlaß, der übrigens eine Wiederholung des Klavierkonzerts brachte, einen Wiener Flügel, den ihm ein russischer General zur Verfügung gestellt hatte. «Und jetzt war das diesmal noch zahlreicher versammelte Publikum befriedigt», schrieb er an Titus. «Jetzt erst gab es Beifall und Lob über den geschliffenen, perlenden Anschlag jeder Note, auch daß ich im zweiten Konzert besser spielte als im ersten, und endlich, nachdem man mich hervorgerufen hatte, schrien alle und verlangten ein drittes Konzert. Das Krakauer Rondo hat riesigen Effekt gemacht, viermal setzte von neuem der Applaus ein . . . Am Schluß improvisierte ich, was den Logen im ersten Rang sehr gefiel. Wenn ich Dir aufrichtig die Wahrheit sagen soll, so improvisierte ich nicht so, wie ich Lust hatte, denn es wäre nicht für diese Welt gewesen. Trotzdem wundere ich mich, daß das Adagio allgemein Effekt gemacht hat, wohin ich mich wende, spricht man nur von ihm . . .»

Allerlei Erfahrungen, doch auch manch Unangenehmes hatten die Konzerte zur Folge. Lorbeerkränze, Blumenarrangements, Champagner, Glückwunschschreiben, das war ja so übel nicht, doch schon die Wünsche um Bildnisse gingen dem jungen Künstler gegen den Strich und die Verarbeitung von Themen aus seinem Klavierkonzert zu Mazurkas und Walzern durch Anton Orlowski nicht minder. Peinlich war ihm das Erscheinen eines auf ihn gedichteten Sonetts in einer Zeitung, ebenso das Kreuzfeuer der Rezensionen, in das er sich durch die Lobtiraden einiger Kritiker und deren Widersacher gezogen sah. Die Prophezeiung des Amtsblatts, die Polen würden sich Chopins einstens so rühmen wie die Deutschen Mozarts, hatte die polnische *Gazette* veranlaßt, wieder abzustreichen, was jene im Überschwang zuviel gelobt. Die eine Seite pries es, daß er bei Elsner und nicht bei einem «Rossinisten» studiert habe, die andere empfahl ihm, sich Rossini als Vorbild zu nehmen, jedoch ohne ihn nachzuahmen. Zuletzt geriet Chopin über das Hin- und Hergezerre, bei dem es im Hintergrund weniger um ihn als um pro und kontra Elsner–Kurpinski ging, ganz außer Fassung und weigerte sich, fernerhin zu lesen, was man über ihn schrieb.

Einige Konzerte in vornehmen Häusern, bei denen er als Programmgestalter und Mitspieler wirkte, bedeuteten eine angenehme Ablenkung von seinem Liebesgram. Plötzlich eilte es aber so mit der Fertigstellung des Notenmaterials zu seinem zweiten Klavierkonzert, welches er an seinem Abschiedsabend vor dem geplanten langen Auslandsaufenthalt uraufzuführen gedachte, daß er sogar eine vorgesehene Reise zu Titus verschob. Doch hoffte er statt dessen auf des Freundes Anwesenheit. «Solltest Du während der Tagung des Landtags in Warschau sein, so wirst Du unfehlbar zu meinem Konzert zurechtkommen», heißt es in einem Brief an den Freund, «ich habe so eine Ahnung! – sollte ich noch davon träumen, so werde ich ganz bestimmt daran glauben, denn ich träume viel von Dir. Wie oft verwechsle ich Tag mit Nacht und Nacht mit Tag; wie oft lebe ich im Traum und schlafe am Tag und schlimmer ist es, als schliefe ich, denn stets fühle ich dabei, und anstatt Kräfte zu sammeln in dieser Betäubung, wie eben im

Schlaf, quäle ich mich nur und erschlaffe. – Ich bitte Dich, behalte mich lieb ...»

Wir bringen diesen Briefschluß im Wortlaut und lassen gleich einen weiteren, ähnlich gearteten folgen, weil die darin enthaltenen Anspielungen Keime einer schizoiden Veranlagung offenbaren. Auf eine solche wurde nämlich später von ärztlicher Seite aus manch auffallendem Verhalten Chopins, seinen Gesichten und Halluzinationen geschlossen. «Wenn ich auch mit byzantinischen Ölen gesalbt wäre», schrieb er im September 1830 an Titus, «würdest Du mich doch nicht küssen, wenn ich Dich nicht auf magnetische Weise dazu nötigte. Es gibt irgendeine Kraft in der Natur. Heute wirst Du träumen, daß Du mich küssest! Ich muß Dir heimzahlen für den abscheulichen Traum, den Du heut' nacht über mich hast kommen lassen ...»

Merkwürdig ist auch die Vorahnung, der Chopin in bezug auf seine bevorstehende Auslandsreise im gleichen Brief Ausdruck verlieh mit den Worten: «Noch sitze ich hier, ich habe nicht genügend Kraft, um den Tag festzusetzen, ich denke, daß ich deshalb wegfahre, um für immer die Heimstätte zu verlassen; ich denke, daß ich fortreise, um zu sterben; doch wie traurig muß es sein, in der Fremde zu sterben und nicht dort, wo man geboren ist. Wie schrecklich wird es mir sein, an meinem Sterbebette statt der geliebten Angehörigen den kaltherzigen Doktor um mich zu sehen oder den bezahlten Diener ...»

Dem Vorhaben gemäß sollte sich der Aufenthalt in Wien und Italien nur über einige Monate erstrecken. Doch der Umsturz in Polen warf alles über den Haufen, und es kam, wie wir später noch sehen werden, mit Ausnahme der zuletzt geäußerten Befürchtung tatsächlich so, wie Chopin es vorausgefühlt. Die Verzögerung seiner Abreise von

Warschau war verursacht durch die im Gefolge der französischen Julirevolution überall – in Preußen, Sachsen, Österreich, Italien und der Schweiz – ausgebrochenen Unruhen und Verfassungskämpfe. Doch nicht ungern ließ sich der in dieser Beziehung wenig ängstliche Friedrich Chopin von seinem besorgten Vater bestimmen, noch eine Weile zu Hause zu bleiben.

Entscheidend für ihn selbst war das längere Verweilen in der Nähe Konstanze Gladkowskas und ferner die Aussicht, Titus als Reisegefährten neben sich zu haben. Auch dieser plante, der Anregung und einem Wunsche des Freundes folgend, einen längeren Wiener Aufenthalt, konnte jedoch als Landwirt nicht vor der Einbringung der Ernte und ihrer Verwertung abkommen.

Mittlerweile hatte Chopin den verschobenen Besuch auf Gut Poturzyn nachgeholt und war dann mit seinen Eltern zusammen bei der Gräfin Skarbek in Zelazowa Wola zu Gast gewesen. Die nach seiner Rückkehr an Titus gerichteten Briefe weisen deutlich die Nachwirkungen des Zusammenseins mit diesem, seines Ansporns und seiner Mahnungen auf und geben gleichzeitig ein Bild von des Schreibers Verfassung. «Glaube mir», heißt es da einmal, «wie oft wäre ich gerne zu Dir gekommen, um Ruhe zu suchen; so aber gehe ich aus dem Haus, gehe auf die Straße, sehne mich und kehre wieder nach Hause zurück, wozu? – um Grillen zu fangen. Noch habe ich das Konzert nicht probiert, wie dem auch sei: vor Sankt Michael lasse ich alle meine Schätze im Stich und werde in Wien sein, zu ewigem Seufzen verurteilt. Was ist denn diese betörende Verwirrung? ... Der Gedanke, die Stadt zu verlassen. Auch Dir wird es so ergehen. Ich werde es noch erleben. Ich werde Briefe erhalten von Dir: ‚jetzt beende ich die Mühle, jetzt baue ich die Brennerei, jetzt die Wolle, jetzt die Lämmer, endlich die zweite Saat' – und doch wird es nicht die Mühle sein, nicht die Brennerei, nicht die Wolle, was Dich zurückhält, sondern ... es wird etwas anderes sein. Nicht immer ist der Mensch zufrieden; vielleicht sind ihm im Leben nur wenige Augenblicke des Glücks beschieden, warum soll man sich also von Illusionen losreißen, die sowieso nicht lange währen können.»

Empfindet man diese Stimmung, die Gedanken und Auslassungen, das vorzeitig ausbrechende Heimweh, die Reflexionen, nicht wie zu seiner Musik gehörig?

Der nächste Brief an Titus vom 18. September 1830 ist wesentlich realer: «Ich bitte Dich, überzeugt zu sein, daß ich auch an mein Wohl denke und, bei meiner Liebe zu Dir, alles opfern werde, was man wegen der Menschen tut! Wegen der Menschen! Damit die öffentliche Meinung, die viel bei uns bedeutet, nie zu meinem Unglück beitrage, niemals zu dem inneren, lediglich zu dem äußeren. Fürwahr, oft nennen die Leute einen durchlöcherten Rock, einen alten Hut und ähnliche Dinge ein Unglück. Wenn ich nichts zu beißen habe, dann mußt Du mich in Poturzyn als Schreiber anstellen; dann werde ich dort neben dem Pferdestall ebensogut in Deiner Nähe wohnen wie dieses Jahr im Herrenhof. Wenn nur die Gesundheit nicht nachläßt – das ganze Leben lang will ich arbeiten. Oft habe ich überlegt, ob ich eigentlich wirklich ein Faulpelz bin; ob ich denn mehr arbeiten sollte, als meine physischen Kräfte es erlauben. Scherz beiseite, ich habe mich überzeugt, daß ich noch nicht zu den schlimmsten Nichtstuern gehöre und daß ich arbeiten kann, wenn die Not mich zwingt, und zwar doppelt soviel als heute. – Die Sympathie, die ich für Dich hege, zwingt mit übernatürlichen Mitteln Dein Herz zum Gefühl einer ähnlichen Zuneigung. Du bist nicht Herr Deiner Gedanken, aber ich bin Herr der meinigen, und ich lasse mich nicht beiseite werfen, so wie die Bäume das Grün abwerfen müssen, das ihnen Gepräge, Schönheit, Fröhlichkeit und Leben verleiht. Bei mir wird es auch im Winter grünen ...»

Immer noch gärte es allenthalben, und so wurde die Abreise abermals hinausgeschoben. Friedrich war dessen froh, denn es fiel ihm schwer auf die Seele, daran zu denken. Er mußte sich zu dem Entschluß, Warschau zu verlassen, selbst Mut zusprechen und seinen unter dem Liebesleid verschütteten Humor erst wieder ausgraben. Schließlich wollte er dann aber doch abreisen: «Bald abreisen, lieber Titus, ohne jemand etwas zu sagen, ohne Pardon trotz aller Lamenti, trotz Weinens und Wehklagens und Fußfällen. Die Noten in dem Sack, das Bändchen um die Seele, die Seele auf dem Arm und in die Diligence ... Wie dicke Erbsen werden in der ganzen Stadt allseits die Tränen kullern, vom Kopernikus (Denkmal) bis zu den Quellen, vom Branck bis zur König-Sigismund-Säule, und ich werde fühllos wie ein kalter Stein alle jene auslachen, die so herzzerbrechend sich von mir verabschieden werden... Für all dies gibt es, glaube mir, kein Medikament, erst in Wien. Du lebst, Du fühlst, Du wirst gelebt, wirst von anderen gefühlt, bist also unglücklich-glücklich. Ich verstehe Dich, durchdringe Deinen Geist und ... laß Dich umarmen, denn mehr läßt sich nicht sagen.»

Wenn auch noch nicht der endgültige Weggang, so rückte doch die Abschiedsveranstaltung nahe und ging schließlich am 11. Oktober 1830 vonstatten. Die Hauptattraktion des Programms, das neue Klavierkonzert in e-moll, war umrahmt von einer Sinfonie von Görner und der «Tell»-Ouvertüre von Rossini. Unterbrochen wurde die Novität durch eine von Chor und Orchester begleitete und von Fräulein Wolkow gesungene Arie ihres Lehrers

Soliwa. Im zweiten Teil sang Konstanze Gladkowska, die mittlerweile mit großem Erfolg in der Oper aufgetreten war, eine Cavatine aus Rossinis *La Donna del Lago*, und zum Schluß spielte Chopin seine Große Fantasie über polnische Weisen mit Begleitung des Orchesters unter der ausgezeichneten Direktion Soliwas. «Fräulein Wolkow, blau gekleidet wie ein Engelchen, sah entzückend aus und sang schön; Konstanze Gladkowska, wunderhübsch in weißer Robe und Rosen im Haar, sang die Cavatine so, wie sie zuvor außer der Agnes-Arie noch nie etwas gesungen hatte; ihr tiefes H war nach der Ansicht Zielinskis allein tausend Dukaten wert.»

Drei Wochen gingen noch vorüber bis zum Tage der Abreise. Der Lederkoffer – es war der erste, den Friedrich erhielt –, vollgepropft mit neuer Wäsche, eben vom Schneider gekommenen Beinkleidern und Fräcken, der Reisesack mit persönlichen Effekten, korrigierten Partituren, Orchesterstimmen und all den anderen Noten, von denen er sich nur dann trennen wollte, wenn ein Verleger sie zum Druck begehrte – längst war alles fix und fertig gepackt gewesen. Doch er wollte nun bestimmt abwarten, bis Titus in Poturzyn abkömmlich war und mit ihm unterwegs in Kalisch zusammentreffen konnte zur gemeinsamen Fortsetzung der weiten Reise. Sie sollte durch mehrere Unterbrechungen so interessant und genußreich als möglich gestaltet werden.

Hinter verschlossenen Türen nahm Friedrich am 1. November 1830 Abschied von den Seinen. Herzbewegend mag er gewesen sein. Innig liebten sie den Sohn und Bruder und sorgten sich um sein Ergehen und wünschten, er möge fortschreiten auf der angetretenen Bahn bis zur Erfüllung der hohen Hoffnungen, die sie und viele andere auf ihn setzten. Elsner und einige Warschauer Freunde übernahmen den Scheidenden aus den Armen der Mutter und gaben ihm das Geleit über die Stadtgrenze hinaus zum Dorfe Wola.

Eine rührende Überraschung wartete ihrer dort. Jungfrische Stimmen schallten ihnen entgegen: ein Chor von Konservatoristen sang eine Kantate, die Elsner eigens für diese Trennungsfeier komponiert hatte. Darnach hielt ein vorbereitetes Mahl den Scheidenden und die Geleitenden noch eine Weile beisammen. Und dann kam der Augenblick, über den Friedrich «fühllos wie ein kalter Stein und mit Lachen hinwegkommen» wollte. Oh, wie weit entfernt er davon doch war! Ganz anders ging es zu, ganz anders!

Ein silberner Pokal, von den Getreuen mit polnischer Erde gefüllt, wurde ihm überreicht. Und dieweil sein Herz schlug zum Zerspringen, drangen die Worte in sein Ohr und setzten sich fest in seinen Gedanken: «Mögest du nie dein Heimatland vergessen! Wo du auch wanderst oder weilst, mögest du nie aufhören, es warm und treu zu lieben! Gedenke Polens, gedenke deiner Freunde, die dich mit Stolz ihren Landsmann nennen, die Großes von dir erwarten, deren Wünsche und Gebete dich begleiten!»

Heilig schien ihm das Geschenk, und er trug es wie einen Kelch voll göttlichen Weins, sinnend und mit fernem Blick in den Reisewagen. Da saß er nun, allein, brennendes Weh im Herzen, ein Symbol des Vaterlandes in den Händen. Und die Zurückgelassenen sahen feuchten Auges, wie Träne um Träne den Becher heimatlicher Erde netzte. Sie alle, die da standen und dem rollenden Gefährt nachblickten, ein Lebewohl auf den Lippen, sie alle hatten ihren Chopinek zum letzten Mal gesehen . . .

SECHSTES KAPITEL

Jahresende 1830 bis Juli 1831

Zwanzig Jahre zählte Friedrich Chopin, als er die polnische Heimat für immer verließ. Ein Jüngling noch, und doch hatte er den Zenit seiner Lebensspanne bereits überschritten. In einsamen Stunden, wenn er sich über die Anfälligkeit seiner Konstitution klar ward und sein Ahnungsvermögen aus der Tiefe aufstieg in das Licht der Selbstbetrachtung, mag er dies befürchtet und um die Kraft, sein Schicksal zu besiegen, gerungen und gebetet haben. Sein Taggesicht ließ jedoch nichts erkennen von Bangnis und Schwermut. Verborgen blieben diese in dem undurchdringlichen Dunkel bewußt geübter Zurückhaltung, bis sie das Medium der Musik befreite.

Sobald Titus Wojciechowski in Kalisch zu Chopin gestoßen und neben ihm im Reisewagen saß, war der Abschiedskummer verbannt. Hell und strahlend lag zunächst die Zeit der Gemeinsamkeit vor den beiden Freunden. Zweisam genossen, gewannen die mannigfachen Eindrücke und Erlebnisse das Doppelte an Bedeutung. Abends waren es vor allem die Theater, die große Anziehungskraft auf die Reisenden ausübten. Aufführungen von Raimunds *Alpenkönig und Menschenfeind*, Winters *Unterbrochenem Opferfest*, Rossinis *La Donna del Lago* und *Tancred*, Aubers *Maurer und Schlosser*, *Fra Diavolo* und *Die Stumme von Portici* sahen und hörten sie sich in Breslau,

Dresden und Prag an, dazwischen besuchten sie auch Konzerte.

Die Tage waren meist ausgefüllt mit Visiten und Einladungen bei Persönlichkeiten, an die sie empfohlen waren. Vielfach verbunden mit Chopins Vorträgen eigener Werke, wobei er immer wieder die Erfahrung machte, daß man seine pianistische Kunst überall in vollem Maße anerkannte und bewunderte, dagegen aber nicht wußte, wie man sich angesichts seiner «noch ungefestigten Reputation» zu seinen Kompositionen stellten sollte. Fachleute allerdings, wie Klengel, A. F. Hesse, die Kapellmeister Morlacchi und Schnabel, gewahrten und rühmten auch die tondichterischen Qualitäten ihres Besuchers.

In Breslau kam es zu einer unerwarteten Mitwirkung Chopins in einem Ressourcekonzert. Er war von Schnabel, einem guten Freund Elsners, zur Probe einer für den gleichen Abend angesetzten Veranstaltung eingeladen worden, in welcher ein musikkundiger Referendar ein Klavierkonzert von Moscheles spielen sollte. Als der Dirigent des prominenten Zuhörers ansichtig wurde, bat er ihn, doch einmal den Flügel zu probieren. Chopin wollte, um nicht unhöflich zu erscheinen, nicht ablehnen. So spielte er denn ein paar Variationen mit dem überraschenden Resultat, daß der vorgesehene Solist allen Mut zum Auftreten verlor und Chopin allseitig inständigst gebeten wurde, statt des Dilettanten zu spielen. Und so kam es, daß abends statt des Referendars «Herr Friedrich Chopin aus Warschau» am Flügel saß und die Romanze sowie das Rondo aus dem Klavierkonzert in e-moll vortrug.

In Dresden versuchte Klengel ein öffentliches Konzert Chopins zu erwirken, nachdem sich zu seiner persönlichen Sympathie für den jungen Kollegen auch die aus der nunmehrigen Kenntnis der beiden Klavierkonzerte gewonnene künstlerische Hochschätzung gesellt hatte. Die allzu kurz bemessene Aufenthaltsdauer verhinderte die Durchführung dieses Plans. Chopin war indes schon genügend gedient mit Klengels aufrichtig gemeinter Beurteilung seiner musikalischen Fähigkeiten. Es schmeichelte dem noch am Anfang seiner Laufbahn Stehenden gewiß nicht wenig, von einem so erfahrenen und angesehenen Musiker zu hören, daß sein Spiel stark an dasjenige Fields erinnere und er eine alle Erwartungen weit übertreffende Virtuosität besäße. Gewichtig und seine Eigenart recht kennzeichnend sind die Worte, die der stets verbindliche und taktvoll liebenswürdige, jedoch nie von sich aus entgegenkommende Chopin über diesen Begutachter an die Eltern schrieb: «Ich habe Klengel so aufgenommen, wie ich wenige Leute in meinem Leben aufnehmen würde; tatsächlich habe ich ihn so liebgewonnen, als hätte ich ihn seit dreißig Jahren gekannt.»

Gesellschaftliche Anlässe beanspruchten die Hauptzeit des Dresdener Aufenthalts. Besonders die führenden Kreise der polnischen Kolonie, die aus der Zeit der Regentschaftsunion stammte und sehr ausgedehnt war, bemühten sich, ihrem allmählich in Ruf kommenden jungen Landsmann Ehre anzutun und ihm fördernde Bekanntschaften und Beziehungen zu vermitteln. Hierin tat sich vornehmlich Frau Dobrzycka, die Hofdame der Prinzessin Auguste von Sachsen, hervor, die Chopin zu wärmsten Empfehlungsschreiben an verschiedene ausländische Fürstenhöfe in Neapel, Mailand, Rom und anderswo verhalf. Die genannten waren ihm vorerst die wichtigsten, da er im Sinn hatte, nach ein bis zwei Monaten Aufenthalts in Wien nach Italien weiterzureisen, um dort Gesundheit, Ruhm und Verdienst zu suchen. Eine andere, ihm in gleicher Weise dienliche Landsmännin war Frau Niesielowska, die seine Anwesenheit mit Champagner feierte und ihn dann im heimatlichen Idiom «Szopski» nannte. Auch in einem nichtpolnischen Hause, dem eines Doktor Kreyssig, nahm Chopin an einer großen Soiree teil, in der Antoinette Pechwell spielte und Fräulein Palazzesi, die erste Sopranistin der Dresdener Italienischen Oper*, sang, was ihn im Grunde hauptsächlich angezogen hatte. Sie erhielt indes von ihm nur die Note «nicht schlecht», und da die übrigen Umstände seinem gewohnten Niveau nicht entsprachen – wo sonst wäre ihm das Nadelgeklapper einer Vielzahl strickender Damen als Präludium musikalischer Darbietungen je begegnet? –, verabschiedete er sich bald, um lieber ein zweites Mal Aubers *Stumme von Portici* zu besuchen. Wie mögen ihn die Kosten für die vornehme Sänfte gereut haben, in der er sich, aufs schönste gekleidet, vom Hotel bis zur Treppe der Kreyssigschen Villa hatte tragen lassen! Notabene: merkwürdig und lächerlich war er sich vorgekommen, «in diesem seltsamen Kasten, dessen Boden mit den Füßen zu durchstoßen, ihn arge Lust ankam!»

Gegen Ende November langten die beiden Reisenden in Wien an und waren glücklich, dort endlich die erste Post seit ihrem Weggang von zu Hause vorzufinden. Noch

* Bemerkenswerterweise spielte um diese Zeit die Italienische Bühne des Sächsischen Hofes gegenüber der Deutschen Oper noch immer die bevorzugte Rolle. Jene blühte wie eh und je in der Sonne der Königs- und Intendantengunst, während diese im Schatten der Konkurrenz um eine kümmerliche Existenz kämpfen mußte, wie sie es bereits unter Carl Maria v. Webers Leitung zu tun genötigt war. Dieser Schöpfer des urdeutschen *Freischütz* hatte sich acht Jahre lang ehrlich und heiß um Güte und Geltung der Deutschen Oper bemüht und seine Kräfte dabei vorzeitig aufgerieben. Vier Jahre waren über seinen Tod schon hingegangen, die Verhältnisse aber noch die gleichen. Auch sein Nachfolger litt wie er unter dem Widerstand jenes Generalintendanten von Lüttichau, der später Richard Wagner bekämpfte. Er behandelte die Italienische Oper als Schoßkind, die Deutsche aber als Stiefkind. Kein Wunder also, daß von den italienischen Bühnen des gesamten deutschen Sprachgebiets sich die Dresdener am längsten halten konnte, nämlich bis 1841.

enthielt sie keine Nachrichten über die Ereignisse, die wiederum einen Wendepunkt in der Geschichte Polens, aber auch einen solchen im Lebensplan seines aufsteigenden nationalen Komponisten bedeuten sollten.

Wenige Tage des Zusammenseins nur verblieben den Freunden infolge dieser Vorgänge, die wir noch streifen werden. Chopins Brief an die Eltern vom 1. Dezember 1830 beweist, daß die kurze Zeit weidlich ausgenützt wurde, um frühere Bekanntschaften aufzufrischen und neue anzubahnen, die künstlerische Situation zu ergründen und eine gemeinsame Wohnung zu suchen, da das Hotelleben auf die Dauer viel zu kostspielig und auch ungemütlich war. Trotz der Beiläufigkeit, mit der er in diesen Zeilen negative Ergebnisse seines Bemühens um Konzerte und Drucklegung seiner Werke als nur einstweilig und unwichtig hinzustellen trachtete, ist seine Enttäuschung darüber unverkennbar. Seine Erwartungen, man würde ihn in Wien mit offenen Armen als einen Langersehnten empfangen und auf sein baldiges Auftreten drängen, waren entschieden zu hoch geschraubt gewesen. Wohl konnte er auf große Erfolge während seines ersten Dortseins zurückblicken, doch übersah er, daß sie in einer stillen, konzertarmen Zeit errungen, also von den maßgeblichen Hörerkreisen gar nicht miterlebt wurden. Übersah, daß der Ruhm des nachgestaltenden Künstlers – und nur als solcher war er bislang in den Nichtfachkreisen aufgefallen – auf Bühne und Podium zwar oft, namentlich im Glanze der Jugend, schnell errungen, doch flüchtig und mitunter ebenso rasch vergessen ist, wenn er nicht immer wieder erneuert und zugleich verbreitert wird. Ausnahmen, die häufig mehr vom Publikumsgeschmack als von tatsächlich außergewöhnlicher Leistung bestimmt werden, bestätigen auch hier die Regel.

Für Chopin war diesmal nun auch noch Pech im Spiel. Blahetkas traf er nicht mehr an, da sie für mehrere Monate nach Stuttgart gegangen waren, Schuppanzigh hatte einen Schlaganfall erlitten, von dem er sich nicht mehr zu erholen vermochte, Würfel war erkrankt und Graf Gallenberg als Opfer seiner Defizitwirtschaft der Leitung des Kärntnertortheaters, in welchem sich Chopin den Wienern erstmals präsentiert hatte und diesmal wieder aufzutreten gedachte, enthoben worden. Alles Leute, die sich im Sommer 1829 als ihm wohlwollend und nützlich erwiesen hatten, nun aber ausfielen.

Auch das Verhalten des Verlegers Haslinger war, ungeachtet seiner Liebenswürdigkeit im Verkehr, nicht ermutigend, da er keinerlei Anstalten machte, die ihm überlassene Sonate und ein zweites Variationenwerk zu drucken. Haslinger sei schlau, meinte unser Komponist, und wolle ihn höflich, doch leicht abfinden, um diese Werke kostenlos zu bekommen, weil er glaube, wenn er sie zum Schein gering einschätze, dünke ihn, Chopin, die bloße Drucklegung als Honorierung genügend, wie es ja vordem bei den Variationen op. 2 gehalten worden war. «Doch das *Umsonst* hat nun aufgehört, jetzt bezahl, Bestie», ließ Chopin seine Gedanken in einem Briefe an die Seinen sichtbar werden*, was ihm natürlich nichts nützte. Niemals hätte er es vermocht, den Verleger direkt schroff auf Honorierung zu drängen. Auch später, als sein kompositorischer Ruf gefestigt und er in der Verwertung seiner Werke eine erstaunliche Umsicht und Tüchtigkeit entfaltete, verstand

* Chopin zog doch den kürzeren: jene Sonate – es handelte sich um die in c-moll op. 4 – sowie die Variationen in C-dur über ein deutsches Lied (richtiger Schweizer Lied «Der junge Schweizer Bua») wurden von Haslinger erst nach dem Tode ihres Verfassers, nämlich 1851, gedruckt. Somit ist Chopin tatsächlich um das Honorar gekommen.

er es, sich selbst möglichst im Hintergrund zu halten und sich des Vorspanns eines zuverlässigen Freundes zu bedienen. Während es ihm also kaum möglich gewesen, seine vorhin erwähnte brieflich niedergelegte Ansicht in gesprochenen Worten auszudrücken, scheint es ihm nicht schwer gefallen zu sein, Taktlosigkeiten an Ort und Stelle gut zu parieren. Dies wird aus einer Schilderung seines Zusammentreffens mit einem Wiener Bankier ersichtlich, der glaubte, ihm von der Veranstaltung eines Konzertes dringend abraten zu sollen, weil es gar viel gute Pianisten gäbe und man eine große Reputation haben müsse, um etwas zu profitieren; er selbst könne nicht helfen wegen der schlechten Zeiten und so weiter. Chopin schluckte die bittere Pille, doch als der Bankier seine Tirade beendet hatte, entgegnete er, er wisse allerdings selbst noch nicht, ob es sich lohne zu konzertieren, da er noch bei keinem der einflußreichen Wiener Herren gewesen sei, auch noch nicht beim russischen Botschafter, an den er aus Warschau eine Rekommandation vom Großfürsten Konstantin besitze. Sagte es und verabschiedete sich unter höflicher Entschuldigung ob der verursachten Störung formvollendet von dem Bankier, der große Augen gemacht haben soll*.

Wenige Tage nachher hätte Chopin sicher nicht mehr mit der Empfehlung des Großfürsten operiert. War doch die Kunde nach Wien gedrungen, daß seit dem 29. November eine Revolution in Polen wütete. Einmütig hatte

* Eine beschämende Abfertigung bereitete er einmal in Paris einem schlechtberatenen Gastgeber, als dieser nach beendetem Mahl die Anwesenden in den Salon bat und Chopin mit freundlicher, doch sehr bestimmter Geste auf das geöffnete Instrument verwies. Chopin soll sich zunächst geweigert haben zu spielen; als aber das Drängen kein Ende nahm, habe er sich unter dem mit fast erstickter Stimme hervorgestoßenen Ausruf: «Aber mein Herr, ich habe ja kaum etwas gegessen!» ans Klavier gesetzt.

sich das polnische Volk, als dessen Söhne er und Titus sich stolz empfanden, gegen die russische Unterdrückung und die Tyrannei des Statthalters erhoben. Wild schlugen die Herzen der beiden in Vaterlandsliebe und Tatendrang über diese Nachricht, und nichts konnte Titus Wojciechowski davon abhalten, stehenden Fußes die Heimreise anzutreten, um sich den Aufständischen als Kämpfer anzuschließen. So schnell allerdings vermochte Chopin, der ewig Unentschlossene, sich nicht für die Rückkehr nach Warschau zu entscheiden. Zunächst stellte er eingehende Überlegungen an und kam erst zwei bis drei Stunden, nachdem Titus die Postkutsche bestiegen, zu dem Ergebnis, es diesem gleichzutun und wenigstens zu versuchen, ihn mit Hilfe eines Extrawagens noch einzuholen. Doch alles Sputen half nichts: nach einigen Stationen mußte er im Hinblick auf den kaum verminderten Vorsprung des ersten Gefährts die Zwecklosigkeit seines Unternehmens einsehen. Niedergeschlagen und mutlos kehrte er nach Wien zurück. So war die harmonische Gemeinschaft mit dem liebsten Freunde, kaum begonnen, schon zu Ende.

Unendlich verlassen kam sich nun unser junger Künstler vor. Doch nach ein paar Tagen hatte er sich so weit gefaßt, daß er die ihm für seine ferneren Pläne nützlich dünkenden Beziehungen wieder aufnahm und pflegte. Der Zufall fügte es, daß er die mit Titus gemietete teure Wohnung gegen ein im gleichen Hause gelegenes, nettes und ebenfalls «besuchsfähiges» Logis tauschen und auf diese Weise die gebotene Einsparung schmerzlos erreichen konnte.

Gesundheitlich ging es ihm damals nicht zum besten, was seinen Briefen an Jan Matuszynski zu entnehmen ist, den Medizin studierenden Freund und Leidensgenossen, der noch vor ihm – als Arzt an der Pariser Militärakademie – an Tuberkulose starb. Einzig vor diesem Jan oder Jas, wie er ihn kosend nannte, dem er notgedrungen die Rolle eines Postillon d'amour übertragen hatte, war er hinsichtlich seines Befindens offen. Im ersten, gleich nach seiner Ankunft in Wien an ihn geschriebenen Brief, der hauptsächlich bezweckte, seine Kurierdienste zu mobilisieren, heißt es: «Hat Dir der Regen nicht geschadet? Ich ahne, daß er Dich krank gemacht. Um Gottes willen, forciere nichts, denn wir sind beide aus dem nämlichen Lehm, und Du weißt, wie oft ich schon auseinandergefallen bin.» Auch aus Bemerkungen in der nachfolgenden Korrespondenz geht eindeutig hervor, daß sich Chopin damals bereits der Gefährdung seiner Gesundheit voll bewußt war.

Seelisch litt er sehr unter der Trennung von allen ihm Nahestehenden und der Sorge um sie und das Vaterland. Wiederum war es das Klavier, dem er sich anvertraute. In Tönen beschwor er die Geliebte und die Heimat, in Tönen ließ er seinen Schmerz sich lösen und das zarte Reis der Hoffnung grünen. Wir wissen ja bereits, daß in dieser künstlerisch für ihn allzu stillen Zeit des zweiten und letzten Wiener Aufenthaltes seine endlich eingestandene Liebe zu Konstanze Gladkowska aufflammte und sich dann im Nichts verlor. Wie die wundersame Blüte einer Victoria Regia auf dem Spiegel des Wassers unter verbergendem Blätterdach heimlich gebildet und gewachsen, in einer silbernen Mondnacht ihre weiße, kühle Schale weit öffnet und dann in den kurzen Blütestunden der wenigen Abende, die zu leben ihr bestimmt sind, zaghaft zu immer wärmerem Ton errötet, um auf einmal, so unversehens wie sie aufgegangen, nur noch Erinnerung zu sein.

Seine Wankelmütigkeit, die Unsicherheit seines künstlerischen und wirtschaftlichen Fortkommens, der Umstand, daß er zur Untätigkeit gezwungen war, während seine Freunde und Kameraden für die Freiheit des Vaterlandes unter den Fahnen standen – all dies setzte ihm bedenklich zu. Zuflucht vor solchen Empfindungen bot ihm in einsamen Stunden neben der Musik auch das Briefschreiben. Wenigstens im Sinne der Beruhigung und Ablenkung. Die vielen und ausgedehnten Berichte an die Angehörigen sind zum weitaus größten Teil nur für den äußeren Ablauf der Wiener Monate und die beurteilende Schilderung von Persönlichkeiten und Verhältnissen interessant und biographisch verwertbar. Aufruhr und Not seiner Seele, Heimweh und Einsamkeit, Enttäuschungen und Befürchtungen, Hoffnungslosigkeit und Lebensüberdruß, diese Genossen seiner Nächte spiegeln sie nicht. Er wollte die Seinen schonen. Sie sollten des Glaubens sein, er befinde sich gesund, heiter und zufrieden. Deswegen bat er auch Jan Matuszynski, den Eltern und «Kindern», wie er die Schwestern zu nennen pflegte, dies so darzustellen und nichts merken zu lassen von seinem tatsächlichen Ergehen, das er, wie schon gesagt, nun auch ihm gegenüber nicht mehr geheimhielt. Jan, der ihm von seinen verbliebenen Freunden nach Titus am nächsten stand, war gewissermaßen an dessen Stelle als Briefpartner getreten, da Wojciechowski infolge seiner Beteiligung an den Unabhängigkeitskämpfen dafür einstweilen nicht mehr in Betracht kam. Empfindungen und Stimmungen, wie wir sie eben kennzeichneten, schlugen sich wie bisher gegenüber Titus nunmehr unverhüllt in den Schreiben an Jan Matuszynski nieder, unterschieden durch eine weniger schwärmerische Art der Gefühlsäußerung.

Einen getreuen und aufschlußreichen Eindruck von Chopins damaliger Verfassung geben seine an Jan gerichteten Briefe vom 26. Dezember 1830 und vom Neujahrstag 1831. Wir bringen sie nachstehend unter Weglassung bereits verwendeter Abschnitte und eingestreuter, zusammenhangloser Bemerkungen, die übrigens dazu beitragen, den Eindruck des Überreizten, Unsteten und Sehnsüchtigen noch zu unterstreichen.

«Wien. Am Weihnachtstag. Sonntag früh. Voriges Jahr, um diese Zeit, war ich bei den Bernhardinern. Heute sitze ich mutterseelenallein im Schlafrock, zerbeiße schier den Ring* und schreibe.

Innigst geliebter Jas!

Soeben kehre ich von Slavik zurück (dem berühmten Geiger, mit dem ich mich angefreundet habe; außer Paganini habe ich nichts Ähnliches gehört, sechsundneunzig Noten Staccato nimmt er auf einen Bogenstrich und so weiter, nicht zu glauben); bei ihm überkam mich das Verlangen, nach Hause zu gehen und meiner Sehnsucht am Klavier freien Lauf zu lassen und mich auszuweinen in dem Adagio zu den Variationen über ein Thema von Beethoven, die wir zusammen schreiben; doch ein Sprung auf die Post, die ich im Vorbeigehen stets aufsuche, gab dem Gefühl eine andere Richtung. Die Tränen, die auf die Tasten fallen sollten, benetzten Deinen Brief. Ich sehnte mich so sehr nach Deinen Zeilen. Weißt Du warum? Du weißt es schon. Allein nicht nur um meines Friedensengels willen, denn bei meiner Liebe zu ihm; wenn ich es könnte, so würde ich alle Töne wachrufen, die mir das blinde, tolle, grimmige Gefühl einflüstert, um wenigstens zum Teil jene Lieder zu erraten, deren verklungenes Echo noch irgendwo an den Ufern der Donau umherirrt, jene Lieder, die Johann

* Gemeint ist der Ring, den er von Konstanze Gladkowska vor seiner Abreise als Andenken bekommen hatte.

Sobieskis Heerscharen gesungen. Du sagst, ich solle einen Dichter auswählen? Du weißt aber, daß ich das unentschlossenste Geschöpf der Welt bin und daß ich nur einmal im Leben es verstanden habe, gut zu wählen. Mein Gott, sie und ihre Schwestern können wenigstens Charpie zupfen und sich dadurch nützlich machen, doch ich ... Wäre nicht der Umstand, daß mein Vater es jetzt vielleicht schwer hat, würde ich sofort zurückkehren. Ich verfluche den Augenblick meiner Abreise, da Du meine Verhältnisse kennst, wirst Du gewiß zugeben, daß nach der Abreise des Titus zuviel auf mich hereingestürzt ist. Alle Diners, Abende, Konzerte, Tänze, die mir zum Halse herauswachsen, langweilen mich! So traurig, dumpf, düster ist alles um mich – eigentlich liebe ich das, doch nicht in so grausamer Art. Ich kann nicht tun, was mir beliebt, muß mich putzen, frisieren, chaussieren; im Salon spiele ich den Ruhigen, und nach Hause zurückgekehrt, donnere ich auf dem Klavier. Mit niemand bin ich vertraut, zu allen muß ich höflich sein. Es gibt hier Leute, die mich angeblich gern haben, die mich malen, mir schön tun, schmeicheln, doch was nützt mir das alles, da ich doch keine Ruhe habe, es sei denn, daß ich alle Eure Briefe hervorhole, mir die Ansicht der Sigismundsäule entfalte, auf den Ring blicke. Verzeihe mir, Jas, daß ich mich bei Dir so beklage, doch bilde ich mir ein, daß es mich etwas erleichtert, daß ich ruhiger werde; habe ich doch stets mit Dir meine Gefühle geteilt. – Hast Du die Karte bekommen? Du machst Dir wohl nichts aus meinem Brief, weil Du zu Hause bist; ich aber lese Deinen Brief immer wieder, ohn Ende ... War man nicht krank? Leicht könnte ich etwas Ähnliches bei einem so empfindlichen Geschöpf annehmen. Schien es Dir nicht so? Vielleicht der Schrecken des 29.? (Tag der Revolution.) Denn Gott möge verhüten, daß ich die Ursache gewesen sei! Beruhige, sage, daß solange die Kräfte reichen ... bis in den Tod ... daß selbst nach meinem Tode meine Asche sich zu ihren Füßen betten werde ... Deine französischen Ausdrücke haben mir den letzten Stoß versetzt. Der Deutsche, der mit mir über die Straße ging, als ich Deinen Brief las, konnte mich kaum mit den Armen stützen und konnte überhaupt nicht begreifen, was mit mir geschehen war. Ich hatte Lust, alle Vorbeigehenden zu packen und zu küssen, meine Seele war so erfüllt, wie noch nie, denn das war ja der erste Brief von Dir. Ich langweile Dich mit meinem dummen Wahnwitz, doch fällt es mir schwer, mich aufzurütteln, um Dir etwas Gleichgültiges zu schreiben ... Vorgestern ... am Heiligen Abend ... begab ich mich langsamen Schrittes um zwölf Uhr in die Stefanskirche. Als ich eintrat, war noch kein Mensch da. Nicht aus Andacht, sondern um mir um diese Zeit den riesenhaften Bau anzuschauen, blieb ich in der dunkelsten Ecke stehen, am Fuße eines gotischen Pfeilers. Die Erhabenheit, die Größe der gewaltigen Wölbungen läßt sich nicht beschreiben, still war es, nur ab und zu unterbrachen die Schritte des Sakristans, der in der Tiefe des Doms die Ampeln entzündete, meine Lethargie. Hinter mir Gräber, unter mir Gräber ... In mir erstanden Klänge einer düsteren Harmonie. Mehr denn je fühlte ich mich verwaist. Mit Ergötzen berauschte ich mich an diesem großartigen Anblick, bis Menschen und Licht hereinzuströmen begannen. Da schlug ich den Kragen meines Mantels hoch und verhüllte mich wie so oft (weißt Du es noch? in der Krakauer Vorstadt) und begab mich zum Konzert in die Kaiserliche Kapelle. Unterwegs war ich nicht mehr allein, umringt von einer Menge fröhlich dahinschreitender Menschen durchlief ich die schönsten Straßen Wiens bis zur Burg, wo ich mir drei Sätze der verschlafen gespielten Messe angehört habe ... Du weißt doch, daß ich Briefe vom Sächsischen Hofe an die Vizekönigin von Mailand habe. Doch wohin soll ich reisen? Die Eltern lassen mich tun, was ich will, das liebe ich aber nicht. Nach Paris? Die Hiesigen raten mir, noch abzuwarten. Zurückkehren? Hier bleiben? Mich umbringen? An Dich nicht schreiben? Rate mir Du, was ich anfangen soll. Frage doch die Leute, die in Warschau Einfluß auf mich ausübten, und schreibe mir deren Meinung, und so werde ich es dann machen ...»

1. Januar 1831: «... Du mein bester Freund in der Welt, ich weiß nicht, was mit mir geschieht. Ich liebe Euch mehr als das Leben. Schreibe mir! Du also bei der Armee! Ist sie in Radom? Habt ihr Wälle aufgeworfen? Unsere armen Eltern! Was machen meine Freunde? Ich lebe bei euch, würde für Dich, für euch sterben! Warum bin ich denn so verlassen? Sollt denn nur ihr zusammen sein in einem so fürchterlichen Augenblick? – Deine Flöte wird etwas zu stöhnen haben, doch vorher soll sich das Pantaleon ausstöhnen ... Heute Neujahr, wie traurig beginne ich es. Vielleicht werde ich sein Ende nicht erleben. Du ziehst in den Krieg. Kehre als Oberst zurück. Möge es euch glücken! Warum kann ich nicht wenigstens euer Tambour sein? ...»

Aus diesen und anderen Schreiben wird auch erkennbar, daß Chopin – auf sich allein gestellt und der Fremde preisgegeben – sich allzusehr treiben ließ und es ihm an Energie und Sammlung fehlte, die Verhältnisse und Umstände nach dem Gesichtspunkt der Zweckmäßigkeit und des seiner Kunst Dienlichen zu meistern. Wieviel Zeit und Kraft ging ihm doch verloren durch diese vielen Diners und Soirees, die sich bei seiner großen Beliebtheit als Gesellschafter mit der fortschreitenden Zeit immer noch häuften. Mehr als drei Dutzend Namen von Persönlichkeiten, mit welchen er auf diese Art Verkehr pflog, nennt er in seinen Wiener Briefen! Und in dieser Zahl sind die Musiker noch nicht einmal enthalten. Die Polen unter jenen, zu denen er sich begreiflicherweise besonders hingezogen fühlte, mögen ihm wohl dadurch wertvoll gewesen sein, daß sie sein Heimweh beschwichtigten und ihm ein wenig Ersatz für Titus boten. Von allen anderen seiner Gastgeber war es nur einer, der ihm wirklich etwas bedeutete: Doktor Malfatti. «Ich hoffe auf Gott und Malfatti (den prächtigen Malfatti)», ist eine hierfür bezeichnende Wendung in einem seiner damaligen Briefe. Durch ihn, den Freund und Arzt Beethovens, lernte Chopin auch Leute kennen, denen es weniger um das gesellschaftliche Treiben denn um geistigen Austausch ging. Doktor Malfatti trat übrigens der Auffassung Chopins entgegen, die Hindernisse, die sich seinen Konzertplänen in den Weg stellten, seien vor allem politischer Natur, nämlich durch die Warschauer revolutionären Vorgänge verursacht. Er versuchte den Musiker zu überzeugen, daß jeder Künstler im Grunde Kosmopolit sei. Vergebliches Bemühen, wie man aus einem Brief Chopins an Elsner ersieht, und seine Begründung ist entwaffnend: als Künstler sei er eben noch in der Wiege, als Pole jedoch habe er bereits das dritte Dezennium begonnen!

Im Hause Doktor Malfattis, «dieses seltenen Menschen – in vollster Bedeutung des Wortes Mensch –», wie ihn Chopin einmal beschrieb, waren auch die ersten Instrumentalisten und Sänger Wiens häufig anzutreffen. Er selbst spielte, dirigierte und begleitete dort oft und gern. Einem Namenstagskonzert ist eine seiner an den Fingern einer Hand abzuzählenden Milieuschilderungen zu danken, die ihres Seltenheitswertes wegen hier aufgenommen sei: «. . . Wundervoll schien der Mond, die Fontänen spielten, die Treibhausblumen erfüllten die Atmosphäre mit berauschendem Duft, kurz, die herrlichste Nacht, der entzückendste Ort. Ihr könnt Euch gar nicht vorstellen, wie schön gebaut der Salon ist, in dem gesungen wurde: riesige Fenster, von oben bis unten geöffnet, gehen auf die Terrasse, von der aus man ganz Wien sehen kann; viele Spiegel und wenig Licht. Das links an das langgestreckte Vorzimmer angrenzende Kabinett verlieh dem ganzen Appartement ein gewaltiges Ausmaß. Die Herzlichkeit und Liebenswürdigkeit des Hausherrn, die Eleganz, der Wohlstand, die fröhliche Gesellschaft, der dort herrschende Esprit und das ausgezeichnete Abendessen hielten uns sehr lange zurück; erst gegen Mitternacht bestiegen wir die Wagen...» Auch der Garten des kunstfreundlichen Arztes machte Chopin, dem nur mit einem Minimum an Naturempfinden Ausgestatteten, einmal so großen Eindruck, daß er den Eltern brieflich davon vorschwärmte. Eine ebensolche Rarität wie die vorerwähnte Schilderung!

Die Zahl der neuen Bekanntschaften und Begegnungen mit Musikern während dieser acht Wiener Monate war erheblich, und die Berichte darüber zeugen wieder von einer durch gewinnende Liebenswürdigkeit versüßten Distanzierung, von kritischer Einstellung und einem Witz von fast Heinescher Art.

Wir können uns auf die wichtigsten Namen von Chopins künstlerischem Umgang beschränken. Zunächst noch einige Ergänzungen: Da wäre Hummels weitere Bewährung als hilfsbereiter und warmherziger Kollege zu erwähnen, dann die Aufführung des ersten Satzes eines der beiden Klavierkonzerte durch Thalberg in einer Veranstaltung der Gesellschaft der Musikfreunde am 20. März 1831. Wenn wir nicht wissen, um welches der beiden Werke es sich handelt, noch wie der berühmte Virtuose gespielt hat, so darum, weil in keinem der vorliegenden Briefe davon die Rede ist. Doch bedeutet dies durchaus nicht ein Darüberhinweggehen seitens Chopins. Leicht ist es möglich, daß ein mit jenem Konzert sich beschäftigendes Schriftstück zu den im Jahre 1863 der Kosakenwut zum Opfer gefallenen* Andenken gehörte oder auch eines der von Politik handelnden ist, die der wirren Zeit wegen von den Angehörigen gleich nach dem Lesen vernichtet wurden aus Furcht, sie könnten eines Tags den Russen in die Hände fallen.

Was Slavik anbelangt, so blieb das Schicksal der gemeinsamen Komposition – Variationen über ein Thema von Beethoven für Violine und Klavier –, von der in der Korrespondenz mehrmals die Rede ist, unbekannt. Es läßt sich nicht einmal feststellen, wie weit sie überhaupt gedieh. Chopin erwähnte Slavik späterhin nicht mehr. Das Unglück seiner Heimat und die neuen Eindrücke in Paris nahmen ihn so gefangen, daß er, der sich in deutscher Sprache schriftlich nicht gut ausdrücken konnte und zudem das Briefschreiben aus Abneigung tunlichst mied, seine Wiener Beziehungen vernachlässigte. Slavik starb übrigens schon 1833, siebenundzwanzigjährig. – Von Czerny erzählte Chopin seinen Angehörigen, daß er ihn besucht habe, «voll Ergebenheit für immer und für jeden. Er

* Der Nachlaß Chopins, welcher von seiner Schülerin Jane Stirling erworben und späterhin von ihr seiner Mutter geschenkt worden war, kam nach deren Tod an seine Schwester Isabella Barcinski, die Letzte der Familie. Als im Jahre 1863 nach einem Bombenanschlag auf den Warschauer Gouverneur russische Kosaken in die Häuser drangen, aus denen angeblich auf sie geschossen worden, warfen sie auch aus der Barcinskischen Villa vieles aus den Fenstern auf die Straße, wo sie es nachher verbrannten. Dabei gingen auch zahlreiche Briefe Chopins in Flammen auf, doch waren zum Glück die meisten von Moritz Karasowski schon kopiert worden. Immerhin verursachte der Gewaltakt große Lücken in den authentischen Dokumenten.

fragte mich: ‚Hat er fleißig studiert?' Wieder hat Czerny für acht Klaviere und 16 Leute irgendeine Ouvertüre umgearbeitet und ist befriedigt!» Diesem Beispiel gutmütiger Ironie wollen wir ein anders geartetes zur Seite stellen, um zu zeigen, wie empfindlich Chopin ward, wenn es sich um nationale Fragen handelte. Es heißt da in einem Briefabschnitt vom 28. Mai 1831: «... Herz, der Geiger, soll eigene Variationen über polnische Motive spielen. Ihr armen polnischen Motive! Ihr ahnt es nicht, mit welchen Majufes* er euch spicken wird, und zur Anlockung des Publikums nennt er das polnische Musik. Wie soll man dann nachher die polnische Musik verteidigen, seine Ansicht über sie äußern, man wird ja für verrückt gehalten, um so mehr, als Czerny, das Wiener Orakel in der Fabrikation jeglicher Art musikalischer Leckerbissen, noch kein einziges polnisches Thema variiert hat.»

Wenden wir uns nun noch den übrigen der Musik verschriebenen Persönlichkeiten zu, mit denen Chopin verkehrte: da wäre der bedeutende Joseph Merk («der erste Violoncellist, den ich auch aus nächster Nähe verehre») zu nennen, mit dem er besonders gern musizierte und in Gemeinschaft mit Slavik ein Trio zu bilden die Absicht hatte; dann Georg Hellmesberger, der Senior der Violinistendynastie, weiter: der zu Schuberts Freundeskreis zählende Pianist Carl Maria v. Bocklet, der hochbetagte Abt Stadler, Freund Haydns und Mozarts, die beiden Waldhornvirtuosen Eduard und Rudolf Lewy, letzterer Mitwirkender im einzigen öffentlichen Konzert Schuberts, der virtuos gerichtete Czerny-Schüler Theodor Döhler, die Gesangsgrößen Sabine Heinefetter («eine herrliche

* *Majufes* sind rituelle jüdische Lieder, die am Sabbat gesungen werden und nach denen bei bestimmten Gelegenheiten auch getanzt wird. Sie wurden in Polen oft parodiert.

Stimme, alles gut gesungen, rein und geschmeidig, aber so kalt, daß ich mir im Parkett beinahe die Nase erfroren hätte») und Franz Wild («der erste deutsche Tenor, singt meisterhaft»), der in Frankfurt am Main lebende Pianist Aloys Schmitt, welcher sich in eigenen Kompositionen hören ließ («ein Vierzigjähriger, der achtzigjährige Musik schreibt») und der bereits erwähnte Breslauer Organist Hesse («der Kerl hat Talent, versteht es, mit der Orgel umzugehen, hat mir ein Blatt für sein Stammbuch hinterlassen, doch weiß ich nicht, was ich hineinschreiben soll, es fällt mir nichts ein!»).

Zur Vervollständigung dieser Liste hervorragender Musiker des Wien jener Zeit sind noch Lanner und Strauß zu nennen, die beliebten und erfolgreichen Tanzkomponisten. Wie fern muß Chopin der Wiener Mentalität doch gestanden haben, wenn er aus der Freude des Publikums an den Walzern der Genannten und dem restlosen Entzücken über ihre Quodlibets – wohlgemerkt: als Tisch- und Tanzmusik – auf einen verdorbenen Geschmack der Wiener schließt. «Walzer nennen sie hier Werke!» ereiferte er sich gegenüber Elsner, «und Strauß und Lanner, die ihnen zum Tanze aufspielen, Kapellmeister! Damit ist jedoch nicht gesagt, daß alle hier dieser Meinung sind; im Gegenteil, viele lachen darüber, darum werden aber doch nur Walzer gedruckt!»

Er war eben verärgert darüber, daß Haslinger keinen Finger rührte, die ihm überlassenen Kompositionen im Druck herauszubringen, und die übrigen drei Verleger (Mechetti, Diabelli und Joseph Czerny) zwar sehr freundlich gegen ihn waren, sich aber doch nicht ernstlich für seine Sachen interessierten. Diese und andere Enttäuschungen brachten ihn zuweilen in eine ziemlich gereizte Stimmung, die ihn dann zu Äußerungen wie der vorgenannten – doch nur in Briefen! – verleiten konnte. Für die Leichtlebigkeit der echten Wiener fehlte ihm überhaupt einigermaßen der Sinn. Einmal regte er sich auf über eine sogenannte *Rutsch*, eine Art Karussell: «Ein furchtbarer Blödsinn ist dies. Dennoch schlittern eine Menge Menschen in diesen Wagen von oben nach unten, ohne jeden Zweck; ich wollte es mir gar nicht ansehen. Erst später, da wir zu acht waren (und lauter gute Freunde), begannen wir um die Wette herabzurutschen, wer schneller ans Ziel gelange, indem wir mit den Füßen nachhalfen. Erst jetzt hatte es den Zweck eines Wettbewerbs, und aus einem hitzigen Malcotent dieses dummen Wiener Spiels wurde ich zu einem eifrigen Proselyten, bis ich endlich wieder zu Verstand kam und mich besann, daß man damit gesunde und kräftige Körper belustige, fähige Köpfe verwirre, und zwar in einem Moment, wo die ganze Menschheit sie zu ihrer Verteidigung aufruft ...» (Damit spielte er auf die politischen Unruhen in weiten Teilen Europas an.)

Um unseren Rundgang zu den musikbeflissenen Bekannten Chopins abzuschließen, sei zunächst noch des dem Schubert-Kreis zugehörigen Musikhistorikers Hofrat Kiesewetter gedacht, in dessen Haus viel musiziert wurde und der zahlreiche Autographen sein eigen nannte. Auch mit einem anderen bekannten Sammler und Musikwissenschaftler, Alois Fuchs, verbanden Chopin gute Beziehungen. Fuchsens Kabinett wies damals vierhundert Handschriften auf, darunter viele von Mozart und Beethoven. Chopin, dem Fuchs ein Original von Beethoven schenkte, war darin selbst auch schon vertreten mit seinem Rondo für zwei Klaviere. Einen dicken Band mit der Aufschrift *Chopin* und darin das Autograph seiner Variationen op. 2 nebst Platz für viele künftige fand der junge Komponist in der Manuskriptabteilung der Hofbibliothek, wohin ihn der Musikkenner und -schriftsteller Franz Xaver Kandler geführt hatte, mit dem er öfters zusammenkam. Zunächst wollte er es überhaupt nicht glauben, daß er bereits in diese repräsentative Halle der Berühmtheiten eingezogen sei, und dachte an eine Verwechslung mit dem Opernkomponisten Champein, dessen Name längst verklungen ist und wohl kaum je auch nur vorübergehend die Bedeutung des seinen besessen hatte.

Um das musikalische Bild des damaligen Wien – also zwei bis drei Jahre nach Beethovens und Schuberts Tod – auch nach der werkmäßigen Seite zu beleuchten, sei noch ein Blick auf das Konzert- und Opernrepertoire geworfen. Reine Instrumentalkonzerte, wie wir sie gewohnt sind, waren noch nicht üblich. Die großen Veranstaltungen mit Orchester, noch gering an Zahl, wiesen zumeist je eine Ouvertüre und Sinfonie und im übrigen Oratorien und andere geistliche Chormusik auf. Mitunter stand dazwischen eine solistische Darbietung. Haydn, Mozart und Beethoven waren die Stützen des instrumentalen Teils der Programme, während Schubert als Sinfoniker überhaupt noch nicht «entdeckt» war, und selbst seine Messen und Chöre damals noch kaum beachtet wurden. Der vokale Teil wurde hauptsächlich bestritten mit Händel *(Messias, Salomo)*, Cherubini (Messen und andere Kirchenmusik) und wiederum Haydn *(Jahreszeiten, Schöpfung)*; im übrigen kamen auch Kreutzer *(Die Sendung Mosis)*, Stadler *(Die Befreiung Jerusalems)* und Lachner *(Die vier Menschenalter)* zu Gehör.

Im Opernspielplan war noch immer Rossini Trumpf *(Barbier von Sevilla, Othello, Belagerung von Korinth, Diebische Elster)*, wogegen Weber, der ihm wenige Jahre zuvor den Ruhm einmal streitig machte, dortmals nicht aufgeführt wurde und Mozart nur mit *Titus* vertreten war. Die Opern von Weigl, Gyrowetz, Lachner und Kreutzer standen in des Publikums Gunst.

Chopin selbst trug, entgegen seiner ursprünglichen Absicht, nicht nennenswert zur Belebung des öffentlichen Konzertwesens in Wien bei. Sein Auftreten beschränkte sich auf eine Mitwirkung in einer Matinee vom 4. April und auf ein eigenes Konzert im Juni 1831. In jener sangen die Schwestern Heinefetter sowie der Tenor Wild, und es spielten noch der Violinvirtuose und berühmte -lehrer Joseph Böhm, Hellmesberger und die beiden Lewys. Diese Künstler waren alle so bekannt, daß die Angabe ihres Namens genügte, während man hinter den Chopins die Bezeichnung «Clavierspieler» setzte.

Stimmung und persönliche Verhältnisse waren für den auf eigenes Risiko unternommenen Abend nicht gerade günstig. Man gewinnt bei der Brieflektüre den Eindruck, daß er diese Juni-Veranstaltung mehr aus Rücksicht auf die elterlichen Reklamationen und Erwartungen denn auf eigenen Wunsch ansetzte. Aus seinen Mitteilungen ist weder über das genaue Datum noch das Programm etwas zu ersehen. Da auch die *Wiener Theaterzeitung*, die 1829 Chopins Spiel und Werke so gut und ausführlich besprochen hatte, diesmal keinerlei Notiz davon nahm, so weiß man nur durch den Bericht der Leipziger *Allgemeinen musikalischen Zeitung* vom 21. September 1831 aus der Feder ihres Wiener Korrespondenten Kandler, daß der Künstler sein e-moll-Konzert gespielt, jedoch nicht, was sonst noch und wer mitgewirkt hat. Es handelt sich um eine Sammelbesprechung, in der das frühere Urteil über Chopin, daß er ein Pianist ersten Ranges sei, vollauf bestätigt ward. Der finanzielle Ausgang des Konzertes war offensichtlich nicht gut; denn obwohl es ihn drängte, seinem Vater nicht länger zur Last zu fallen, sah er sich doch genötigt, seinen Bankkredit zu überziehen, um – wie er es den Eltern erklärte – für seine bevorstehende Reise und einen eventuellen Krankheitsfall über genügend Mittel zu verfügen.

Damit aus dieser Vorsorge zu Hause nicht auf Mangel an Gesundheit bei ihm geschlossen werde, ließ er seine Angehörigen wissen, daß ihm nichts anderes fehle als mehr Leben, mehr Lebensmut. Müde sei er zuweilen, dann aber auch wieder so fröhlich wie zu Hause, besonders im Kreise «einiger biederer Polinnen, deren herzliche, von bester Hoffnung erfüllte Worte», so heißt es in jenem Julibrief weiter, «mich stets so ergötzen, daß ich mich gleich wie ein hiesiger General aufspiele. Ein neuer Hampelmann eigener Erfindung! Ihr habt das noch nicht gesehen, doch die es hier sehen, platzen vor Lachen. Hinwieder gibt es Tage, an denen man keine zwei Worte aus mir herauspressen, noch überhaupt mit mir zurechtkommen kann, dann fahre ich für dreißig Kreuzer nach Hitzing oder irgendwo in die Umgegend Wiens, um mich zu zerstreuen.»

Wie es mit seinem Schaffensgeist um jene Zeit bestellt war, läßt sich nur vermuten. Es ist überhaupt schwer, Chopins Kompositionen mit Bestimmtheit zu datieren, teils des Mangels an genauen eigenen Angaben wegen, teils weil begonnene Arbeiten vielfach wieder zurückgelegt oder in anderer als der ursprünglich geplanten Form verwendet wurden und die Drucklegung keinen ausreichenden Anhaltspunkt dafür bietet. Stileigenheiten allerdings lassen Rückschlüsse auf Entstehungsdaten zu; ein weiteres gewichtiges Moment für die Zeitbestimmung aber ist auch, wenigstens für die frühe und mittlere Schaffensperiode, das Bekenntnishafte, das Chopins Musik innewohnt. So läßt sich aus der Betonung des Ungestümen,

Kriegerischen, Schmerzlichen in einigen Werken darauf schließen, daß sie während des zweiten Wiener Aufenthalts konzipiert wurden. Dies gilt möglicherweise für die Grande Polonaise brillante, die später als op. 22 herauskam, für einige der Etüden op. 10 und das erste Scherzo. Von mehreren Walzern, Mazurkas und Ecossaisen weiß man, daß sie damals geschrieben wurden, doch liegen sie außerhalb besagter Spannungen. Neben dem offenbar aufgegebenen Projekt der Beethoven-Variationen für Violine und Klavier ist in den Briefen jener Zeit noch ein Konzert für zwei Klaviere erwähnt, an welchem Nidecki, der vorgesehene künftige Partner Chopins, bereits zu studieren begonnen hatte. Auch dieser Plan wurde offenbar nicht durchgeführt, doch nimmt man an, daß Chopin einige der Gedanken dieses Entwurfs in sein späteres *Allegro de Concert* op. 46 hinübernahm.

Als untrüglich erkennbare Zeugen der Sehnsüchte und Kümmernisse jener Monate der Verlassenheit inmitten des Gesellschaftstrubels besitzen wir nur die Briefe an Jan Matuszynski; dennoch ist sicher, daß all dies innere Erleben fort und fort mitschwang in seinem Schaffen. Zumal bei ihm, dem die Gabe des Sichmitteilens im gesprochenen Wort nicht gegeben war.

Das Schicksal seiner Heimat, mit dem er sich unlösbar verknüpft fühlte, hatte ihn zusehends beunruhigt. Am liebsten wäre er ja nach Hause gegangen, um sich irgendwie am Kampfe um die Freiheit Polens zu beteiligen. Doch war er vernünftig genug, den Vorstellungen seiner Mutter nachzugeben und in einem anderen Lande Entwicklung und Fortkommen zu suchen. Italien war aus dem Gesichtskreis seiner Wünsche bereits ausgeschieden, da auch dort einige Städte blutig revoltiert hatten. Überall gärte es und gab es Aufstandswellen, Nachwehen der französischen

Julirevolution. Sein Sinn stand jetzt nach London, via Paris. Die russische Botschaft, der er als Pole unterstellt war, verweigerte ihm jedoch ein derartiges Visum und erteilte ihm nur ein solches nach München. Er wußte sich indes zu helfen, indem er die Gefälligkeit des französischen Botschafters beanspruchte, der ihm das gewünschte Anschlußvisum nicht verweigerte.

Kaum waren diese Schwierigkeiten behoben, gab es eine neue Verzögerung durch den Umstand, daß für die Einreise nach Bayern ein Gesundheitsattest verlangt wurde, was eine Reihe von Gängen nötig machte. Die Angst vor der aus dem russisch-polnischen Kriegsgebiet nach Westen und Süden vordringenden Cholera war damals auch in Wien sehr verbreitet. Wer es sich leisten konnte, flüchtete aufs Land.

Endlich, am 20. Juli 1831 war es dann so weit, daß Chopin Wien in der Postkutsche verließ, um über Salzburg, München, Stuttgart vorerst einmal nach Paris zu gelangen. Von dort wollte er weitersehen. Nichts hielt ihn zurück in Wien, dieser vielbesungenen Stadt, die den großen Klassikern der Musik zur Heimat geworden. Er war in ihr verloren gewesen trotz den vielen Bekannten und Kollegen.

«Alles, was ich bisher im Ausland gesehen», hatte er im Frühling in sein Notizbuch eingetragen, «erweckt in mir nur noch mehr die Sehnsucht nach der Heimat, nach den glückseligen Augenblicken, die ich nicht zu schätzen gewußt ... Die Menschen hier sind mir fremd. Sie sind gut, doch gut aus Gewohnheit, tun alles zu ordentlich, zu flach, zu mittelmäßig, und das drückt mich nieder. Seltsam ist mir zu Mute, traurig, weiß mir keinen Rat; warum bin ich allein? ...»

SIEBENTES KAPITEL

Sommer 1831 bis Weihnachten 1831

Kein Brief überbrückt die Spanne, die zwischen dem schmerzlichen Weggang Chopins von Wien und seiner ersten Nachricht aus Paris liegt. Doch inmitten dieser ungewohnten Leere steht ein erschütterndes Dokument, der Aufschrei einer gequälten, durch das Leid verwirrten und unsagbar einsamen Seele: ein Notizbucheintrag, geschrieben zu Stuttgart nach Bekanntwerden des am 7. September 1831 erfolgten Falls von Warschau. Die Botschaft von dem völligen Zusammenbruch des polnischen Freiheitskampfes mußte diesen zart besaiteten und in seiner Abgeschlossenheit veranlagungsgemäß den wildesten Vorstellungen und Befürchtungen preisgegebenen Patrioten und liebenden Sohn, Bruder und Freund aufs schwerste treffen. Wie einer, der am Rande der Verzweiflung steht und keinen Ausweg mehr sieht, malte er sich in diesen Zeilen die schrecklichsten der Möglichkeiten aus, haderte mit dem Schicksal, erflehte Gottes Rache gegen die siegreichen Unterdrücker und zürnte den Franzosen, weil sie das befreundete Polen im Stich gelassen. «. . . Manchmal stöhne ich nur, erdrückt vom Schmerz, klagend am Klavier! Oh Gott! Erschüttere die Erde, auf daß sie verschlinge die Menschen dieses Jahrhunderts», heißt es in diesen Aufzeichnungen, die mit den Worten enden: «Allein! allein! . . . Mein Elend läßt sich nicht beschreiben, kaum kann das Gefühl es ertragen!»

Ein Segen, daß ihm dort, wo er sich länger aufhielt, meist ein Instrument zur Verfügung stand, in das er seine Leiden ergießen und so seine Seele erleichtern konnte. Ob diese Klavierklagen *alle* fixiert sind, läßt sich nicht sagen. Zweifellos aber entstammt die c-moll-Etüde (op. 10, 12) den Stuttgarter Tagen. Entspricht sie, die schon lange die Bezeichnung *Revolutionsetüde* führt, stimmungsgemäß doch ganz der wilden Verzweiflung, wie sie das vorerwähnte Tagebuchblatt dokumentiert. Von zwei oder drei der Préludes wird die gleiche Entstehungszeit angenommen.

Bevor Chopin nach Stuttgart gekommen, hatte er in München einige Wochen Station gemacht, um auf Post und eine Geldsendung aus der Heimat zu warten. Das durch den Verkehr mit Kollegen angenehm aufgelockerte Festgehaltensein nützte er zur Vorbereitung und Durchführung einer eigenen Veranstaltung, die Ende August vor sich ging und in welcher er sein Klavierkonzert in e-moll sowie die Polnische Fantasie spielte, während die übrige Vortragsfolge von einem Sänger, Klarinettisten und einem Streicherquartett bestritten wurde. Es mag wohl wiederum an dem ungewohnten Zeitpunkt gelegen haben, daß die Presse von diesem Konzert keine Notiz nahm und nur in der Wochenschrift *Flora* eine lobende Besprechung erschien. Bei dem Fehlen persönlicher Mitteilungen Chopins aus jener Zeit weiß man übrigens lediglich durch dieses Referat von dem Münchener Debüt, seinem einzigen öffentlichen Auftreten in Deutschland überhaupt, wenn man von dem unvorhergesehenen in Breslau im November 1830 absieht.

Nirgends finden sich Niederschriften über die Begebnisse und Eindrücke der über mehrere Wochen sich hinziehenden Fahrten durch das Salzkammergut, die bayrischen Alpentäler, die Wälder und Fluren Schwabens, die Dörfer und Städte quer durch Deutschland und Lothringen bis zur Hauptstadt Frankreichs. Die Briefe aus dieser Zeit müssen verlorengegangen sein, doch ist anzunehmen, daß sich Chopin darin nur mit den Zuständen in der Heimat, mit familiären Dingen und seinen Zukunftsplänen befaßte. Denn es fehlte ihm diesmal die Ablenkung, der zündende Funke einer Reisegemeinschaft mit einem geliebten Menschen, dessen er bedurfte, um sich nicht in Grübeleien, Befürchtungen und Sehnsüchten zu verlieren und Auge und Seele aufzutun dem Erleben, das eine so gemächliche und weitgedehnte, abwechslungsreiche Reise zu gewähren vermag. Man kann sich vorstellen, wie niedergeschlagen Chopin nach Erhalt der Unglücksmeldung war und daß er erst aufatmete, als er in Paris Nachrichten von den Eltern und Titus Wojciechowski in den Händen hielt, die ihm große Beruhigung, wenigstens hinsichtlich ihres persönlichen Befindens, brachten.

«London en passant Paris» stand in seinem Reisepaß, und er hatte zunächst wirklich nicht gedacht, sich hier länger aufzuhalten, als das musikalische Leben ihn fesseln würde. Doch wie jeden anderen Besucher von Paris, mochten seine Erwartungen und Absichten beschaffen sein, wie sie wollten, schlug auch ihn das unerhört Neue, Bewegte, Sprudelnde, Bedeutende dieser herrlichen Stadt in Bann. Bei seinen übertriebenen Vorstellungen von den Zuständen in Polen kamen ihm – wie anderen Außenstehenden zunächst auch* – die durch den politischen Umsturz her-

* Selbst Heinrich Heine glaubte an die unbestrittene Sicherung der Errungenschaften der Julirevolution, als er im Juni 1831 nach Paris, dem neuen «Mekka der Freiheit» kam, um die politischen Verhältnisse zu studieren. Gerade um die Zeit von Chopins Ankunft begann er seine berühmt gewordene – später in Buchform erschienene – Artikelserie in der *Augsburger allgemeinen Zeitung* über *Französische Zustände*, worin er sie dann allerdings aufs schärfste glossierte und angriff, so daß er sie auf Gentz' Betreiben im Juli 1832 wieder einstellen mußte.

beigeführten Verhältnisse in Frankreich augenscheinlich schon konsolidiert vor. Es dauerte noch eine Weile, bis er inne ward, daß sich die Gemüter sechzehn Monate nach der Julirevolution durchaus noch nicht alle beruhigt hatten. Sowohl die reaktionäre Rechte als auch die republikanische Linke waren mit der Errichtung des Bürgerkönigtums Louis Philippes von Orléans und der Herrschaft des Juste milieu*, die im übrigen Europa als Sieg der liberalen Ideen und des Fortschritts angesehen wurden, keineswegs zufrieden, und sie murrten insgeheim. Vorerst jedoch blieb das brodelnde politische Getriebe von unserem Neuankömmling noch unbemerkt. Woher hätte er aber auch Zeit und Muße nehmen sollen zu solch abseitigen Beobachtungen? War er doch voll beansprucht durch Besuche und Fühlungnahme mit gesellschaftlich führenden Kreisen sowie durch das Auskundschaften von Möglichkeiten zu lohnender musikalischer Beschäftigung und Entfaltung. Nicht zuletzt aber durch das anziehende, reiche und vielfältige kulturelle Leben, das seinen Englandplan immer mehr verblassen ließ. Mitunter kam er sich inmitten all der ungewohnten Genüsse vor «wie in einer andern Welt». «Man atmet hier süß, vielleicht seufzt man deshalb aber

* Louis Philippe, der durch Kammerbeschluß Anfang August 1830 zum König der Franzosen gewählte Repräsentant des Juste milieu, hatte infolge der Befehdungen durch die aristokratischen Reaktionäre und Ultraroyalisten auf der einen und die Republikaner auf der anderen Seite einen schweren Stand. Doch war der Sockel, auf dem sein Thron ruhte – die Finanzwelt, das vermögende Bürgertum und eine starke, bewaffnete Polizei- und Militärmacht – ziemlich massiv und ihm selbst geschickte Mäßigung sowie zähe Willens- und Tatkraft zu eigen. So konnte er sich trotz der Unausrottbarkeit der republikanischen Ideen und dem dauernden, durch Mazzini und andere geschürten, zuweilen sehr aktiven Widerstand der Volksmassen, wenn auch unter ständigen Schwierigkeiten, halten bis zur Februarrevolution 1848, die ihm dann dasselbe Schicksal bereitete wie die Julirevolution von 1830 seinem Vorgänger, dem Bourbonen Karl X.

auch mehr, weil leichter», ließ er sich in seinem ersten, an Titus Wojciechowski gerichteten Pariser Brief vom 12. Dezember 1831 vernehmen. «Paris ist alles, was Du willst. Du kannst Dich amüsieren, langweilen, lachen, weinen, kannst alles machen, was Du magst; und keiner sieht Dich an, weil hier Tausende das gleiche tun wie Du – und jeder geht seinen eigenen Weg.»

Fast täglich machte er in der Anfangszeit neue bedeutsame Bekanntschaften, und der künstlerischen Erlebnisse war kein Ende. Der vorerwähnte Brief bringt eine Zusammenfassung alles dessen, was ihm in den ersten vier Wochen seines Aufenthaltes an Persönlichkeiten und wesentlichen Eindrücken begegnete. Daraus nachstehend ein knappes Bild des Reichtums, in dem die französische Oper damals schwelgte: «... Noch nie habe ich den *Barbier* so wie vergangene Woche mit Lablache, Rubini und der Malibran-Garcia gehört, noch nie den *Othello* so wie mit Rubini, der Pasta und Lablache, *Die Italienerin* mit Rubini, Lablache und Madame Raimbeau. Wenn je, so habe ich jetzt in Paris alles. Du kannst Dir gar nicht vorstellen, was das heißt: Lablache! Von der Pasta sagt man, sie habe nachgelassen, doch habe ich nichts Erhabeneres je gesehen. Die Malibran: Wunder! Wunder! Rubin: ein ausgezeichneter Tenor, singt real, nicht mit Falsett; sein Mezza-voce ist unvergleichlich. Die Schroeder-Devrient ist hier, sie macht jedoch nicht solches Furore wie in Deutschland. Auch Frau Damoreau-Cinti singt so vollkommen, daß sie nicht übertroffen werden kann – ihre Stimme ist mir lieber als die der Malibran. Die Malibran verwundert uns, die Cinti entzückt uns, sie bringt die chromatische Tonleiter besser als der berühmte Tulon auf der Flöte. Nourrit, der französische Tenor, verblüfft durch sein Gefühl. Und Cholet von der Opéra Comique, wo *Fra Diavolo*, *La Fiancée* und

George Sand: Lithografie um 1830.

Zampa (eine entzückende neue Oper Hérolds) aufgeführt werden, ist aufregend, wunderbar, ein Genie mit wahrhaft romantischer Stimme ... Wenn es je Prunk im Theater gegeben hat, so weiß ich nicht, ob er den Grad der Pracht in *Robert le Diable*, der neuesten fünfaktigen Oper Meyerbeers, der *Crocciato* geschrieben, erreicht hat. Dieses Meisterwerk der neuen Schule, worin Teufel (gewaltige Chöre) durch Tuben singen, wo Seelen aus den Gräbern aufsteigen, doch nicht so wie im *Charlatan* [*Szarlatan*, Oper von Kurpinski, d. A.], vielmehr zu fünfzig, sechzig gruppiert, wo ein Diorama auf der Bühne bezaubert und in Erstaunen versetzt und beinahe das ganze Orchester übertönt, nirgends wird man etwas Ähnliches aufführen können. Meyerbeer hat sich unsterblich gemacht. Er saß aber auch drei Jahre in Paris, ehe er die Oper herausbrachte, und soll, wie es heißt, zwanzigtausend Franken für die Darstellung geopfert haben ...»

Von den Komponisten, die Chopin durch den Hofkapellmeister Paër schon bald kennen lernte, sind außer den eben zitierten vor allem Rossini und Cherubini zu nennen. Für den letzteren interessierte er sich schon lange, und ursprünglich war es sogar der Wunsch, dessen Bekanntschaft zu machen, der ihn den Umweg über Frankreich ins Auge fassen ließ. Hohen Rang nahmen auch verschiedene der Instrumentalisten ein, mit denen der Pariser Neuling rasch in freundschaftlichen Verkehr kam. Liszt, Herz, Hiller, Baillot, Franchomme wären hier anzuführen, alle jedoch zunächst überstrahlt von dem Eindruck, den der Klaviervirtuose Kalkbrenner auf ihn machte. «Nullen» erschienen ihm anfänglich die übrigen Pianisten im Vergleich zu diesem. «Es ist schwer, Dir seinen Calme, seinen bezaubernden Anschlag zu beschreiben», heißt es in dem Brief an Titus, «die unerhörte Gleichmäßigkeit und die in jeder Note hervortretende Meisterschaft. Ein Riese ist er, der Künstler wie Herz, Czerny und so weiter niederstampft, mithin auch mich ... Als er mich näher kennen lernte, machte er mir den Vorschlag, ich solle drei Jahre bei ihm studieren, dann würde er etwas ganz, ganz Besonderes aus mir machen. Ich erwiderte ihm, ich wüßte wohl, wieviel mir fehle, ich möchte ihn jedoch nicht nachahmen und drei Jahre wären zuviel. Er hat mich jedoch überzeugt, daß ich schön spielen kann, wenn ich in Stimmung bin, aber schlecht spiele, wenn ich nicht dazu aufgelegt bin, was bei ihm nie vorkomme. Er sagte mir, ich hätte keine Schule, ich sei auf dem besten Wege, könnte jedoch deroutieren. Daß es nach seinem Tode, oder wenn er aufhören würde zu spielen, keinen Repräsentanten der großen Klavierschule mehr gäbe und so weiter ...» Wir ersparen es uns, mehr der ziemlich selbstbewußten Äußerungen Kalkbrenners zu bringen, müssen aber noch kurz bei dieser Episode verweilen, um die Stellungnahme Elsners und der Angehörigen Chopins, die er um ihren Rat angerufen hatte, authentisch darzutun.

Schade, daß das große Ausmaß der vom 27. November 1831 datierten Antwort Louisens, seiner ältesten Schwester, uns hindert, sie hier zu bringen; neben ihrer sachlichen Bedeutung stellt sie ein Musterbeispiel der Briefschreibekunst früherer Zeiten dar. Begnügen wir uns mit der Wiedergabe des wesentlichen Inhalts: Chopins Eltern waren gewillt gewesen, seinen Pariser Studienabsichten voll zuzustimmen, da sie – kraft seiner Interpretation und ihrer eigenen Gutgläubigkeit – Kalkbrenners Vorschlag als aus Edelmut und reiner Liebe zur Kunst erwachsen ansahen. Vorsichtshalber gingen sie jedoch Elsner um seine Meinung an, der nach ihrer Auffassung mehr als sonst irgend jemand ihres Sohnes Ruhm und gründlichste

Kenntnisse ersehnte. Elsner indes, von Friedrich bereits durch einen ins einzelne gehenden Brief über Kalkbrenners Absichten sowie dessen Tadel an seinem Spiel und besonders an seinen Kompositionen orientiert, erwies sich als strikter Gegner des Plans. War er doch in Kenntnis von Kalkbrenners Geschäftstüchtigkeit* und persönlicher Unbeliebtheit davon überzeugt, daß dieser es mit seinem Schützling nicht zum besten meine, neidisch sei auf sein Können und vor allem spekulative Absichten verfolge. Die geringste sei die, ihn als gefährlichen Konkurrenten für einige Jahre aus den Konzertsälen fernzuhalten, ihm seine Eigenart zu nehmen und sein Genie zu knebeln. «Elsner will Dich nicht nur als Klavierkomponisten und berühmten ausübenden Künstler sehen», heißt es wörtlich in Louisens Brief weiter, «sondern er möchte, daß Du *der* werdest, wozu die Natur Dich drängt und wozu sie Dich geschaffen hat. Du habest Deinen Platz zwischen Rossini und Mozart . . . Dein Genie solle nicht nur auf das Klavier und die Konzerte beschränkt bleiben, Du könnest Dich vielmehr auch durch Opernwerke unsterblich machen. Er meint, daß Du mit Deinem heutigen Können, worin Du vielleicht höher stündest, als manche der gegenwärtigen Autoren in Deinem Alter gestanden, dorthin zu streben, wohin Dich Dein Genius führe, nicht aber jemandem zu folgen habest . . . Alles schreite vorwärts, und das neue Genie könne unmöglich sein, was das alte gewesen . . .» Es ist rührend, wie die Wortführerin der Angehörigen

* 1818 hatte sich Kalkbrenner mit Bernhard Logier assoziiert zur Ausbeutung von dessen Erfindung *Chiroplast*, einer Vorrichtung, die den Klavierspieler verhinderte, das Handgelenk sinken zu lassen und anders als mit senkrecht gehaltenen Fingern anzuschlagen (!) – 1830 noch hatte Kalkbrenner diesen Apparat vereinfacht, der dann als *Guide-main* in den Handel kam. Auch seine Teilhaberschaft an der Pleyelschen Pianofortefabrik deutete auf Geschäftssinn. (Frau Pleyel war seine Schülerin.)

dem Bruder das ganze lange Gespräch mit Elsner in breitester Ausführlichkeit wiedergibt, ihm alles zu bedenken empfiehlt, auch das elterliche Einverständnis mit einem dreijährigen Aufenthalt in Paris und die Zusicherung völliger Entschlußfreiheit übermittelt, jedoch geflissentlich vermeidet, seine Entscheidung irgendwie zu beeinflussen.

Hier nun einiges aus Chopins Antwort an seinen verehrten Lehrer, der ihm auch selbst geschrieben hatte: «... Ihr Brief war mir ein neuer Beweis Ihrer väterlichen Fürsorge, dieses wahrhaft aufrichtigen Wohlwollens, das Sie für den anhänglichsten Ihrer Schüler bewahrten. Im Jahre 1830 habe ich, obschon ich wußte, wieviel mir noch mangelt und wie weit ich davon entfernt bin, irgendeines Ihrer Muster nachahmen zu können, mir doch zu denken gewagt: ‚ich werde mich ihm wenigstens ein wenig nähern, und wenn kein Lokietek, so wird vielleicht ein Laskonogi* aus meinem Gehirnkasten hervorgehen'. Allein heute, da ich alle Hoffnungen dieser Art vernichtet sehe, bin ich genötigt, daran zu denken, wie ich mir den Weg in der Welt als Pianist ebnen könne, indem ich die höheren künstlerischen Ziele, die Sie mir in Ihrem Brief so richtig vor Augen führten, für kurze Zeit nur zurückstelle. Um ein großer Compositeur zu sein, muß man eine riesige Erfahrung haben, die man, wie Sie mich lehrten, nicht allein durch das Anhören fremder, doch mehr durch das Anhören eigener Werke erlangt. Etliche begabte Jünglinge, Schüler des Pariser Konservatoriums, warten tatenlos und mit verschränkten Armen auf die Aufführung ihrer Opern, Sinfonien, Kantaten, die nur Cherubini und Le Sueur auf

* Chopins Bemerkung bezieht sich auf Elsners Oper *Wladyslaw Lokietek*. Lokietek bedeutet der Kleine oder Kurze und war der Beiname eines polnischen Königs. Laskonogi, ebenfalls Beiname eines polnischen Regenten, ist das Pendant und bedeutet der Dünnbeinige.

dem Papier gesehen ... Meyerbeer arbeitete drei Jahre, zahlte und saß in Paris, ehe er (als man sich bereits an Auber übersättigt hatte) es erreichte, daß sein in ganz Paris Furore machendes Werk *Robert le Diable* aufgeführt wurde. Meiner Ansicht nach ist in der musikalischen Welt derjenige glücklich zu schätzen, der Compositeur und Akteur zugleich ist. Als Pianisten kennt man mich in Deutschland hie und dort; manche Musikzeitungen haben meine Konzerte erwähnt und der Hoffnung Ausdruck gegeben, mich bald an hervorragender Stelle unter den ersten Virtuosen meines Instrumentes zu sehen. Heute bietet sich mir eine Gelegenheit, das mir selbst gegebene Versprechen zu erfüllen. Warum sollte ich sie nicht ergreifen? In Deutschland würde ich mich von niemandem unterweisen lassen, denn obschon mancher gefühlt, daß mir noch irgend etwas mangle, so wußte doch keiner was; ich hingegen sah den Balken im eigenen Auge nicht, der mich heute hindert, aufwärts zu schauen. Drei Jahre sind viel, zuviel sogar ... Indessen, würde ich auf drei Jahre Arbeit eingehen, könnte ich einen großen Schritt vorwärts tun. Soviel weiß ich, daß ich keine Kopie von Kalkbrenner sein werde. Nichts wird imstande sein, meinen vielleicht allzu kühnen, doch edlen Willen und Gedanken, mir eine neue Welt zu bilden*, zu verwischen, und wenn ich arbeiten werde, so darum, um auf festeren Füßen zu stehen.»

Es kam indes dann doch nicht, wie man nach diesem Brief annehmen könnte, zu einem Lehrer-Schüler-Verhältnis zwischen Kalkbrenner und ihm. Wohl besuchte er auf

* Der Passus *mir eine neue Welt zu bilden* unterlag einer lange Zeit unbemerkt gebliebenen und weitergetragenen Abänderung durch Karasowski, die uns unverantwortlich dünkt. Biegt sie doch die Bescheidenheit Chopins, die ihn wie jeden wirklich großen Künstler auszeichnete, hier ins Gegenteil um. Karasowski übersetzte nämlich: *Eine neue Kunstaera herbeizuführen.*

dessen Einladung hin mehrmals seine Ausbildungsklasse, ging dann aber pianistisch seine eigenen Wege weiter, ohne sich indes mit dem Vertreter eines auf die Spitze getriebenen Nurvirtuosentums und einer nüchternen, konventionellen Tonsatzweise zu überwerfen. Im Gegenteil: Kalkbrenner war ihm bei der Organisation seines ersten Pariser Konzertes sehr behilflich, spielte darin auch selbst mit ihm gemeinschaftlich seine eigens dafür verfaßten *Brillanten Variationen* über eine von Chopins Mazurken (als op. 120 im Druck erschienen) und trug es ihm auch nicht nach, daß einige seiner Schüler bei ihm weiterstudierten. Vielleicht war Kalkbrenner seinem jungen Kollegen besonders zugetan, weil er – wissend, daß man ihn in Pariser Künstlerkreisen nicht recht mochte und sich über ihn lustig machte – die Bewunderung, die Chopin ihm entgegenbrachte, als wohltuend empfand. Er muß ja in der Tat, wenn man übereinstimmenden zeitgenössischen Schilderern glauben darf, von einer herausfordernden Art des Selbstbewußtseins und des Gehabens gewesen sein. Ein beliebtes Objekt für Heines Spottsucht! Hier eine Kostprobe: «Kalkbrenner wird beneidet ob seinem eleganten äußeren Auftreten, seinem feinen, geschniegelten Wesen, seiner Glätte und Süßigkeit, ob der ganzen marzipanenen Erscheinung, die jedoch für den ruhigen Beobachter durch manche unwillkürliche Berlinismen der niedrigsten Klasse einen etwas schäbigen Beisatz hat, so daß Koreff ebenso witzig als richtig von dem Manne sagen konnte: ‚Er sieht aus wie ein Bonbon, das in den Dreck gefallen.'» Wir wollen aber über dem Allzumenschlichen Kalkbrenners seine Verdienste um den Fortschritt der Oktaventechnik nicht vergessen und eingedenk sein, daß Chopin ihn der Widmung seines erstgedruckten Klavierkonzerts für würdig hielt. Und wer vermag zu wissen, ob er nicht indirekt doch zur pianistischen Weiterentwicklung Chopins beigetragen hat dadurch, daß er ihm ein in technischer Beziehung ideales, nachahmenswertes Vorbild bot, wie es ihm bis dahin sicher gefehlt hatte, ihn andererseits aber auch auf die Besonderheit seines eigenen Spiels hinwies? Chopins Vergleich seiner Pianistik mit der Kalkbrennerschen bezog sich gewiß nicht nur auf das Technische, sondern auch auf das Interpretatorische, und dabei müssen sich ihm, als einem gefühlsbetonten Musiker, die Mängel einer nackten Virtuosität unbedingt aufgedrängt haben. Die schablonierte, unpersönliche Werkwiedergabe Kalkbrenners (so wenigstens wurde sie von fortschrittlichen, kritischen Zeitgenossen dargestellt), dürfte Chopin im Innersten unbefriedigt gelassen haben. Und darum mag er vielleicht – man könnte seine Bemerkung gegenüber Elsner so verstehen – zu der Einsicht gekommen sein, daß für seine Zukunft als Pianist die Erhaltung seiner Eigenart, nämlich sein ganzes Empfinden in das Spiel zu legen und ein Werk bei der Darstellung nachzuerleben, einen nicht minder wichtigen Faktor bedeute als die Ausmerzung technischer Unebenheiten, die nach allem, was darüber feststellbar war, schon damals nicht mehr gewichtig gewesen sein können. Die Zartheit seines Spiels, die übrigens, wie wir noch erfahren werden, einen überraschenden Nuancierungsreichtum in sich schloß, und die Scheu vor einem großen Publikum waren in seiner Natur physisch und psychisch begründet. Daran hätte Kalkbrenner wahrscheinlich auch in den vorgeschlagenen drei Studienjahren nichts geändert.

In seinem ersten Pariser Konzert scharte sich ein ganzer Stab von Mitwirkenden um Chopin. Es handelte sich um eine großangelegte Veranstaltung im Pleyelschen Saale, die schon früher hätte stattfinden sollen, aber aus äußeren

Gründen auf den 26. Februar 1832 verlegt wurde. Genaues über das Programm ist nicht mehr zu eruieren, doch steht fest, daß Baillot, nach Chopin «der Rivale Paganinis», und vier seiner Kollegen das Streichquintett von Beethoven spielten und Kalkbrenner mit dem Konzertgeber zusammen seine vorerwähnten Variationen darbot, unter Begleitung von vier weiteren Klavieren (!), an denen sich Hiller, Osborn, Sowinski und Stamati betätigten. Chopin selbst soll nach der Erinnerung Hillers sein e-moll-Konzert und einige Mazurken und Nocturnes vorgetragen haben. Außerdem kamen noch verschiedene Gesangsnummern der drei beteiligten Vokalisten zu Gehör. Der künstlerische Erfolg war offenbar bedeutend, und auch die Presse zollte Chopin als Spieler und Komponist höchstes Lob. Der finanzielle Ertrag jedoch war kläglich, kaum daß damit die Kosten gedeckt werden konnten. Nach Ansicht der einheimischen Kollegen war Chopin doch erst zu kurze Zeit in Paris, als daß das Interesse für ihn die maßgeblichen Kreise schon hätte durchdringen können. Die Konzertbesucher rekrutierten sich in der Hauptsache aus Mitgliedern der polnischen Kolonie, daneben aus Musikerkreisen und dem Anhang der mitwirkenden Künstler.

Unter den Besuchern befand sich Franz Liszt, dem – nach seinen Äußerungen – «der stürmischste Applaus nicht zu genügen schien gegenüber Chopin, diesem genialen Musiker, welcher eine neue Phase des poetischen Empfindens, gepaart mit den glücklichsten Modernitäten des Formalen seiner Kunst, enthüllte». Ein vielleicht weniger überschwenglicher, doch ebenfalls sehr begeisterter Zuhörer war Felix Mendelssohn. Er verbrachte den Winter 1831/32 in Paris und verkehrte viel mit Liszt, Hiller und Chopinetto, wie er den um ein Jahr jüngeren Kollegen aus Zuneigung nannte. Seine *Sommernachtstraum-Ouvertüre* war kurz vor dem Chopinschen Debüt in einem der angesehenen Concerts de Conservatoire aufgeführt worden und hatte sehr gut gefallen. Größer noch war Mendelssohns Erfolg als Solist des G-dur-Klavierkonzerts von Beethoven, das bei dieser Gelegenheit im gleichen Rahmen seine Pariser Erstaufführung erlebte.

Auch Chopin trat bald wieder auf, und zwar am 20. Mai 1832 in einer vom Fürsten de la Moskowa zum Besten der Armen (und zwecks Aufführung seiner eigenen Messe) arrangierten Wohltätigkeitsveranstaltung, in deren Mittelpunkt der Oboist Henry Brod stand, damals einer der beliebtesten und hervorragendsten Instrumentalisten der französischen Kapitale. Er begeisterte das Publikum jeweils so restlos, daß man sich seine Mitwirkung für fast alle guten Konzerte sicherte. Chopin spielte den Anfangssatz seines e-moll-Konzerts, erreichte damit laut *Revue musicale* jedoch nicht die Höhe seines ersten Erfolges, was der betreffende Referent auf die «zu dicke Instrumentierung und den zu kleinen Klavierton des Künstlers» zurückführte. Doch sei zu erwarten, daß sich die Gunst des Publikums seiner Musik noch sehr zuwenden werde, wenn es erst einmal mehr mit ihr bekannt geworden wäre. Vermutlich stammte diese Besprechung aus der Feder des bedeutenden Musikgelehrten F. J. Fétis, der sich in seinem früheren Referat über die Neuheit und das Beseelte der Melodik, das Phantasievolle und die Originalität der Chopinschen Tonsprache höchst anerkennend geäußert und nur einen etwas zu improvisatorischen Charakter bemängelt hatte, der aber aus der Jugend des Komponisten zu erklären sei. Chopin zählte Fétis zu den wenigen Musikern in Paris, von denen man *viel* lernen konnte, und bedauerte nur, daß er, wenn er nicht seiner Lehr- und Dozententätigkeit oblag, kaum in der Stadt anzutreffen war, weil er seiner Schulden wegen außerhalb logierte. Die Polizei vermochte ihn dort nicht zu erreichen, da nach dem Gesetz die säumigen Schuldner nur in Paris à domicile verhaftet werden konnten. Fétis, dessen musikphilosophische Vorlesungen, nicht zuletzt ihrer neuen Ideen von der modernen Tonalität und deren künftiger Entwicklung wegen, damals große Anziehungskraft ausübten, war als Verfasser zahlreicher musiktheoretischer Schriften der gegebene Mittelsmann zwischen den Musikern und den Pariser Literatenkreisen, welche zu jenen Zeiten eine einzigartige Häufung von Koryphäen auszeichnete. Mit vielen von ihnen, Trägern glanzvoller Namen, kam Chopin im Laufe der ersten Jahre in bleibende Verbindung, und manchem wird in unserer Darstellung noch ein Wort gewidmet sein.

Die frühesten Bekanntschaften mit Schriftstellern machte er vermutlich im Hause des als Pädagogen überaus geschätzten Pianisten Zimmermann, der oft eine auserlesene Gesellschaft zu sich einlud. Sein Schüler Marmontel schrieb einmal von einem solchen Beisammensein: «Frau Zimmermann und ihre Töchter machten einer großen Anzahl von Künstlern die Honneurs. Man stellte Charaden dar. Die verwirkten Pfänder und die nicht erratenen Rebusse mußten durch Bußen eingelöst werden, welche je nach der Beschaffenheit des Schuldners wechselten. Gautier, Dumas und Musset wurden verurteilt, ihr neuestes Gedicht zu rezitieren, Liszt und Chopin hatten über ein ihnen gegebenes Thema zu improvisieren, die Damen Viardot, Falcon und Eugenie Garcia mußten ihre Schulden mit Liedern bezahlen, und ich erinnere mich, selbst manches Pfand eingelöst zu haben.»

Die vornehmen polnischen Zirkel standen Chopin schon von Anfang an offen. Handelte es sich doch zumeist um emigrierte Zweige heimischer Adelsfamilien, in denen er ehemals als Wunderkind verhätschelt und später, als Jüngling, seines Spiels und seiner edlen Art und Erscheinung wegen ein hochwillkommener Besucher war. Er selbst fühlte sich am wohlsten bei den « Seinigen »; denn er betrachtete die Landsleute in der Fremde als eine zusammengehörige große Familie. Und wirklich einte sie ja auch alle ohne Rücksicht auf Stand und Herkunft die Liebe zum Vaterland und die Anteilnahme an seinen Bedrängnissen. Kein Pole, der in finanziellen Schwierigkeiten stak, klopfte vergeblich bei Chopin an, und es gab deren offenbar im Lauf seiner Pariser Jahre sehr viele. Auch zu Zeiten, in denen er selbst knapp bei Mitteln war, fand er stets eine Möglichkeit, notleidenden Polen zu helfen. Meist geschah dies dann durch den Verkauf des Verlagsrechts für die englische, italienische oder deutsch-österreichische Ausgabe eines bereits in Frankreich veröffentlichten Stückes. Chopin war hinsichtlich der Verwertung seiner Werke, sieht man von den ersten enttäuschenden Wiener Fällen ab, recht glücklich. Seine Honorare waren weit höher als die anderer Komponisten jener und besonders der vorangegangenen Epoche, obwohl es sich ja meist um kleinformatige Stücke handelte. Es mag jedoch sein, daß gerade ihre Kürze in Verbindung mit ihrer Art sie besonders populär und leicht absetzbar machte. Eine Art, die den romantischen Bedürfnissen der Zeit sehr entgegenkam und sich ausgezeichnet in den Rahmen der Salons, wie wir sie aus Balzacs Romanen kennen, fügte. Die wahren Chopin-Freunde allerdings empfanden schmerzlich die Verunglimpfungen, welche seine Werke unter den klavierspielenden Händen der Damen der Hautevolée häufig erfuhren. Louis Ehlert hat dies später einmal in seinen *Briefen über Musik an eine Freundin* sehr drastisch formuliert: « Chopin hat das Unglück gehabt, so populär zu werden, daß es keinen Salon gibt, in welchem er nicht verfälscht oder mißverstanden würde. Der frivole Hang, sich diese geistreichen Weisen aufs willkürlichste auszulegen, in die eigentliche Welt des Dichters mit den persönlichen Gelüsten einzukehren, hat zu jener die Sinne und das Gemüt beleidigenden Art des Chopin-Spiels geführt, dessen Charakter sich am besten durch eine Mischung von Possenhaftigkeit und Unkeuschheit bezeichnen ließe. An Stelle des Anmutigen wird das Gefallsüchtige gesetzt, das Freche an die Stelle des Übermütigen, das Empfindungsvolle weichlich und das Geniale barock vorgetragen. Nur wer noch die Träne und das Erröten kennt», fährt er fort, «nur wer sein Herz noch bis in die Fingerspitzen schlagen fühlt, vermag Chopin zu spielen ...»

Nun, auf Chopins Schülerinnen und die polnischen Gesellschaftskreise trafen Vorwürfe dieser Art gewiß nicht zu. Um so mehr, als man, solange der Vielbewunderte erreichbar war, lieber ihn um den Vortrag seiner Werke bat, als sich selbst daran zu versuchen. Kamen derartige Wünsche von Landsleuten, war Chopin geneigt, sie zu erfüllen. Einen Polen allerdings gab es in seiner Umgebung, den er nicht leiden mochte: Adalbert Sowinski. Pole mehr aus Zufall. Ein gebürtiger Ukrainer, der in Wien studiert hatte und von dort im Anschluß an eine längere Italienreise nach Paris übersiedelt war. Er ist uns bereits durch seine Anfrage an den achtzehnjährigen Chopin wegen eines Beitrages über die Musikverhältnisse Polens für Fétis' *Revue musicale* und als Mitbegleiter beim Kalkbrennerschen Duo begegnet. Chopins eigene Darstellung möge uns ein Bild Sowinskis vermitteln und seine Ablehnung dieses Auch-Landsmanns verständlich machen. (Doch wollen wir zuvor noch anerkennend vermerken, daß Sowinski in seinem polnisch-slawischen Tonkünstlerlexikon der Chopin-Forschung wertvolle Hinweise gegeben hat.) «... Sobald ich an Dich schreibe, hört mein Leid auf», bekennt Chopin gegenüber Titus, «bis dann die Klingel ertönt – und irgendein Kerl, bärtig, großmächtig, stark, hereinkriecht – sich ans Klavier setzt und, ohne selbst zu wissen was, zu improvisieren beginnt, sinnlos einhaut, sich herumwirft, die Hände kreuzt, mit einem groben Finger, der irgendwo in der fernsten Ukraine für Peitsche und Zügel bestimmt war, fünf Minuten lang auf einer Taste gefühllos klimpert. Da hast Du das Porträt Sowinskis, der kein anderes Verdienst hat als seine gute Figur und sein für sich gutes Herz. Wenn ich mir irgendeinmal Charlatanerie oder Blödsinn in der Kunst habe vorstellen können, so nie so ausgezeichnet, wie ich es jetzt oft hören muß, während ich im Zimmer auf- und abgehe und mich wasche. Meine Ohren erröten – gern würde ich ihn zur Tür hinausschmeißen, und muß mich menagieren, ja sogar liebenswürdig sein. Du kannst Dir überhaupt etwas Ähnliches nicht vorstellen – da man ihn aber hier (wo man sich doch nur auf Krawatten versteht) für etwas hält, muß man sich mit ihm anbiedern. Womit er mir das Blut aber am meisten in Wallung bringt, das ist die Sammlung seiner Kneipenlieder, sinnlos, mit dem schlechtesten Akkompagnement, ohne geringste Kenntnis der Harmonie und Prosodie, mit Contredanceschlüsseln – die er eine Sammlung polnischer Lieder nennt. Du weißt, wie sehr ich mich bemühe, unsere nationale Musik nachzufühlen, und wie mir das zum Teil gelungen ist, so kannst Du Dir vorstellen, wie angenehm es mir ist, wenn er mal hier, mal dort eine von meinen Melodien aufschnappt, deren Schönheit oft im Akkompagnement liegt – und es in einer drehorgelhaften, leierkastenmäßigen Dorfschenkenart herunterspielt, und man kann nichts sagen, weil er nicht mehr begreift als das, was er aufgeschnappt hat. Er ist ein umgekehrter Nowakowski. Und dabei schwatzt er! Über alles und insbesondere über Warschau, wo er nie war...»

Noch mit einem anderen nicht ganz echten Polen beschäftigt sich der eben angeführte Brief Chopins vom 25. Dezember 1831. Es handelt sich um den aus der illegitimen Verbindung eines französischen Marschalls mit einer Polin stammenden General Ramorino, der seine Laufbahn in der napoleonischen Armee begann und nach mancherlei Kriegsfahrten ein unrühmliches Ende nahm. Ein Abenteurer, der aus Leidenschaft kämpfte, wo sich gerade ein Platz für ihn fand. Nun war er als einer der führenden Generäle der geschlagenen polnischen Revolutionsarmee nach Frankreich zurückgekehrt und wurde teils aus Sympathie für die polnische Freiheitsbewegung und teils des willkommenen Anlasses zu einer politischen Kundgebung wegen wie ein Held gefeiert. Wenn wir nachstehend Chopins Schilderung über die Vorgänge um Ramorino im Wortlaut bringen, so geschieht dies um der Revision seines ersten Eindrucks über die Festigung der Verhältnisse im Frankreich Louis Philippes und des lebendigen Bildes willen, die diese Zeilen vermitteln. «Der Enthusiasmus für unseren General wird Dir bekannt sein», ließ er sich vernehmen. «Paris wollte in dieser Hinsicht nicht nachstehen. Die Medizinschule, die *Jeune France* genannte Jugend (sie tragen einen Spitzbart und nach Vorschrift gebundene Halstücher) beabsichtigten, ihn durch eine Demonstration zu ehren. (Du mußt wissen, daß sich hier jede politische Partei anders kleidet – man spricht hier von Exagérés –, die Karlisten* haben grüne Westen, die Re-

* Karlisten waren die Anhänger des durch die Julirevolution entthronten Königs Karl X.

publikaner und Napoleonisten, das ist gerade diese *Jeune France*, tragen Rot, die Saint-Simonisten oder Neuen Christen, die eine besondere religiöse Gruppe bilden und bereits eine große Anzahl von Proselyten haben, welche ebenfalls für Gleichheit sind, kleiden sich blau und so weiter.) Gegen tausend dieser jungen Leute, Gegner des Ministeriums, zogen mit der Trikolore durch die ganze Stadt, um Ramorino zu begrüßen. Obwohl er zu Hause war, zeigte er sich trotz dem Rufe und Schrein ‚Vivent les Polonais!' nicht, da er sich keinen Unannehmlichkeiten seitens der Regierung aussetzen wollte. Sein Adjutant trat heraus und sagte, der General bäte sie an einem anderen Tag zu sich. Indes zog er am nächsten Morgen aus. Einige Tage später wälzte sich eine riesige Menge, nicht allein Jugend, sondern auch der beim Pantheon versammelte Pöbel, von der andern Seite von Paris zu Ramorino. Wie eine Lawine wuchs die Menge an, je mehr Straßen sie passierte, bis die Kavallerie sie am Pont Neuf auseinanderzusprengen begann. Viele wurden verwundet, trotzdem versammelte sich eine Menge Menschen auf dem Boulevard unter meinen Fenstern, um sich mit denen, die von der anderen Seite heranzogen, zu vereinen. Die Polizei war machtlos gegenüber der anstürmenden Menge. Eine Abteilung Infanterie kam – Husaren, Platzadjutanten zu Roß auf den Trottoirs –, die nicht minder eifrige Garde drängte den immer neugierigeren und murrenden Pöbel auseinander, sie packen und arretieren das freie Volk – Schrecken –, die Läden werden geschlossen, an allen Ecken der Boulevards Menschenhaufen, Pfeifen, Galoppieren der Boten, die Fenster überfüllt mit Zuschauern (wie einst bei uns an hohen Festtagen), und all dies währte von elf Uhr früh bis elf Uhr nachts. Schon dachte ich, daß etwas geschehen würde, doch dies alles endete mit dem von einem gewaltigen Chor gesungenen *Allons, enfants de la Patrie.* Welchen Eindruck auf mich diese drohenden Stimmen des unzufriedenen Volkes gemacht haben, kannst Du Dir nicht vorstellen! Man erwartete, daß tags darauf die Emeute, wie sie das hier nennen, feste Gestalt annehmen würde, doch die Dummköpfe sitzen still bis auf den heutigen Tag. Nur Grenoble ist dem Beispiel Lyons gefolgt – der Teufel weiß, was in der Welt noch passieren wird ...»

Obwohl hier zwischen den Zeilen die revolutionäre Einstellung Chopins, zu der er sich in Freundesbriefen wiederholt bekannte, bemerkbar wird, wäre es verkehrt, daraus bei ihm auf *allgemeines* politisches Interesse schließen zu wollen. Er war gewiß ein leidenschaftlicher Verteidiger und Anhänger seines Vaterlandes, der an allem, was irgendwie mit Polen zusammenhing oder in Vergleich gestellt werden konnte, inneren Anteil nahm. Darüber hinaus aber vermochte ihn, wie die meisten Künstler (sein Landsmann Paderewski war darin eine große Ausnahme) die Politik auf die Dauer nicht ernstlich zu fesseln. Er war ja ohnehin allem abhold, was mit Unruhe, Lärm oder Aufregung in Verbindung stand. Selbst sein Patriotismus war ein stiller, der sich in der Wahl seiner Freunde und seines bevorzugten Umgangs, in der Liebe zur Volksmusik und Sprache Polens, zu seiner Literatur und seinen Freiheitshelden und nicht zuletzt in der unbesehenen Hilfsbereitschaft seinen Landsleuten gegenüber Genüge sein ließ, für die er stets Zeit, Rat und Tat hatte, auch wenn es sich um ihm Unbekannte handelte. Doch als Gesprächs- oder gar Diskussionsthema zog er aus eigenem Antrieb Polen nie heran. Brachte es der Zufall mit sich, daß er in eine politische Debatte verwickelt wurde, so blieb er auch hier seiner Art treu, in Ruhe auf Irrtümer oder Mißverständnisse hinzuweisen, ohne dabei für seine eigene Auffassung Geltung zu beanspruchen. Liszt weiß zu erzählen, daß Chopin im anhaltenden Verkehr mit mehreren der hervorragendsten «Fortschrittsmänner» trotz der Übereinstimmung ihrer Ideen über eine wohlwollende Gleichgültigkeit nicht hinausgekommen sei. Hätten sich die Gemüter in oft stundenlangen politischen Wortgefechten erhitzt, so sei er ein schweigsamer Zuhörer geblieben. Dem feinen Beobachter indes habe es nicht entgehen können, wie er unter diesen unfruchtbaren Erörterungen körperlich gelitten habe, so, als müsse er eine Folge von Dissonanzen, eine musikalische Kakophonie über sich ergehen lassen. Einzig in Sachen der Kunst sei er von seiner vorsätzlichen Schweigsamkeit und Neutralität abgewichen und habe sein Urteil klar und bündig kundgegeben und seine Überzeugung dargelegt.

Doch dies mag wohl erst später gewesen sein. Um die Zeit, bei der wir jetzt angelangt sind, war er als Komponist doch noch zu wenig bekannt geworden, um seine Anschauungen durch eigene Werke hinreichend belegt und erhärtet zu sehen. Außer seinen in Wien herausgekommenen Variationen op. 2 kannte man in Paris doch nur die wenigen Werke, die er selbst aufgeführt hatte. Wohl waren auch op. 1 und op. 5 im Druck erschienen*, jedoch in Warschau, wo sie die ersten Jahre über ein lokales Bekanntwerden nicht hinaus kamen. Mit der im Dezember erfolgten Veröffentlichung seiner der Comtesse Pauline Plater gewidme-

* Das Rondo à la Mazur op. 5 ist der Comtesse Alexandrine de Moriolles gewidmet, für die Chopin zu seiner Gymnasiastenzeit schwärmte. Von dieser Neigung hatte er damals zu seinen Angehörigen gesprochen, nicht aber von ihrem Verblassen. Da er nach wie vor Verkehr mit der Familie de Moriolles pflegte, glaubten seine Eltern und Schwestern immer noch an deren Bestehen zu einer Zeit, da er längst von «Moriolka» abgekommen und in Konstanze Gladkowska verliebt war. So bildete seine früheste Schwärmerei den gern benützten Deckmantel für seine verheimlichte Liebe zu der Sängerin.

ten Quatre Mazurkas op. 6 und den einem Herrn Johns aus New Orleans zugeeigneten Cinq Mazurkas op. 7 wurde dann aber eine rasche Folge von Drucklegungen Chopinscher Kompositionen eingeleitet. Die meisten erschienen zunächst bei Maurice Schlesinger, einem der rührigsten Pariser Verleger jener Zeit, insbesondere was Opern anbelangt.

Und nun wenden wir uns nochmals zurück zu einem Brief, dem wir bereits einige Abschnitte entnahmen. Er steht am Ende der langen Reihe der an Titus Wojciechowski gerichteten Schreiben, soweit sie erhalten geblieben und überliefert sind. In ihrer bekenntnishaften Art lassen diese Zeilen so recht ermessen, wie schmerzlich und unaufwiegbar für den Chopin-Forscher der Verlust gerade dieser Korrespondenz aus den anschließenden achtzehn Jahren ist. Am Ende dieser unausfüllbaren Lücke finden sich noch zwei kurze Billets, die von den gegenseitigen Bemühungen um Einreiseerlaubnis für Titus zum Besuch des inzwischen auf den Tod erkrankten Freundes zeugen. Sie waren vergeblich. Nie mehr konnten sie sich Aug in Auge gegenüberstehen. So geben nachstehende Zeilen aus dem Brief von Weihnachten 1831 an Titus einen letzten Einblick in das tiefste Freundschaftsbündnis, dessen der junge Chopin teilhaftig geworden ist. Noch glüht darin, ungeachtet der Trennung ihrer Lebenswege, die alte Intensität. Und wie sonst nur in Tönen, so enthüllt er seinem *zweiten Ich* hier wie ehemals in Worten freimütig seine unruhvolle Seele:

«Ich möchte Dich hierher haben, mein teuerstes Leben. Du glaubst gar nicht, wie traurig ich bin, daß ich niemandem mein Herz ausschütten kann. Du weißt ja, wie leicht ich Bekanntschaften schließe – weißt, wie gerne ich mit ihnen Luftschlösser baue. Solche Bekanntschaften habe ich zur Genüge, doch vermag ich mit niemand zusammen zu seufzen und zu klagen. Stets bin ich, was meine Gefühle anlangt, anderen gegenüber in Synkopen. Das stört mich, und Du kannst Dir kaum vorstellen, wie sehr ich nach einer Pause suche, damit mich den ganzen Tag niemand besucht und niemand anspricht ... In diesem Augenblick, wo ich mich anschickte, Dir einen Ball zu beschreiben, auf dem mich eine Göttin mit einer Rose im schwarzen Haar entzückt hat, erhalte ich Deinen Brief. Alles Gegenwärtige schwindet mir aus dem Kopf – noch mehr lebe ich bei Dir, ergreife Deine Hand und weine ... Deinen Brief aus Lemberg habe ich erhalten. Um so später werden wir uns wiedersehen, und vielleicht auch gar nicht. Denn allen Ernstes, meine Gesundheit ist elend, nach außen hin zeige ich mich fröhlich, zumal inmitten der Unsrigen (Unsrige nenne ich die Polen), doch im Innern plagt mich etwas. Ahnungen, Unruhe, Träume oder Schlaflosigkeit, Sehnsucht, Gleichgültigkeit, Lebenslust und dann wieder Todesverlangen, eine süße Ruhe, Erstarrung, Geistesabwesenheit und bisweilen zu deutliche Erinnerung quälen mich ... Schreibe mir, erbarme Dich meiner, ich umarme Dich! Dein bis in den Tod ...»

ACHTES KAPITEL

Von 1832 bis 1835

Die äußere Erscheinung Chopins treffend zu beschreiben, ist ein bedenkliches Unterfangen, denn weder die zeitgenössischen Schilderungen noch die zahlreichen Bildnisse vermögen eine eindeutige Vorstellung zu vermitteln. Befragen wir die bekannt gewordenen Porträts, die Bovysche Medaille, die Clesingersche Büste, die Karikaturstatuette Dantans, so geraten wir bereits in ein Dilemma. Selten mag eine ihre Zeit überragende Persönlichkeit von bildenden Künstlern so verschieden aufgefaßt worden sein wie Chopin. Diese Zeichnungen, Lithographien, Ölskizzen und Gemälde, die – mit Ausnahme der Jugendbilder – in zeitlich nicht sehr großen Abständen geschaffen wurden, haben außer der «langen, krummen Nase», wie Chopin das hervorstechende Merkmal seines Gesichtes benannte, nicht viel Gemeinsames. Sogar rein äußerlich. Die wenigsten besitzen das, was man von einer guten Darstellung voraussetzt: die über das Stoffliche hinausgehende Ausstrahlung des Wesens. Eine intuitive Gestaltung setzt allerdings die Bereitschaft des Modells und die Fähigkeit des Bildners zu seiner geistig-seelischen Erfassung voraus. Nun war es einem Fernstehenden fast unmöglich, Chopins wirkliches Wesen zu ergründen. Gelang dies doch selbst nur wenigen der Persönlichkeiten, die mit ihm in nahem Verkehr standen. Es bedurfte dazu eines Menschenkenners und berufenen Psychologen, der Beziehungen nicht nur zu Chopin selbst, sondern vor allem auch zu seiner Kunst besaß, die allein ein unverhülltes, wahrhaftiges Bekenntnis seiner feinsinnigen und tiefen Seele darbot. Nur durch seine Musik führte der Weg bis zu den Wurzeln seines Wesens. Solche Voraussetzungen waren – nach unserer subjektiven Anschauung – bloß einem der Chopin-Porträtisten unbeschränkt geschenkt, einem anderen teilweise. Alle übrigen scheiterten, so glauben wir, an unseres Musikers bewußt geübter Verschlossenheit. Jener eine war Delacroix, dessen ungeheuer beredtes, Chopin wesensnah kündendes Porträt aus seiner letzten Leidensphase stammt; der andere der mit Chopin befreundete Landsmann Kwiatkowski, der mehrere Bilder von ihm schuf, darunter eines, das von allen sonstigen überlieferten dem vorerwähnten äußerlich am nächsten kommt, selbstredend aber in nichts mit ihm verglichen werden kann.

Aus dem eben und schon früher Gesagten glauben wir genügend dargetan zu haben, daß es zu einem guten Teil an Chopin selbst, an seiner Einkapselung und Tarnung gelegen hat, wenn sich seine Persönlichkeit in den meisten Bildnissen nicht manifestierte. Dasselbe gilt auch für die brieflichen, literarischen und (gegenüber älteren Biographen) mündlichen Schilderungen. Die allgemein gerühmte formal-gesellschaftliche Vollkommenheit Chopins war ihm ein Mittel, sein Innenleben geheim zu halten, wozu ihn seine Veranlagung drängte. Sie war das Motiv seiner gewollten und ganz unauffällig erreichten Isolation. Die Erkenntnis des Flachen und Flüchtigen, des sich in Galanterie, Bonmots, Koketterie, Intrigen, Liaisons Erschöpfenden vieler der «ästhetischen Salons» jener Zeit führte wohl nur noch zu einer Stärkung seiner Absicht, sich im Tieferen verborgen zu halten. Die von ihm erstrebte und erreichte, bei seinem Charme, seinem unwiderstehlich einnehmenden Wesen indes kaum bemerkbare Ablenkung seiner Gesprächspartner von seiner Person war anscheinend so wirkungsvoll, daß sie diese sogar an der Betrachtung seines Äußeren desinteressiert werden ließ. So wenigstens lassen sich die Widersprüche erklären, die sich in den Darstellungen von Zugehörigen seines Kreises sogar auf ganz Konkretes, wie die Farbe der Augen und der Haare beziehen*.

Nun, Kwiatkowski, der Chopin lange gekannt und mit Maleraugen studiert hatte, soll diese letzte Frage dahin entschieden haben: «des yeux bruns tendres (sanfte braune Augen) et cheveux blonds châtains» (kastanienblonde Haare). Der Zweifel sind wir dennoch nicht ganz enthoben, wenn es auch sicher sein dürfte, daß Madame Dubois, eine Schülerin Chopins, mit ihrer bestimmten Angabe «aschgraues Haar» daneben gegriffen hat. Über die wundervollen, schlanken Hände indes sind sich alle einig gewesen. Überlassen wir die Darstellung von Chopins äusserer Erscheinung Franz Liszt, der ihm einige Jahre nahestand und dem Freunde nach dessen Tode mit einem hymnischen Buch eines der schönsten Denkmäler setzte.

«Seine ganze persönliche Erscheinung», sagt Liszt von Chopin in diesem Charakterbild des Künstlers und Menschen, «schien in ihrer Harmonie keines Kommentars zu bedürfen. Sein blaues Auge war mehr geistvoll als träumerisch, sein Lächeln fein und mild, nie bitter. Sein Teint war zart und durchsichtig, sein blondes Haar seidenartig,

* Nicht die leisesten Zweifel an der Trefflichkeit der Charakterisierung Chopins können indes bei dem *musikalischen* Porträt aufkommen, das Rob. Schumann in einem «Chopin» betitelten Stück seines *Carnaval* op. 9 bereits im Jahre 1834 schuf.

seine gebogene Nase ausdrucksvoll, seine Gestalt von mittlerer Größe, sein Gliederbau zart. Er war von anmutiger Beweglichkeit. Seine Stimme klang ein wenig gedämpft, oft fast erstickt. Seine Haltung trug ein so vornehmes Gepräge, daß man ihn unwillkürlich wie einen Fürsten behandelte. Seine ganze Erscheinung erinnerte an die Winde, deren auf zartem Stil sich wiegender Kelch von wunderbarer Farbenpracht, aber von so duftigem Gewebe ist, daß es bei der leisesten Berührung zerreißt.»

Auf tadellose Kleidung legte Chopin offenbar Wert, doch war ihm eine schlichte Eleganz im Äußeren so selbstverständlich wie die geistige und die seines Spiels. Briefe aus späterer Zeit an seine in Paris lebenden polnischen Freunde Fontana und Grzymala, in welchen er sie von seinem damaligen Sommersitz Nohant aus um Vorsorge bat für die zu seinem Pariser Aufenthalt während der Saison notwendige Kleidung, Wohnung und Bedienung, geben klaren Aufschluß über seinen erlesenen Geschmack. Was die Kleidung anbelangt, die uns hier interessiert, ein Beispiel: «... begib Dich bitte im Vorbeigehen zu Dautremont, meinem Schneider», schrieb er an Fontana, «und lasse ihn sofort graue Hosen für mich anfertigen. Wähle selbst eine dunkelgraue Farbe. Winterhosen, etwas Anständiges, keine Streifen, glatt und dehnbar. Du als Engländer* weißt, was ich brauche ... Eine einfach schwarze Samtweste, doch mit irgendeinem winzigen, unauffälligen Muster, etwas sehr Einfach-Elegantes. Wenn er nichts Ordentliches hat, dann eine einfache, vornehme, schwarze Tuchweste. Ich verlasse mich auf Dich. Nicht zu sehr ausgeschnitten freilich.»

Um die Vorstellung von Chopins Persönlichkeit, wie sie sich im Pariser gesellschaftlichen Leben zeigte, zu ver-

* Julian Fontana hatte einige Jahre in England gelebt.

vollständigen, sei nochmals der glänzende Schilderer Liszt aufgerufen: «... Im Verkehr mit der Welt bewahrte er eine Gleichmäßigkeit der Stimmung, die sich durch keinen Verdruß stören ließ, da sie sich auf keinen Wunsch, keine Erwartung stützte. Meist war er heiter. Rasch entdeckte sein scharfer Verstand das Lächerliche, auch wo es keineswegs allen Augen sichtbar auf der Oberfläche lag. Im Gebärdenspiel entfaltete er eine nicht leicht zu erschöpfende, spaßhafte Laune. Er vergnügte sich damit, in scherzhaften Improvisationen die musikalischen Formeln und eigentümlichen Gewohnheiten gewisser Virtuosen wiederzugeben, ihre Bewegungen und Gebärden wie ihren Gesichtsausdruck mit einer Geschicklichkeit nachzuahmen, die augenblicklich die ganze Persönlichkeit vergegenwärtigte. Seine Züge wurden dann völlig unkenntlich, so fremdartig wußte er sie umzuwandeln. Aber selbst wenn er das Häßliche oder Groteske darstellte, verlor er nicht seine natürliche Anmut, selbst der Grimasse gelang es nicht, ihn unschön erscheinen zu lassen. Seine Heiterkeit war um so pikanter, als er sie stets innerhalb der maß- und taktvollsten Grenzen hielt. Ein unpassendes Wort, eine Taktlosigkeit erachtete er selbst im vertrauten Kreise für anstößig...»

Die weißen Handschuhe, der Stock mit dem goldenen Knauf, die eigene Kutsche und der Diener – Begriffe, die sich für uns mit Chopin verbinden und die wir hier noch als letzte der äußeren Merkmale seiner Erscheinung erwähnen möchten – waren zeitgemäße Attribute der Eleganz und entsprachen dem gesellschaftlichen Rahmen, in den er sich als Künstler von Rang gestellt sah. Allerdings verging fast ein Jahr, bis es dazu kam. Schmal war es zugegangen, da er kaum etwas verdiente und seine mitgebrachten Mittel beschränkt waren. Schon trug er sich aus wirtschaftlichen Erwägungen mit allerlei Plänen, so mit der Rückkehr nach Warschau oder der Auswanderung nach Amerika, als eine Soiree bei Baron Rothschild die entscheidende Wendung brachte. Wie eine Offenbarung muß sein Spiel an diesem Abend auf die Zuhörer gewirkt haben. Ein so ganz anderes, als man es von den berühmten Tastenhelden der Konzertsäle her gewohnt war. Von hinreißendem Zauber, von einer bei aller Keuschheit des Empfindens und Zurückhaltung in der Gefühlsäußerung unerhörten Eindringlichkeit, von unvergleichlicher Poesie, gepaart mit einer aus dem Geistigen herkommenden, quasi entmaterialisierten Kraft und Leidenschaftlichkeit. Kurzum: ein Spiel von hypnotischer Anziehung, wie geschaffen für die Intimität eines gepflegten, kleinen Zirkels. Dazu der Adel seines ganzen Wesens, das Maßvolle und Untadelige des Sichgebens – kein Wunder, daß die klavierspielende weibliche Jeunesse der Creme der Gesellschaft nach diesem internen Debüt begehrt hatte, bei ihm studieren zu dürfen.

Seine Freunde sorgten von Anfang an dafür, daß man ihm die Stunde mit zwanzig Franken honorierte, das Doppelte dessen, das er selbst hatte fordern wollen und das in ähnlichen Fällen damals wohl auch das übliche war. Die Zahl der Anmeldungen überstieg seine Willigkeit, und so konnte er sich die sympathischsten der Interessentinnen heraussuchen. Drei bis sechs Stunden war sein damaliges Tagespensum. Seine erste billige Boulevardwohnung hatte er mit einem feudalen Logis vertauscht, und auch sonst gestatteten ihm seine nunmehrigen pekuniären Verhältnisse einstweilen eher den ihm gemäßen Lebensstil, freilich ohne jede Rücklagen für die Zukunft oder Krankheitstage. Wieviel angenehmer war es für ihn, sich auf diese Weise ein ausreichendes Einkommen zu verschaffen, als durch das Konzertieren! Nach dem ersten, finanziell mißlungenen Versuch, aus eigenen Veranstaltungen genügend

Existenzmittel zu ziehen, verzichtete er um so leichter darauf, als er durch Vergleiche und Erfahrungen bereits festgestellt hatte, daß seine doch eher keusche Kunst sehr unter der Hingabe an die Öffentlichkeit litt und zu wenig auf gröbere Sinnenreize eingestellt war, um eine allgemeine Hörerschaft mitreißen zu können. Zu stolz und feinfühlig, um des Erfolges wegen anders zu spielen, als es seiner Natur, seiner künstlerischen Auffassung und seinem Verantwortungsgefühl entsprach, körperlich auch viel zu zart, um seinem Spiel großes Volumen geben zu können, fühlte er sich vermutlich insgeheim auch verärgert darüber, nicht recht verstanden und gewürdigt zu werden. «Ich eigne mich nicht dazu, Konzerte zu geben», gestand er Liszt, «die Menge schüchtert mich ein, ihr rascher Atem erstickt, ihre neugierigen Blicke lähmen mich, ich verstumme vor den fremden Gesichtern. Du aber bist dazu berufen, denn wenn du dein Publikum nicht gewinnst, bist du imstande, es dir zu unterwerfen.»

Chopins öffentliches Auftreten beschränkte sich weiterhin auf Mitwirkung in nicht eigenen Veranstaltungen, und selbst diese verloren sich allmählich nach einem vorübergehenden Aufschwung in der Saison 1834/35. Konzerte, die er in den vierziger Jahren auf Drängen seiner Freunde und Schüler in Paris, England und Schottland gab, trugen nur halböffentlichen Charakter, das heißt sie gingen in großem, jedoch privatem Rahmen vor eingeladenen und hohe Eintrittspreise entrichtenden Zuhörern vor sich. Trotz der Seltenheit seines Konzertierens stand Chopin von Beginn seiner Pariser Wirksamkeit an als Pianist in höchstem Ansehen, und sein Ruf galt als unantastbar. Dies mag darauf zurückzuleiten sein, daß die kulturell führenden und interessierten Persönlichkeiten ihn privat in seiner Künstlereigenschaft häufig erlebten und durch ihn nachhaltige Eindrücke empfingen in Kreisen, die bereit, wenn auch nicht immer fähig waren, ihm willig zu folgen, wohin seine Musik sie entführte: in die Wunderwelt seiner Klangträume, die Schmerzensgründe seiner Sehnsucht, in das Zauberreich der Romantik oder die heiteren Gefilde beschwingter Improvisation.

Sein erstes Wiederauftreten nach der Moskowa-Veranstaltung fand statt in einem von Ferdinand Hiller gegebenen Musikabend am 15. Dezember 1832, wo er zusammen mit diesem und Liszt eines der dreiklavierigen Konzerte von Bach spielte. Am 3. April 1833 lieh er seine Kunst den Brüdern Herz, die gemeinschaftlich mit ihm und Liszt ein Quartett für acht Hände auf zwei Klavieren vortrugen, ein andermal Amadée Mereaux zu dessen Klavierduo *Der Zweikampf* (!). Interessant ist die Übernahme der Zwischenaktsmusik durch Liszt und Chopin in einer Benefizvorstellung der irischen Schauspielerin Harriett Smithson und ihrer Truppe, die in der *Opéra-Comique* gastierte. Sechs Jahre zuvor noch war diese Künstlerin gefeiert worden als eine große Tragödin. Ihre rührende Schönheit hatte damals alle betört, am heftigsten Hector Berlioz, der in wilder Leidenschaft für sie entbrannte. Sie aber ahnte nicht, welch gewichtige Rolle sie für den verzehrend ungestümen jungen Komponisten spielte, der ihr, seiner «Ophelia», mit *Acht irischen Melodien* huldigte*. Ruhm ist ein zerbrechlich Ding! Harriett Smithsons Stern war inzwischen gesunken.

* Die Geschichte dieser Liebe ist interessant. Berlioz' heimliche Schwärmerei für die Schauspielerin erlitt einen heftigen Stoß, als er durch Klatschereien dazu gedrängt wurde, in Harriett Smithson eine Kurtisane zu sehen. Verzweifelt riß er sich innerlich von ihr los und seine Empfindungen fanden Niederschlag in seiner *Symphonie Fantastique*, die gerade im Werden war. Zufällig schickte ihm um jene Zeit Ferdinand Hiller ahnungslos seinen «Engel» in den Weg: Marie Felicité Moke, die liebreizende und hochbegabte Schülerin Kalkbrenners. Sofort entflammte Berlioz für diese

Vergeblich trachtete die *Opéra-Comique*, ihren Finanznöten mit dem Gastspiel der einst so zugkräftigen Schauspielerin aufzuhelfen. Das gerade Gegenteil trat ein: Harriett Smithson, welche die Aufführung auf eigenes Risiko unternahm, vermochte nicht einmal ihren finanziellen Verpflichtungen diesem Institut gegenüber nachzukommen, und ihre Schulden häuften sich von Tag zu Tag. Ihre schauspielerische Leistung hatte stark nachgelassen, ihre Schönheit war verblüht und die mitgebrachte Truppe ziemlich mittelmäßig, so daß der Besuch des Theaters abnahm. Berlioz, der Miss Smithson inzwischen vorgestellt worden war, ging seine Freunde um Hilfe für sie an. Liszt und Chopin stellten ihre Kunst zur Verfügung, die anderen sorgten durch Werbung und Billettverkauf für Erhöhung der Einnahmen. Das Unglück war indes nicht mehr aufzuhalten.

Berlioz, der mit Liszt eng befreundet war und von diesem als fortschrittlicher Komponist und Überwinder des Konservativismus in der französischen Musik rückhaltlos verehrt wurde, brachte auch Chopin persönlich sowie

Freundin Hillers; sie wurde sein «Ariel», über dem er die Schauspielerin vergaß, die ja überhaupt nur durch einen einzigen, dazu noch verstiegenen Brief von seiner Existenz und Schwärmerei wußte. Mittlerweile erfüllte Berlioz die Hoffnungen seines Meisters Lesueur: er wurde Rompreisträger. Mit der Auszeichnung war ein einjähriger freier Aufenthalt in der Villa Medici in Rom verbunden, den Berlioz hatte antreten müssen. Für die viel umworbene Mademoiselle Moke war ein so ferner Liebhaber ungeeignet, zumal ein solcher Phantast, von dem man nicht wußte, wohin sein ungezügeltes Temperament ihn noch führen könne. So kam es, daß «Ariel», Berlioz' bisherige offizielle Braut, den Klavierfabrikanten Pleyel heiratete. Mit Selbstmordgedanken kam der von dritter Seite alarmierte, betrogene Hector aus Italien nach Paris, gerade als das Gastspiel Harriett Smithsons begann. Vergessen war das Leid um den Verlust Marie Felicités beim Anblick «Ophelias»! Das Leben hatte Berlioz wieder! Er ließ sich der Schauspielerin vorstellen und nahm sich ihrer Nöte an. Das Gastspiel in der *Opéra-Comique* wurde schließlich abgebrochen. Als Schauspielerin und Direktrice hatte die Irländerin ausgespielt, dafür gewann sie aber die Rolle ihres Lebens: Gattin von Hector Berlioz zu sein.

seinem Schaffen als einer «zauberhaften Poesie» große Wertschätzung entgegen. Umgekehrt war auch Chopin Berlioz wohlgesinnt, stand in guten Beziehungen zu ihm, liebte seinen scharfen Verstand, das Geistvolle, Schlagfertig-Witzige seiner Debatten; doch erscheint es bei der Verschiedenheit ihrer Veranlagung und Lebensäußerungen ausgeschlossen, daß seine Empfindungen für ihn tiefgehend waren. Ferner noch als dessen vulkanischem Temperament stand Chopin seiner Musik. Anfänglich erlag er noch manchmal der ansteckenden Begeisterung Liszts und Hillers für die Berliozschen Werke, zumal er sie vorerst als Ausfluß einer Sturm-und-Drang-Periode ansah. Als aber die erwartete Mäßigung ausblieb und sein eigener Standpunkt mit der weiteren Entfaltung und Festigung seiner Individualität noch exklusiver geworden war als zuvor, kam es bei ihm fast zu einer Abneigung gegen diese Musik. Welcher Unterschied aber auch zwischen ihnen in kompositionellen Dingen! Dort Berlioz, der stets in großen Formen und gewaltigen Klangmassen gestaltende, nach weiten Räumen verlangende, in südlichen Farben und häufig in Theatralik schwelgende Dramatiker, hier Chopin, der sich mit geringen Ausnahmen auf ein einziges Instrument beschränkende, allem Orgiastischen und Übersteigerten abholde, in sich gekehrte (dennoch aber leidenschaftliche) Klavier-Dichter. Zwei Welten! Auch das Bereich ihrer Muse: Berlioz, der seine sinfonische Programm-Musik gern geschichtlichen Anlässen weihte, der sich daneben auch mit dem Faust-Stoff befaßte und ihm die Gestalt eines Oratoriums gab, der geistreiche Schriftsteller – Chopin, der Nur-Musiker, der sich in ganz anderen Regionen zuhause fühlte. Hierfür ein Zeugnis Heinrich Heines, der den verehrten Komponisten eines Tages in ein angeregtes Gespräch zu ziehen vermochte darüber, ob «noch immer seine lächelnde Nymphe ihr grünliches Haar so reizvoll kokett mit dem Silberschleier verhülle und der alte Meergott die Najade mit seiner lästigen Liebe verfolge? Ob die Rosen in jenen Gefilden noch immer in so stolzem Feuer erglühten und die Bäume im Mondschein so harmonisch rauschten wie ehedem?»

Es lag an der Aufgabe, die das Schicksal ihrem Genie gestellt, daß ihre Mittel, Wege und insbesondere Ziele nicht die gleichen waren. Chopin erkannte das seine in der Schaffung nationalpolnischer Musik. Wenn er Hiller gegenüber davon sprach, daß er seinem Vaterland *das* werden wolle, was Uhland den Deutschen bedeute, dürfte dies wohl auch in diesem Sinne gemeint gewesen sein. Uhland, das Haupt der schwäbischen Dichterschule, galt als unerschrockener Kämpfer für das Recht und die Freiheit der Persönlichkeit. Dies jedoch war es kaum, was Chopin nachahmenswert erschien; dazu blieb er im Grunde doch zu unbeteiligt an den übernationalen Zeitströmungen. Uhland, der unermüdliche Sammler alter Volksweisen und Schöpfer neuer schlichter, auf Heimatboden wurzelnder Lyrik, *der* mag es ihm angetan und ein Beispiel gegeben haben für sein künstlerisches Streben: die Erweckung und geistige Verarbeitung polnischer Volksmelodien zu neuem Leben, zur Mehrung des kulturellen Nationalgutes seiner tänze- und liederreichen Heimat* mit den Kräften seiner

* Chopins Schulkamerad Oskar v. Kolberg hat allein über zehntausend polnische Volksmelodien zusammengetragen, die nach und nach in 22 Bänden von der Krakauer Akademie der Wissenschaften herausgegeben wurden. Nach ihm haben aber noch viele andere Sammler bis in die Gegenwart hinein weitere verdienstliche und umfangreiche Entdeckungen dieser Art gemacht. Kolberg hat sich übrigens auch in Begleitungen und eigenen Liedbearbeitungen versucht, die im Druck erschienen. Sie wurden von Chopin äußerst kritisch beurteilt. Er war eben sehr empfindlich gegen die Verwässerung polnischer Melodien, wie dies ja auch schon in bereits zitierten Briefstellen bemerkbar wurde.

Liebe und Begabung. Robert Schumann hatte dieses Wollen und seine Bedeutung schon früh erkannt. In einer 1835 in der *Neuen Zeitschrift für Musik* erschienenen Besprechung schrieb er von Chopins starker, origineller Nationalität als einem kennzeichnenden Merkmal und von dem Glück, das jenen nach Paris geführt habe, wo er frei dichten und zürnen könne. Denn wenn der Zar wüßte, welch gefährlicher Feind ihm in den einfachen Weisen der Chopinschen Mazurkas drohe, «er würde», so heißt es wörtlich weiter, «die Musik verbieten. Chopins Werke sind unter Blumen eingesenkte Kanonen».

In einer Hinsicht konnte Chopin die Hoffnungen, die man auf ihn als nationalen Komponisten setzte, nicht erfüllen: der Schaffung einer Oper. Es war nicht nur Elsners Traum, auch landsmännische Dichterfreunde hegten ihn, im stillen vielleicht auf eine Zusammenarbeit hinzielend. Selbstredend keiner der drei großen Meister Mickiewicz*, Slowacki und Krasinski, die im Exil die Romantik in der polnischen Dichtung zu ihrem Höhepunkt führten. Solche sind ja auch selten gute Librettisten. Unsere Vermutung gilt vielmehr Dominik Magnuszewski, Napoleon Orda, hauptsächlich aber Stephan Witwicki, der ebenfalls nach Paris emigriert war und dessen Lyrik Chopin nach den Dichtungen Mickiewicz' am meisten schätzte. Bereits im März 1831 hatte Witwicki Chopin nach Wien geschrieben: «Es gibt nichts zu diskutieren: Sie müssen unbedingt Schöpfer der polnischen Oper werden.» Und im Sommer darauf wiederholte er seine Anregung in dringlicherem

* Wohl aber drängte Mickiewicz – nach Mitteilungen des Malers Kwiatkowski, der Zeuge der betreffenden Szene war – den jungen landsmännischen Komponisten, ein großes Werk zu schreiben und sich nicht in Kleinigkeiten zu zersplittern. Chopin, dem es an Selbsterkenntnis nicht gebrach, habe dem verehrten Dichter erwidert, dazu fehlten ihm die nötigen Eigenschaften.

Ton, gewiß, «daß die slawische Oper eines Tages in der Welt wie eine neue Sonne leuchten» werde. Die Sirenentöne konnten Chopin nicht verlocken. Wohl war er ein großer Freund der Oper, und es gab Werke dieser Art, welche ihm stärkstes Erlebnis bedeuteten, wie beispielsweise Bellinis *La Somnambule*, die ihn in der Pariser Aufführung zu Tränen ergriff. Sein Schöpfertum aber lag auf einer anderen Ebene. Er war ja im Innersten kein Schilderer äußerer Vorgänge, kein Deuter eines vorgeschriebenen Programms. Daraus ist es auch zu erklären, daß er dem Klavier so häufig die Aufgabe des Gesangs zudichtete, wirkliche Lieder aber sozusagen nur für sich selbst komponierte. Schubert, den er – allerdings in Abstand von seinen Göttern Bach* und Mozart – liebte und hochschätzte, gefiel ihm nicht in jenen Liedern, in welchen Gemütsbewegungen so zum Ausdruck gebracht werden, daß sie «nahezu fühlbar, quasi verkörperlicht» erschienen. Wieviel mehr noch als die Liedlyrik verlangt aber die Oper nach stofflicher Orientierung und realistischer Behandlung! Chopin kannte sich wohl und schuf lediglich seiner Natur Entsprechendes. Womit indes nicht gesagt sein soll, daß er sich gegen Einflüsse sperrte. Er ließ nur in sein Schöpfertum nichts einfließen, was seiner Art entlegen oder gar fremd war; was er übernahm, waren ausschließlich Elemente – bereichernde oder verschönernde oder auflockernde –, die sich nahtlos in die veranlagungsgemäßen Gegebenheiten einfügten.

Durch die nunmehr laufende Veröffentlichung seiner Werke wurde er rasch in weitesten Kreisen bekannt. Sein

* Bach ging ihm über alle. Wie er dem Musikschriftsteller Lenz einmal auf Befragen erklärte (und wie sein Schüler Gutmann bestätigte) übte er die letzten vierzehn Tage vor einem öffentlichen Konzert nicht etwa die auf dem Programm stehenden eigenen Werke, sondern ausschließlich solche von Bach. Dies dünkte ihn die beste Vorbereitung für sein Auftreten.

Schaffen fand starke Beachtung, und bald setzten auch Aufführungen ein. Das Leipziger Gewandhaus, schon damals führende Konzertstätte Deutschlands, tat sich darin besonders hervor. 1833 spielte die vierzehnjährige Clara Wieck den ersten Satz des e-moll-Konzerts und am 5. Mai 1834 das vollständige Werk nebst zwei Etüden aus der Liszt gewidmeten Gruppe op. 10. Allenthalben fanden die Chopinschen Kompositionen im Ausland günstige Beurteilung. Eine Ausnahme machte der deutsche Musikreferent Ludwig Rellstab in der Zeitschrift *Iris*, – derselbe Rellstab, von dem Schubert einige Gedichte vertonte und der wegen seiner satirischen Polemiken gegen Henriette Sontag und Gasparo Spontini Festungshaft beziehen mußte. Unbegreiflich sind uns heute Rellstabs Ansichten über Chopins Musik. Hier eine kleine Probe: «In Aufsuchung ohrenzerreißender Dissonanzen, gequälter Übergänge, schneidender Modulationen, widerwärtiger Verrenkungen der Melodie ist er ganz unermüdlich, wir möchten sagen unerschöpflich. Alles, worauf man nur fallen kann, wird hervorgesucht, um den Effekt bizarrer Originalität zu erzeugen. In der Leidenschaft, gesucht und unnatürlich zu schreiben, sättigt er sich bis zum eklen Übermaß . . .» und so weiter. Und nun gleich noch eine französische Stimme aus der *Revue musicale* vom 15. Mai 1834*: «Chopin hat sich eine neue Bahn eröffnet und vom ersten Moment seines Erscheinens an durch sein Klavierspiel und durch seine Kompositionen für dieses Instrument einen so hohen Stand erreicht, daß er für die Menge ein unerklärbares Phänomen ist . . . Er hat noch keinen Kritiker gefunden, obwohl seine Werke überall bekannt sind. Sie haben ent-

* Es sei darauf hingewiesen, daß die meisten der in diesem Buch angeführten Zitate aus dem Französischen oder Polnischen übersetzt sind. Originaldeutsche Belegstellen sind selten und jeweils als solche erkennbar.

weder zweideutiges Lächeln hervorgerufen und sind verkleinert worden, oder sie haben Staunen erregt und unbegrenztes Lob geerntet, aber noch niemand hat zu sagen versucht, worin der eigentümliche Charakter und das Verdienst dieser Arbeiten besteht, wodurch sie sich von so vielen andern unterscheiden und eine so überlegene Stellung einnehmen.»

Ein Jahr nach dieser Besprechung mußte Chopin aber doch die trübe Erfahrung machen, daß sein e-moll-Klavierkonzert einmal auch in Paris nicht verstanden und frostig aufgenommen wurde. Es geschah dies in einer am 5. April 1835 im Italienischen Theater veranstalteten Soiree zugunsten hilfsbedürftiger polnischer Flüchtlinge, in der er außerdem noch zusammen mit Liszt dessen leider verschollenes Duo für zwei Klaviere über ein Thema von Mendelssohn vortrug. Der durch den Beifall vieler anwesender Kollegen und musikverständiger Freunde korrigierte und leicht verdeckte Mißerfolg, dem am 7. Dezember 1834 in einem der von Berlioz veranstalteten Konservatoriumskonzerte ein milderer, auf das Larghetto seines f-moll-Konzertes bezüglicher, vorangegangen war, gab dem rasch verletzbaren Chopin den eigentlichen Anstoß, auf das Konzertieren mit eigenen Werken in breiter Öffentlichkeit fürderhin zu verzichten. Wohl führte er noch die eingegangenen Mitwirkungsverpflichtungen durch, dann aber überließ er mit ganz wenigen Ausnahmen auch dieses Feld anderen Virtuosen und beschied sich mit privaten und halböffentlichen Darbietungen.

Man darf indes nicht glauben, daß ihm der Verzicht auf den großen Konzertsaal leicht gefallen sei. Im Gegenteil. Aber er war, wie wir schon mit seinen eigenen Worten belegten, einsichtig genug, zu erkennen, daß er nicht souverän über dem Publikum stand, sondern von diesem die

Qualität seines Spiels in ungünstigem Sinne beeinflussen ließ, wodurch er gleichzeitig den Erfolg der vorgetragenen eigenen Werke in Frage stellte. Im Salon, im Kreise ihm sympathischer Menschen, da wurde er, wie ein Zeitgenosse sich ausdrückte, «vom Geist erfaßt» und gab sein Bestes, da war und blieb sein Spiel unerreicht. Feinheiten wie das zauberhafte Singen auf den Tasten, die vielfältigen Abstufungen der Tonfarben und Dynamik, die zu Herzen dringende Poesie seines Vortrags, *mußten* ja im weiten Raum verloren gehen. Doch es war eben nicht nur dies. Chopin, der stark vom Atmosphärischen abhing, vermochte sich im Konzertsaal einfach nicht genügend zu konzentrieren, weil er bei seiner Sensibilität unter dem Stimmungsgemisch einer Zufallshörerschaft litt. Gleichgültigkeit, Unaufmerksamkeit, Unverständnis, wie sie sich in fast jedem großen Auditorium, wenigstens zu Anfang, bis zur Sammlung finden, störten ihn merklich.

Um wieviel robuster war da doch Liszt, wie ganz anders seine Interpretationskunst geartet! Sein Elan, seine großzügige Gestaltung, ja auch die Art seiner Programme und darin vor allem die eigenen Werke, bedurften der Weite, um ausschwingen zu können. In jener Wohltätigkeitsveranstaltung, in welcher Chopins e-moll-Klavierkonzert der Erfolg versagt blieb, spielte Liszt das blendende Konzertstück von Weber, das auch bei einer weniger glanzvollen Wiedergabe, als er sie bieten konnte, des Effektes sicher ist. Liszts kraftvoll männliches, doch auch wieder über zarteste Nuancen verfügendes, feuriges Spiel ließ ihn damals schon – nach einer Zeitstimme – «das Klaviervirtuosentum in wunderbarer Weise repräsentieren». Der Ruhm stand ihm von frühe an zur Seite und blieb ihm treu, auch nachdem er sich vom Konzertleben zurückgezogen hatte. Vorübergehend machte ihm, vor allem in Paris, Thalberg den Rang des bedeutendsten Pianisten seiner Zeit streitig, was ihm insgeheim sehr zusetzte. Wir werden davon noch hören. Chopin dagegen stellte als Konzertspieler für ihn, wie sich aus dem Vorgesagten ergibt, eigentlich keine Konkurrenz dar. Die beiden Künstler bedeuteten sich in den Anfangsjahren – bis zu Liszts Übersiedlung in die Schweiz und dem Einsetzen seiner großen Tourneen – gegenseitig sehr viel. Sie regten einander an; insbesondere machte sich Chopins Einfluß in Liszts Kompositionen bemerkbar. – Häufig kamen sie bei dem einen oder andern allein oder in Gesellschaft zusammen. – Liszt, ein Jahr jünger als Chopin, war als Wunderkind mit seiner Mutter schon 1823 von Ungarn und Wien nach Paris gekommen. Bei Paër und Reicha hatte er seine Musikstudien fortgesetzt und als Vierzehnjähriger bereits eine Operette *Don Sanche* komponiert und aufführen lassen. Lange schon verkehrte er in der vornehmen Pariser Gesellschaft und war überaus gern gesehen. Auch er besaß sehr gute Manieren, einen berückenden Charme, war geistig vielseitig interessiert und gebildet und wurde, wie man sich, besonders im Anblick seiner Porträts aus jener Zeit, vorstellen kann, heftig umschwärmt. Berlioz, Adolphe Nourrit, Sainte-Beuve, Lamartine, Lamennais, Victor Hugo, Balzac, Heine, Alexander Dumas gehörten zu seinem Umgang und waren viel bei ihm anzutreffen. Chopin, der erst im Juni 1833 eine elegante Wohnung in der Chaussee d'Antin Nummer 5 bezog, hatte bis dahin noch keine größeren Einladungen ergehen lassen. Liszt erzählt in seinem Gedenkbuch, wie er des Freundes Hemmungen vor Zusammenkünften in dessen eigenem Heim durch Überrumplung ein für allemal besiegte. Von da an seien sich «die hervorragendsten Geister von Paris» häufig im Salon Chopins begegnet. Dieser habe jene angeborene Grazie des polnischen Bewillkommnens besessen, «die den, der Besuche empfängt, nicht allein den Gesetzen und Pflichten der Gastfreundschaft unterwirft, sondern ihn auch nötigt, allen Rücksichten auf die eigene Person zu entsagen und sich den Wünschen und Neigungen seiner Gäste anzupassen. Man kam gern zu ihm, weil man sich bei ihm überaus wohl und behaglich fühlte. Man fühlte sich aber so wohl, weil er seine Gäste gleichsam zu Herren seines Hauses machte, sich selbst und alles, was er besaß, zu ihren Diensten stellte. Er tat dies mit jener rückhaltlosen Freigebigkeit, die selbst der einfache Bauer slawischer Rasse nicht verleugnet, wenn er, eifriger noch als der Araber unter seinem Zelt, Gäste in seiner Hütte bewirtet und das, was seinem Empfang an Glanz abgeht, durch einen Sinnspruch ersetzt, den auch der Reiche nach dem üppigsten Mahl nicht zu wiederholen versäumt: ‚Czym chata bogata, tym rada!' Fünf Worte, deren Sinn dahin lautet: ‚Mein ganzer bescheidener Besitz gehört Euch!'»

Eine ähnlich typisch polnische Gastfreundschaft, doch gesteigert durch fortwirkende, wirklich tätige Anteilnahme, übte die Gräfin Plater, die «Pani Kasztelanowa» (Frau Kastellanin), wie sie genannt wurde. Chopin und seine nächsten Kollegen (Liszt, Hiller, Franchomme sowie ab 1836 auch Julian Fontana) waren häufig bei ihr versammelt zum Musizieren oder auch sonst zur Geselligkeit. Nach Liszts Darstellung muß sie die geborene Protektorin gewesen sein: «eine grande dame, bald Fee, bald Muse, Schutzengel, zarte Wohltäterin, jede Gefahr erkennend, stets das rechte Auskunftsmittel erratend, erwärmte und erhob sie das Streben der jungen Künstler und fehlte ihrem Leben, als sie nicht mehr war.»*

* Von der Gräfin Plater stammt der amüsante und bezeichnende Ausspruch: «Si j'étais jeune et jolie mon petit Chopin, je te prendrais pour mari, Hiller pour ami et Liszt pour amant!»

Viel verkehrte Chopin auch in der weitverzweigten fürstlichen Familie Czartoryski, deren Oberhaupt, der alte Fürst Adam, ein offenes Haus für alle zur polnischen Gesellschaft zählenden Flüchtlinge führte. Lieber noch als in dessen Hotel Lambert weilte Chopin bei dem jungen Czartoryskischen Paar. Die Fürstin Marzelline war eine seiner begabtesten Schülerinnen. Von ihr ging später die Rede, sie sei die rechtmäßige und alleinige Erbin der Geheimnisse seines Spiels. Als dritter heimischer Kreis von Bedeutung wäre Frau von Komar mit ihren Töchtern, Fürstin Ludmilla von Beuveau und Gräfin Delphine Potocka zu nennen. «Der letzteren Schönheit und unbeschreibliche Geistesanmut», läßt sich unser Kronzeuge in diesen Fragen vernehmen, «erhoben sie zu einer der gefeiertsten Königinnen der Salons . . . Sie war in der Wahl ihrer ihre angeborene Überlegenheit noch erhöhenden Anziehungsmittel eine so raffinierte Aristokratin, daß man nicht wußte, sollte man mehr die Natur oder die Kunst bewundern. Ihr Talent, ihre unvergleichliche Stimme übten auf Chopin einen Zauber aus, dessen holder Macht er sich leidenschaftlich hingab.»

Auch Franz Liszt war um 1833 der Magie einer schönen Frau erlegen. Mit der Glut seiner zweiundzwanzig Jahre entbrannte der Deutschungar in heftiger Neigung zu der Comtesse Marie d'Agoult, die ihm gleich starke Gefühle entgegenbrachte. Eine mehr kluge als geistvolle, in der Verwertung fremder Gedanken geschickte, etwas kühle und sehr selbstbewußte, damals achtundzwanzigjährige Frau, in der sich französisches und deutsches Wesen reizvoll mischten. (Ihr Vater, Comte de Flavigny, ein Ultraroyalist, hatte seine Frau, die Tochter des Frankfurter Bankiers von Bethmann, aus der Emigration mitgebracht.) Um der Langeweile des Lebens auf Schloß Croissy in der Touraine und ihrer (mit drei Kindern gesegneten) Ehe zu entgehen, hatte sich Marie d'Agoult in ihrem Pariser Stadthaus einen geschätzten Salon geschaffen, der ihr den Beinamen «Corinna du Quai Malaquais» eintrug. Berlioz brachte eines Tages Liszt mit dorthin, und nun entspann sich jener Liebesroman*, der, damals viel erörtert, von Balzac bereits 1840 (in erweiterter Form 1845) in seiner die Haupt-

* Der heimliche Liebesbund führte im Juni 1835 zur Trennung Marie d'Agoults von ihrem Gatten und den Kindern. Sie entfloh nach Genf, wo sie sich mit Liszt vereinte. In freier Ehe, wie sie damals ein wilder Seitentrieb des Saint-Simonismus als die eigentlich moralische Form der Gemeinschaft zwischen Mann und Frau auf den Schild erhoben hatte, lebten die beiden einige Jahre am Genfer- und Comersee, zeitweise auch in Mailand, Rom und Venedig (1837 unterbrochen durch einige Monate Aufenthalt auf George Sands Landsitz Nohant), von wo Liszt seine großen Konzerttourneen unternahm. Marie d'Agoult gebar ihm drei Kinder: im Dezember 1835 kam Blandine in Genf zur Welt, Weihnachten 1837 Cosima in Bellagio und im Frühjahr 1839 Daniel in Rom. Wenige Monate nach ihrer letzten Niederkunft kehrte Marie d'Agoult wieder nach Paris zurück. Die Kinder wurden in die Obhut von Liszts Mutter, die ebenfalls in Paris lebte, gegeben und von ihr erzogen. Im Laufe der Jahre waren die Beziehungen zwischen der Gräfin d'Agoult und Liszt unruhvoll und gespannt geworden und so beschlossen sie, durch eine vorläufige Trennung die Klärung ihres Verhältnisses zu erreichen. Liszts Leben eines unerhört erfolgreichen und vielgeliebten reisenden Virtuosen entfremdete ihm Marie indes immer mehr. Zudem fühlte sich ihr Stolz durch das Breittreten seiner privaten Aventuren in der Öffentlichkeit verletzt. Andrerseits war Liszt nicht mehr so empfänglich für Maries bewunderte, doch marmorne Schönheit und empfindlicher gegen ihre Schwächen und Mängel. Die beiderseitige Erkaltung ihrer Gefühle veranlaßte schließlich 1844 den völligen und endgültigen Bruch. Sehr bald hatte sich übrigens Gräfin d'Agoult wieder eine hochgeachtete Stellung in der Pariser Gesellschaft errungen. Durch das Erlebnis ihrer großen, nun zu Grabe getragenen Leidenschaft wurden – wonach ihr durch George Sands Erfolge angestachelter Ehrgeiz schon lang gestrebt – ihre literarischen Gaben freigelegt und sie kam, insbesondere durch die Anregung und den Zuspruch Liszts, zum Schriftstellertum. Unter dem Pseudonym Daniel Stern veröffentlichte sie in der Folge eine Reihe historischer und philosophischer Werke. Ihre und Liszts zweite Tochter Cosima wurde später die Gattin Hans v. Bülows und nach der Scheidung von diesem die Richard Wagners.

beteiligten jedoch teils verkennenden, teils allzu dunkel zeichnenden Erzählung *Beatrix* behandelt und später von anderen als eine charakteristische Episode des romantischen Zeitalters noch öfters beschrieben wurde. Für unsere Darstellung ist er, außer durch die persönlichen Beziehungen der beiden Liebenden zu Chopin und George Sand, auch durch den Briefwechsel zwischen Liszt und Marie d'Agoult von Belang. Diese Korrespondenz umfaßt die Zeit von 1833 bis 1840, also von den allerersten Anfängen ihrer Neigung bis zur Trennung, und gewährt, abgesehen von den Begebenheiten selbst, reichen Einblick in das Wesen der beiden sowie anderer markanter Persönlichkeiten, nicht zuletzt derjenigen Chopins. Besonders interessant aber ist er durch die Streiflichter, die er auf das vielfach morbide gesellschaftliche Leben jener Epoche und dessen Träger wirft.

Doch zurück zu unserem Thema: Als einer weiteren Frau, deren Gesellschaft die jungen Musiker gern aufsuchten, sei Madame Freppa's gedacht, der Chopin seine Mazurkas op. 17 gewidmet hat. Eine Neapolitanerin französischer Abkunft, die im Faubourg Saint Germain lebte und in den vornehmsten Pariser Kreisen Gesangsunterricht erteilte. Eine feingebildete, äußerst musikalische und trefflich geschulte Sängerin, die namentlich mit italienischen Volksliedern zu entzücken wußte. Wie Hiller, der Pianist, welcher die Feder so gut wie den Dirigentenstab führte, erzählt, wurde an «diesen unvergeßlichen Abenden bei Madame Freppa Musik geplaudert und gesungen und gespielt». Unter denen, die sich dort wohlfühlten, befand sich häufig auch Vincenzo Bellini, der sich 1833 in Paris niedergelassen hatte und bald in intimem Freundschaftsverhältnis zu Chopin stand. Dessen Freude an der Musik des jungen italienischen Opernmeisters datierte bereits von

Warschau her, wo ihm *Die Nachtwandlerin* großen Eindruck gemacht. Dieser hatte sich nun in Paris mit den Aufführungen der *Norma* und *Puritaner* noch wesentlich verstärkt. Die warmempfundene, klangsatte und bei aller Popularität doch nicht billige Melodik Bellinis sagte Chopin zu und blieb nicht ganz ohne Einfluß auf seine eigene Tonsprache. Schumann schon glaubte es bemerkt zu haben, jedoch nur in Form eines «leisen Hinneigens nach südlicher Weise. Sobald der Gesang geendet, blitzt wieder der ganze Sarmate in seiner trotzigen Originalität aus den Klängen heraus». Nur kurz konnte die Freundschaft der beiden währen, denn schon 1835 starb Bellini, noch sehr jung an Jahren, wie es das Schicksal so manchen Romantikers gewesen. Die Welt war um einen noch viel versprechenden Bühnenkomponisten ärmer geworden.

Der Zufall fügte es, daß Jan Matuszynski, neben Wojciechowski der beste Freund Chopins, den wir bereits im Spiegel verzweifelter Wiener Briefe kennen lernten, 1834 als Professor an die *Ecole de Médecine* nach Paris berufen wurde. Er hatte nach seiner Tätigkeit als Militärarzt der polnischen Insurrektionsarmee in Tübingen promoviert. Chopin, der mit der Übersiedlung Jan Matuszynskis nun endlich seinen Wunsch erfüllt sah, einen Freund um sich zu haben, mit dem er «seufzen, klagen und von der Heimat träumen» könne, nahm ihn in Wohngemeinschaft auf. «Ich kann Dir unsere beiderseitige Freude nicht beschreiben», bekannte Jan seinem Schwager, «als wir uns nach fünfjähriger Trennung wieder sahen. Er ist stark und groß geworden, so daß ich ihn kaum wieder erkannte. Chopin ist jetzt hier der erste Klavierspieler; er gibt sehr viele Lektionen und keine unter zwanzig Franken, hat viel komponiert und seine Werke sind sehr gesucht . . . Ich habe gewichtige Gründe, bei ihm zu wohnen. Er ist mein Alles!» Die

Freunde, die, wie wir wissen, gesundheitlich «aus dem gleichen Lehm geschaffen» waren, blieben beisammen bis zu Chopins Reise auf die Balearen 1838. Um diese Zeit erkrankten beide ziemlich schwer, erholten sich dann aber bald, soweit dies möglich. Schon kurz vor und erst recht während Chopins Fernsein hatten sich die Verhältnisse infolge seiner Beziehungen zu George Sand grundlegend geändert, und so kam nach seiner einjährigen Abwesenheit bei der Rückkehr nach Paris ein Zusammenleben nicht mehr in Frage. Es hatte auch zuvor schon kleine Trübungen gegeben, da Jan zum Kritisieren und Raterteilen neigte, was der reizbare Chopin um so weniger ertragen konnte, als der Freund ihm an wirklich praktischer Hilfe nichts zu bieten vermochte. Die räumliche Trennung läuterte dann ihren Freundschaftsbund aufs schönste. Matuszynski waren nur noch drei Lebensjahre beschieden: am 20. April 1842 ging sein junges Leben zu Ende. Für Chopin ein unermeßlich schmerzlicher Verlust, der an seiner Widerstandskraft nagte, und offenbar von durchgreifender Bedeutung überhaupt! Äußerte George Sand doch nach dem Bruch mit Chopin einmal gegenüber einer Freundin, daß alles eine ganz andere Wendung genommen haben würde, wenn Jan Matuszynski am Leben geblieben wäre. Es gab in der Tat keinen Ersatz für diesen Freund, selbst keinen annähernden.

Auch Chopins sonstige intimen Pariser Getreuen – Fontana und Graf Grzymala – waren gebürtige Polen. Es ist bemerkenswert, daß er mit keinem Angehörigen eines anderen Volksstammes so eng verbunden war wie mit landsmännischen Freunden. Wohl genossen auch Musensöhne anderer Herkunft, wie Liszt, Hiller, Heine, Delacroix und Franchomme seine volle Sympathie und Wertschätzung. Doch hat man zum Beispiel bei Franchomme, dem ausgezeichneten französischen Violoncellisten, den Eindruck, daß ihm die Liebe und selbstlose Hingabe an Chopins Interessen nicht mit der gleichen Münze gelohnt wurde. Ist auch die Erwiderung freundschaftlicher Gefühle nicht Willenssache, so scheint sich uns hier doch eine typisch slawische Art Chopins ins Licht zu stellen. Die Liebesbeteuerungen, der Dank und die Freundlichkeiten, die er in seinen Briefen an Franchomme bekundete, haben nicht den Unterbau der Wahrhaftigkeit wie gleichgeartete Äußerungen seinen polnischen Freunden gegenüber. Es zählt eben zu den Eigenheiten der Slawen, daß ihre «Offenheit und Mitteilsamkeit» – um es mit Liszts Worten zu sagen – «ihre Zutraulichkeit und bestechende Ungezwungenheit der Manieren noch keineswegs wahres Vertrauen und Hingebung bedingen».* Vielleicht hängt dieser Zug mit dem unglücklichen Geschick des hin- und hergestoßenen polnischen Volkes zusammen, war er doch die mit Bedacht geübte, vererbte und sich immer von neuem als notwendig erweisende List eines unter fremder Machtherrschaft leidenden Stammes.

* Liszt, der Gelegenheit genug hatte und sie wahrnahm, aus persönlicher Anschauung und Erkenntnis an Ort und Stelle sowie durch seine Beziehungen zur Gräfin Sayn-Wittgenstein das Slawentum zu erforschen, fährt fort: «Der Slawen Empfindungen offenbaren und verbergen sich gleich den Windungen einer sich um sich selbst zusammenringelnden Schlange. Nur bei sehr aufmerksamer Betrachtung erkennt man die Verschlingung ihrer Ringe ... Die äußere Form der Höflichkeit und Bescheidenheit der Slawen, die beim Wort zu nehmen Naivität wäre, gehören zu ihren Sitten, die sich eigentümlicherweise auf ihre alten Beziehungen zum Orient zurückführen. Ohne von der Schweigsamkeit des Muselmanns das geringste anzunehmen, lernten die Slawen von ihm die mißtrauische Zurückhaltung über alles, was die zarteren Saiten des Gemüts berührt ... Es gefällt ihnen, unter einem feinen Lächeln einen unmerklichen Spott zu verstecken. An Mystifikationen, seien es die geistreichsten oder komischsten, die bittersten oder traurigsten, Geschmack findend, sehen sie – so möchte man behaupten – in einer derartigen Überlistung den Ausdruck einer Überlegenheit, welche sie sich im Innern zuerkennen, aber mit der Schlauheit der Unterdrückten verbergen ...»

In Chopins späteren Jahren, als die fortschreitende, nach Möglichkeit verborgen gehaltene Krankheit und die nicht immer glücklichen äußeren Lebensumstände ihm Gemüt und Nerven belasteten und oft ein gereiztes Verhalten zeitigten, scheint sich im persönlichen Verkehr mitunter eine gewisse Berechnung bemerkbar gemacht zu haben. Sie äußerte sich etwa darin, daß er jeden einzelnen seiner nicht nächsten Freunde glauben machte, *er* und nicht der oder jener sei der von ihm am innigsten geliebte und am höchsten geschätzte. In geschäftlichen Dingen schob er gerne alles Unangenehme auf den ihn hingebungsvoll vertretenden Fontana ab, in der richtigen Erkenntnis, daß man in eigener Angelegenheit – und zumal er – sich weniger gut einsetzen könne, als dies ein Freund für einen fertigbringe. Deshalb trieb er Fontana an, gegen die angeblichen Schurkereien seiner Verleger oder Bankiers vorzugehen. War dann – mit Diplomatie – das Gewünschte erreicht, dankte Chopin mit den liebenswürdigsten Worten, als wenn nichts vorangegangen und von allem Anfang an alles in bester Ordnung gewesen wäre. So konnte es geschehen, daß er Camille Pleyel, den er zuvor heimlich als Schwindler tituliert hatte, als teuerstem Freund dankte und ihm versicherte: « Je vous aime toujours plus si c'est possible. »

Doch hüte man sich vor pharisäischer Beurteilung solcher von uns nur der Objektivität und Vollständigkeit des Charakterbildes wegen angeführter Unstimmigkeiten, die sich in der Rückschau stets viel schärfer abzeichnen, als sie im Augenblick des Geschehens gemeint sind. Ganz besonders bei einem Menschen von der Veranlagung und den Lebensumständen Chopins. Bei niemandem vermögen wir uns eingehendere, wenn vielleicht auch nicht ganz ungefärbte Auskunft darüber einzuholen als bei George Sand, die während des langjährigen Zusammenlebens mit ihm wahrlich Gelegenheit genug hatte, ihn von Grund auf und nach allen Seiten hin kennenzulernen. «Er war prinzipiell bescheiden und gewohnheitsmäßig sanft», schrieb sie in ihren Memoiren, «aber aus Instinkt herrschsüchtig und, ohne es zu wissen, von berechtigtem Stolz erfüllt. Sicherlich war er nicht geschaffen, um lange in dieser Welt zu leben, dieser ausgeprägte Typus eines Künstlers. Er wurde von einem idealen Streben verzehrt, dem weder philosophische Toleranz noch menschliches Mitgefühl das Gegengewicht hielten. [Und seine Hilfsbereitschaft für polnische Landsleute, seine Freude am Schenken? d. A.] Niemals wollte er sich mit der menschlichen Natur abfinden, niemals die Wirklichkeit gelten lassen. Dies war sein Fehler und seine Tugend, seine Größe und sein Elend. Intolerant gegen den kleinsten Flecken, nahm er den bescheidensten Lichtstrahl mit höchster Begeisterung auf und suchte, mit Aufbietung aller Mittel seiner erhitzten Einbildungskraft, eine Sonne in demselben zu erblicken. Er war ebenso (wie in der Liebe) in seiner Freundschaft: er begeisterte sich auf den ersten Blick, wurde dann überdrüssig, korrigierte sich unaufhörlich und lebte teils von fixen Ideen, die für den Gegenstand derselben reizvoll waren, teils von innerem Mißvergnügen, welches seine liebsten Neigungen vergiftete ... Wenn Chopin mir gegenüber die Ergebenheit, die Zuvorkommenheit und Liebenswürdigkeit, die Verbindlichkeit und Achtung in Person war, so hatte er damit die Schroffheiten seines Charakters im Verkehr mit denen, die mich umgaben, noch keineswegs abgelegt. Diesen gegenüber ließ er seinem halb großzügigen, halb kleinlichen Naturell freies Spiel, wobei er dann stets von größter Zärtlichkeit zur Abneigung überging und umgekehrt. Wenn Chopin sich ärgerte, konnte man sich fürchten, und da er sich bei mir stets zusammennahm, so war er in solchen Fällen manchmal nahe daran, zu ersticken.»

George Sands allzusachliche, auf Spannungen innerhalb des Familienkreises hinweisende Beschreibung von Chopins Anlagen und Temperament sei ergänzt durch die wesentlich einfühlsamere und verständnisvollere, übrigens auch psychologisch interessante Darstellung Liszts, der auf der männlichen Seite von Chopins Umgebung für eine Würdigung solcher Faktoren wohl als der Geeignetste betrachtet werden kann: «Nicht in der verstecktesten Falte seines Herzens barg Chopin eine Regung, einen Gedanken, die nicht vom zartesten Ehrgefühl, von der edelsten Harmonie der Empfindungen eingegeben gewesen wären. Und doch schien nie eine Natur mehr berufen, sich wunderliche Einfälle, plötzliche Sonderbarkeiten, verzeihliche, aber unerträgliche Schwächen vergeben zu lassen. Seine Einbildungskraft war glühend, sein Empfinden steigerte sich bis zur Heftigkeit, seine körperliche Organisation war schwach und kränklich. Wer vermöchte die aus solchem Gegensatz entspringenden Leiden zu ergründen? Sie waren sicherlich peinvoll genug, und dennoch trug er sie nie zur Schau ... Die Zartheit seines Körpers und seiner Seele legte ihm das frauliche Märtyrertum nie eingestandener Qualen auf und gab seinem Schicksal einige weibliche Züge ... Auf keine Existenz hat er entscheidenden Einfluß ausgeübt. Seine Leidenschaft griff nie in andere Wünsche ein, seines Geistes Herrschaft schädigte und unterdrückte niemanden. Despotismus des Herzens hat er nie geübt, nie die erobernde Hand an ein fremdes Schicksal gelegt ... Wenn auch selten, so gab es doch Augenblicke, wo wir ihn in äußerster Aufregung überraschten. Dann konnte er sich bis zur Leichenblässe entfärben. Jedoch blieb er selbst in der tiefsten Erregung gefaßt. Mit keinem

Wort, wie es seine Gewohnheit war, verriet er, was in ihm stürmte. Rasch gesammelt, verbarg er sofort das verratene Geheimnis des ersten Eindrucks. Seine unmittelbar darauffolgenden Bewegungen schon – eine so anmutige Natürlichkeit er denselben auch zu geben verstand – waren das Ergebnis einer Reflexion, deren energischer Wille den Widerstreit zwischen moralischer Gewalt und physischer Schwäche beherrschte. Diese beständige Kontrolle seines heftigen Temperaments erinnert an die melancholische Überlegenheit mancher Frauen, die ihre Kraft in der Zurückhaltung und Isolierung suchen, da sie die Nutzlosigkeit ihrer Zornesausbrüche kennen und das Geheimnis ihrer Leidenschaft zu eifersüchtig hüten, um es ohne Not preiszugeben.»

Nach dem früher bereits Gesagten über Chopins Zurückhaltung sowie seine Empfindlichkeit gegen alles Ungeordnete und Ungepflegte wird es nicht verwundern, zu hören, daß er außerhalb seiner Kreise unzugänglich war und sich – im Gegensatz zu seinem sonstigen Verhalten – einer kühlen Höflichkeit befleißigte, und ferner, daß er die Verbindung mit ausgesprochenen Bohemiens, die in der Überfülle und Undurchsichtigkeit seiner Anfangsbekanntschaften mit in seine Umgebung gekommen waren, bald wieder aufgab. In späteren Jahren zeigte sich diese Idiosynkrasie gegen die Ignoranten der gesellschaftlichen und weltanschaulichen Formen in der Abneigung gegen George Sands Umgang mit Revolutionären und Antiklerikalen. Doch innerhalb seines eigenen, weit gedehnten Kreises lebte sich neben der Freude an der Musik und einer geistig gehobenen Diskussion auch eine charakteristische Neigung zur Geselligkeit nach Herzenslust aus. Chopin war witzig, ein «gewiegter Kenner des Scherzes und ein erfindungsreicher Spötter», ein trefflicher Imitator und Wortjongleur, außerdem aber auch recht empfänglich für harmlose Unterhaltungsspiele.

Alles, was mit Musik zusammenhing, mochte es sich nun um Konzerte, Opern, häusliche Darbietungen, Vorlesungen, Bücher, verbesserte oder neuartige Instrumente handeln, fesselte ihn lebhaft. Dagegen war es auffallend, wie wenig Interesse er an der Literatur nahm, besonders angesichts des Umstandes, daß er die französische Sprache – abgesehen von Mängeln orthographischer und grammatikalischer Art – sehr gut beherrschte und mit den meisten der damals führenden Schriftsteller in gesellschaftlichen Beziehungen stand. Nur an der neueren polnischen Literatur nahm er Anteil; am meisten zogen ihn die Dichtungen Witwickis und Mickiewicz' an. Von letzterem übersetzte er übrigens für George Sand einiges ins Französische.

Nun aber wollen wir die teilweise zeitlich vorgreifende Beleuchtung von Chopins Persönlichkeit unterbrechen und uns der Fortsetzung des Lebensabrisses zuwenden.

Von 1833 an verließ er Paris (mit Ausnahme des Jahres 1840) alljährlich auf einige Zeit, sei es um eine Reise zu machen oder einige Sommermonate in Nohant, dem in der Landschaft Berry bei La Châtre gelegenen Schloßgut George Sands, zu verbringen. 1833 erholte er sich in Gesellschaft Franchommes in der Touraine von den Strapazen des Unterrichtens und «der Welt», wie er es nannte. 1834 fuhr er mit Ferdinand Hiller zum Niederrheinischen Musikfest* nach Aachen, wo sie mit dem Leiter der re-

* Diese Niederrheinischen Musikfeste (nach den vereinzelten in Frankenhausen 1810, Erfurt und Schaffhausen 1811 die ersten regelmäßig wiederkehrenden des europäischen Festlandes) bestanden seit 1817 und wurden abwechselnd in Aachen, Düsseldorf und Köln abgehalten. Mit Mendelssohns Direktion 1833 wechselten sie ihren bis dahin volkstümlichen Charakter zum künstlerischen. Die Veranstaltungen, die jeweils von dem bedeutendsten neuen Musikschaffen Zeugnis ablegten, zogen jahrzehntelang Besucher aus ganz Deutschland und den angrenzenden Ländern an. Sie setzten sich bis in die 1920er Jahre fort, verloren aber

präsentativen Veranstaltung, Felix Mendelssohn, zusammentrafen, welcher damals als städtischer Musikdirektor und Theaterkapellmeister in Düsseldorf wirkte*. Zu dritt brachten sie dann einen Tag in dieser rheinischen Malerstadt zu, wo abends im Hause des Akademiedirektors W. S. Schadow der stille und zunächst peinlich unbeachtet gebliebene Chopin durch sein Spiel wie eine Offenbarung wirkte. Das harmonische Beisammensein des Musikertrios wurde mit einer Bootsfahrt nach Köln beschlossen, welche die beiden «Pariser» dann noch bis Koblenz fortsetzten. Hätte nicht die Notwendigkeit des Geldverdienens bestanden, so wäre Chopin, kaum heimgekehrt, schon wieder ausgeflogen, und zwar in die Schweiz. Er war von der gräflichen Familie Wodzinski, die aus politischen Gründen 1831 nach Genf geflohen war, herzlich zu einem Besuch eingeladen worden. Mit den beiden jungen Grafen Antek und Felix war er von der Schulzeit her befreundet, und ihrer Schwester Maria hatte er während seiner wiederholten Ferienaufenthalte auf dem Wodzinskischen, bei Warschau gelegenen Gute Sluzewo ab und zu Klavierstunden gegeben. Mit der Einladung nach Genf war eine Variationenkomposition seiner um neun Jahre jüngeren ehemaligen Schülerin gekommen, worüber er sich «unaussprechlich freute und am selben Abend in einem der Pariser Salons über das liebliche Thema jenes

sehr an Geltung infolge der vielerorts geübten Einrichtung regelmäßiger Musikfeste nationaler und internationaler Art durch Fach- und Fremdenverkehrsorganisationen.

* Mendelssohn schrieb darüber am 23. Mai 1834 an seine Mutter unter anderem: «... natürlich ging es am folgenden Morgen an ein Klavier, wo ich großen Genuß hatte. Sie haben beide ihre Fertigkeit immer mehr ausgebildet und als Klavierspieler ist Chopin jetzt einer der allerersten – macht so neue Sachen wie Paganini auf der Geige und bringt Wunderdinge herbei, die man sich nie möglich gedacht hätte ...»

Mariechens improvisierte, mit dem man sich in alten Zeiten in den Zimmern herumgejagt hat . . .» Zum Zeichen des Dankes und zur Milderung seiner Absage fügte er für «Mademoiselle Maria une petite valse» bei. (Es handelte sich um den eben gerade veröffentlichten in Es-dur op. 18.) Ein anderer Zweig der Wodzinskis hatte sich 1831 nach Dresden geflüchtet. Dort nun sollte im Jahr 1835 ein schicksalhaftes Zusammentreffen zwischen Maria Wodzinska und Chopin stattfinden, über das zu berichten wir uns für das nächste Kapitel vorbehalten.

Das andere große Ereignis des übrigens auch kompositorisch reich gesegneten Jahres 1835 war das Wiedersehen mit den Eltern in Karlsbad. Seiner leidenden Konstitution wegen war Vater Chopin vom Arzt zur Kur dorthin geschickt worden, die ihm offensichtlich sehr wohl tat. Kurz zuvor hatte er nach politisch bedingten Rückschlägen die Genugtuung erlebt, die Professur für französische Literatur an der *Akademie der römisch-katholischen Geistlichkeit* in Warschau übertragen zu erhalten. – Wie unendlich Chopins Freude über das Zusammensein mit den geliebten Eltern gewesen, das mögen uns seine eigenen Worte künden, wie er sie einem Brief des Vaters an die daheimgebliebenen Angehörigen hinzufügte:

Karlsbad, den 16. August (1835).

Meine lieben Kinder, es ist der erste Brief, den ihr mit Papas und meiner Schrift empfangt. Unbeschreiblich ist unsere Freude! Wir umarmen uns immer wieder – und was kann man denn auch mehr; schade, daß wir nicht alle beisammen. Das Baby wunderbar! Wie ist doch Gott uns gnädig! Was ich schreibe, ist ohne Zusammenhang; heute soll man lieber an nichts denken, soll das Glück genießen, das man erlebt hat. Das ist das einzige, was ich heute habe.

Die Eltern sind immer die gleichen, nur sind sie mir ein wenig gealtert. Wir gehen zusammen spazieren, führen Frau Mütterchen am Arm, sprechen von Euch, ahmen die Wüteriche, die Neffen nach, erzählen uns, wie oft eines des andern gedachte. Wir trinken, essen zusammen, kajolieren einander, schelten einander. Ich bin au comble de mon bonheur. Die nämlichen Gewohnheiten, die nämlichen Bewegungen, unter denen ich aufgewachsen, die nämliche Hand, die ich so lange nicht mehr geküßt. Nun, meine Kinder, ich umarme Euch, und verzeiht, daß ich meine Gedanken nicht sammeln und über etwas anderes schreiben kann als über dies, daß wir so glücklich sind in diesem Augenblick, daß ich stets nur die Hoffnung hegte, und heute die Realisierung dieses *Glückes* und *Glückes* und *Glückes* erlebe.

Vor Freude erdrücke ich Euch mitsamt den Schwägern als meine Liebsten in dieser Welt

Ch.

NEUNTES KAPITEL

Sommer 1835 bis August 1837

Ein großer Teil der Kraft und Zeit des jungen Meisters war nun der kompositorischen Tätigkeit zugewandt. Sie hatte sein künstlerisches Ansehen weit über Paris hinaus verbreitet und auch mit Hilfe reichlicher Verlagshonorare zu einer Entspannung seiner Finanzlage geführt, die infolge des kostspieligen vornehmen Lebensaufwandes einigermaßen mißlich geworden war. Nach wie vor trugen seine Werke den Charakter von Bekenntnissen, waren sie der Widerschein seines Lebens, seiner Empfindungen, Träumereien und Hoffnungen. Ungeachtet der «ewig ungestillten Sehnsucht», die der schöpferische Mensch wahrscheinlich als Anreiz benötigt, ging es ihm von 1833 bis in das Jahr 1836 hinein relativ gut. Jedenfalls war dies die glücklichste Spanne seiner Pariser Zeit, welche im ganzen nahezu die Hälfte seines Erdendaseins umfaßt.

Leider ist die Zahl der erhalten gebliebenen persönlichen Briefe aus diesem Abschnitt gar spärlich und somit für dessen Dauer die reinste Quelle für Nachforschungen bis auf ein dünnes Geriesel versiegt. Der Seelensprache, wie sie Chopins trotz aller Formung des Erlebten unprogrammatische Musik führt, vermag auch der Hellhörige nichts Greifbares zu entnehmen, und so sind wir wieder einmal in manchem auf nichteigene Zeugnisse angewiesen. Sind sie mit Sorgfalt aufgesucht, gewogen und eingefügt, so vermögen auch sie mitzuwirken an einem wahrhaftigen Bild.

Die Herausgabe von 24 Werken unter den Opuszahlen 13–27 (ausgenommen op. 25, das verspätet erschien) fällt in diese gute Periode. Entstanden sind sie teilweise schon früher, vor allem die großen, wie die *Polnische Fantasie* op. 13, das *Rondo Krakowiak* op. 14, das f-moll-Klavierkonzert op. 21 und die *Große Polonaise* für Klavier und Orchester op. 22, die wir alle bereits früher erwähnten. Durchweg tragen diese Werke Widmungen, meist an Zugehörige der vornehmsten Gesellschaftskreise und Schülerinnen gerichtet. (Bemerkenswert darunter op. 21 an Gräfin Delphine Potocka und op. 23 an Freiherrn von Stockhausen, den einzigen männlichen Schüler Chopins unter den Dilettanten.) An Musikern wurden damals bedacht: I. P. Pixis mit op. 13, Ferdinand Hiller mit op. 15 und der Komponist J. Dessauer mit op. 26.

Einen Teil dieser Kompositionen lernte Robert Schumann in Chopins eigener Interpretation kennen, als dieser ihn auf der Rückreise von Karlsbad und Dresden im Herbst 1835 und erneut im September 1836, von Marienbad kommend, in Leipzig aufsuchte. Auch Mendelssohn, Friedrich Wieck und seine Tochter Clara waren zugegen, welch letztere bei dieser Gelegenheit dem hochgeschätzten Gast zwei seiner Etüden und außerdem Schumanns fis-moll-Sonate vorspielte. «Chopin, das war eine große Freude», schrieb Schumann darüber an seinen Freund Dorn. «... eine neue Ballade scheint mir sein genialischstes Werk ... Außerdem spielte er mir eine Menge Etüden, Nocturnes, Masureks. Alles unvergleichlich. Einzig wie sein Spiel! Denken Sie sich das Vollendete, eine Meisterschaft, die von sich selbst gar nichts zu wissen scheint.» Ein andermal erzählte Schumann, wie unvergeßlich das

Bild sei, Chopin gleich einem träumenden Seher am Klavier sitzen zu sehen. Man käme sich bei seinem Spiel selbst wie der von ihm erschaffene Traum vor. «Denke man sich, eine Äolsharfe hätte alle Tonleitern», hebt eine Betrachtung über die Etüden op. 25 an, «und es würfe diese die Hand eines Künstlers in allerlei phantastischen Verzierungen durcheinander, doch so, daß immer ein tieferer Grundton und eine weich fortsingende höhere Stimme hörbar. Und man hat ungefähr ein Bild seines Spiels.» Über den *Komponisten* Chopin äußerte sich der deutsche Romantiker: «Er ist ein seltener Stern in später Nachtstunde; wohin seine Bahn geht und führt, wie lange, wie glänzend noch, wer weiß es? So oft er sich zeigt, es ist immer dasselbe tiefdunkle Glühen, derselbe Kern des Lichts, daß ihn ein Kind hätte herausfinden müssen ...»

Sonderbar, daß Chopin den Weg zu den Werken Schumanns nicht fand, des Meisters, der ihn doch wie kein anderer seiner Zeitgenossen verstand und würdigte, was in der Widmung seiner *Kreisleriana* beredten Ausdruck fand. Eigenartig wie er selbst, wie seine Kompositionen und sein Spiel war auch sein Verhältnis zu den übrigen großen Musikschöpfern. Außer Mozart und Bach, die seinem Schönheitsideal von Klarheit, Wohlklang und Ebenmaß voll entsprachen, in etwas begrenzterem Sinne auch außer Schubert, vermochte er keinen uneingeschränkt zu bejahen. Dem Namen Haydn begegnet man in seinem Bereich überhaupt nicht; Beethoven, von dem er nur einige Sinfonien und *Fidelio* sowie frühe und mittlere Klavierwerke kannte, war seiner heftigen Ausbrüche wegen für ihn mitunter geradezu erschreckend; bei Mendelssohn vermißte er die Tiefe; und Liszt sagte ihm als Komponist überhaupt nicht zu (doch darf man bei diesem nicht außer acht lassen, daß Chopin dessen gute Schaffensperiode gar nicht mehr erlebte). In seiner Programmgestaltung war Chopin überaus einseitig; beschränkte sich seine Auswahl doch fast nur auf seine eigenen Werke. Für seine intimen Kreise war er als Tondichter und Interpret eine unzertrennliche Einheit, und eine faszinierende dazu. Soll es doch für seine Verehrerinnen kaum erträglich gewesen sein, sich in einem «beflügelten» Raum in seiner Gesellschaft längere Zeit aufzuhalten, ohne ihn spielen zu hören. Stets wagte sich irgendeine schüchterne Bitte heraus. Willfahrte er, so hatten bald andere Anwesende ebenfalls Wünsche nach diesem oder jenem seiner Stücke. So lag es auf der Hand, daß es sich dabei stets um seine eigenen Tonpoesien drehte. Als Lehrer jedoch war er – ungeachtet des Umstandes, daß die Dilettanten unter seinen Schülern weitaus die Mehrzahl ausmachten – doch großzügig und verantwortungsbewußt genug, mit ihnen nicht nur seine und seiner Lieblingskomponisten Werke zu studieren, sondern sie auch mit klavieristisch interessanten Stücken anderer, namentlich zeitgenössischer Tonsetzer, wie Hiller, Hummel, Kalkbrenner, Moscheles, Thalberg und Weber, vertraut zu machen.

Die Gelegenheit, neue Kompositionen und Interpreten kennenzulernen, nahm Chopin, wie in der Jugend, auch in Paris gerne wahr, wenigstens bis zu dem Zeitpunkt, da ihm seine Krankheit und sonstigen Lebensumstände doch viel mehr zusetzten, als er zu erkennen gab.

An besonderen Pariser musikalischen Eindrücken brachte das Jahr 1836 die Uraufführung von Meyerbeers *Hugenotten*, ein glänzendes Konzert des polnischen Meistergeigers Lipinski und das wiederholte Auftreten Thalbergs, der einen Riesenerfolg einheimsen konnte und in der Presse als der erste Pianist der Welt bezeichnet wurde. Liszt war damals nicht im Lande, er lebte mit Marie d'Agoult in Genf, hatte aber von Thalbergs begeisterter Aufnahme gehört und kam, um sich ein eigenes Urteil zu bilden, im Anschluß an zwei Lyoner Konzerte im Mai nach Paris. Zu spät, denn Thalberg war gerade tags zuvor abgereist. Liszt konnte und wollte nicht glauben, daß dieser so großartig spiele, und gab, um den Vergleich herauszufordern und ihm den Rang streitig zu machen, zwei Privatkonzerte, das eine im Pleyelschen Saal, das andere bei Erard. Und siehe da, man war allenthalben verblüfft über die gewaltigen Fortschritte, die der junge Künstler während des Jahres seiner Abwesenheit gemacht hatte. Berlioz stand nicht an, in seinem Referat von ihm als Interpreten und Schöpfer eigener Klavierphantasien zu sagen, er habe damit die «neue Schule des Klavierspiels» verwirklicht. Ein Stein fiel Liszt vom Herzen, der in jenen Jahren von dem Streben besessen war, keinen andern Pianisten über sich zu dulden*. Nach Genf zurückgekehrt, machte er sich erneut an die Vervollkommnung seiner Technik. Noch vor Jahresschluß erschien er abermals in Paris, um zunächst in einem Berlioz-Konzert aufzutreten und dann weiterhin noch mit dem Klavier und indirekt auch mit der Feder den Kampf gegen den ebenfalls wieder dort konzertierenden Thalberg aufzunehmen. Allem Anschein nach muß dieser gleichfalls ein wirklich hervorragender Pianist gewesen sein, jedoch von ganz anderer Art und Mentalität als Liszt. «Thalberg ist die Grazie, wie Liszt die Kraft», sagte einer der Kritiker, und Heinrich Heine beschrieb ihn also: «Thalberg bekundet den ange-

* Wie sich bei Liszt gelegentlich «das Kind im Manne» bemerkbar macht, erhellt eine Briefstelle an Marie d'Agoult vom 14. Mai 1836: «. . . Chopin liebt mich zärtlich und ausschließlich. Die Art, wie er heute mit mir sprach, hat mich außerordentlich beglückt. Er übt ein gewisses Maß von Kritik an Thalberg und kann vor allen Dingen nicht zulassen, daß man auch nur den geringsten Vergleich zwischen uns zieht . . .»

borenen Takt. Sein Vortrag ist gentlemanlike, so wohltuend, so anständig, so ganz ohne Grimasse, so ganz ohne forciertes Genialtun, so ganz ohne jede renommierende Bengelei, welche die innere Verzagnis schlecht verhehlt ... er entzückt nur durch balsamischen Wohllaut, durch Maß und Milde ... Es gibt nur einen, den ich ihm vorzöge, das ist Chopin.»

Nun, dieser hatte, wie wir wissen, als Konzertspieler keinen Ehrgeiz mehr und blieb außer Konkurrenz. Die beiden Rivalen aber brachten es durch ihr mehrmaliges Auftreten, bei dem sie jeweils ihr Bestes gaben, so weit, daß sich das musikalische Pariser Publikum in zwei Lager teilte: hie Thalberg, hie Liszt! Als einmal die beiden Löwen des Konzertsaals in der gleichen Veranstaltung – zugunsten notleidender Italiener – mitwirkten, fällte eine ungenannt gebliebene Musikenthusiastin ein salomonisches Urteil: «Thalberg est le premier pianiste du monde», rief sie aus. «Et Liszt?» fragte man sie. «Liszt? oh Liszt – c'est le seul!», lautete die rasch gegebene Antwort. Und nun noch als Pendant der witzige Entscheid eines Kenners (der später auch Eingang in die Presse fand): die Frage, ob Liszt oder Thalberg der größere Pianist sei, könne nur dahin beantwortet werden: Chopin.

Doch nun ist es an der Zeit, sich den privaten Begebenheiten in dessen Leben wieder zuzuwenden. Die Familie Wodzinski, die wir vorhin in unseren Betrachtungskreis einbezogen, hatte 1835 auf der Rückreise aus dem Genfer Exil in die polnische Heimat zunächst in Dresden Station gemacht, um dort für einige Zeit bei ihren Verwandten zu verweilen. Chopin, der nach dem glücklichen Beisammensein mit seinen Eltern noch in Tetschen bei der fürstlichen Familie Thun-Hohenstein verweilt hatte, unterbrach seine Heimfahrt in der sächsischen Residenz, um seinen 1834 verschobenen Besuch bei Wodzinskis nun hier nachzuholen. Als er Maria Wodzinskas ansichtig ward, die in den Jahren, da er sie nicht gesehen, zu einer slawischen Schönheit herangeblüht, wurde er jäh von einer leidenschaftlichen Liebe für sie ergriffen. Doch gleich hatte er sich wieder in der Gewalt, und kein Wort, das seine Gefühle verraten hätte, entfloh seinen Lippen. Das Klavier mußte, wie üblich, seine Beichte vernehmen und ausdrücken, was ihn tief bewegte. Maria, ihre Mutter und Brüder lauschten seinen musikalischen Herzensergüssen, ohne sie in ihrer wahren Bedeutung zu verstehen. Nur ein Walzer (op. 69,1) blieb als sichtbares Zeichen seiner Empfindungen zurück, als er nach einigen Tagen über Leipzig und Heidelberg, wo er die Familie seines Schülers Gutmann begrüßte, nach Paris heimkehrte. Dort nahm er Unterrichtstätigkeit und gesellschaftlichen Verkehr wieder im alten Maß und Rahmen auf, bis ihn im Dezember eine heftige Influenza für einige Wochen aufs Krankenlager warf. Es ging sogar das Gerücht um und drang bis nach Warschau, er sei gestorben. Am 14. März 1836 konnte er seinem Schwager Barcinski beruhigend schreiben:

«Bin gesund – nichts weiter –
Die Nachricht, so heiter –
Mit Küssen soll eilen
Bei den Kindern verweilen.»

Mit der Gräfin Therese Wodzinska, die ihm mütterlich zugetan schien und ihn ihren «vierten Sohn» nannte, blieb er im Briefwechsel und vereinbarte mit ihr für den Sommer 1836 ein erneutes, diesmal mehrwöchiges Zusammensein in Marienbad. Ende Juli traf er dort ein, von den weiblichen Mitgliedern der Familie erwartet. Man war viel beieinander, und Frau Wodzinska mochten dabei wohl die

Augen aufgegangen sein, sowohl was des Künstlers heimliche Liebe zu Maria als auch was seinen Gesundheitszustand anbelangte. Letzterer veranlaßte zu bestimmten Maßnahmen, wie man aus einem Brief von Mendelssohns Schwester, die ebenfalls in Marienbad zur Kur weilte, schließen kann. Darnach ließ sich Chopin überhaupt kaum sehen, und «sein Arzt sowie eine polnische Gräfin, die ihn ganz mit Beschlag belegte, hatten ihm das Spielen verboten». Dies kann sich indes nur auf das öffentliche Auftreten bezogen haben, denn im Privatleben konnte Chopin des Klaviers nicht entraten. Man weiß auch, daß das Lied *Ringlein* dort am 8. September 1836 entstand, und vermutet, daß die beiden Etüden in As-dur und f-moll, op. 25 Nr. 1 und 2, auch dieser erlebnisreichen Zeit ihre Entstehung verdanken.

Endlich, am 9. September, dem Vorabend des Abschiedstages, faßte sich Chopin ein Herz, sprach zu Maria von seiner Liebe und erklärte sich auch ihrer Mutter. Maria scheint sich dabei ziemlich passiv verhalten und die Angelegenheit nicht so hochwichtig genommen zu haben wie er. Sie war es gewohnt, umschwärmt zu werden. Schon in Genf hatte ihre Erscheinung und der eigenartige Reiz ihres Wesens, der von einem zarten, durch Vorfahren aus dem Geschlecht der Sforza vererbten italienischen Einschlag herrührte, sowohl den polnischen Dichter Slowacki als auch Napoleon III. begeistert. – Die Mutter Maria Wodzinskas nahm Chopins Werbung an, knüpfte indes die Bedingung der einstweiligen Geheimhaltung der Verlobung und die Verpflichtung daran, daß er künftig für seine Gesundheit äußerste Sorge trage, Abendgesellschaften meide und früh, spätestens um elf Uhr, zu Bett gehe.

Nach Hause gekommen, leistete Chopin bald wieder das übliche Tagespensum an Unterrichtsstunden und betätigte sich kompositorisch. Abends begnügte er sich fürs erste mit der Gesellschaft seines Freundes Jan Matuszynski. Nicht lange dauerte es aber, und er stak trotz dem der Gräfin Therese gegebenen Versprechen und den Ermahnungen seiner von ihm brieflich ins Vertrauen gezogenen Mutter wieder im altgewohnten Treiben. Wie dies gekommen? Während er selbst seine Liebe zu Maria in Töne faßte, in Kompositionen von ihr sang und zeugte, fehlte seitens seiner Braut jegliches Zeichen wahrer Herzlichkeit und Wärme, von Hoffnung und Freude auf eine gemeinsame Zukunft. Anfänglich gab sie sich in ihren wenigen Briefen weiterhin als die muntere Jugendgespielin von ehedem, mitunter auch als seine «très fidèle secrétaire». Meist aber beschränkte sie sich auf nichtssagende, nachschriftliche Anhängsel an die Briefe ihrer Mutter. Chopin, gewillt, um ihretwillen seinen anregenden Pariser Kreis aufzugeben und in der Nähe Warschaus ein zurückgezogenes Leben zu führen, das vor allem seinem Schöpfertum gewidmet sein sollte, vermißte jeglichen Widerhall und fühlte sich während der unfreiwilligen Trennung von seinen gewohnten Zirkeln einsamer denn je. Hätten die Briefe seiner Verlobten, statt immer lakonischer und frostiger zu werden, stille Stunden tief zu erfüllen vermocht, seinem Gedenken und seinen Zukunftsträumen neue Nahrung gegeben, dann wäre es ihm vermutlich leicht gefallen, auf das harmlose Vergnügen der Geselligkeit mit den in Paris lebenden, anziehenden Polinnen zu verzichten. So aber boten ihm diese in seinen Mußestunden Ablenkung von Zweifeln und Grübeleien, boten ihm Ersatz für die ihm von Maria Wodzinska versagte innere Anteilnahme. Nicht, daß sich Chopin im Verkehr mit seinen Landsmänninnen für die Gefühlskälte seiner Verlobten irgendwie entschädigt hätte! Er hatte nie Liebschaften.

Wohl war er oft und rasch entflammt, doch ebenso schnell wieder abgekühlt. Ein unechter Ton im Lachen, eine verwelkte Blume im Gürtel einer schönen Frau genügte manchmal, eine momentane Schwärmerei im Nu auszulöschen. Nein, zeit- und ortsübliche Amours lagen ihm nicht! Wohl aber fühlte er sich am behaglichsten in eleganten Salons und einer Atmosphäre des mehr spür- als hör- und sichtbaren Verehrtwerdens. – Marias Art und Beispiel auferlegte nach und nach auch seiner Korrespondenz das gänzliche Übergehen ihres Verlöbnisses. Allgemach verschob sich der Briefwechsel auf die Mutter, Gräfin Therese, und auf größere Zwischenräume. Immer seltener kam Post aus Sluzewo, und dies trotz Chopins Geschenken und sehr ausführlichen, wenn auch im Persönlichen gehemmten Briefen. Man kann sich des Eindrucks nicht erwehren, daß Marias reichbegüterter Vater eine eheliche Verbindung mit dem Musiker, der weder über Vermögen noch eine einträgliche oder doch wenigstens angesehene Stellung verfügte* sowie gesundheitlich und damit auch sonst wenig zukunftssicher erschien, strikte ablehnte, und daß seine Frau sich dieser Auffassung aus Vernunftsgründen anschloß, aber darauf bedacht blieb, durch ein allmähliches Einschlafenlassen der von ihr voreilig begünstigten Beziehungen die Enttäuschung für Chopin, wie sie glaubte, zu mildern. Da Marias Herz anscheinend unbeteiligt war,

* Eine Ironie, daß gerade Chopin es war, der, in seiner sprichwörtlichen Hilfsbereitschaft gegenüber Landsleuten, seinem Schulkameraden und Bruder Marias, dem jungen Grafen Antek Wodzinski (übrigens nach der unausgesprochenen Entlobung) mit einer größeren Summe aushalf, die dieser entweder gar nicht oder erst nach mehrfacher Mahnung zurückzahlte. Es muß dann zu Differenzen gekommen sein, denn in einem Brief vom 13. März 1839 schrieb Chopin in bezug auf diese Angelegenheit an Fontana: «Die Eltern Anteks müssen sich fürchterlich vergessen haben, daß es zwischen ihm und mir so weit kommen konnte ...»

kam auch ihrerseits kein Einspruch, und sie fügte sich wohl widerstandslos den Vorstellungen ihres Vaters.

Wie sehr mag der übersensible Chopin unter diesen Verhältnissen und der Ungewißheit gelitten haben! Auf eine Klarstellung zu drängen, fehlte ihm der Mut. Es war wohl der Versuch, seiner Depression zu entfliehen, daß er Anfang Juli 1837 einer Einladung Camille Pleyels zu einer gemeinsamen, an sich zweck- und nutzlosen Reise nach London Folge leistete. Sie blieben nur elf Tage dort, «untätig», wie er berichtete. Von Moscheles, der gleich nach ihm in London weilte, erfuhr man darüber, daß Chopin «der einzige unter den fremden Künstlern gewesen, der niemanden besuchte und auch nicht besucht sein wollte, da jede Unterhaltung sein Brustleiden verschlimmerte. Er hörte einige Konzerte und verschwand». In ähnlichem Sinne berichtete Mendelssohn. Doch erfuhren die beiden anscheinend nichts von Chopins Spiel in privatem Kreise im Hause Broadwood, worüber im *Musical World* vom 23. Februar 1838 zu lesen war, daß in der vergangenen Saison nur wenige den hohen Vorzug gehabt hätten, Chopins improvisierte Vorträge zu hören. Diesen wenigen aber wäre es eine unvergängliche Erinnerung. «Er ist», heißt es weiter, «der entzückendste aller Salon-Pianisten. Die Lebhaftigkeit seines Stils ist so maßvoll, die Zartheit so geläutert, die Zierlichkeiten so vollendet und so systematisch, das Ganze infolge richtigen Urteils und eines aufs höchste verfeinerten Geschmacks so abgerundet, daß es bei der Menge in einem großen Konzertsaal seine Wirkung verfehlen würde.»

Wiederum hatte eine Influenza im Winter 1836/37 sein körperliches Befinden nachhaltig geschädigt. Ärztlicherseits war ihm zur Bekämpfung seiner «Bronchitis», wie er sein Leiden bezeichnete, eine Kur in Bad Ems verordnet worden, doch konnte er sich nicht dazu entschließen, weil der Gutgläubige immer noch eine Einladung der Familie Wodzinski zu einem gemeinsamen Sommeraufenthalt erhoffte. Doch trotz seinen leisen brieflichen Anspielungen kam nichts dergleichen. Schließlich, als sein (letztes) Schreiben an die Gräfin Therese vom 15. August 1837 auch wieder unbeantwortet blieb, sah er wohl selbst ein, daß auch seine zweite Liebe ohne sein Zutun sich ins Nichts verloren hatte. Wie sich die Entwicklung bei Maria Wodzinska vollzog, läßt sich trotz der Darstellung ihres Bruders (Graf Wodzinski: *Les trois romans de Fr. Chopin*, Paris 1886) nicht zuverlässig erkennen. Sie heiratete 1840 Chopins begüterten Jugendfreund und Sohn seines Paten, den Grafen Friedrich Skarbek. Die Verbindung wurde nach wenigen Jahren wieder gelöst, und Maria ehelichte darnach einen in Florenz lebenden Polen namens Orpiszewski.

Ein offener Bruch hätte Chopin vielleicht weniger geschmerzt und wäre schneller überwunden gewesen als die versteckte Art der langsamen Vernichtung seiner schönsten Hoffnung. Nach bitteren Wochen kam der Tag, an dem er sämtliche Wodzinska-Briefe in einen Umschlag legte, ihn verschloß und überschrieb: «Moja bieda», zu deutsch: «Mein Gram.»

ZEHNTES KAPITEL

Bis Frühling 1838 – George Sand

Die tiefe Erschütterung, die Chopin durch den unglücklichen Ausgang seiner so hoffnungsfroh begonnenen Liebe zu der schönen Maria Wodzinska erlitt, war seinen Freunden nicht entgangen, doch wurde angesichts seines stillen, nur in seiner Musik sich lösenden Schmerzes nicht darüber geredet. Einzig dem Grafen Grzymala, einem älteren, fast väterlichen Freund, scheint er von seinem Leid gesprochen zu haben. Nach einigen Monaten aber war es einer erfahrenen und liebenden Frau gelungen, ihn zu Andeutungen über die Ursache seiner verhaltenen Traurigkeit zu bewegen. Ob er ahnte, daß er selbst, seine Person, im Mittelpunkt eines Briefwechsels zwischen Grzymala und eben dieser Frau stand?

Er hatte sie, die berühmte Schriftstellerin George Sand, Anfang Dezember 1836 in einer von Liszt aus Anlaß seiner Rückkehr aus der Schweiz gegebenen Abendgesellschaft kennengelernt. Ihre betont männliche Art – sie trug Herrenhosen, dazu eine Redingote und rauchte Zigarren – war ihm zunächst so unangenehm aufgefallen, daß er auf dem Nachhauseweg zu Ferdinand Hiller, wie dieser in seinem *Künstlerleben* berichtet, äußerte: «Welch eine antipathische Frau, diese Sand! Ist's denn wirklich eine Frau? Ich möchte es bezweifeln!»

Wenige Tage später schon ward ihm Gelegenheit, den

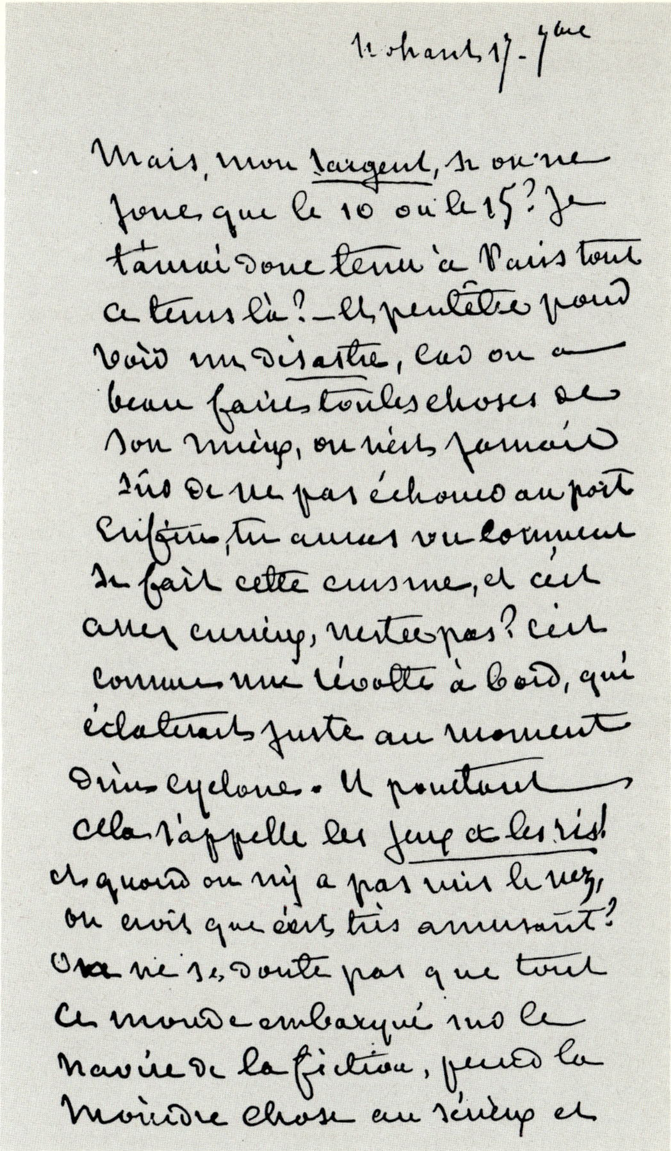

Nohant 17 - 7bre

Mais, mon sargent, si on ne
joue que le 10 ou le 15? Je
t'aurai donc tenu à Paris tout
ce temps là? — Et peut-être pour
voir un désastre, car on a
beau faire toutes les choses de
son mieux, on n'est jamais
sûr de ne pas échouer au port.
Enfin, tu auras vu comment
se fait cette cuisine, et c'est
assez curieux, n'est-ce pas? c'est
comme une révolte à bord, qui
éclaterait juste au moment
d'un cyclone. Et pourtant
cela s'appelle les jeux et les ris!
et quand on n'y a pas mis le nez,
on croit que c'est très amusant?
On ne se doute pas que tout
ce monde embarqué sur le
navire de la fiction, prend la
moindre chose au sérieux et

Auszug aus einem Brief von George Sand an den Geliebten Frédéric Chopin, datiert in Nohant.

ungünstigen Eindruck zu revidieren. Liszt, der sich George Sand gegenüber für die einstweilige gastfreundliche Aufnahme seiner aus Genf mitgekommenen Gefährtin, Marie d'Agoult, erkenntlich zeigen wollte, hatte ihn, einem Wunsche George Sands folgend, gebeten, diese zu seiner für den 13. Dezember geplanten Soiree einzuladen. Mit ihr, alias Aurore Baronin Dudevant, befreundet, ihrer geistigen Vorzüge und «zaubermächtigen Wesensart» bewußt, mag Liszt hierbei Chopins Vorurteil wohl schon stark unterhöhlt haben. Sonst hätte es dieser kaum über sich gebracht, in Einladungen zu seinem Hauskonzert neben Liszt und dem Sänger Nourrit als Attraktion George Sand zu nennen.

Als sich die Gäste an jenem Abend spät nach herrlichen künstlerischen Genüssen verabschiedeten – Chopin und Liszt hatten durch Klaviervorträge geglänzt, Nourrit unter des letzteren Begleitung als Novität Schubert-Lieder gesungen –, konnte George Sand ihres Sieges gewiß sein. Ohne daß sie sich um des Hausherrn Gunst bemühte oder sonst ihre reichen Gaben brillieren ließ. Nur durch die Art ihres Musikhörens, durch das stumm hingegebene Lauschen, das fühlbare Insichaufnehmen der Werke und durch die Magie des Blickes ihrer übergroßen, nachtdunklen Augen. «Mit aufgestütztem Arm in einem Sessel zurückgelehnt, sah man Frau George Sand in regster Aufmerksamkeit gefesselt», schilderte es Liszt. «Auf alles, was sie hörte, verbreitete sich der Widerschein ihres feurigen Genius', dem, wie nur wenigen Auserwählten, die Fähigkeit gegeben war, in allen Gestaltungen der Kunst und Natur das Schöne herauszuerkennen.»

Chopin erwiderte George Sands Besuch in ihrem Hause, und daß es sich dabei um mehr als einen bloßen Höflichkeitsakt handelte, läßt sich aus der baldigen, mehrfachen

Wiederholung seiner Aufwartung schließen. Binnen kurzer Zeit stand auch er im Banne dieser scheinbar unerforschlichen Frau, deren Lebenswandel – übrigens der Nerv ihres schriftstellerischen Schaffens – ihren Zeitgenossen Rätsel aufgegeben und die Chronique scandaleuse bereichert hat. Außerhalb ihres Kreises, dem die bedeutendsten Literaten und Geistesaristokraten zugehörten, sah und beurteilte man sie nach ihrem wahrnehmbaren Treiben und dessen rein oberflächlichen Eindrücken, den wirklichen und den literarisch gestalteten. Nur den Eingeweihten wurde die schwerwiegende Problematik von George Sands Persönlichkeit offenbar. Sie lag in der Verquickung eines männlich kraftvollen Schöpfergeistes mit einer animalischen Triebhaftigkeit. Ihrer Art und Haltung voll gerecht zu werden, ihr Leben und Wirken gesamthaft zu erfassen und zu beurteilen, war überhaupt erst von einem zeitlich entfernten Standpunkt aus möglich*. Es ist von einer einzigartigen Vitalität erfüllt, die sich nicht nur ihrem vielfältigen Spiel der Liebe und seiner schriftstellerischen Auswertung, sondern auch den geistigen, humanitären und sozialen Strömungen ihrer Zeit intensiv und mit einer Arbeitskraft ohnegleichen zuwandte. Über ihren zahlreichen Liebesgeschichten übersieht man allzu leicht, daß sie

* Leider fehlt es den meisten Abhandlungen dieses unerschöpflichen Stoffes an Objektivität. Insbesondere haben sowohl Musset- als auch Chopin-Biographen voreingenommen, einseitig und tendenziös alles Dunkle auf George Sand geladen. Der erste gelungene Versuch, dem Phänomen dieser Schriftstellerin näher zu kommen, dürfte der biographische Roman von Frances Winwar «The life of the heart» sein, der 1947 in der deutschen Übersetzung von N. O. Scarpi unter dem Titel «Ein Leben des Herzens» im Alfred Scherz-Verlag erschienen ist. – In sachlicher Weise und extraktiver Form – allerdings entsprechend seiner Aufgabe beschränkt auf die Zeit der Weggemeinschaft mit Chopin – läßt auch A.-E. Cherbuliez in seinem 1948 bei Albert Müller, Rüschlikon-Zürich, erschienenen Chopin-Buch George Sand Gerechtigkeit widerfahren.

auch eine mit scharfem Intellekt, Mut und Ausdauer begabte, aufrüttelnde Vorkämpferin für Fortschritt und Freiheit war, als die sie zum Beispiel von Dostojewskij, Turgenjew, Walt Whitman, Oskar Wilde und anderen Sozialschriftstellern gepriesen wurde.

Es ist hier nicht unsere Aufgabe und würde zu weit abführen, den an sich psychologisch und zeitgeschichtlich so interessanten Schaffens- und Liebesstationen George Sands im einzelnen nachzugehen. Doch ist ihre Persönlichkeit von so ausschlaggebender Bedeutung für das letzte Dezennium von Chopins irdischem Dasein geworden, daß wir eines geschlossenen Bildes und damit besseren Verständnisses wegen die wichtigsten Daten ihrer Herkunft, Entwicklung und ihres Lebens als Schriftstellerin aufzeigen und dabei dort etwas länger verweilen wollen, wo es uns zweckmäßig erscheint.

George Sand war am 1. Juli 1804 als Tochter des napoleonischen Offiziers Maurice Dupin de Francueil und seiner ihm kurz zuvor angetrauten Gattin Sophie Delaborde geboren und auf den Namen Amantine Aurore Lucile Dupin getauft worden. Väterlicherseits war sie eine Urenkelin des Marschalls Moritz von Sachsen. Dieser, ein natürlicher Sohn des kinderreichen August des Starken, Königs von Sachsen und Polen, und der schwedischen Gräfin Aurore von Königsmark, galt als ein intelligenter und draufgängerischer Soldat, als welcher er von 1720 an in französischen Diensten gestanden. Auch er war, wie sein Vater, Anhänger der freien Liebe, für die er auch theoretisch eintrat, ein früher Anwalt der Gleichberechtigung der Frau, also auch geistig ein Vorfahre seiner Urenkelin. Aus einer seiner illegitimen Verbindungen, jener mit der jungen Schauspielerin Marie Rinteau (die sich de Verrières nannte), ging um 1746 ein Kind hervor, das auf den Namen Marie

Aurore de la Rivière in die Standesakten eingetragen wurde, jedoch vom fünfzehnten Jahre an den richtigen Namen ihres Vaters führen durfte. Als Marie Aurore von Sachsen heiratete sie einen Grafen de Horne, illegitimen Sohn Ludwigs XV., der aber drei Wochen später in einem Duell getötet wurde. Als dreißigjährige Witwe ehelichte sie dann den mehr als doppelt so alten begüterten Generalsteuereinnehmer Claude Dupin de Francueil und gebar 1778 einen Sohn, der nach seinem Großvater Maurice genannt wurde. Mit abgöttischer Liebe hing sie an ihrem Kinde, und nach dem 1788 erfolgten Tode Claude Dupins war Maurice ihr ein und alles. Das soldatische Erbteil schlug bei ihm durch: er widmete sich dem Militärdienst. Schnell wurde er befördert und machte unter Murat einige Feldzüge mit. Während des italienischen verliebte er sich in die bildhübsche Sophie Delaborde, die vorher als Marketenderin, zu jener Zeit aber als Geliebte eines Generals unweit des jeweiligen Stabsquartiers lebte. Sie, die Tochter eines Pariser Vogelhändlers und späteren Billardeurs*, tauschte den ältlichen General gern gegen den jungen, forschen Maurice Dupin aus und zog fortan mit ihm von Feldlager zu Feldlager, vier Jahre lang. Währenddessen brachte sie mehrere Kinder zur Welt, von denen aber keines lange am Leben blieb. Ans Heiraten dachte Maurice Dupin zunächst nicht. Der Respekt vor der Moralität seiner Mutter und ihren ehrgeizigen Plänen für die

* Billardeure waren hochbezahlte Berufs-Billardspieler, Artisten ihres Fachs. Sie führten in halböffentlichen oder privaten Zirkeln ihr Können und gleichzeitig die technischen Verbesserungen und Regeländerungen des aus dem 14. Jahrhundert stammenden Tisch-Kugelspiels vor. In der ersten Hälfte des vergangenen Jahrhunderts war dieses Spiel das meistgepflegte der vornehmen Gesellschaft, namentlich Englands und Frankreichs. Es gab damals Unternehmer, bei denen man sich Billards mieten konnte und die das Engagement von Billardeuren vermittelten.

Zukunft ließ den Gedanken gar nicht aufkommen, zumal auch Sophie des ungebundenen Zustandes zufrieden schien. Als aber Madame Dupin doch von dem ihr verheimlichten Verhältnis erfuhr und Sophie den Kampf ansagte, stellte diese, dadurch gereizt, Maurice vor die Entscheidung: Heirat oder Trennung. Seine Mutter verweigerte die erbetene Einwilligung, und so schloß er ohne deren Segen in Paris die Zivilehe mit Sophie Delaborde. Einen Monat später kam Aurore, die nachmalige George Sand, zur Welt.

In einem ärmlichen Pariser Quartier schlug sich Sophie Dupin mit den kargen Geldmitteln durch, die ihr Maurice aus dem Felde zukommen ließ oder auf seinen kurzen Urlauben mitbrachte. Als Aurore gegen vier Jahre alt war, machte sie sich mit ihr unter vielen Mühsalen auf den Weg nach Madrid, wo Maurice sich damals als Adjutant Murats befand. Der Umschwung des Kriegsglücks trieb ihn bald darnach mit den Seinen zur Flucht. Nach endlosen Strapazen, Gefahren, Hunger und Durst landeten sie schließlich in Nohant, wo sie Marie Aurore Dupin wärmer aufnahm, als Sophie glaubte, es erhoffen zu dürfen. Nicht lange darnach riß ein tödlicher Sturz vom Pferde Maurice aus ihrer Mitte. Die autoritäre Großmutter Dupin übertrug nunmehr die Erziehung Aurores, der künftigen Erbin Nohants, ihrem im Hause lebenden Vermögensverwalter Deschartres, der schon die Jugend Maurices betreut hatte. Es wurde, wenn auch unmethodisch, alles getan, Aurore zu bilden. Einzig was die Religion anlangt, beließ man es bei dem wenigen, das ihre Mutter ihr gesagt. Aurorens durch vieles Lesen erworbene geistige Selbständigkeit und der Hang zu Phantastereien ließen sie sich einen Religionsersatz erdenken, in dessen Mittelpunkt ein Fabelwesen stand. *Corambé*, wie sie es taufte, vereinigte in sich alles, war Gottheit und Mensch zugleich, bald Mann, bald Frau oder ohne Geschlecht, und besaß, wie es in George Sands *Histoire de ma vie* heißt, «alle Attribute moralischer und körperlicher Schönheit, die Gabe der Beredsamkeit und den allmächtigen Reiz der Kunst, namentlich den Zauber der musikalischen Inspiration». Diesem Phantasiegeschöpf, erster Dokumentation der späteren Romancière, dichtete Aurore jeweils die Gestalt an, deren sie gerade zu bedürfen glaubte, und es kam die Zeit, da ihr Corambé die Mutter ersetzen mußte, die nach Paris gezogen. Die beiden Frauen hatten vereinbart, daß Sophie gegen Verzicht auf Aurore und den Nohanter Aufenthalt eine Jahresrente erhielt. Damit wollte Großmutter Dupin die Enkelin dem ihr verderblich dünkenden mütterlichen Einfluß entziehen. Eine harmonische Entwicklung war unter den obwaltenden Umständen dennoch nicht möglich. «Meine ersten sozialistischen und demokratischen Anschauungen», schrieb George Sand einmal, «danke ich der Eigentümlichkeit meiner Lage, das heißt gewissermaßen à cheval zwischen zwei Gesellschaftsklassen geboren zu sein ... Ich danke sie auch meiner halb philosophischen, halb religiösen Erziehung sowie allen den Gegensätzen, welche mein eigenes Leben von frühester Zeit an erfüllten.»

Die «religiöse Erziehung» wurde ihr in den drei Jahren ihres Aufenthaltes im Kloster der Englischen Augustinerinnen zu Paris zuteil, wohin sie als Dreizehnjährige gebracht wurde. Auch hier zeigten sich die Widersprüche ihrer Natur: Man unterschied dort die Zöglinge nach drei Gruppen: diables, bêtes und dévots. Aurore war schnell zu den erstgenannten eingereiht, schlug aber plötzlich ins Extrem um und wurde der Frömmsten eine, die sich kasteite und am liebsten selbst den Schleier genommen hätte. Für ihre Großmutter war diese Wandlung so beunruhigend, daß sie Aurore wieder nach Nohant zurückholte. Und dort: erneuter Umschwung! Ihr Halbbruder Hippolyt Châtiron, ein illegitimer Sohn ihres Vaters, brachte ihr binnen weniger Tage das Reiten bei, und nun tobte sich die allzulange zurückgedämmte Tatkraft in waghalsigen Ritten aus. Nach seinem Weggange wurde Deschartres ihr Begleiter, noch öfter aber schloß sie sich ihm auf seinen Krankenbesuchen an. Seinem Vorschlag entsprang es, daß sie Knabenkleidung trug, weil er nicht gerne so oft mit einem jungen Mädchen gesehen sein wollte. Sie aber fand diesen Anzug so bequem, daß sie ihn nicht mehr missen mochte. Auf den langen Ritten diskutierten die beiden über philosophische und ethische Themen. Die Art von Aurorens Lesestoff hatte sich mit ihr gewandelt. Durch ungezählte Bücher aller möglichen Essayisten, Moralisten und Philosophen las sie sich durch, um schließlich bei den Dichtern zu verweilen. Rousseau, Byron, Shakespeare und Chateaubriand beeindruckten sie mit einzelnen ihrer Werke am tiefsten.

Als am Weihnachtstag 1821 Marie Aurore Dupin die Augen für immer schloß, hatte die siebzehnjährige Enkelin ihre beste Freundin verloren. Das Testament, das sie zur Besitzerin Nohants und Haupterbin eines großen Barvermögens machte, bestimmte einen Nachbarn zu ihrem Vormund. Doch ihre Mutter erhob mit Erfolg Anspruch auf Aurore und nahm sie mit nach Paris. Mit Enttäuschung gewahrte das Mädchen, daß diese dem Idealbild, das es sich während der mehrjährigen Trennung von ihr gemacht, nicht entsprach. Madame Dupin war leichtsinnig und verschwenderisch. Der geheime Widerstand der Tochter gegen ihre Lebensführung war ihr unbequem, und so schickte sie Aurore zu Bekannten auf das Land. Dort lernte sie den mit ihrem Gastgeber befreundeten siebenundzwanzigjährigen François Casimir Dudevant kennen, mit dem sie sich im September 1822 verehelichte. Es war ein allzu rascher Entschluß. Der sympathische, aber nüchterne Dudevant war nicht geeignet als Partner für die poetische und leidenschaftliche Aurore Dupin, und die Verbindung trug von Beginn an den Keim der Unhaltbarkeit in sich*.

Es kam, wie vorauszusehen: die notwendige Angleichung blieb aus. Aurore litt unter der Unfreiheit und des Gatten Unverständnis für höhere Empfindung und Geistigkeit, er unter der Andersartigkeit ihrer Interessen, ihren Schwermutsanfällen und Verzweiflungsausbrüchen. Nach acht Jahren fand Aurore Dudevant, die inzwischen Mutter zweier Kinder geworden war, den Mut zur zeitweisen Befreiung von den drückenden Fesseln ihrer Ehe. Sie ließ sich in Paris als Schriftstellerin nieder, mußte jedoch zunächst noch vereinbarungsgemäß nach jeweils einem halben Jahre der Abwesenheit für drei Monate zu ihrem Gatten nach Nohant. Schließlich drang sie aber mit ihrem Scheidungsbegehren durch, und sowohl die Kinder als auch die Besitztümer in Nohant und Paris wurden ihr zugesprochen. Am Anfang ihrer Pariser Wirksamkeit lebte sie in Arbeits- und Wohngemeinschaft mit dem

* Bei dem gänzlichen Mangel an Einblick hatte sie sich vermutlich eine wirklichkeitsferne Vorstellung von der Ehe gemacht, so daß ihre Anfänge einen Sturz in ungeahnte Tiefen bedeutet haben dürften. Dies läßt sich aus der auffallenden Zurückhaltung in ihren Memorien über die allererste Zeit ihrer jungen Ehe («Ich verbrachte den Winter 1822/23 in Nohant, sehr krank, aber dem Gefühl der Mutterliebe hingegeben», ist alles, was die sonst Schreibselige darüber verlauten läßt) und aus dem Umstand schließen, daß sie zwanzig Jahre später ohne ersichtlichen Anlaß Hippolyt in dringlichstem Tone und sinnfälligen Worten anriet, seine vor der Vermählung stehende Tochter vor roher Behandlung zu schützen. Vielleicht liegt in dem eigenen Erlebnis der Angelpunkt der – im Sinne eines unweiblichen Wechselbedürfnisses zu verstehenden – Anomalie ihrer Erotik.

Journalisten Jules Sandeau, mit dem zusammen sie einen Roman verfaßte, der unter dem aus Familienrücksichten gekürzten Namen Jules Sand erschien. Aus dem uneinheitlichen Manuskript hatte der Verleger sofort Aurore Dudevant als die viel stärkere und originellere Begabung erkannt und sich von ihr ein allein verfaßtes erbeten. Sie konnte sofort damit aufwarten, denn sie hatte ihren Aufenthalt in Nohant zum Schreiben eines autobiographischen Romans *Indiana* genützt. Das Buch erschien im Mai 1832 und nannte als Autor: George Sand. Man wollte bei dem nun schon bekannten Pseudonym Sand bleiben und nahm aufs Geratewohl, vermutlich jedoch von ihrem Auftreten beeinflußt – sie trug, um überall ungeniert hingehen zu können, Herrenkleidung und einen hohen Hut, unter dem sich die Haare gut verbergen ließen –, den männlichen Vornamen George. Und dabei blieb es fürderhin, über achtzig Romane und ihr weiteres Leben lang. Aus Jules Sand wurde wieder Sandeau, aus Aurore Baronin Dudevant die bürgerliche George Sand, die erfolgreichste aller französischen Schriftstellerinnen*.

Mit ihren meist aus der eigenen Erlebnissphäre schöpfenden Romanen, die sich nun in einem kaum begreiflichen Tempo folgten und bis zu ihrer Wandlung von der Ichbezogenheit zu mehr allgemein menschlichen Themen eine äußerst geschickte, dem Geschmack und der Tendenz

* Der literarische Erfolg George Sands, wie er sich in hohen Auflageziffern ihrer Werke kundtat, war allerdings zeitbegrenzt und überlebte sie nicht lange. Dagegen behauptet sie nach wie vor einen ehrenvollen Platz in der Geschichte der französischen Literatur, als mit sprachlicher Schönheit begabte und als die fruchtbarste und mutigste Schriftstellerin der französischen Romantik. Ganz allgemein gesehen indes ist heute ihr literarischer Ruhm viel mehr verblaßt denn ihr Ruf als weiblicher Don Juan. Übrigens teilte sie die Manie des häufigen Wechsels ihrer Partner mit vielen ihrer männlichen Zeitgenossen. Auch die ersten Wegbegleiter George Sands standen ihr in dieser Beziehung nicht nach.

der Zeit angepaßte, realistische Linie einhielten, schuf sie sich ein großes Lesepublikum. Auch die Anerkennung und Kameradschaft der männlichen Zierden der Dichterzunft erwarb sie sich schon gleich mit *Valentine und Lelia*, dem am meisten bekanntgewordenen und am meisten umstrittenen ihrer Romane. Balzac, Dumas, Heine, Victor Hugo, Mérimée, Sainte-Beuve, de Vigny zählten fortan zu ihrem engeren Kreis. Das Schreiben war nach einiger Übung bei ihr fast nur eine Frage der Zeiteinteilung. Bis in ihr Alter verfügte sie über eine immense Arbeitsenergie, und an Stoff fehlte es ihr nie bei ihrer unerschöpflichen Phantasie, ihrem Fundus an eigenem Erleben, an Erfahrungen und Beobachtungen, bei ihrem wachen Sinn für die wechselnden Probleme der Zeit und die ewig gleichbleibenden der Menschen. Material in Hülle und Fülle, einer äußerst problematischen Persönlichkeit zu eigen, bei der die Leidenschaft des gestaltenden Experimentierens und der selbstherrlichen Formung sowohl im Leben als Schaffen im Vordergrund stand.

Die erste Etappe ihrer dichterischen Produktion (es sind deren drei – nicht scharf abgegrenzte – zu unterscheiden, wovon die zweite vorwiegend dem Sozialen, die letzte, reifste, mehr dem ländlichen Idyll zugewandt ist) hatte, von wenigen Ausnahmen abgesehen, ihre eigenen Liebesaffären mit zur Grundlage. Nur dies! Denn die Verarbeitung und Entwicklung war eine freie, selbständige. Es geht also entschieden zu weit, zu behaupten, George Sand habe sich auf diese Weise Romanstoffe zu verschaffen gesucht und ihre Modelle jeweils verabschiedet, sobald sie ausgedient hatten. Allerdings bedeutete ihre Schriftstellerei für sie fast das halbe Leben und beeinflußte bald mehr, bald weniger die Weise seiner Gestaltung und seines Ablaufs. Ihre Partner aber kamen allesamt ungerufen, einem

Zauber ihrer Persönlichkeit unterliegend. Es scheint, als ob mit der Zeit die meisten ihrer Gefährten in der Gemeinschaft ihre Männlichkeit verletzt und getroffen gefühlt hätten dadurch, daß die Literatin in George Sand nach und nach die liebende Frau verdrängte, und daß sie diese Entwicklung dann je nach Art und Temperament zu parieren suchten. Das Problem lag wohl in der klaffenden Zwiespältigkeit der Veranlagung George Sands*, doch konnte sie wohl mit einem Anflug von Recht sagen, wie sie dies in dem bereits erwähnten, ihrer Verbindung mit Chopin vorangegangenen Brief an Grzymala getan: «Demjenigen, den ich liebte, bin ich stets treu gewesen in dem Sinne, daß ich niemals jemanden hintergangen und niemals die Treue gebrochen habe ohne sehr triftige Gründe, welche die Liebe durch die Schuld des andern in mir getötet hatten.» Wie sie selbst einmal ihrem Beichtvater bekannte, war ihre Unabhängigkeit ein zweifelhaftes Geschenk, und sie «wäre zu retten gewesen, wenn ihr der Mann begegnet wäre, dem sie sich hätte unterwerfen können». Statt dessen kam es so, daß sich zunächst ihre Mütterlichkeit angerufen fühlte, sowohl als sie dem Zauber Mussets wie auch später, als sie jenem Chopins erlag, um nur die bedeutendsten ihrer Weggenossen zu nennen, die zugleich auch die für sie wichtigsten gewesen.

* Balzac beispielsweise sah in George Sand, die er «mon frère George» titulierte, einen «vornehmen, aufopfernden, treuen Kameraden, aber keine Frau, in die man sich als Mann verliebt». «Sie ist ein Künstler, ist großherzig, hingebungsvoll, rein», schrieb er 1838 nach einem längeren Besuch in Nohant von ihr an seine Freundin, Madame Hanska. «Sie besitzt die besten Eigenschaften eines Mannes und ist moralisch von einer natürlichen Keuschheit und Prüderie. Die vielen törichten Dinge, die sie getan, sollten ihr Ansehen in den Augen edler Seelen nur erhöhen. Sie hat sich ... ausbeuten und foppen lassen, weil sie zu jenen Intellektuellen gehört, die stark im Studium und abstrakten Denken sind, aber zu leicht von der Welt der Wirklichkeit beeindruckt werden ...»

Bei Alfred de Musset verlor sich indes bald das Empfinden, ihn stützen, schützen, pflegen zu müssen, und unter dem Ansturm seiner Verehrung schien ihr die infolge bitterer Erfahrungen begraben geglaubte « Jugend ihres Herzens » zurückzukehren. Er, der äußerlich zarte, romantische Dichter, war nach anfänglicher Abneigung unter ihrem Einfluß von seiner müden, blasierten Ironie, einer Zeitkrankheit jugendlicher Dandys, geheilt worden. Die beiden fanden sich im Sommer 1833 in einer von unheimlicher Intensität durchdrungenen Liebe, die von Mussets Lust am Leiden und seiner grenzenlosen, allerdings auch durch George Sands Verhalten genährten Eifersucht zerquält war. Ihre Geschichte ist von den Beteiligten selbst und ihnen Nahestehenden in so widersprechenden Versionen dargestellt worden, daß es heute unmöglich ist, die Wahrheit zu ergründen*. – Nach einer Italienreise, von der Musset zerrüttet, allein und George Sand etwas später in Begleitung des Arztes, der ihn während einer schweren Erkrankung in Venedig betreut hatte, nach Paris zurückgekehrt, versuchten sie Anfang 1835 nochmals ein Leben der Gemeinschaft. Beide mußten schließlich aber doch einsehen, daß dies ohne gegenseitige Aufreibung für die Dauer unmöglich war. Alfred de Musset, dessen dichterische Kraft für lange Zeit gebrochen, suchte Vergessen in den leichten Genüssen weltstädtischen Lebens. George Sand, deren Tagebuch bewegend die Macht und überragende Bedeutung der unseligen Verbindung und die Verzweiflung über deren unwiederbringlichen Verlust be-

* George Sand in *Lettres d'un voyageur* und *Histoire de ma vie*, dichterisch in *Elle et lui* und *Leone Leoni*; Alfred de Musset in *Confessions d'un enfant du siècle*, ferner realistisch in *Nuits* und sublimiert in seinen *Souvenirs*; Paul de Musset, der Bruder Alfreds, in *Lui et elle*; Louise Colet (völlig verzerrt) in *Lui*.

zeugt, ergriff die Hingabe an ihre Kinder, den zwölfjährigen Maurice und die siebenjährige Solange, wie einen Rettungsanker.

Der Anwalt, der ihren Ehescheidungsprozeß geführt und erkannt hatte, welche Gaben und Kräfte in dieser Frau ruhten, die für die Sache der republikanischen Partei und sozialer Ideen nutzbar gemacht werden konnten, kam mit seinen Anregungen gerade im rechten Moment, um die Leere auszufüllen, welche das Ende ihrer Beziehungen zu Musset hinterließ. In eifrigen Studien erwarb sie sich das Rüstzeug, die Sache des Sozialismus und des humanitären Fortschritts, die schnell eine ihres Herzens geworden war, auch geistig vertreten zu können. Und sie tat dies dann mit einer Energie und durchdachten Selbständigkeit, welche manchen der führenden Politiker übertrumpfte. In ihrem Heim kamen diese oft zusammen, diskutierten und berieten sich. Die Manuskripte vieler Artikel, für die leitende Persönlichkeiten mit ihrem Namen zeichneten, hatten George Sand zur ungenannten Autorin. Auch dies eine Art Ausnützung der Großmütigen, welche Zeitungen ihrer Gesinnungsgenossen finanzierte, Broschüren, Bücher, Bände freiheitlicher Gedichte auf ihre Kosten drukken ließ, die Familien Streikender und Gemaßregelter unterstützte, und dies mit der gleichen Selbstverständlichkeit, mit der sie bisher aus ihren reichlich fließenden Autorenhonoraren während ihrer «freien Verbindungen» die Kosten der gemeinschaftlichen Haushalte, der Reisen und so weiter stets allein bestritten hatte.

Ihre tätige Teilnahme an dem gärenden, von Parteileuten, Reformern, Saint-Simonisten und abtrünnigen Priestern aufgerüttelten, von Attentaten und Prozessen erschreckten öffentlichen Leben brachte für sie als Schriftstellerin nicht nur eine Ausdehnung des Gesichtsfeldes und Bereicherung des Stoffgebietes* mit sich, sondern führte auch zu einer intensiveren geistigen Durchdringung und seelischen Vertiefung.

Bei ihrer Veranlagung konnte es nicht ausbleiben, daß George Sand mit dem einen oder anderen ihrer politischen Freunde zeitweise Beziehungen unterhielt, die aus dem Bereich der Mitarbeiterschaft in das rein Privatpersönliche übergriffen, doch spielten sie nie für längere Zeit eine beherrschende Rolle. Der unmittelbare Vorgänger Chopins in der Reihe ihrer intimen Freunde, Félicien Mallefille, war von ihr als Lehrer ihrer Kinder und Kopist ihrer Manuskripte angestellt worden und als brauchbar, zuverlässig und ergeben geschätzt. Als sie im Frühjahr 1838 den Grafen Grzymala Chopins wegen brieflich um Rat anging, stellte sie Mallefille noch in den Plan ihrer künftigen, je nach dem Ausfall der Antwort des Befragten eventuell Chopin anzupassenden Lebensführung, doch ließ sie zwischen den Zeilen durchblicken, daß sie ihn auch «behutsam und mit Geduld» ausscheiden könne.

Wie wir bereits vor unserem Rückblick auf George Sands Vorfahren, Herkunft und Leben berichteten, hatte

* So zum Beispiel begann sie um jene Zeit ihre religionsphilosophische Studie *Spiridion*, die als Ergebnis ihrer eingehenden Beschäftigung mit den Lehren Lamennais', Leroux' und der Diskussionen zu werten ist, welche sie mit den eben Genannten und Liszt führte, der katholischer Mystik und einem christlichen Sozialismus das Wort redete. Ein Preislied der Liebe in ihrer reinsten und höchsten Form! 1839 veröffentlichte sie eine (laut Sainte-Beuve, dem bedeutenden Kritiker, gesunde, geistvolle und tiefe) Betrachtung und Gegenüberstellung von Goethe und Byron, in die sie auch Lamartine und – eine Reverenz gegenüber Chopin – Mickiewicz einbezog, unter besonderer Würdigung des *Faust* und des *Manfred*. (Es kennzeichnet übrigens die Selbständigkeit ihres Urteils, daß sie die Gestalt des letzteren für größer erachtete, und zwar wegen seines Strebens zu Gott.) Auch fernerliegenden Themen ließ sie ihren Arbeitseifer angedeihen. Beispielsweise widmete sie der Fortbildung ihres Sohnes Maurice eine kunsthistorische Abhandlung über *Les maîtres mosaïstes*.

Chopin sie viel besucht und ihr als einer stillen, mitempfindenden Zuhörerin oft am Klavier von sich, von seinem Lieben und Leiden erzählt. Der Verlust Maria Wodzinskas hatte ihn, wie schon erwähnt, tief getroffen, und es gibt Chopin-Forscher, die dieses schmerzliche Erlebnis verantwortlich machen für die damals einsetzende durchgreifende Verminderung seiner Widerstandskräfte, die dann in Majorka, verstärkt durch die denkbar ungünstigsten Verhältnisse, zum offenen Ausbruch der Tuberkulosesymptome, den Blutstürzen, führte. Er war, als er George Sand kennenlernte, seelisch und körperlich so angegriffen, daß es sich aus seinem tapfer verborgenen, elenden Zustand heraus begreifen läßt, wenn er in einer mütterlich empfindenden Frau, die zudem die Sprache seiner Musik und damit ihn und seinen Kummer zu verstehen schien, *das* Wesen sah, dessen er in dieser Not bedurfte. Denn trotz seinen vielen Verehrerinnen, Schülern und wirklich guten Freunden war er im Grunde ein einsamer Mensch. Aus seiner Hilfsbedürftigkeit ist es auch zu erklären, daß sich anfänglich nur George Sands Mütterlichkeit angerufen fühlte. Der später einsetzenden Wandlung ihrer Empfindungen entzog sie sich nicht, ihrer Natur folgend; dennoch aber erörterte sie die sich darnach für die Zukunft stellenden Fragen noch vom Standpunkt jenes mächtigsten ihrer Instinkte aus. Erörterte sie nämlich nicht mit «le pauvre petit»* selbst,

* Ausdrücke wie dieser, «cher enfant» und ähnliche übernahm George Sand von Grzymala in ihre Korrespondenz. (In dem angezogenen Schreiben heißt es anfänglich gar noch «votre enfant».) Auch dies hat man George Sand angekreidet und als Verächtlichmachung ausgelegt, obwohl ihr dergleichen gewiß ebenso fern lag wie Delacroix, der Jahre später von Chopin auch als «le pauvre petit» sprach. Seine Blässe und Durchsichtigkeit sowie die im Verhältnis zum Schädel zu zierliche Gestalt und das Mitempfinden mit seinen Leiden verführten wohl dazu, ohne daß man deshalb an seiner Genialität zu zweifeln brauchte.

sondern mit seinem vertrauten Freunde Grzymala. Insbesondere wünschte sie über den Stand seiner Herzensangelegenheit aufgeklärt zu werden, von deren endgültigem Ausgang sie offenbar noch nichts wußte. Sie wolle ihn der Freundin seiner Jugend nicht berauben und nicht die Rolle des bösen Engels spielen, schrieb sie in diesem zwanzig Druckseiten umfassenden Brief, der interessante Einblicke in ihre widerspruchsreiche Psyche, ihre mitunter monströsen Ansichten, ihre Überlegungen, Absichten und Hoffnungen gewährt, jedoch nicht von dem Eindruck loskommen läßt, daß hier in erster Linie eine Schriftstellerin die Feder führte. Es gibt in diesem bekenntnishaften Schreiben Abschnitte, die wie eine literarische Konzeption anmuten, wie Einfälle und nicht wie die Auseinandersetzung mit lebendigen Wirklichkeiten. «Was mich betrifft, habe ich nicht den Wunsch, mich nochmals einer Leidenschaft hinzugeben», heißt es darin, «obschon zeitweise in den Tiefen meines Herzens noch immer ein Glutherd drohend schwelt. Meine Kinder geben mir die Kraft, alles zu zerbrechen, was mich von ihnen trennen, mich davon abhalten könnte, das Beste für ihre Erziehung, ihre Gesundheit und ihr Wohlbefinden zu tun.» Im weiteren begehrte sie von Grzymala zu erfahren, ob Chopins «häusliches Glück sich mit wenigen Stunden keuscher Hingabe und süßer Poesie gestalten» ließe, oder aber «ob solches Glück ihm unmöglich sei» und die Heirat oder eine dieser ähnelnde Verbindung das Grab dieser Künstlerseele wäre? «Man muß ihm um jeden Preis helfen. Und ich vermute, daß es in erster Linie seine religiösen Bedenken zu entfernen und zu besiegen gilt ... Ich sehe in diesen Dingen nicht klar. Es gibt Schilderungen über ihn, die ihn mir völlig fremd erscheinen lassen. Ich habe eben doch nur das von der Sonne beleuchtete Antlitz seines Wesens gesehen ... Ich weiß nichts von seinem positiven Leben, noch er von dem meinen, weiß nicht, ob er all seinen religiösen, weltlichen, poetischen und künstlerischen Ideen folgte, und habe nicht damit gerechnet, ihn je darüber zu befragen ... Aber überall, wo wir uns treffen würden, wären unsere Seelen auf dem Gipfel des Glückes und ihrer Vollkommenheit. Denn ich zweifle nicht daran: man ist besser, wenn man einer erhabenen Liebe lebt. Man nähert sich Gott, Quelle und Herd solcher Liebe. Wenn Sie ihm dies vielleicht verständlich machen könnten, daß von ihm nicht seiner Pflichtauffassung widersprechende oder religiöse Opfer verlangt würden, könnten Sie sein Herz vielleicht erleichtern. Es wäre mein größter Kummer, ein Gewissensbiß für seine Seele und ein Schrecken seines Herzens zu sein.» Anschließend erzählt George Sand in diesem Brief ausführlich von sich selbst, unter anderem auch von ihrem Instinkt für das Ideale, der sie wiederholt genötigt habe, Unvollkommenes für das aufzugeben, was ihr der Vollkommenheit näher zu sein schien. «Ich weiß von verschiedenen Arten von Lieben», fährt sie fort, «Künstlerliebe, Frauenliebe, Schwesternliebe, Mutterliebe, religiöse Liebe, Poetenliebe und andere. Es gibt welche, die in mir am gleichen Tag geboren und gestorben sind, ohne daß das Objekt es gemerkt hat. Es gibt solche, die mein Leben gemartert, die mich fast in den Wahnsinn getrieben haben... Was ich in Wirklichkeit bin: begeistert vom Schönen, hungernd nach Wahrem, sehr empfindlich im Herzen, sehr schwach im Urteilen, oft absurd, immer guter Laune, nie rachsüchtig, ziemlich aufbrausend und, Gott sei Dank, vergeßlich für schlechte Dinge und schlechte Leute. Dies ist mein Leben, lieber Freund. Sie sehen, daß es nicht glänzend ist. Es gibt nichts zu bewundern, viel zu bedauern, aber doch seitens guter Herzen nichts zu verurteilen ...»

Der aufschlußreiche Brief, der mit einer Einladung an die beiden Freunde schloß, sofern sie Lust verspüren sollten, nach Nohant zu kommen, verfehlte seine Wirkung nicht. Grzymala erwies sich als geschickter Berater und Interpret. Es wurde von Chopin nicht nur die Einladung angenommen, sondern, wie man aus Aufzeichnungen ersieht, es jubelte auch sein Herz:

«Sie liebt mich! Aurore, welch bezaubernder Name!»

ELFTES KAPITEL

Von 1838 bis Mai 1839

«Diese entzückenden Melodien, diese unbeschreibliche Zartheit des Vortrags, die Phantasie und Herz gleichermaßen erregende Poesie der Kompositionen, diese melancholischen und leidenschaftlichen Inspirationen Frédéric Chopins bewegten und berauschten die fünfhundert Hörer nicht weniger als die acht oder zehn Auserwählten, die ihm sonst zu lauschen pflegen», schrieb Ernest Legouvé in der *Gazette musicale* vom 25. März 1838 über Chopins Auftreten zu Rouen in einem Konzert seines Landsmanns Orlowski. «Chopin, der sein herrliches Genie seit Jahren auf eine Zuhörerschaft von wenigen Personen beschränkt ... den man nie vergessen kann, wenn man ihn einmal gehört ...», hatte der Kritiker einleitend geschwärmt, um dann beschwörend zu schließen: «Laß dein Genie für *alle* leuchten, gib dich endlich als das, was du bist – der erste Pianist Europas!»

Legouvé, welcher Chopin «die harmonische Dreieinigkeit» nannte (wegen der Durchtränkung von Mensch und Musik mit romantischer Schwermut), kannte ihn offenbar noch zu wenig, um zu wissen, daß es seine physische und psychische Anfälligkeit war, die ihn den Aufregungen des öffentlichen Konzertierens möglichst aus dem Weg gehen hieß. Es lag ihm mehr an dem Verständnis eines kleinen Kreises als an der Belobung durch die Presse, die ja doch nicht immer einhellig war. Mitunter wurde ihm auch, wie in dem nachstehend erwähnten Falle, durch irgendeinen urteilsunfähigen oder übelgelaunten Kritikaster ein Dämpfer aufgesetzt. Chopin schreibe und schreibe und suche dabei durch alle vierundzwanzig Tonarten hindurch krampfhaft nach einem Gedanken, hatte der damalige Ignorant in *La France musicale* gemeint. Wenn er nicht erscheine, dann verzichte der Komponist auf den Gedanken und bringe das Stück ohne einen solchen très bien zum Abschluß!

Anfang März 1838 war Chopin auch wieder einmal in Paris aufgetreten, doch nur im Ensemble. Er, sein Schüler Gutmann, Zimmermann und Charles Alkan spielten des letzteren Klavierauszug für acht Hände von Beethovens A-dur-Sinfonie. Stellte er sich bei den vorgenannten Konzerten in den Dienst von Kollegen, so erfolgte seine Mitarbeit an dem Gemeinschaftswerk *Hexameron* zugunsten verarmter, in Paris lebender Italiener. Die übrigen Komponisten dieser Variationen über einen Marsch aus Bellinis *Puritaner* waren Liszt, Thalberg, Pixis, Herz und Czerny; die Anregung hierzu hatte die Fürstin Belgioso gegeben, eine sich gerne mit Wohltätigkeitsanlässen befassende Dame, welche Marie d'Agoult in ihren Briefen spöttelnd «die Komödiantin» betitelte. Allerdings braucht man diese Bezeichnung nicht gerade ernst zu nehmen. Bediente sich die Freundin Liszts doch mit Vorliebe abfälliger Decknamen gegenüber Leuten, die sie zu wenig respektierten oder ihr irgendwie überlegen waren. Ein früherer Flirt zwischen der Fürstin und Liszt sowie dessen fortbestehende Wertschätzung waren in diesem Fall die Ursache einer gewissen Abneigung. Auch George Sand, für welche Marie d'Agoult eine Zeitlang sogar geschwärmt (und die ihr in zwiefacher Hinsicht zum heimlichen Vorbild geworden), verlor bei ihr merklich an Sympathie, seitdem sie bei dem zurückhaltenden Chopin mehr als sie selbst erreichte. Er aber dürfte es bei der Gräfin d'Agoult dadurch verscherzt haben, daß seine harmlose kleine Schwärmerei für sie allzuschnell und ohne kompositorischen Nachhall vorüberging. Jedenfalls hatte Liszt Anlaß, vermittelnd einzugreifen, nahm Chopin ihr gegenüber brieflich in Schutz und riet ihm die Widmung eines Nocturnes an*. Die Benennung Chopins mit «mon ami» in den Briefen ihres Freundes behagte ihr nicht, worauf sich Liszt auf «l'amico» umstellte. Doch im allgemeinen erscheint Chopin im Briefwechsel der beiden als «Commeci-Commeça», oder auch als «Com-Com» und, noch weiter gekürzt, als «C. C.». Aus welchem Grunde, läßt sich nicht mehr auskundschaften, man könnte sich aber vorstellen, daß es ein Ausdruck gewesen, der seine Undurchschaubarkeit oder aber ihre eigene unklare Stellung zu ihm bezeichnen sollte. (In Marie d'Agoults Tagebuchblättern kann man Chopin auch mit dem Beinamen «überzuckerte Auster» begegnen.) Für George Sand war «Piffoel» gebräuchlich, doch hatte sie selbst sich diesen Namen beigelegt und auch benützt. Er ist abgeleitet von dem Scherzwort «Pif» für «lange Nase». Diesen Zielpunkt der Selbstverspottung teilte sie übrigens mit Chopin.

Wie gerne George Sand Freund Chopin bereits im Sommer 1837 als Gast auf ihrem Landsitz begrüßt haben würde, geht aus den Briefen hervor, die sie Marie d'Agoult während deren kurzer Abwesenheit von Nohant nach Paris geschrieben. Erstmals am 5. April bat sie die Gräfin, außer Liszt den polnischen Dichter Mickiewicz mitzu-

* Es kam nicht dazu. Erst als Marie d'Agoult inzwischen die Gefährtin Liszts und Mutter Blandinens geworden war, dedizierte er ihr die Etüden op. 25.

bringen oder einzuladen, dann Grzymala («den ich verehre»), Chopin («den ich anbete») und alle diejenigen, die Marie liebe und um sich haben möchte.

Die meisten kamen, auf Chopin aber wartete George Sand in jenem Sommer noch vergeblich, trotz seinem brieflich geäußerten Vorhaben, einige Tage in Nohant zu verbringen. Noch war er damals zu sehr verhangen in seiner Liebe zu Maria Wodzinska und erhoffte eine Ferienzusammenkunft mit ihr und ihren Angehörigen. Über dem unbehaglichen Zuwarten unterließ er sogar, wie wir bereits wissen, den ärztlicherseits dringend angeratenen Kuraufenthalt in Bad Ems, um dann mit einer unlohnenden Verlegenheitsreise nach England vorlieb zu nehmen.

Die Sommermonate 1838 hingegen, denen George Sands uns schon bekannter, bedeutsamer Brief an Grzymala voranging, verlebte Chopin in Nohant, vermutlich zusammen mit diesem Freund, als einzige Gäste der freizügigen und anregenden Hausherrin. Über Einzelheiten dieser Ferienwochen, die Rückkehr nach Paris und das Zustandekommen des Planes einer gemeinschaftlichen Reise nach Majorka weiß man von Chopin direkt nichts. Vor seinem ersten Schreiben aus Palma vom November an Julian Fontana gibt es vom Jahre 1838 überhaupt keinen Brief von ihm. Da auch Karasowskis angebliches Wissen darüber lediglich auf Vermutungen beruhen kann, bleibt uns nur George Sands rückschauende Schilderung als Unterlage. Darnach war Mallefille schließlich den Vorstellungen Leroux' zugänglich geworden und hatte das Feld geräumt. Mit Chopin hingegen einigte sich George Sand auf «das Poem einer freien Gemeinschaft». Dies war gegen Mitte Oktober. Wenige Wochen zuvor hatte sie ihm von ihrem Plan erzählt, ihres Sohnes wegen eine Reise auf die Balearen unternehmen zu wollen, damit Maurice in dem warmen Klima von seinem Rheumatismus befreit werde. Mit seiner Äußerung, er wünsche sich an die Stelle von Maurice, da er dann sicher bald geheilt sei, habe Chopin ihr, so stellt George Sand es dar, die Chance in die Hand gegeben, durch die Einladung zum Mitkommen seine Gesundung zu versuchen. Der befragte Arzt habe ihr versichert, den Gefährdeten durch den Aufenthalt auf Majorka retten zu können. Hoffnungsvoll seien auch die Freunde Chopins gewesen, die ihn schon immer zu einer Reise nach dem Süden gedrängt hätten, ausgenommen Grzymala, der tiefer gesehen als sie alle. Sie sei mit der Bitte in Chopin gedrungen, seine moralischen Kräfte zu prüfen, denn der Gedanke, Paris, seinen Arzt, seine Bekannten, sogar seine Zimmer und sein Klavier zu verlassen, habe ihn von jeher mit Schrecken erfüllt. «Er war ein Sklave seiner Gewohnheiten», weiß George Sand weiter zu berichten, «jeder auch noch so kleine Wechsel derselben war für ihn ein erregendes Ereignis . . .» Nun, der empfindsame Erholungsbedürftige entschloß sich für das Mitkommen!

Am 18. Oktober 1838 trat George Sand mit ihren Kindern und einer zuverlässigen Zofe die Reise an, während Chopin, der ja stets sorgfältig allen Anlaß zu Klatschereien vermied, sich der Unauffälligkeit halber erst einige Tage später der Postkutsche anvertraute. In Perpignan, das er nach einer halben Woche erreichte, traf er mit seiner «honetten Kompagnie» zusammen. Gemeinsam wurde die Reise fortgesetzt. Eine reizvolle Mittelmeerfahrt von Marseille nach Barcelona, dort einige Tage Rast, und dann schiffte man sich nach Palma, der Hauptstadt Majorkas, ein. George Sand gibt in ihrer Schilderung *Un hiver à Majorque* ein anschauliches und schöngefaßtes Bild von der nächtlichen Überfahrt und den malerischen Eindrücken, die sie von der noch sommerlich temperierten Insel empfingen. «Der Charakter der Landschaft, deren Vegetation reicher ist als die afrikanische im allgemeinen, zeigt sich groß, ruhig und einfach», heißt es darin. «Es ist die grüne Schweiz unter dem Himmel Kalabriens, verbunden mit der Feierlichkeit und Ruhe des Orients.» Doch enttäuschend war die Unterkunft. Ein richtiges Hotel gab es nicht, und das ärmliche Gasthaus, das einzige auffindbare, genügte kaum den bescheidensten Ansprüchen. Es kostete die Fremdlinge, namentlich den empfindlichen und leidenden Chopin, viel Überwindung, in den beiden dürftigen, von Ungeziefer belebten Kammern und bei ungesund fettem und stark gewürztem Essen wenigstens so lange auszuhalten, bis George Sand einen geeigneteren Aufenthalt ausfindig gemacht hatte. Nach einer Woche gelang es ihr, eine kleine Villa zu mieten, die den Namen *Son-Vent*, das heißt *Haus der Winde*, führte. Dies ließ allerlei erwarten, und tatsächlich war auch hier ihres Bleibens nicht lange.

Aus Chopins erstem Brief an seinen Freund Julian Fontana war noch nichts über die Schattenseiten des sonnigen Eilandes zu vernehmen. Persönliche Sorgen bedrängten ihn viel mehr! Gesundheitlich ging es ihm gar nicht gut. Außerdem drückten ihn die Schulden, die er bei dem Bankier Leo durch Aufnahme eines Darlehens gemacht hatte und die er aus dem Erlös von Manuskripten zurückzuzahlen gedachte. Manuskripte, an deren Fertigstellung er sich durch das Ausbleiben des ihm von Pleyel zugesagten Klaviers nun gehindert sah.

Seine Unruhe wird aus der inhaltlichen Zerstückelung des eben erwähnten Briefes ersichtlich. Doch beginnt er mit einer bei ihm seltenen Schilderung: «Ich bin in Palma, unter Palmen, Zedern, Kakteen, Oliven, Orangen, Zitronen, Aloen, Feigen, Granatapfelbäumen und so weiter.

Was sonst nur der Jardin des plantes dank seinen Öfen besitzt. Der Himmel wie ein Türkis, das Meer wie Lasur, die Berge wie Smaragde, die Luft wie im Himmel. Alle Tage Sonne. Alle gehen in Sommerkleidern daher, und es ist heiß; nachts ganze Stunden lang Gitarren und Gesang. Ungeheure Balkons überdacht mit Weinreben; maurisches Gemäuer. Alles, auch die Stadt, sieht nach Afrika aus. Mit einem Wort: ein wunderbares Leben! . . . Ach, jetzt lebe ich etwas mehr. Ich bin dem nahe, was das Allerschönste ist . . .»

Die Mauern des Hauses der Winde waren so dünn, daß der Kalkbewurf mit Beginn der Regenzeit wie ein Schwamm aufging. Obwohl es an und für sich im Freien nicht sehr kalt war, froren die Insassen doch erbärmlich, denn es gab weder Öfen noch Kamine, sondern nur offene Becken, in denen Brennmaterial in Glut gebracht werden mußte. Wenn damit auch die Feuchtigkeit etwas gebannt werden konnte, die Chopins empfindlichen Organen sehr zusetzte, so wirkte der stickige Rauch, der dem Beckenfeuer entstieg, auch nicht günstig, und er bekam Atembeschwerden und Hustenanfälle. Schnell war die Kunde davon zu dem Hausbesitzer gedrungen, und da man damals dort die Tuberkulose fürchtete wie die Pest, so blieb die Kündigung nicht aus. Er forderte sie auf, das «Palais» schnellstens zu räumen, weil die «ansteckende Kraft der Krankheit sein Haus und voraussichtlich das Leben seiner Familie bedrohe».

Mit glücklichem Spürsinn fand George Sand dann ein besseres Asyl, und zwar in einigen Räumen des drei Wegstunden von Palma entfernten Kartäuserklosters Valdemosa. Ein spanisches Flüchtlingspaar, das dort in einigen gemieteten Zellen lebte, die es mit dem notwendigen Mobiliar ausgerüstet und wohnlich gemacht hatte, mußte aus irgendeinem Grund weiterziehen und überließ nun George Sand und den Ihren die Einrichtung um den Preis von tausend Franken. Etwa Mitte Dezember konnte der infolge Chopins Befinden etwas beschwerliche Umzug vonstatten gehen. Wie es zuvor um ihn gestanden, läßt sich seinen am 3. Dezember an Fontana gerichteten Zeilen entnehmen: « Während der letzten zwei Wochen war ich krank wie ein Hund: erkältet habe ich mich trotz achtzehn Grad Wärme, trotz Rosen, Orangen, Palmen und Feigen. Drei Ärzte, die berühmtesten der ganzen Insel, waren da: der eine beroch das, was ich ausspuckte, der zweite klopfte da, woher ich spuckte, der dritte tastete und horchte, als ich spuckte. Der eine sagte, ich sei gestorben, der zweite, daß ich gerade sterbe, der dritte, daß ich sterben werde. Und dabei fühle ich mich wie immer, nur kann ich es Jas (Matuszynski) nicht verzeihen, daß er mir für den Fall einer *Bronchite aiguë*, die er doch bei mir voraussehen mußte, keine Verhaltungsmaßregeln gegeben hat. Kaum habe ich sie davon abhalten können, daß sie mich zur Ader ließen und Vesikatorien ansetzten, doch dank der Vorsehung fühle ich mich heute wie gewöhnlich. Dies hat nun aber Einfluß auf die Präludien, die Du nun Gott weiß wann erhalten wirst. In einigen Tagen werde ich in einem alten, riesigen, verlassenen Kartäuserkloster wohnen; Mendizabel* hat die Mönche wohl eigens meinetwegen vertrieben. Es gibt nichts Wundervolleres: Kreuzgänge, die poetischsten Friedhöfe. Kurz, ich fühle, daß mir dort wohl sein wird. Nur das Klavier habe ich noch nicht. Ich schrieb deshalb direkt an Pleyel. Sage, daß ich tags darauf sehr krank geworden, nun aber wieder gesund sei. Im

* Mendizabel: ein spanischer Minister, der gegen die Valdemoser Mönche streng eingeschritten war, da sie die Bevölkerung angeblich unheilvoll beeinflußten.

übrigen sprich nicht viel über mich, noch über die Manuskripte . . . Erzähle den Leuten nicht, daß ich krank war, sonst gibt es Klatsch . . .»

Grzymala mußte sich mit wenigen Zeilen begnügen: «Ich bin hustend und hüstelnd und Dich liebend. Oft gedenken wir Deiner. Noch habe ich keinen Brief von Dir. Ein Teufelsland ist das, was Post, Menschen und Bequemlichkeit anlangt. Der Himmel ist schön wie Deine Seele, die Erde schwarz wie mein Herz. Ich liebe Dich immer. Ch.»

Vier Wochen waren die Erholungssuchenden bereits in Palma, und noch hatte sie keinerlei Nachricht aus der Heimat erreicht. Nur von einer Marseiller Speditionsfirma war die Meldung gekommen, daß das Klavier auf ein Kauffahrteischiff verladen worden sei. Nun konnte es ja direkt in das Kloster gebracht werden, wo Chopin darauf wartete, «um in der Zelle eines alten Mönchs zu schreiben, der vielleicht mehr Feuer in seiner Seele» geborgen habe als er, «und es dämpfte und löschte, weil es vergeblich brannte».

George Sand sah um diese Zeit die Reise auf die Balearen bereits als «entsetzliches Fiasko» an, wie sie ihrer Freundin, Gräfin Marliani, brieflich gestand. Ihr schilderte sie die Mühen, die es kostete, um die notwendigsten Dinge aufzutreiben und ihre Kinder (zu denen sie auch Chopin rechnete) so wenig wie möglich leiden zu lassen. Der Diener, den sie angestellt, sei bigott und faul, ihre mitgebrachte Pariser Zofe zwar willig und arbeitsam, jedoch nicht kräftig, so daß sie selbst viel mithelfen und mitkochen müsse. Alles sei teuer und die Kost schwer zu beschaffen, wenn der Magen weder ranziges Öl noch Schweineschmalz vertrage. Chopin sei jedesmal krank, wenn sie ihm seine Speisen nicht selbst zubereite.

Ein Gegenstück zu diesem Lamento bildet die romantisch-melancholische Darstellung, die Chopin für Fontana von seiner Valdemoser Klause entwarf: «Zwischen Fels und Meer ein mächtiges, verlassenes Kloster, wo Du in einer der Zellen, hinter einer Türe, wie es keine in Paris je gegeben hat, mich Dir vorstellen kannst, unfrisiert, ohne weiße Handschuhe, bleich wie stets. Die Zelle hat die Form eines hohen Sarges, die riesige Wölbung ist verstaubt, das Fenster klein, vor ihm Orangen, Palmen, Zypressen; ihm gegenüber mein Lager auf Gurten, unter einer maurischen Filigranrosette. Neben dem Bett ein viereckiger, klappriger Tisch, den ich kaum zum Schreiben benutzen kann, darauf ein bleierner Leuchter (hier ein großer Luxus!) mit einer kleinen Kerze. Dann Bach, mein Gekritzel und fremde Schriften . . . Stille . . . Man kann arbeiten . . . Man könnte aber auch laut schreien und niemand würde es hören. Ein seltsamer Ort, von dem aus ich Dir schreibe . . .» «Eine erhabene Natur ist etwas Schönes», fährt er in einem späteren Abschnitt fort, «doch sollte man weder etwas mit den Menschen noch mit Wegen oder der Post zu tun haben. So oft ich aus Palma hierher gekommen bin: immer mit dem gleichen Fuhrmann, doch stets auf einer anderen Route! Sturzbäche bahnen die Wege und Regenströme zerstören sie wieder. Heute kann man nicht passieren, weil gepflügt ist, und morgen vermögen überhaupt nur Maulesel durchzukommen!» Im weiteren zeigt sich der Briefschreiber erbost über Bankiers, Verleger, die Zollbehörde, die zuviel verlange für das Klavier, und über die «diebischen» Bewohner, die für einen Hosenknopf einen phantastischen Preis forderten. Sich selbst besänftigend, bekennt er dann dem Freunde, daß dies alles aber nur ein Sandkorn sei «in Anbetracht dieses Himmels, dieser Poesie, die allem hier entströmt, dieser Farbenpracht der wunderbarsten Orte, über denen täglich, noch von niemandem beunruhigt, die Adler schweben . . .»

Um sich eine rechte Vorstellung von den Umständen und Verhältnissen machen zu können, unter denen die kleine Schar die Monate der Abgeschiedenheit verbrachte, und einen Blick in ihr dortiges Leben zu werfen, müssen wir uns vornehmlich der Korrespondenz George Sands bedienen. Denn so zahlreich Chopins Briefe aus Valdemosa auch sind, so war der eben erwähnte doch der letzte, der etwas dieser Art aussagte, bis zu jenem vom 27. März 1839, in welchem erstmals der Hoffnung wieder Raum gegeben ward. Die dazwischenliegenden sind angefüllt mit Vorschlägen und Widerrufen über die Verlegung und den Druck seiner Kompositionen, Zahlungs-, Miet- und Einrichtungsangelegenheiten. Unverhüllt tritt sein – unberechtigtes – Mißtrauen gegenüber den Editeuren in Erscheinung, die er mit gröbsten Scheltnamen titulierte. Fontana, der Mittelsmann, hatte auch selbst unter des Freundes Gereiztheit zu leiden, nicht minder Jan Matuszynski, der Spott einstecken mußte für seine gutgemeinten Ratschläge.

Es ist klar, daß derartiges Verhalten in erster Linie den körperlichen Leiden Chopins zuzuschreiben ist, die sich auch stark auf sein Gemüt auswirkten. Ein Körnchen Wahrheit ist an dem, was George Sand einmal feststellte, daß nämlich Geschehnisse, welche andere Menschen kaum tiefer zu beeindrucken oder zu ärgern vermochten, für ihn bereits «ein kleines Sterben» bedeuten konnten. «Seine Seele lag bloß», schrieb sie dazumal. «Das Einrollen eines Rosenblatts, der Schatten einer Fliege konnten sie bluten machen.» Sie hatte es nicht leicht mit ihrem Patienten, obwohl er nie Klagen hören ließ über seine Leiden und sie mit stoischer Ergebung und Geduld trug. Seine Psyche dagegen war von einer mimosenhaften Empfindlichkeit und die Pflege infolgedessen überaus anstrengend* für seine eben doch auch anderweitig stark gebundene Gefährtin. Das Haushalten war mühsam und langwierig, auch die Kinder belegten viel von ihrer Zeit, und schließlich sah sie sich auch aus finanziellen Gründen genötigt, in ihrer schriftstellerischen Arbeit nicht zu erlahmen, wozu ihr nur die Nächte blieben. Ihre Tochter Solange war verständiger und lernbegierig geworden, Maurice hatte seine Beschwerden verloren, war aber doch von so zarter Konstitution, daß man ihm ständig Aufmerksamkeit schenken mußte. Mit ihm vertiefte sich die Mutter in die griechische Geschichte und widmete ihm manche Stunde, um seiner beginnenden Eifersucht gegen Chopin, den sie während dieser Zeit wie einen Sohn behandelte, den Boden zu entziehen. In der geheimen Abneigung des nunmehr Fünfzehnjährigen gegenüber dem mit seiner Mutter eng verbundenen Chopin liegt die Wurzel der Spannungen, die acht Jahre später den Ausschlag gaben, als sich George Sand entschloß, ihre Beziehungen zu dem schwerkranken Freund abzubrechen. Schon von dem siebenjährigen Maurice hatte sie erklärt, er sei ihr Liebstes auf der Welt und nichts könne ihn ersetzen, wenn er ihr verloren ginge, und dies behielt Geltung für immer. In den ersten Jahren verstand sie es sehr gut, zwischen ihm und «Chopinet» (oder auch «Chop-Chop») auszugleichen. Und in Majorka kam von dem zarten Gekräusel der Gegenströmungen, die von Maurice ausgingen, noch nichts an die Oberfläche.

Als die kurze winterliche Regenzeit zu Ende war, brauchte sich Chopin nicht mehr, was er zeitweise getan,

* Auch sein Schüler Gutmann, der in späteren Krankheitstagen Chopin wiederholt beistand, bekundete, daß dieser als Patient äußerst reizbar und schwer zu behandeln gewesen sei.

Maurice wegen verlassen zu fühlen. Denn mit der Sonne war auch das langersehnte Klavier aufgetaucht, und alles wurde besser. «Im Mittelpunkt des Ganzen die Lerchentriller Chopins, der nun gut vorwärts kommt und den zu hören die Mauern seiner Zelle überrascht sein werden», schrieb George Sand am 22. Februar 1839 an Gräfin Marliani. In der Tat komponierte er sehr viel, und zwar dürfte er sich mit den Préludes, der f-moll-Ballade, dem Scherzo in cis-moll und einer Mazurka beschäftigt haben. Wie er selbst geschrieben: die Örtlichkeit war wirklich hervorragend geeignet zum Schaffen. Doch ihre phantastische Romantik barg auch Gefahren für seine morbide Veranlagung zu psychischen Überspannungen.

Das verlassene Kloster war ein Komplex von drei aus verschiedenen Jahrhunderten stammenden Gebäuden mit je zwölf Mönchszellen und dazugehörigen Kapellchen, nebst den üblichen, für die Besorgung und Bewirtschaftung notwendigen Räumen. Es war Staatseigentum geworden und nahm während der heißen Jahreszeit Gäste auf. Die Verwaltung lag in den Händen eines Kastellans. Dieser, ferner ein Kräuterapotheker und eine Haushälterin, bildeten die einzigen ständigen Bewohner Valdemosas. Abgesehen von dem neueren Klostertrakt, in dem die kleine Gemeinschaft in drei Zellen Aufnahme gefunden, waren die Baulichkeiten in verfallenem Zustand, den jeder Sturm, und es gab deren viele, verschlimmerte, zugleich aber auch malerischer gestaltete. «Niemals habe ich den Wind solche Klagelaute, ein so verzweifeltes Geheul ausstoßen hören», erzählt George Sand in *Un hiver à Majorque*, «wie in diesen leeren und widerhallenden Gängen. Das Rauschen der Bergströme, das Vorbeijagen der Wolken, der großartig eintönige Wellenschlag des Meeres, vermischt mit dem Pfeifen des Sturmes; der Angstschrei der

Seevögel, welche erschrocken und verwirrt sich von den Windstößen vorübertreiben ließen; dann der dichte Nebel, der sich plötzlich wie ein Leichentuch herabsenkte und, durch die verfallenen Bogengänge des Klosters eindringend, uns unsichtbar machte, wobei die kleine Lampe, mit der wir unseren Weg suchten, wie ein Irrlicht in den Gewölben hin- und herzuflattern schien; diese und tausend andere Einzelheiten unseres Einsiedlerlebens, welche sich in meiner Erinnerung drängen, machten unseren Aufenthalt zu dem romantischsten der Welt. Es freute mich, einmal voll und ganz, einmal in Wirklichkeit zu erfahren, was ich bis dahin nur im Traume gesehen oder in irgendeiner Ballade gelesen.»

Manchmal aber war gar sie, die Starke und Gesunde, nahe daran, den Mut zu verlieren. Dann nämlich, wenn über dem Gebraus der Stürme das Gefühl der Einsamkeit Macht bekam, wenn die Adler und Geier die kleinen Vögel bis vor ihre Fenster verfolgten und das tobende Meer die Schiffe im fernen Hafen festhielt. Dann schnitt ihr die stummberedte Traurigkeit des leidenden Freundes ins Herz, und sie fühlte sich mit ihm und den Kindern als Gefangene der Insel, weitab jeder tatkräftigen Sympathie und Hilfe.

Traf es sich, daß Chopin allein war, wenn die Natur sich in Aufruhr befand und ihre erschreckten Geschöpfe Schutz suchten in dem geborstenen Klostergemäuer, so sah er sich den grausigsten Vorstellungen wehrlos preisgegeben. Den namenlosen Gräbern vor seinen Fenstern schienen dann verblichene Mönche zu entsteigen, und Gespenster durchjagten seine Phantasie. Mit wildem Spiel versuchte er die Schrecknisse zu bannen, und kam man in solchen Momenten in seine Zelle, fand man ihn «bleich, mit starren Augen und gesträubtem Haar», wie entrückt, vor dem Klavier sitzend. Eine Szene solcher Art, der das sogenannte «Regentropfen-Prélude» entstammen soll, möge uns George Sand selbst schildern: «Maurice und ich hatten Chopin in leidlichem Wohlbefinden verlassen, um in Palma einige notwendige Dinge einzukaufen. Inzwischen war ein heftiger Regen gefallen, die Flüsse waren aus ihren Ufern getreten. Wir hatten in sechs Stunden drei Lieues zurückgelegt, da wir in die Überschwemmung gerieten, und kamen spät in der Nacht an, ohne Schuhe und nach Überwindung ernster Gefahren. Bei dem Gedanken an die Unruhe unseres Patienten beeilten wir uns. In der Tat war diese groß gewesen, doch hatte sie sich gewissermaßen kondensiert in eine Art ruhiger Verzweiflung, und weinend spielte er sein bewunderungswürdiges Präludium. Bei unserem Anblick erhob er sich mit einem lauten Schrei, dann sagte er mit verstörter Miene und in sonderbarem Ton: «Ach, ich wußte es wohl, daß ihr tot seid!» Nachdem er wieder zu Sinnen gekommen war und unseren Zustand gesehen, wurde er von dem Rückblick auf die von uns überstandenen Gefahren krank; später aber gestand er mir, daß er alles dieses schon im Traume gesehen habe, während er auf uns gewartet, und daß er, unfähig, diesen Traum von der Wirklichkeit zu unterscheiden, sich durch Klavierspielen beruhigt und gleichsam eingeschläfert habe, sich überzeugt haltend, daß er selbst auch gestorben sei. Er glaubte sich in einem See ertrunken, schwere und eisige Wassertropfen seien taktmäßig auf seine Brust gefallen. Als ich ihn aber auf das Geräusch des Regens aufmerksam machte, leugnete er, es gehört zu haben. Er wurde sogar verdrießlich, als ich von nachahmender Musik sprach, denn er protestierte mit Recht gegen die Kinderei derartiger musikalischer Nachahmungen. Sein Genie war erfüllt von geheimnisvollen Naturharmonien, die er durch ebenso erhabene Tongedanken, nicht aber durch sklavische

Wiederholung von Naturlauten zur Erscheinung brachte. Seine Komposition dieses Abends war wohl voll der Regentropfen, die auf den Ziegeln des Klosters widerhallten, in seiner Einbildungskraft und in seiner Musik aber hatten sich diese Tropfen in Tränen verwandelt, welche vom Himmel herab auf sein Herz fielen.»

Unter Umständen wie den vorerwähnten war von dem weiteren Verbleiben in Valdemosa für Chopin keine wesentliche Besserung mehr zu erhoffen. Auf die Dauer behagte ihm auch das spanisch-arabische Milieu des Klosters nicht, und er sehnte sich nach Frankreich zurück. So beschloß man denn, Majorka zu verlassen und zunächst Aufenthalt in Marseille zu nehmen. Doch mehr als zwei Wochen mußten die Feriengäste auf eine Gelegenheit zur Überfahrt nach Barcelona warten. Der Schiffsverkehr zwischen den Balearen und dem Festlande richtete sich nämlich nach dem Schweinehandel, dem Haupterwerb der Insulaner. Da die See hochging, wurde der Tiertransport nicht riskiert, und so mußten eben auch die Reisenden warten, bis das Wetter verladegünstig war. Schon die kurze Fahrt vom Kloster bis nach Palma bekam Chopin schlecht und rief eine Blutung hervor. Auf dem Schiff hatte der Leidende Qualen auszustehen wegen des Gestanks und Gegrunzes der Schweine, die den größten Teil des verfügbaren Raumes besetzt hielten. Kaum waren sie in Barcelona angekommen, erschreckte ein neuer Blutsturz Chopin und seine Gefährten. Die tiefbesorgte George Sand wandte sich an den französischen Konsul um Hilfe, die ihnen auf dessen Vermittlung hin dann in bereitwilligster Weise durch die französische Marinestation zuteil wurde. Man führte die Reisenden an Bord einer Kriegsbrigg, deren Arzt die Blutung zum Stillstand brachte. Acht Tage Ruhe und Pflege in einem Barceloneser Hotel waren sichtlich von Erfolg begleitet. Dann bestiegen die Heimkehrenden dasselbe Schiff, das sie drei Monate zuvor nach Spanien gebracht hatte.

Etwa Mitte Februar kamen sie in Marseille an, und mit dem ersten Schritt auf französischen Boden tat Chopin zugleich einen solchen seiner Genesung entgegen, soweit man bei einem heimtückischen und chronischen Leiden überhaupt davon reden kann. George Sand drängte darauf, daß er einen bekannten Arzt, Doktor Cauvière, konsultierte. Gleich fühlte sich der Patient geborgen unter dessen Betreuung und väterlicher Fürsorge, die sich als wohltätig erwiesen. Er beurteilte den Fall zuversichtlich und glaubte, für die Wiederherstellung eintreten zu können, wenn der Leidende sich während des Frühlings weiter seiner ärztlichen Aufsicht anvertraue. Die Familie nahm Wohnung im Hotel de Beauvau, George Sands Post jedoch kam mit Rücksicht auf Chopin, um Klatschereien aus dem Weg zu gehen, an die Adresse des Arztes. Sie war wie erlöst nach all den Aufregungen und Sorgen der letzten Monate, von denen sie so viel für den geliebten Freund erhofft hatte. «Noch ein paar Wochen länger in Spanien, und Chopin wie ich hätten den Geist aufgegeben», schrieb sie an Gräfin Marliani, «er vor Schwermut und ich aus Empörung und Ärger. Die Spanier haben mich an der empfindlichsten Stelle getroffen, haben ein leidendes Geschöpf vor meinen Augen gemartert ... Chopin spuckt nun kein Blut mehr, ruht sich aus, hustet wenig und – das Beste von allem – er ist in Frankreich. Er kann in einem Bett schlafen, das nicht gleich verbrannt werden wird, weil er darinnen gelegen hat*.»

* Auch im Barceloneser Hotel war dies geschehen, und sie mußte in letzter Minute vor der Abreise im Beisein des Kranken das Bett samt Inhalt und Wäsche bezahlen.

Die Übergabe des Kranken an den Arzt bedeutete für George Sand eine große Erleichterung. Wohl hatten ihr die von Deschartres erworbenen Einblicke in medizinische Kenntnisse und ärztliches Wirken bei der Pflege ihres Patienten in Valdemosa einen gewissen Grad von Sicherheit verliehen, doch war er nur gering und die Last der Verantwortung gar drückend. Indes: mochte es Chopin vielleicht auch nicht unmittelbar gezeigt oder durch seine Reizbarkeit verdeckt haben, er wußte dankbar anzuerkennen, was sie an ihm getan. Man kann dies aus einem Brief an Grzymala schließen, den er ihm auf die Nachricht von dessen Erkrankung am 12. April 1839 schrieb: «Warum kann ich nicht auch gleichzeitig bei Dir sein! Wie wollte ich Dich pflegen! Man hat mich gelehrt, was pflegen heißt. Nie war ich Dir zu etwas nütze, doch jetzt verstünde ich es vielleicht ... Mein Engel beendet einen neuen Roman ‚Gabriel'. Weißt Du, Du würdest sie noch mehr lieben, wenn Du sie so kenntest, wie ich sie heute kenne ...»

Der vorerwähtne Roman *Gabriel – Gabrielle* ist für uns insofern interessant, als er in diesen ersten Monaten von George Sands freier Verbindung mit Chopin entstanden und symptomatisch zu werten ist. In der Hauptfigur zeichnet sich die Autorin wieder einmal selbst, und was sie bislang nie erkennbar getan, geschah hier: sie ließ Zweifel durchblicken an der Richtigkeit ihres männlichen Auftretens, Wollens und Handelns, ihrer Bemühung um Gleichstellung mit dem andern Geschlecht und ihrer Mißachtung der Vorzüge des eigenen. Dies bedeutete eine Wendung von der Tendenz ihrer bisherigen Frauengestalten zum Natürlich-Weiblichen hin. Man erinnere sich Corambés und der Tatsache, daß für Aurore Dupin die anziehendste Eigenschaft dieses ihrer Mädchenzeit entstammenden Phantasiegeschöpfes seine Kunst der musikalischen Inspiration gewesen. Musik: in ihrer Kindheit die Grundlage stärkster Eindrücke, während ihrer Entwicklungsjahre das geliebteste, Corambé zugedichtete Vorstellungsgebilde, in der Zwiespältigkeit und dem Irren problematischer Jahre verstummt und verloren. Musik trat nun (so wenigstens glauben wir, daß es gewesen sein könnte) mit Chopin erneut und sinnfällig in ihren Kreis. Er, der ihr mit seinen Dichtungen am Klavier tiefstes Erleben vermittelte, hatte ihr diese göttliche Kunst wiedergebracht. (Musik war und blieb in der Folge ja auch das einzige Gebiet, auf dem sich die Seelen dieser so grundverschiedenen Naturen wirklich fanden und durchdrangen. Er, der geniale Improvisator, der Poet und Erzähler in Tönen, sie die ideale Zuhörerin.) Man kann die «bestürzende Wirkung» seines Einbruchs in ihr Leben, von der sie Grzymala in jenem langen Brief geschrieben, so verstehen. Eine Wirkung, die nach unserer durch dieses Schreiben gestützten Auffassung auch eine innere Umformung nach Art ihrer *Gabrielle* mit sich brachte. Sie begann an jenem Tage, da sich George Sand im Anblick Chopins ihres Frauentums freudig bewußt ward, und wurde vollzogen im ersten gemeinsam verbrachten Sommer 1838. Das Familienleben, das sie nachher acht Jahre führten, nahm seinen Anfang in Majorka, freilich unter Umständen, die fern der Vorstellung waren, welche man sich im allgemeinen von «Honigmonden» macht. Hatte es sich während dieser Zeit doch wirklich darum gehandelt, in der Pflege des kranken jungen Freundes mütterliches Samaritertum zu betätigen. Chopin dürfte aus der Gewißheit heraus, von seinem «Engel» mit hingebender und treuer Liebe umsorgt worden zu sein und dessen weiterhin zu bedürfen, den Wunsch einer bleibenden Verbindung und den Mut geschöpft haben, sich auch den Freunden gegenüber zu ihr zu bekennen. In seinem Brief aus Marseille vom 27. März nannte er gegenüber Grzymala George Sand erstmals «ma dame» und sprach, sie einbeziehend, von «uns» und «wir».

Sie hatten gehofft, mit Hilfe des Arztes auf dem Lande unweit Marseille eine passende Unterkunft zu finden, doch die Bemühungen waren vergebens. So schickten sie sich darein und verblieben im Hotel, von frischer Arbeitslust und -kraft beseelt. Und die Resultate blieben nicht aus. Beide beendeten angefangene Werke und begannen neue, und beide konnten ansehnliche Honorare beziehen, die sie zur Deckung des kostspieligen Aufenthaltes dringend benötigten.

Noch ein bemerkenswertes Ereignis aus dieser Zeit: Am 24. April erwies Chopin, dessen Anwesenheit in Marseille rasch bekannt geworden war, dem ihnen befreundeten Sänger Adolphe Nourrit * die letzte Ehre, indem er bei der dortigen Totenmesse für den großen Künstler während der Wandlung Schuberts Gesang *Die Sterne* in ergreifender Verinnerlichung auf der Orgel ertönen ließ und darüber improvisierte.

Im Mai fühlte sich Chopin gekräftigt genug, sich seiner

* Nourrit war lange Jahre der gefeiertste Tenor der Pariser großen Oper gewesen, ein genialer Sänger und Darsteller, für den die Hauptrollen vieler Novitäten von Rossini, Bellini und anderen geschrieben worden waren. Als er sich 1837 mit einem neuengagierten Italiener in sein Rollenfach teilen sollte, nahm er seine Entlassung und übersiedelte nach Neapel. Dort experimentierte er in plötzlich auftretender Bezweiflung seines gesanglichen Könnens an seiner herrlichen, von Garcia glänzend geschulten Stimme herum, jedoch mit betrüblichem Mißerfolg. Unter diesem Eindruck und dem Einfluß krankhaften Heimwehs, das auch die Anwesenheit seiner Familie nicht zu lindern vermochte, suchte und fand er den Freitod. Nun war seine Leiche mit dem Schiff nach Marseille übergeführt worden, um von dort nach Paris geleitet und in heimatlicher Erde bestattet zu werden.

Freundin und deren Kindern zu einem mehrtägigen Ausflug nach Genua anzuschließen, das erste und einzige Mal, daß er seinen Fuß auf italienischen Boden setzte, neun Jahre nach seinem unausgeführt gebliebenen Plan, von Wien aus, seiner Gesundheit und musikalischen Entwicklung wegen, für längere Zeit nach Italien zu gehen. Die Heimfahrt war stürmisch und setzte der Reisegesellschaft heftig zu. Vierzig Stunden lang, das Doppelte der normalen Dauer, war ihr Schiff unterwegs. Dann nahm sie das Haus Doktor Cauvières noch einige Tage gastfreundlich auf.

Am 22. Mai 1839, ein halbes Jahr nach ihrem Weggang von Paris, verließen sie Marseille in der Richtung auf das Berry. Mehr denn je freute sich George Sand auf ihre eigene, geordnete Häuslichkeit im ländlichen Nohant. Das Hotelleben hatte sie satt bekommen und strebte darnach, wieder einmal seßhaft zu werden. «Ich reise nicht mehr gern, ich bin kein Junggeselle mehr», hatte sie Pierre Leroux geschrieben. Und an die Gräfin Marliani: «. . . Mein Wagen ist zu Wasser von Châlon nach Arles beordert. Wir werden ganz ruhig mit Postpferden reisen und wie gute Bürgersleute in Gasthäusern übernachten . . .»

ZWÖLFTES KAPITEL

Sommer 1839 bis 1843

Ein stilles Heldentum offenbart sich bei der Betrachtung der Krankheitsgeschichte Chopins. Im geheimen mußte er einen steten Kampf führen um die Erhaltung seines Lebens, stand er in fortwährendem Ringen mit schwerem Leiden. Ein Ringen, das nach den Krisen immer wieder gekrönt wurde mit dem Sieg des Lebenswillens und der Kraft der Seele.

Wenn er selbst und seine Angehörigen es auch nicht wahr haben wollten und von Bronchitis sprachen: nach ärztlichen Forschungen läßt sich aus den angewandten Mitteln und den brieflichen Bemerkungen über die Symptome erkennen, daß er bereits im frühen Jünglingsalter als Brustkranker, wie man damals die an Tuberkulose Leidenden bezeichnete, behandelt wurde. Mehr als dreißig Ärzte haben ihn im Laufe seines kurzen Lebens betreut, darunter Kapazitäten dieses Spezialgebietes, und an der Therapie, die Chopin während mindestens dreiundzwanzig Jahren zuteil wurde, läßt sich geradezu die Geschichte der Tuberkulosebekämpfung während der ersten Hälfte des neunzehnten Jahrhunderts verfolgen. Heute schütteln wir den Kopf darüber, daß man dem Übel mit Molkenkuren, Aderlässen, Senf- und Zugpflastern, Mineral- und Gummiwasser (lt. Codex Gallicus 1866 eine Lösung von zwei Teilen Gummi arabicum auf hundert Teile kaltes Wasser), Opiumpräparaten und dergleichen beizukommen suchte.

Solange der Krankheitserreger noch nicht entdeckt war (er wurde es erst durch Koch 1882), tappte man noch sehr im dunkeln. Die Stärkung des Allgemeinbefindens und damit der Abwehrkräfte durch Ruhe, Erholung und Aufenthalt in frischer Luft schätzte man indes für den Heilungsprozeß auch damals schon, wenn auch lange nicht in dem heutigen Maße. Ob auch die Sonne? Chopin selbst tat dies. («Manchmal gäbe ich für einige Stunden Sonne Jahre meines Lebens hin», schrieb er Weihnachten 1845 nach Hause.) Allopathen und Homöopathen wurden von ihm konsultiert, und man kann sagen, daß an ihm ärztlicherseits nichts versäumt wurde und sämtliche Mittel zur Anwendung gelangten, welche die medizinische Wissenschaft zu verordnen in der Lage war. Gemessen an dem Stand der Erkenntnisse und Möglichkeiten jener Zeit im Verhältnis zu dem der heutigen bleibt es verwunderlich, daß sich Chopin bei dieser Behandlung (man bedenke: Blutentzüge bei chronischer Anämie!) nach den Blutstürzen in Palma und Barcelona noch einmal soweit zu erholen vermochte, daß sein Zustand noch volle acht Jahre einigermaßen erträglich blieb. Wir glauben darin einzig die seelische Energie und Widerstandskraft, den Glauben, Mut und die weise Lebensführung des Leidenden als ursächlich zu erkennen. Seine Schaffenskraft war bis zum Zeitpunkt der Trennung von George Sand ungebrochen und er war in der Lage, während der Wintermonate in Paris zu unterrichten, an Geselligkeiten teilzunehmen, zu musizieren, Lebhaftigkeit des Geistes auszustrahlen und dabei nichts merken zu lassen von dem Leiden, das ihn physisch auszehrte. Freilich ließ sich seine Blässe nicht verheimlichen, diese aber war Zeichen einer konstitutionellen Schwäche, nämlich einer Anämie, einer Blutarmut höchsten Ausmaßes, an der er ebenfalls schon in der Jugendzeit gelitten hatte. Sie war die Ursache seines ständigen Wärmebedürfnisses. Daher kamen die häufigen Besorgnisse wegen der Heizbarkeit seiner Wohnungen und das Einhüllen in Mäntel und Decken während des Unterrichtens in den letzten Jahren. Einmal erklärte er einer schmächtigen und meist bleichen Schülerin, sie und er zusammen hätten nicht soviel Blut wie ein normaler Mensch. Und bei einer anderen Gelegenheit: «Ich werde mich erst im Grabe erwärmen.» Einige Jahre vor seinem Ableben bekam er eine Gesichtsneuralgie, die sich in Zuckungen um den Mund äußerte. Später, nachdem ob des Kummers über das Versagen seiner langjährigen Gefährtin und die Trennung von ihr seine bis dahin erstaunliche Widerstandskraft zu zerfallen begann, machte die Blutdegeneration Fortschritte, und es gesellten sich Herzbeschwerden hinzu mit den bekannten Begleiterscheinungen wie Asthma und Ödem. Das Ergebnis der Autopsie, die Doktor Cruveilhier vornahm, ein Spezialist, dem sich Chopin nach dem Tode seines hochgeschätzten Arztes, Doktor Molin, anvertraute, wurde nicht bekannt, da das Protokoll darüber einer Feuersbrunst zum Opfer fiel. Zufolge einer privaten Äußerung von Doktor Cruveilhier jedoch war die Brust des Verschiedenen weniger angegriffen als das Herz.

Im allgemeinen scheinen die Ärzte aus Schonung für den Kranken anfänglich die Art und später den Grad seines Leidens verschwiegen zu haben. Doch ging ja bereits aus Bemerkungen in der Wiener Korrespondenz Chopins an Jean Matuszynski sein Wissen um seinen Zustand hervor. Jedenfalls lassen Dutzende von Briefstellen aus der Zeit seines letzten Lebensjahrzehnts erkennen, daß er sich über den Charakter und die Unheilbarkeit seiner Krankheit im klaren gewesen. Die Tuberkulose, damals enorm verbreitet und entsprechend gefürchtet, hatte manchen Zugehörigen seines Bekanntenkreises, der ihm weit weniger angegriffen vorgekommen war als er sich selbst, hinweggerafft. Gottvertrauen und Geduld sprechen aus seinen Zeilen, wenn er über solche Vorkommnisse an seine Angehörigen berichtete. Doch geschah dies erst zu einer Zeit, in der das Verheimlichen seines Zustandes ihnen gegenüber nicht mehr angängig war, da seine Schwester Louise Jedrzejewicz gelegentlich ihres Aufenthaltes in Paris und Nohant 1844 sich durch den Augenschein selbst ein Bild hatte machen können und in Besorgnis geraten war. Allerdings dürfte auch sie angesichts seiner guten Stimmung und Klaglosigkeit, möglicherweise auch durch die Art, wie George Sand die «gewohnte» Krankheit («malade-ordinaire» sagte Chopin von sich selbst) nahm, den wirklichen Stand des Leidens unterschätzt haben. Wer weiß, ob besagtes Verhalten seiner Gefährtin nicht ein absichtliches war, um Chopins Bemühen zu unterstützen, den Tatsachen durch äußerliches Ignorieren an Gewicht zu nehmen. Auch ihre angebliche Herzlosigkeit, die man darin sah, daß sie Chopin mit Ausdrücken wie «mon petit malade» oder «mon cher cadavre» belegte, war vielleicht nichts anderes als ein kurioses Mittel ihrer privaten Therapie. Gewiß ist solche Behandlungsmethode absurd, doch ändert sie nichts an der Tatsache, daß George Sand während acht Jahren bis zum Zeitpunkt jener unglücklichen Verwicklungen, die zum Abbruch ihrer Beziehungen führten, es wirklich ausgezeichnet verstand, Chopin dienlich zu sein. Er selbst hat dies oft rückhaltlos und dankbar anerkannt. Auch aus ihren Briefen und mancher Anfügung an die seinen wird ihre liebevolle Fürsorge ersichtlich.

Nachschriften dieser Art ergänzen auch die Einladungen, welche Chopin in ihrem Auftrag an Grzymala richtete, als sie nach vierzehntägiger Reise Anfang Juni 1839 aus

Marseille kommend in Nohant eintrafen. Da die ersten Zeilen nichts fruchteten, schrieb Chopin seinem Freund nochmals am 8. Juli, gab genaue Reiseanweisungen und setzte hinzu: «Dich zu sehen, wage ich nicht zu drängen; doch die Herrin des Hauses beginnt schon traurig zu werden, und es tut mir wirklich leid, daß Du noch nicht gekommen bist... Mir geht es nicht zum besten, sie fühlt sich nicht wohl; vielleicht wirst Du uns beide durch Deine Anwesenheit gesund machen...» In ihrem Anhang zu diesem Brief gab George Sand ihrer Befürchtung Ausdruck, Chopin langweile sich in Nohant, weil er das Landleben nicht gewohnt sei. Sie selbst bringe gerne jedes Opfer, wenn sie damit seine Melancholie verscheuchen könne, und bitte ihn, Grzymala, doch unbedingt zu kommen, um den tatsächlichen Seelenzustand ihres gemeinsamen Freundes zu prüfen. Dies wirkte! Der Gerufene erschien und fand wohl ihre Sorge übertrieben. Chopin hatte sich inzwischen offenbar recht gut eingewöhnt und war eifrig am Komponieren. In einem Brief an Fontana vom 10. August ist die Rede von der b-moll-Sonate, deren *Marcia* schon vor der Reise nach dem Süden entstanden war, ferner von dem Nocturne in G-dur (aus op. 37), von vier neuen Mazurkas op. 41, deren eine in Palma, die übrigen in Nohant geschrieben worden seien. Er korrigiere gerade für seinen eigenen Gebrauch die Pariser Bach-Edition, erzählte er dem Getreuen weiter, «außer den Fehlern des Stechers auch die akkreditierten Fehler von jenen, die Bach angeblich verstehen. (Nicht aus Anmaßung, ihn besser als diese zu verstehen, sondern in der Überzeugung, das Richtige manchmal zu erraten.)»

Im September beschrieb er seine und George Sands Pariser Wohnungsangelegenheiten. Grzymala und Fontana erhielten darüber Brief um Brief. Aufs genaueste setzte er ihnen auseinander, was seiner Freundin und ihm selbst hinsichtlich der Lage und Räume vorschwebte. Die Wohnungen sollten nicht weit voneinander entfernt sein. Für sich wünschte er taubengraue Tapeten mit einem schmalen dunkelgrünen Streifen als Bordüre, die Auffrischung verschiedener Möbelstücke, das Engagement eines Dieners, «am besten eines biederen, anständigen Polen». Zum Schluß empfahl er sich gern scherzend als «Alter, mit einer längeren Nase denn je». Viel schwieriger war für ihn das Beschreiben der Wünsche seiner Freundin bezüglich einer Wohnung, und auch Fontana hatte mit dem Ausfindigmachen einer entsprechenden mehr Mühe. Es gelang ihm aber, etwas Geeignetes für Chopin in der Rue Tronchet und für George Sand in der Rue Pigalle zu mieten, wofür er von ihr dann als der «logischste und beste» der Freunde, von ihm zusätzlich als der «spleenigste, anglo-polnische, innigstgeliebte» bedankt wurde.

Aus Chopins Briefen, die nun auch den Verlegern gegenüber wieder etwas gemäßigter erscheinen, ergibt sich, daß er in Nohant seinen alten Humor zurückgewonnen hatte. Die beliebten Wortspiele tauchen wieder auf (wovon Proben zu geben hier keinen Sinn hat, weil sie sich auf die polnische Sprache stützen) und auch die Freude an witzigen Vorstellungen, wie etwa folgende: «Lasse Moscheles ein Klistier aus Neukomms Oratorien mit Cellini* und Döhlers Konzert verabreichen. Der Gedanke ist wild, aber Du mußt zugeben, daß er originell ist. – Gib Jas von mir zum Frühstück Sphinxbärte mit Papageiennieren in Tomatensauce, bestreut mit Eier von Mikroben.» Auch der Schlußsatz seines letzten vor der Abreise nach Paris an Fontana gerichteten Briefes läßt auf Chopins gute Verfassung schließen: «Veranlasse, da Du ein so geschickter

* Gemeint ist die Ouvertüre *Benvenuto Cellini* von Berlioz.

Mann bist, daß mich in der Rue Tronchet weder schwarze Gedanken noch Hustenanfälle heimsuchen; ermögliche es, daß es mir gut geht, und tilge, wenn Du es kannst, viele Episoden meiner Vergangenheit aus. Auch wäre es nicht schlecht, wenn ich die Frucht einer mehrjährigen Arbeit vorfände. Du würdest mich hierdurch sehr verbinden sowie dadurch, daß Du selbst jünger wirst, oder es vollbringst, daß wir ungeboren bleiben ...»

In der neuen Wohnung war alles angeordnet, wie er es sich gewünscht. Die Tapeten, Vorhänge und Polstermöbel in Grau, ein ruhig-vornehmer Hintergrund für die leuchtenden Farben der Blumen, die jederzeit in vielgestaltiger Fülle um sich zu haben für ihn Bedürfnis war. Nun, daran fehlte es ihm bei der Verehrung, die er allenthalben genoß, gewiß nicht. Seine Schülerinnen überboten sich förmlich in solchen Aufmerksamkeiten. Alle fanden sich wieder ein, glücklich, nach einjähriger Pause von ihrem Meister erneut aufgenommen zu werden. Seine Rückkehr hatte sich rasch herumgesprochen, und das künstlerische und gesellschaftliche Leben umspann ihn gleich mehr, als er es für gut fand. Auch sein Freundschaftsverhältnis zu George Sand blieb kein Geheimnis. Man sah darin dank seiner angeborenen vornehm-reservierten Art und dem Vermeiden jeder Auffälligkeit keineswegs eine neue Auflage ihrer sattsam bekanntgewordenen intimen Verbindungen. Ja, man fand selbst dann in ihrer Gemeinschaft nichts Inkorrektes, als Chopin die Wohnung in der Rue Tronchet, weil sie nicht ausreichend geheizt werden konnte, aufgab und die in dieser Hinsicht sowie wegen der Vereinfachung der häuslichen Versorgung und der Pflege geeigneteren Räume bezog, welche sich unmittelbar an die George Sands in der Rue Pigalle anschlossen. Sie waren von ihr gleich mitgemietet worden (gegen einen

Jahreszins von 2500 Franken, eine für damalige Verhältnisse enorm hohe Summe).

Für seine persönlichen Zwecke hielt sich Chopin ständig, auch in Nohant, einen Diener, und seine Besucher kamen im allgemeinen nicht in Berührung mit dem anderen Flügel des Wohnpavillons. Seine Gefährtin sah er in der Regel erst am späten Nachmittag, da sie die Nacht hindurch schriftstellerisch arbeitete und sich am Morgen erst zur Ruhe legte. Er selbst unterrichtete meist bis gegen vier Uhr, und dann traf man sich zur Teestunde in dem als geschmackvoll und gemütlich geschilderten, in braunen Tönen gehaltenen Salon der Hausherrin. George Sand spielte die Rolle einer nahestehenden Freundin und bei seinen Gesellschaften, so gut wie bei den ihren, die Dame des Hauses.

Einer seiner ersten Besucher in der Rue Pigalle war Moscheles, den er in einer von dem Bankier Leo gegebenen Gesellschaft persönlich kennengelernt hatte. Die beiden Musiker spielten sich eigene Werke vor, Chopin die Préludes op. 28 und bei einem späteren Besuch die b-moll-Sonate. Es ist interessant, einen Fachmann über seine Kunst um 1839/40 urteilen zu hören. «. . . Erst jetzt verstehe ich Chopins Musik», beginnt der Eintrag in Moscheles' Tagebuch. «Sein Ad-libitum-Spiel, das bei den Interpreten seiner Musik ausartet, ist bei ihm nur liebenswürdigste Originalität des Vortrags; die dilettantisch harten Modulationen, über die ich nicht hinwegkomme, wenn ich seine Sachen spiele, schockierten mich nicht mehr, weil er mit seinen zarten Fingern elfenartig leicht darüber hingleitet; sein Piano ist so hingehaucht, daß es keines kräftigen Fortes bedarf, um die gewünschten Kontraste hervorzubringen; so vermißt man nicht die orchestralen Effekte, welche die deutsche Schule von einem Klavierspieler verlangt, sondern läßt sich hinreißen, wie von einem Sänger, der, wenig bekümmert um die Begleitung, ganz seinem Gefühl folgt; genug, er ist ein Unikum der Klavierspielerwelt ...» Von Chopins Erscheinung schrieb Moscheles, sie sei ganz mit seiner Musik identisch, nämlich zart und schwärmerisch, und von seiner Persönlichkeit: «Er war lebendig, lustig, ja überaus komisch in seinen Nachahmungen von Pixis, Liszt und einem bucklichten Klavierliebhaber!» Zu einer zweiten Zusammenkunft hatte Chopin seinen Schüler Gutmann zitiert, damit er dem Gast das neugeschaffene cis-moll-Scherzo aus dem Manuskript vorspiele, weil er sich selbst dazu zu schwach fühlte, zumal er seine neue Klaviersonate vortragen wollte. Gutmann hatte nur einige Stunden Zeit gehabt zur Vorbereitung, machte indes seine Sache so ausgezeichnet, daß ihm sein Meister zum Dank dieses Werk widmete. Moscheles konstatierte bei dieser Gelegenheit wieder «einen ganz anderen Chopin» getroffen zu haben. Ob sich diese Feststellung nun auf die persönliche Art oder auf die Werke bezog, läßt sich nicht herauslesen. In Gesellschaften spielten die beiden öfters zusammen Moscheles' Sonate für vier Hände in Es-dur; einmal auch am Hofe Louis Philipps mit solchem Erfolg, daß sie die Aufführung wiederholen mußten. Als Moscheles Paris verließ, hatte er Chopins Versprechen bekommen, für das von Fétis und ihm geplante Werk über eine *Neue Methode des Klavierspiels* drei Etüden zu schreiben, was Chopin denn auch ausführte*. Es handelt sich um die *Neuen Etüden* in f-moll, As-dur und Des-dur.

«Einen ganz anderen Chopin» lernt man auch in jenem Teil seiner Korrespondenz kennen, der sich mit der Ver-

* Chopin hatte den Plan der Herausgabe einer eigenen «Méthode des Méthodes», die jedoch mehr in Form theoretischer Anweisungen für das Studium gedacht war. Einige seiner Lehrsätze (wie sie aus dem Kapitel, das sich mit seiner Lehrtätigkeit befaßt, teilweise erkenntlich werden) sind überliefert.

wertung seiner Kompositionen befaßt oder sonstwie materielle Hintergründe hat. Am auffälligsten ist die Entfernung von seinem Idealismus, die Verleugnung seiner vornehmen und sensiblen Art, wenn er sich in derbsten Ausdrücken über Personen ausläßt, deren Dienste er gerne annahm und die er in direkten Briefen recht liebenswürdig behandelte. Am übelsten ging er auf diese Art mit einer altjüngferlichen, offenbar aufdringlichen und etwas klatschsüchtigen Schülerin, Marie de Rozières, um. Es dauerte in diesem Falle einige Jahre, bis er unter dem Einfluß seiner Schwester erkannt hatte, daß sie dennoch ein gütiger und nützlicher Mensch war und sie dann fortan nicht nur dem Scheine nach, sondern wirklich achtete. Die umfangreichen und vielen Briefe, die Chopin zum Beispiel im Sommer 1841 von Nohant aus mit seinem Freund Fontana wechselte, unterscheiden sich in vier Fünfteln ihres Umfangs in nichts von der Geschäftskorrespondenz eines umsichtigen Kaufmanns, der aus Zweckmäßigkeitsgründen nicht direkt mit den Partnern verkehrt, sondern dies über einen Vertreter tut. Einzig mit dem Leipziger Verlag Breitkopf & Härtel verhandelte er brieflich selbst, und zwar in einer sachlich klaren, bündigen und viel sympathischeren Art als derjenigen, in der seine Anweisungen an Fontana gehalten sind. Er erreichte, was er wollte: das deutsche Verlagsrecht einer größeren Anzahl weiterer Werke* wurde gegen einen guten Honorarsatz, der, wie sich aus der Korrespondenz ergibt, nicht unter fünfhundert Franken pro Opus lag, an Breitkopf & Härtel übertragen.

* Damit waren die Werke op. 15 bis zu dem damals neuesten op. 42 bei Breitkopf & Härtel verlegt, mit Ausnahme von op. 19, das schon an Peters, Leipzig, und op. 32, das an den Vater des Pariser Verlegers Schlesinger in Berlin vergeben war. Abgesehen von op. 50 und 51 edierten Breitkopf & Härtel auch sämtliche noch folgenden numerierten Werke Chopins, begrenzt für das deutsche Sprachgebiet.

Seine Einnahmen, deren überwiegender Teil aus Verlagshonoraren stammte, müssen in den Jahren 1841 bis 1847 ganz ansehnlich gewesen sein. Zwei sehr exklusive, halböffentliche Konzerte vom 26. April 1841 und 19. Februar 1842 im Pleyelschen Saale zu Paris erbrachten ebenfalls stattliche Erträge. Der Verdienst aus seiner Unterrichtstätigkeit ist wohl weniger ins Gewicht gefallen, da er in diesen sieben Jahren jeweils nur einige Wintermonate und nie mehr als vier bis fünf Stunden täglich unterrichtete, während er von Mai bis Oktober regelmäßig in Nohant verweilte. Rücklagen vermochte er indes doch nicht zu machen, obwohl er ja nur für seine rein persönlichen Ausgaben wie Kleidung, Bedienung, Wagen, Ärztehonorare, die nicht unbedeutenden Unterstützungen und noblen Geschenke aufzukommen brauchte, während George Sand ihm die Sorge für das übrige, den Unterhalt und die Wohnung, abnahm.

Fontana wanderte im Dezember 1841 nach Amerika aus, doch trat dann Franchomme für ihn in die Bresche, wenn es mit Pariser Verlegern zu verhandeln galt. Auch Grzymala war stets hilfsbereit. Zu einem kleinen Teil mögen Chopins orthographische Mängel im schriftlichen Französisch Anlaß gewesen sein, direkte briefliche Verhandlungen mit Parisern zu vermeiden. Vor Fernerstehenden wollte er sich nicht gerne eine Blöße geben, und daher kam es auch, daß er oft Antworten auf private Billetts lieber durch einen Besuch mündlich denn in ein paar selbstgeschriebenen Zeilen gab. (In seinen französischen Briefen finden sich häufig Fehler, und auch Personennamen sind oft falsch geschrieben. «Ich muß die Worte wählen, deren Orthographie mir bekannt ist», entschuldigte er sich in einer Nachschrift zu einem ihn stilistisch offenbar nicht befriedigenden Brief vom August 1843 bei George Sand.) Als Solange herangewachsen war, korrigierte sie ihm auf Wunsch die wichtigsten seiner Korrespondenzen. Solange war ihm übrigens viel mehr zugetan als Maurice, der es Chopin insgeheim verargte, daß er eine so bedeutende Rolle im Leben seiner Mutter einnahm, obwohl er gar nicht zur Familie gehörte. In den späteren Jahren gab es auch bei Solange eine Eifersucht, doch war nicht Chopin die Persönlichkeit, um derentwillen sie sich in ihren Rechten und Liebesansprüchen geschmälert glaubte, sondern eine Kusine, Augustine Brault mit Namen, die ihre Mutter – übrigens gegen den wohlgemeinten Rat ihres Freundes – wie eine Tochter ins Haus genommen hatte und die sich besonders gut mit Maurice verstand. Da Solange es dem Bruder zudem nachtrug, daß er den bevorzugten Platz im Herzen der Mutter besetzt hielt*, sah sich diese eines Tages zwischen zwei Gruppen gestellt: Chopin/Solange und Maurice/Augustine. Solange hatte einen intriganten Zug und stülpte gerne Tatsachen um, wenn sie ihr so besser ins Gehege paßten. Chopin bemerkte es gar nicht, daß sie seine Sympathie und seine ihn ehrende Neigung, sich auf die Seite des Schwachen und Zurückgesetzten zu stellen, mißbrauchte. So hatte es George Sand manchmal nicht leicht, auszugleichen, insbesondere als sich mit den Jahren diese Verhältnisse immer mehr zuspitzten. Die

* Maurice stand seiner Mutter von Anfang an näher als seine Schwester. Hierbei mag der Umstand eine Rolle gespielt haben, daß die Legitimität Solanges nicht einwandfrei war. Bei den Heiratsformalitäten wurde der Brautvater nicht erwähnt und Solange führte nicht den Namen Dudevant, sondern Sand. Doch verlebte sie als junge Frau das erste Jahr ihrer Ehe meist bei ihrem Vater Dudevant auf dessen Gut (während Clésinger in Paris verblieb), und die beiden haben sich anscheinend recht gut verstanden. Für die Öffentlichkeit wurden die Zweifel ihrer väterlichen Abstammung erst 1899, kurz nach ihrem Tode, behoben, als man dem Sohn eines ehemaligen Gutsnachbarn von Nohant, Stéphan de Grandsaigne, auf Antrag hin urkundlich bestätigte, daß die verstorbene Solange Clésinger, geborene Sand, seine Halbschwester gewesen sei.

latenten Spannungen führten dann öfters zu Differenzen zwischen Chopin und Maurice, wenn letzterer Vorwürfe gegen seine Schwester erhob. George Sand, welche den schwierigen Charakter ihrer Tochter kannte, sah sich wiederholt genötigt, in solchen Fällen die Partei ihres Sohnes zu ergreifen. Doch im großen ganzen gelang es ihr dennoch, das Familienschifflein bis gegen 1846 einigermaßen gut durch all die Fährnisse zu steuern. Als Kompaß diente ihr ihre unverändert gebliebene Verehrung für Chopin, den Künstler und Menschen, eine Verehrung, die sie auch vor ihren Kindern stets betonte. Sie bewunderte seine Schöpfungen und sein Spiel. Seine Schaffensfreiheit nur irgendwie anzutasten, wäre ihr verwerflich vorgekommen. Vor allem lag ihr daran, ihm die äußeren Voraussetzungen für die Entfaltung seines genialen Musikertums zu bereiten.

An geistig-künstlerischer Anregung fehlte es in ihrer Umgebung nicht. Auch der Eintönigkeit des Landlebens suchte sie zu begegnen, indem sie dafür sorgte, daß Nohant ständig von Gästen belebt war*. Interessante Men-

* Das verschlang allerdings große Summen, und George Sand mußte überaus produktiv sein, um genügend zu verdienen. Aus einem Brief an Hippolyt Châtiron erfährt man, daß der Nohanter Aufenthalt auf rund 1500 Franken pro Monat zu stehen kam, während sie in Paris nur etwa die Hälfte benötigte (Mietzinse und persönliche Ausgaben nicht einberechnt). Das ist allerdings auffallend, und George Sand führte die Diskrepanz auf ihre Sorglosigkeit und die Lebensweise zurück, die auf dem Landsitz viel weniger unter ihrer Kontrolle stand und daher relativ opulenter war als in Paris. «Häufig sind schon ein Dutzend Gäste in Nohant installiert, bevor ich noch aufgestanden bin», schrieb sie an ihren Halbbruder. «Was kann ich tun? Spiele ich die Ökonomische, so wird man mich der Filzigkeit beschuldigen, lasse ich alles gehen, so komme ich mit meinem Gelde nicht aus ...» Das Jahr 1840 verzeichnete eine Mindereinnahme, die daher rührte, daß die Arbeit an ihrem Bühnenstück *Cosima* und die Vorbereitung für dessen Aufführung mit Marie Dorval in der Titelrolle sie von ihrer anderen Tätigkeit abzogen. Das Stück fiel übrigens durch und trug also weder Ehren noch Geld ein. Mit Rücksicht auf diese Verhältnisse verzichtete George Sand mit den ihren im Sommer 1840 auf den Aufenthalt in Nohant.

schen, Künstler, Dichter, Literaten, Philosophen kamen gern in das offene Haus der berühmten Schriftstellerin, wo man sich ganz nach eigenem Ermessen einrichten, jagen, fischen, Billard spielen, kurz, tun und lassen konnte, was einem gerade im Sinn stand, und nur gehalten war, sich zu den Hauptmahlzeiten am großen Tisch einzufinden. Es weilten aber auch mitunter Besucher in Nohant, die Chopin ganz und gar nicht lagen, Männer der Politik und renitente Freidenker, weit entfernt von dem Umgang, den er gewohnt und der seiner Art entsprechend war. So gab es auch für ihn mancherlei zu überwinden, doch wurde es aufgewogen durch all das, was seine Freundin ihm an Herzlichkeit, Verständnis, Pflege, Rücksichtnahme und Verehrung darbrachte und was ihm das Gefühl gab, auch in der Fremde ein richtiges Zuhause zu haben.

Eine der nachhaltigsten Begegnungen, die er George Sand verdankte, war im Sommer 1842 die mit dem Maler Eugène Delacroix, von welchem sie auch einige Werke besaß*. Die Freude der ähnlich gearteten** und gesundheitlich gleich belasteten, schöpferischen Menschen über die Anknüpfung näherer Beziehungen war gegenseitig. Der Maler, der sich gedanklich viel mit anderen Künsten und insbesondere mit der Musik auseinandersetzte, fühlte sich von vornherein gefesselt durch Chopins Persönlichkeit

* Darunter befanden sich mehrere Skizzen und Porträts, die George Sand selbst darstellten. Drei davon sind weithin bekannt geworden: das für die *Revue* gemalte mit den (von ihr eigenhändig als Beweis ihrer Liebe für Musset) kurzgeschnittenen Haaren, dann das fraulich-elegante mit dem breiten Hut und schließlich das in Männerkleidung.

** Die Charakterisierung Delacroix' durch Baudelaire ließe sich ganz gut auch auf Chopin anwenden: «Ein Gemisch von Skeptizismus, Höflichkeit, . . . leidenschaftlichem Willen, Eigenmächtigkeit, einer Art außergewöhnlicher Güte und gelassen zärtlicher Liebe, die dem Genie stets eigen.» Selbst das Dandytum, das Baudelaire noch erwähnt, kann in dem auf «Pflege der äußeren Erscheinung» beschränkten Sinne auch für Chopin gelten.

und Künstlertum. Schon in jenen Sommerwochen ließ er sich in einem Briefe vernehmen: «Ich habe endlose Unterhaltungen mit Chopin, den ich wirklich liebe und der ein Mann von ungewöhnlicher Feinheit und Vornehmheit ist. Er ist einer der wahrhaftigsten Künstler, die ich je getroffen habe, einer der wenigen, die man wirklich bewundern und schätzen kann...» Und hier das Gegenstück, das wir einem Chopinschen, drei Jahre später an Franchomme geschriebenen Briefe entnehmen: «Delacroix ist der wunderbarste Künstler, den es geben kann. Ich habe köstliche Stunden mit ihm verbracht (wieder in Nohant). Er verehrt Mozart und kennt alle seine Opern auswendig.» Solche Worte sind bei Chopin hoch anzuschlagen, denn er war kein Lobspender. Auch aus Delacroix' persönlichen Aufzeichnungen und späteren Briefen geht hervor, daß seine aufrichtige Zuneigung und Verehrung Bestand hatte. Er war einer der Freunde, die Chopin in seinen letzten schweren Lebensmonaten noch etwas zu sein versuchten und es vermochten. Hier ein Tagebucheintrag aus dieser Zeit, der einen Hinweis auf die Art der Diskussionen gibt, welche die beiden Künstler miteinander zu führen pflegten: «... Gegen vier Uhr Chopin im Wagen auf seiner Spazierfahrt begleitet. Obgleich es mich anstrengte, war ich doch glücklich, ihm irgendwie nützlich sein zu können... Tagsüber sprachen wir über Musik, und das hat ihn belebt. Ich fragte ihn, wodurch die Logik in der Musik erreicht würde. Er gab mir einen Begriff von Harmonie und Kontrapunkt, wonach die Fuge gleichsam die reine Logik in der Musik bedeutet und ‚die Fuge beherrschen' nichts anderes heißt, als das Element jeder Vernunft und jeder Konsequenz in der Musik zu kennen. Ich dachte mir, wie glücklich ich gewesen wäre, alles das zu lernen, was die gewöhnlichen Musiker zur Verzweiflung bringt. Diese Empfindung gab mir einen Begriff von dem Genuß, den die Gelehrten, soweit sie diesen Namen verdienen, aus der Wissenschaft schöpfen. Die wahre Wissenschaft ist nämlich nicht ein sich von der Kunst unterscheidender Teil der Erkenntnis. Nein! Die Wissenschaft, wenn man sie so ansieht, wie sie ein Mann wie Chopin erklärt, ist die Kunst selbst. Umgekehrt ist die Kunst nicht mehr das, wofür sie der Laie hält, nämlich eine Art Eingebung, die irgendwoher kommt, ins Blaue hinein geht und nur das malerische Äußere der Dinge darstellt. Es ist die Vernunft selbst, die durch das Genie verschönert wird, aber einen vorgeschriebenen Weg geht und durch höhere Gesetze in Schranken gehalten wird. Das bringt mich auf den Unterschied zwischen Mozart und Beethoven. Da, wo dieser unklar ist und nicht einheitlich zu sein scheint, liegt nicht etwa eine Art ungezügelte Originalität vor, die man ihm zur Ehre anrechnen könnte. Es kommt daher, daß er ewigen Prinzipien den Rücken kehrt. Mozart niemals. Jede Stimme geht ihren Gang, der mit den anderen harmonisierend einen Gesang bildet und ihn vollkommen durchführt. Das ist der Kontrapunkt ...»

Delacroix hatte es als Gast Nohants übrigens nicht vermocht, seine Tage restlos dem guten Leben, süßen Nichtstun und den dort gebotenen mancherlei Vergnügungen, worunter für ihn das Billardspiel am fesselndsten gewesen, zu widmen. Nur eine gewisse Zeitspanne wandte er dafür auf, im übrigen aber saß er, wenn er nicht gerade Chopin, Madame Viardot-Garcia oder beiden zusammen* beim

* Die beiden nahmen zu ihrem eigenen und der Zuhörer Vergnügen miteinander die Partitur zu Mozarts *Don Juan* durch. Madame Viardot-Garcia unterlegte übrigens später einigen von Chopins Mazurkas spanische Texte und sang sie öffentlich. Die poetischen Melodien sollen, laut Hiller, «ein wunderbar harmonisches Ensemble mit den tönenden Worten und

Musizieren zuhörte oder sich mit diesen und der Hausherrin unterhielt, in der Dorfkirche mit einem Bildnis der heiligen Anna beschäftigt. Maurice durfte ihn wiederholt dorthin begleiten und ihm beim Malen zusehen. Er interessierte sich für bildende Kunst, war offenbar auch nicht untalentiert und wurde schließlich sogar von Delacroix als Schüler angenommen.

Für Chopin, der jeweils fünf bis sechs Monate im Berry weilte, trug der Aufenthalt mehr Dauer- als Feriencharakter. Auch er gab sich keiner Faulenzerei hin, aber die Zurückziehung auf das Land war für ihn gesundheitlich äußerst wohltuend. Konnte er sich doch in der reineren Luft und dem ruhigeren und gleichmäßigeren Leben von den strapaziösen Pariser Wintermonaten erholen und sich für die künftigen stärken. Vor allem blieb ihm in Nohant viel mehr Ruhe und Muße zu schöpferischem Tun. Fast täglich saß er einige Stunden komponierend am Klavier. Die meisten der zwischen 1841 und 1847 herausgekommenen Werke sind in Nohant entstanden.

Über seine Schaffensweise hat Chopin selbst sich nicht geäußert, und was seine Schüler darüber zu wissen vorgaben, ist widersprechend und viel zu dürftig, als daß sich darauf eine Darstellung aufbauen ließe. Als einzige authentische Zeugin bleibt uns George Sand, indes ist in Betracht zu ziehen, daß ihre Ausführungen nachträglich aus der Erinnerung erfolgten und von dichterischen Zugaben nicht frei zu sein scheinen. Hier nun die etwas stark auftragende Schilderung: «Chopins Schaffen war unmittelbar und mirakulös. Ungesucht und plötzlich kamen ihm

der südlichen Lebendigkeit des Vortrags der gefeierten Sängerin» gebildet haben. Die verwandtschaftlichen Elemente zwischen Slawen- und Romanentum seien in dieser Verbindung der gesungenen Mazurkas sehr deutlich in Erscheinung getreten.

die Gedanken am Klavier oder sie summten ihm während eines Spaziergangs im Kopf herum, so daß er sich beeilen mußte, um nach Hause zu kommen und sie auf dem Instrument hörbar zu machen. Dann aber begann die peinlichste Arbeit, deren ich jemals ansichtig ward: eine Reihe von Anstrengungen, Zweifeln und ungeduldigen Versuchen, um gewisse Einzelheiten des innerlich Gehörten wiederzufinden und festzuhalten. Was er aus einem Gusse konzipiert hatte, suchte er beim Niederschreiben ängstlich zu analysieren, und der Verdruß, nicht alles wieder nach Wunsch zusammenzubringen, versetzte ihn in einen Zustand der Verzweiflung. Ganze Tage schloß er sich dann in sein Zimmer ein, weinte, lief auf und ab, zerbrach seine Feder, wiederholte und veränderte hundertmal einen Takt, den er eben so oft aufschrieb und wieder ausstrich, und begann am folgenden Tag wiederum mit ängstlicher und verzweifelter Beharrlichkeit. So konnte er mitunter sechs Wochen bei einer einzigen Seite zubringen, um sie schließlich dann doch so niederzuschreiben, wie er sie am ersten Tag aufs Papier geworfen. Lange vermochte ihn mein Einfluß zu bestimmen, sich doch auf seine ersten Inspirationen zu verlassen; als er mir aber nicht mehr volles Vertrauen schenkte, warf er mir in sanfter Weise vor, ihn verzogen zu haben und mit ihm nicht streng genug gewesen zu sein. Ich versuchte dann ihn zu zerstreuen, veranlaßte ihn zu Ausflügen . . . und riß ihn so gegen seinen Willen aus seiner Arbeitsqual heraus. Am ersten Tag war er von Mattigkeit wie zerbrochen, aber er konnte wenigstens schlafen! Am letzten Tag war er neu belebt und kehrte verjüngt zurück, wo er dann ohne besondere Anstrengung den Abschluß seiner Arbeit fand. Aber nicht immer gelang es, ihn dazu zu bringen, sein Klavier zu verlassen, und er zeigte sich mehr und mehr verstimmt, wenn ich ihn störte. Unter diesen Umständen hatte ich nicht den Mut, meine Pläne durchzusetzen.»

Es mag sein, daß George Sand mitunter als «Arbeitsqual» auslegte, was nichts anderes war als Mißmut über beengende Umstände des Landlebens oder unwillkommene Gäste. So sehr nämlich Chopin jeweils gegen Ende der anstrengenden Pariser Wintersaison Nohant ersehnte: nach ekstatisch genossenen Frühlingswochen ging es trotz Anerkennung der Vorzüge und gesundheitlich guter Wirkung mit seinem Entzücken über das Andersgeartete des dortigen Aufenthaltes schon wieder langsam bergab. War dann gerade keine ihm gelegene Gesellschaft im Hause, so begann er seinen gewohnten Pariser Umgang zu vermissen und als Bindung zu empfinden, daß er sich dem Verkehr mit uninteressanten oder unliebsamen Hausgenossen nicht gut für längere Zeit ganz entziehen konnte, was sein Taktgefühl aber ohnehin nicht zugelassen hätte. Die Abgelegenheit Nohants erschwerte bei dem damaligen Stand des Verkehrswesens* ein Angleichen der Lebensführung an die städtische, die indes ja auch gar nicht in der Absicht des Ortswechsels lag. Wie oft mußte Chopin seine Freunde um Besorgungen angehen**, ganz abgesehen

* Die Eisenbahn, seit 1846 im Betrieb, verkehrte auf der in Frage kommenden Strecke nur bis Vierzon. Mit der Diligence, die dreimal gewechselt werden mußte, und einem die Indre befahrenden Postschiff (patache) gelangte man dann umständlich nach dem zwei Meilen von La Châtre entfernten Nohant. 1847 ging die Bahnlinie bereits ein großes Stück weiter.

** Als Beispiel seien die mit einem einzigen Brief an Fontana aufgegebenen Bestellungen hier angeführt. (Man wird erstaunt sein zu erfahren, daß Wärmeflasche und Luftkissen schon mehr als hundert Jahre existieren.) Fontana war beauftragt zu besorgen: Seife Bonsoin von Houbigand, je ein Flacon Patschouli und Bouquet de Chantilly, zwei Paar Schwedenhandschuhe, einen Kopfkratzer aus Elfenbein («Du wirst gewiß ein ähnliches Ding schon gesehen haben: ein kleines, gewöhnlich gekrümmtes von den umständlichen, durch die zwei- und dreimalige Vergebung seiner Werke ungemein komplizierten Verlagsangelegenheiten. Schreibereien ohne Ende, und er war solchen ohnehin abhold! Es ist übrigens auffallend, daß in den rund dreihundert Briefen Chopins außer von Thorner Lebkuchen, einem guten Essen bei Doktor Malfatti in Wien und einer (in der untenstehenden Fußnote erwähnten) Gänseleberpastete nie von kulinarischen Dingen die Rede ist.

Viel mehr Wichtigkeit als der Ernährung maß Chopin der Unterkunft bei. Gesundes, bequemes, schönes und warmes Wohnen war Grundbedingung seines Wohlbefindens. Auch das Rue-Pigalle-Logis hatte nicht das von ihm Erwartete geboten. George Sand zeigte sich aber verständnisvoll und willfährig, ein anderes zu mieten, das seinen persönlichen Wünschen besser entsprach. Nachdem Fontana, der 1841 den Umzug aus der Rue Tronchet in die der Sandschen benachbarten Wohnung in der Rue Pigalle allein durchgeführt hatte, gegen Jahresende Frankreich für immer verließ, kam er als Erkunder nicht mehr in Frage. Gräfin Marliani wurde nun mit der schwierigen Aufgabe betraut, und es erwies sich als notwendig, daß

Händchen, weiß, an einem schwarzen Stiel . . . schicke es mir, falls es nicht teurer als 10, 15, 20 oder auch 30 Franken»), eine in Flanell eingenähte, blecherne Bauch-Wärmeflasche, ein Kissen zum Aufblasen für die Reise, zwei Exemplare der von Dantan geschaffenen Statuette und Musikalien. Ein andermal handelte es sich um eine Bluse («en toile cirée für 14 Franken, blouse de chasse, fermé par devant, forme de chemise») und um eine echte Straßburger Gänseleberpastete, die er bei einer Wette verspielt hatte. («Wenn jene für 30 Franken zu klein, dann gib 35 oder 40 Franken. Sie muß üppig sein. Wut packt mich, daß man für eine Pastete so viel Geld ausgeben muß, besonders, da ich es für etwas anderes brauche».) Einmal erfährt man auch von einer Weinbestellung für seinen Pariser Bedarf, wobei ihm die durch Fontana besorgten «200 Flaschen Tokayer» entschieden zu viel gewesen sind.

George Sand und Chopin mitten im Sommer 1842 von Nohant nach Paris reisten, um die von jener ausfindig gemachten Räume zu besichtigen und ihren Vorschlag, sie als Dritte in den Bund der gemeinsam Haushaltführenden aufzunehmen, zu besprechen. Carlotta Marliani lebte damals getrennt von ihrem Gatten, dem spanischen Generalkonsul in Paris. «Gutherzig und tätig, begabt mit einem leidenschaftlichen Kopf und mütterlichen Herzen», schilderte George Sand ihre Freundin, «doch dazu bestimmt, unglücklich zu sein, weil sie die Realitäten des Lebens mit ihren Idealen und Forderungen ihrer Empfindung nicht in Einklang zu bringen vermochte»*. In der vorerwähnten Angelegenheit aber gelang ihr die Verbindung ihrer Hoffnungen mit den Ansprüchen ihrer Freunde und den gebotenen Möglichkeiten. Das Trio mietete unweit der Rue St-Lazare in der Cité d'Orléans (damals mitunter «Klein-Athen» genannt wegen der Vorliebe von Künstlern und Literaten für dieses schöne, Gartenanlagen mit Springbrunnen umschließende, vornehme Quartier) drei nebeneinanderliegende Pavillons. Den mittleren bewohnte vom Oktober 1842 an Carlotta Marliani. Sie führte die gemeinsame Küche, und man traf sich bei ihr zu den Mahlzeiten, was von den beiden Damen als ökonomischer und amüsanter empfunden wurde, als wenn jede für sich speise. Größere Gesellschaften lud man in die Räumlichkeiten von Frau Marliani ein, intime Freunde aber zu sich selbst.

* Von Gräfin Marliani erzählt Chopin einmal in einem Brief an George Sand: «Sie ging sich einen neuen Propheten anhören (es ist kein Apostel). Seine neue Religion ist der Fusionismus. Sie wurde ihm im Walde von Meudon offenbart, wo er Gott gesehen haben will. Als Gipfel des Glücks verspricht er, daß es in einem gewissen Zeitabschnitt der Ewigkeit keine Geschlechter mehr geben werde. Dieser Gedanke findet keinen großen Beifall bei Frau Marliani, doch der Kapitän ist dafür, und so oft die Baronin sich über seinen Fusionismus lustig macht, behauptet er, sie sei zügellos.»

Aus dem Hause der Gräfin konnte man sich ohne weiteres in das eigene Heim zurückziehen, wenn einen darnach gelüstete oder die Arbeit rief. Da nun auch ein kleines (gegen zwanzig Franken monatlich gemietetes) Billard in George Sands Wohnzimmer stand und man sich ungezwungen, ohne die Straße zu betreten, über den rückseitig gelegenen kiesbestreuten Gartenweg besuchen konnte, abends viel beieinander saß und auch nachbarliche Beziehungen (mit der ebenfalls dort angesiedelten Pauline Viardot-Garcia, dem Klavierpädagogen Zimmermann und dem Bildhauer Dantan) pflegte, so konnte George Sand mit Recht an einen Freund schreiben, daß sie sich, soweit dies in dem «melancholischen» Paris überhaupt möglich sei, dem Leben von Nohant näherten. Auch Chopin war mit der Lösung der häuslichen Dinge sehr zufrieden, denn auf diese Weise blieb sowohl seine persönliche Freiheit als auch die gesellschaftliche Form völlig gewahrt und sein abseits gelegener Salon ganz seinen einsamen Klavierträumereien, dem Komponieren und Unterrichten vorbehalten. Seine Gastfreundschaft aber konnte sich im Appartement der Gräfin auswirken, während er seinem Geselligkeitsbedürfnis in Paris sowieso keine anderen als die durch sein persönliches Befinden gebotenen Schranken aufzuerlegen brauchte.

Mit seinem körperlichen Zustand ging es auf und nieder. Bald fühlte er sich unfähig, Treppen zu steigen und den warmen Platz am Kamin zu verlassen, doch schon anderntags konnte man ihn bei der Ausfahrt in aufgeräumter Stimmung und verhältnismäßig gut aussehend antreffen. In jener Verfassung schrieb er seinem Intimus etwa, daß er noch auf Krücken angewiesen sein werde, wenn es so weiter ginge mit ihm, oder unterzeichnete sich in Briefen an seine Gefährtin als «Ihr mumienhaft alter, uralter Ch.».

Ging es ihm aber gut, dann war er im befreundeten Kreise sehr zugänglich, wenn auch nunmehr viel seltener zum Spielen aufgelegt denn früher (wozu ihm auch im Marlianischen Salon ein Instrument zur Verfügung stand). Kam er unverhofft nach Unterrichts- oder Arbeitsstunden aus seinem «Allerheiligsten» in einen geselligen Zirkel, so machte sich bald irgendwer (oft war es George Sand selbst) zum Wortführer der um einen musikalischen Vortrag Bittenden. Doch vertauschte er in jenen Jahren dann viel lieber den Musiker mit dem Mimen, und seine Nachahmungsimprovisationen sollen damals geradezu verblüffend gewesen sein. Besonders seine Kollegen Liszt, Hiller, Herz, Pixis und andere haben nach übereinstimmenden Schilderungen durch ihn in Aussehen, Sprechweise, Gebärde und sogar Spiel eine unglaublich wahrheitsgetreue Darstellung gefunden*. Doch auch außerhalb des Musikerkreises gab es, wie wir früher schon hörten, Gestalten, die zur Erprobung seines schauspielerischen Talentes herhalten mußten. Eine der gelungensten soll Friedrich der Große gewesen sein.

Zwei Schicksalsschläge griffen tief in Chopins Seelenleben ein: der Tod Jan Matuszynskis am 20. April 1842 und der seines Vaters am 3. Mai 1844. Keiner überraschend, denn der Freund war seit Jahren schwerkrank, der Vater zart, anfällig und vierundsiebzig Jahre alt! Der sensible Chopin war der Befürchtung, einen geliebten Menschen zu verlieren, stets ausgewichen, und als er sich nun vor die Tatsachen gestellt sah, traf es ihn doppelt schwer. Insbe-

* Den mehr als zwanzig Jahre älteren J. P. Pixis kopierte er einmal so täuschend ähnlich, daß ein zuschauender Gast, der jenen persönlich noch nicht kannte, anderntags im Theater den wirklichen Pixis für den diesen darstellenden Chopin hielt und entsprechend ansprach. Dies führte zu einer höchst peinlichen Situation, die der dazutretende Chopin dann aber in seiner gewandten und liebenswürdigen Art schnell aufzuhellen vermochte.

sondere der Verlust Jan Matuszynskis war für ihn von bleibender Schmerzlichkeit. Noch 1846 schrieb er nach Hause, daß kein Tag vergehe, ohne daß er an Jan denke. Seine Nervosität soll nach diesen Erschütterungen merklich zugenommen haben und die Gesichtsneuralgie von dorther datieren.

Man kann sich ausmalen, daß ihn angesichts seines Zustandes im geheimen die Furcht vor dem eigenen Tod nicht mehr losließ und daß bei seiner Veranlagung die abergläubischen Vorstellungen, die das polnische Sagengut aufweist, von ihm Besitz ergriffen. Alpträume und Halluzinationen durchjagten seine oft schlaflosen Nächte. Nicht als gute, hilfreiche Wesen ließ seine übersteigerte Phantasie ihm die Verstorbenen erscheinen, sondern als Sendboten des Todes, die mit eisigen knöchernen Händen nach ihm griffen. Mit dem aufsteigenden Tage verflüchtigten sich diese Wahngebilde, um seine Gedanken höchstens in mild-versöhnlicher, mitunter vielleicht gar in positiver Form zu entrücken.

So mag es gewesen sein, als er an seine Angehörigen schrieb: «Ich bin immer mit einem Fuß bei Euch, mit dem zweiten im Zimmer nebenan, wo die Herrin des Hauses arbeitet, und überhaupt nicht bei mir selbst in diesem Augenblick, sondern wie gewöhnlich in irgendwelchen seltsamen Fernen. Gewiß sind es jene Espaces imaginaires, doch ich schäme mich dessen nicht; ist doch bei uns jenes Sprichwort entstanden, daß jemand ‚durch Imagination zur Krönung fuhr' . . .»

DREIZEHNTES KAPITEL

Bis Ende 1845

In äußerer Gleichförmigkeit flossen einige Jahre dahin. Die Sommer glichen aus, was die Winter nahmen, und was jenen mangelte, gewährten diese doppelt. Die Monate in Nohant: zumeist der Schaffung neuer Werke und deren Verwertung, der Erholung und Stärkung gewidmet, familiengebunden, ländlich ruhig und nur durch Gäste und kleine interne Zwistigkeiten bewegt und gewürzt. Die Winter in Paris: vornehmlich geteilt zwischen Erwerb und Gesellschaft, voller Leben und Anstrengung, freier und atmosphärisch artgemäßer. Dort Erfüllung im Werk, hier Erfüllung des Wesens! Und beides half mit, das Erbe zu mehren, das der Nachwelt verblieb.

Als ständigen Gast in Nohant und als Mann der Gesellschaft in Paris haben wir Chopin schon gesehen; hier sei er nun als Musikerzieher ins Licht gestellt: Einhellig bekundeten seine Schüler in Wort und Schrift die hohe Auffassung des Meisters von seinem Lehrberuf und seine Eignung für diesen. Zudem scheint er ihm – ganz abgesehen von seiner wirtschaftlichen Notwendigkeit – auch ein gewisses Bedürfnis gewesen zu sein. Vielleicht war solch produktive Anwendung der Zeit ein Gegengewicht für deren Verschwendung durch fast allabendliche Teilnahme an geselligen Anlässen. Die Würdigung Chopins in seiner Eigenschaft als Lehrer geschieht meistens im Schat-

George Sand in Männertracht: Lithografie von A. Kneisel
nach einer Zeichnung von Cäcilie Brandt.

ten des auch auf diesem Gebiete ungewöhnlich erfolgreichen Franz Liszt. Schüler in der Art der von diesem ausgebildeten und zu glanzvollem Ruhme gelangten Pianisten nicht aufweisen zu können, rechnet man Chopin vielfach wortwörtlich als «Mißerfolg» an. Solche Vergleichung und Schlußfolgerung dünkt uns verfehlt und in diesem Falle auch oberflächlich, weil sie einen grundlegenden Umstand außer acht läßt. Den Umstand nämlich, daß der Altersgenosse Liszt zu Chopins Zeiten überhaupt noch keine nennenswerte Unterrichtstätigkeit ausübte. Seine Lehrerfolge bahnten sich erst an, als Chopin schon nicht mehr unter den Lebenden weilte. Aber selbst wenn beide gleichzeitig ihre pädagogische Tätigkeit ausgeübt hätten, so wäre es verständlich und nicht zuungunsten Chopins auslegbar, wenn Liszt auch schon damals der von Hochbegabten gesuchtere und bevorzugte Pianist gewesen wäre, weil sein Ruhm dank seinen vielen Konzertreisen bereits überall hingedrungen war. Sein Auftreten wirkte faszinierend und stets werbend, sowohl für die vorgetragenen Werke als auch für ihn selbst als Interpreten und qualifizierten Künstler. Chopins Klavierkunst war solch rauschender Virtuosität entgegengesetzt, war, wie sich schon aus dem früher Gesagten ergab, eine intime, nur in kleinem Rahmen sich voll entfaltende und in ihrer eigenartigen Schönheit erfaßbare. Außerhalb seines Wirkungsbereiches gründete sich sein Ruf einzig auf seine Kompositionen und nicht auf sein pianistisches Können. Wie hätte dies auch anders sein sollen? Schon allein die Beschränkung auf eine geringe Anzahl eigener Veranstaltungen in wenigen Städten verhinderte die umfassende Ausbreitung der Kunde von seinem überragenden Spiel. (Ein einziges, von Liszt im Kölner Dom zugunsten von dessen Weiterausbau gegebenes Konzert versammelte mehr Zuhörer, als Chopin sie in seinen sämtlichen öffentlichen Klavierabenden zusammengenommen gehabt haben dürfte!) Aus dem vorher Gesagten ist erklärbar, daß die aus dem Ausland bei Chopin als Schüler Aufnahme Begehrenden zuvorderst den Zweck verfolgten, seine eigenen Werke bei ihm zu studieren, um sie in authentischer Darstellung interpretieren zu können.

Sie fanden dann in ihm einen Lehrer, von dem sie auch rein pianistisch überraschend vieles und methodisch Neues profitieren konnten und von dem sie alle – hierin nicht anders als die schwärmerischen fürstlichen und gräflichen Amateurschülerinnen – begeistert waren, trotz seinen enormen Ansprüchen und dem zeitweisen nervösen Überreiztsein, namentlich in den beiden letzten Jahren. «Leçons orageuses» nannten sie unter sich solche kritische Unterrichtsstunden, in denen ihr Meister heftig wurde, ärgerlich tobte ob ungenügender Leistungen und nicht nachließ, bis durch schier endlose Wiederholungen schließlich gelang, was er wünschte. Selbst wenn es Tränen gab, was oft vorgekommen sei, ihn jedoch sofort zur Mäßigung veranlaßt haben soll, blieb nicht der Schatten eines Grolls gegen den Verehrten haften, weil sich jeder bewußt war, daß es ihm wahrhaft um Förderung ging. Hat Chopin auch keine Podiumgrößen herausgebracht à la Bülow, Tausig, Reisenauer, d'Albert, so doch vortreffliche Spieler und hochgeachtete Klavierpädagogen. Was ließe sich Gewichtigeres über einen lehrenden Künstler äußern, als es Mikuli, der nachmalige Betreuer einer bereinigten Ausgabe der Werke seines Meisters, getan: «Chopins Schüler allein sind imstande, ihn als Pianisten in seiner unerreichten Größe zu erfassen.»

Seine Lehrmethode, die gewissermaßen auf seinen Werken basierte, zielte auf größtmögliche Geschmeidigkeit der

Hände, Leichtigkeit und Glätte des Spiels, Anschlagsfinessen, gesangliche Tongebung und dynamische Kontrastierung und richtete besonderes Augenmerk auf die Fingersätze und den Pedalgebrauch. – Raummangel versagt uns leider, hier im einzelnen auf Chopins Methodik einzugehen, doch sei festgehalten, daß er seine künstlerische Individualität in schönster Weise dem Pianistennachwuchs, der sich ihm anvertraute, dienstbar machte. Aus den Darstellungen verschiedener seiner Schüler über seine Lehrweise und den diesbezüglichen Veröffentlichungen von Mikuli, Wilhelm von Lenz und dem Musikschriftsteller Hallée geht hervor, daß er ein guter Psychologe gewesen, der jeden nach seiner Art und Fähigkeit, nach Talent und Temperament behandelte und vorwärts brachte. Nicht geringen Wert legte er darauf, daß die bei ihm Studierenden gleichzeitig bei Henri Reber Theoriestunden belegten.

Nur bei einem seiner Berufsschüler läßt sich von einer genialen Begabung reden: dem schon im Alter von fünfzehn Jahren verstorbenen Charles Filtsch. Dieses aus dem Siebenbürgischen gekommene Wunderkind hatte alle Aussicht, nicht nur für die künftigen Jünger Liszts, sondern vielleicht gar für diesen selbst ein Konkurrent zu werden. Chopin soll ihn binnen kurzer Zeit klavieristisch so entwickelt haben, daß er bereits mit dreizehn Jahren anspruchsvolle Werke des Meisters in einer Vollendung spielte, wie bislang niemand außer dem Komponisten selbst. Als Glanzstücke seines Repertoires führte man die beiden Klavierkonzerte Chopins an. Bei der Begleitung Filtschs am zweiten Instrument wurde Chopin mehrmals von dem zu Herzen dringenden Spiel des Knaben und den aufsteigenden Erinnerungen an die Entstehungszeit dieser Werke so ergriffen, daß er unter einem Vorwand abbrechen mußte, um von seinen Empfindungen nicht übermannt zu werden. Die Musikalität des Frühreifen (von dem Liszt gesagt: «Wenn der Kleine auf Reisen geht, schließe ich die Bude zu») erwies sich einmal daran, daß er, um die Aufführung des f-moll-Konzerts seines Meisters trotz Fehlens des Orchester-Notenmaterials in der Originalfassung zu ermöglichen, sämtliche Streicher- und Bläserstimmen aus dem Gedächtnis aufschrieb! Im Juni und Juli 1843 entzückte er in zwei öffentlichen Konzerten die Londoner Musikfreunde und spielte dann auch im Buckingham-Palast vor der Königin. Einige Monate darauf debütierte er in Wien. Doch noch ehe er seine geistig und technisch gleich hochstehende pianistische Kunst in größerem Maße zur Auswirkung bringen konnte, ereilte ihn im Mai 1845 in Venedig der Tod.

Wie sehr die Dilettantinnen unter den von Chopin Unterwiesenen in der Überzahl waren, erhellt ein Blick auf seine Werkwidmungen. Von Opus 14, der ersten einer Schülerin zugedachten Komposition, bis zu Opus 65, der letzten von ihm noch selbst numerierten und herausgegebenen, hat er gegen dreißig Werke Aristokratinnen dediziert, die ihre musikalischen Fähigkeiten seiner Förderung unterstellten. An Berufsschülern sind fünfzehn dem Namen nach bekannt geworden, wovon er dreien Werke widmete: Adolph Gutmann, dem frühesten und beständigsten unter ihnen, sowie Friederike Müller und Caroline Hartmann, zwei der vier Schülerinnen, die Konzertreife anstrebten. Lassen wir in unserer Übersicht diesen den Vorrang.

Als begabteste unter ihnen und eine seiner Lieblingsschülerinnen galt die Wienerin Friederike Müller, die von November 1839 bis Juni 1841 bei ihm studierte, dann ihrer eigenen Schüler wegen nach Hause zurückkehrte, im Winter 1844/45 aber nochmals nach Paris kam, um mit dem verehrten Meister verschiedene Werke, darunter das ihr gewidmete Allegro op. 46, für den Konzertvortrag vorzubereiten. Ihrem sorgfältig geführten Tagebuch verdankt man einen lebendigen Eindruck von Chopins Persönlichkeit als Lehrer und erfährt auch von den Widerständen, die es zu besiegen galt, um in die Reihe seiner Schüler aufgenommen zu werden. Zwei Wochenstunden hatte er ihr reserviert, doch die Lektionen dehnten sich oft auf die dreifache Zeitdauer aus, besonders dann, wenn er selbst etwas vorspielte. Sein Lehrplan umfaßte zunächst Studien von Clementi, Cramer, Hummel, dann Werke von Bach, Beethoven, Hiller, Liszt, Moscheles, Weber und Thalberg und zuletzt seine eigenen. – Wie wenig wohl er sich nach der durch seine Erkrankung erzwungenen einjährigen Pause noch fühlte, ist der Bemerkung zu Friederike Müller zu entnehmen, daß er seines Befindens wegen wahrscheinlich des öfteren zur Verlegung der Lektionen werde genötigt sein. Nach ihrer Heirat mit dem Wiener Klavierfabrikanten Streicher entsagte die vielversprechende Pianistin der erfolgreich begonnenen Konzertlaufbahn.

Eine andere hervorragend fähige, doch schon im ersten Jahr ihrer Studien bei Chopin durch den Tod abberufene Schülerin war die Elsässerin Caroline Hartmann, die einem musikalischen Hause entstammte und sich schon von frühauf als Klaviersolistin des regelmäßig musizierenden Liebhaberorchesters betätigte, das sich ihr Vater in Colmar aus Familienmitgliedern und Angehörigen seines Fabrikbetriebes gebildet hatte. Sie war nach Paris gekommen, um sich dort den letzten pianistischen Schliff zu holen, was ihr auch in der kurzen Zeit gelungen sein soll. Allerdings auf Kosten ihrer Gesundheit, denn die plötzliche katastrophale Verschlimmerung ihres Tuberkuloseleidens ward der Überarbeitung zugeschrieben; mancherseits aber auch dem Kummer, den ihre unerwiderte Liebe zu Chopin ihr bereitet habe. Das Rondo op. 16 trägt ihren Namen.

Über Madame Dubois, die schöne irische ehemalige Miß O'Meara, verlautet, daß sie nicht nur eine der meistgeschätzten Pariser Klavierlehrerinnen jener Zeit, sondern auch eine bei vornehmen Soireen sehr begehrte und mit ihrer Kunst überdies in öffentlichen Konzerten vertretene Pianistin gewesen sei. Noch in den 1880er Jahren habe sie mit der meisterhaften Wiedergabe des e-moll-Klavierkonzertes ihres Lehrers ein anspruchsvolles Publikum enthusiasmiert.

Vera de Kologrivof, nachmalige Madame Rubio, war nach vierjährigem Studium bei Kalkbrenner 1842 zu Chopin übergetreten, der sich ihre Vervollkommnung sehr angelegen sein ließ. Wie hoch er ihr Können einschätzte, geht daraus hervor, daß er ihr öfters seine Stellvertretung übergab. Im letzten Jahre hielt er es bei mehreren Schülern aus Gesundheitsrücksichten zeitweise so, daß sie immer abwechselnd einmal zu ihm und das anderemal zu Madame Rubio zum Unterricht kamen. Ihr war es übrigens zu verdanken, daß die sehr mißlichen Geldverhältnisse Chopins im Jahre 1849 – über die sie sein vertrauter Freund Franchomme aufgeklärt hatte – durch heimliche kleine Beihilfen und eine großzügige Schenkung seiner Schülerin Jane Stirlings wieder ins Lot kamen. Gewiß war es Madame Rubio eine Herzenssache, ihrem Meister auf diese Weise etwas von dem ihm geschuldeten Dank abstatten zu können. Von ihr erfuhr man, daß er, wenn es ihm angebracht erschien, auf sein Unterrichtshonorar verzichtete. Es war bei den Schülern üblich, das Geld stillschweigend auf das Kaminsims zu legen, und als sie einmal ihre Schuldigkeit für mehrere Stunden dort deponiert hatte, gab es ihr Chopin bis auf zwanzig Franken zurück, die er unter ihrem Namen als Stiftungsbeitrag für eine polnische Hilfsaktion in eine Liste einzeichnete.

Der aus Heidelberg stammende Adolph Gutmann wurde 1834 im Alter von fünfzehn Jahren von seinem Vater zu Chopin nach Paris gebracht, der zunächst nicht gewillt schien, die Verantwortung für die künstlerische Ausbildung des Knaben zu übernehmen. Als er ihn jedoch spielen gehört, ließ er sich dazu bestimmen. Ob Gutmann die in ihn gesetzten Erwartungen wirklich erfüllte, steht dahin. Chopin verlor den Glauben an sein Talent auch dann nicht, als er nach elfjährigem Studium eine auf seine Empfehlung hin zustande gekommene Konzerttournee schon nach der ersten Veranstaltung am preußischen Hof zu Charlottenburg aus Heimweh nach ihm und Paris kurzerhand abbrach und wieder zurückkehrte. «Ein Pianist von sauberem, doch kühlem Stil, Fingergewandtheit und einer mehr an Thalberg als an seinen bedeutenden Lehrer erinnernden Spielart, der seinen Zuhörern Freude gemacht habe», beschrieb ihn die *Gazette musicale* nach einem Auftreten in Paris im Jahre 1844. Mitstudierende und andere Pianisten hielten dafür, daß Chopin in diesem Falle einer merkwürdigen Täuschung erlegen sei, andererseits aber sprach auch Moscheles von ihm als einem «vortrefflichen Schüler». Jedenfalls lag Gutmanns Stärke auf dem musikpädagogischen Gebiete. Er erfreute sich so großen Zuspruchs als Lehrer (und vermutlich auch als Salonkomponist), daß er sich früh aus dem Erwerbsleben zurückziehen konnte, Reisen unternahm und sich schließlich in Florenz niederließ, wo er die von ihm ehemals erfundene Ölmalerei auf Seide betrieb.

Eine Sonderstellung unter den Schülern nimmt Wilhelm von Lenz ein, seines Zeichens Musikschriftsteller und

Pianist nur im Nebenberuf. Dank Liszts Vermittlung, bei dem er zuvor ein wenig hospitierte, hatte sich Chopin bereitgefunden, seinen Wunsch, die Mazurkas mit ihm durchzunehmen, zu erfüllen. Man gewinnt indes den Eindruck, daß dies mehr ein Vorwand von Lenz war, um überhaupt Eingang zu finden zu dem außerhalb seines Freundes- und Schülerkreises unzugänglichen, unter formeller Höflichkeit jeder unerwünschten Annäherung streng verschlossenen Chopin. Eine List, mit ihm näher bekannt zu werden, zu dem Zweck, ihn als Menschen und Künstler zu studieren, was ihm dann auch gelang durch seine mit naiver Offenherzigkeit bemäntelte Neugier und beharrliche Zudringlichkeit, die er noch manch anderem hervorragenden Künstler zuwandte. Seine Beobachtungen machte er später zur Grundlage biographischer Veröffentlichungen, worunter hier sein 1872 erschienenes Buch: *Die großen Pianofortevirtuosen unserer Zeit* erwähnenswert ist*.

Ein anderer langjähriger Schüler Chopins, George Mathias, wurde ein sehr geschätzter Lehrer am Pariser Konservatorium und hatte auch als Verfasser von Klavier-, Kammer- und Orchestermusik sehr gute Erfolge aufzuweisen. Mehr als der Vorgenannte nahm der spätere Lehrer am führenden Musikinstitut seiner Vaterstadt Genf, Charles Samuel Lyßberg-Bovy, kompositorisch von seinem Klaviermeister an. – Ein großes Talent scheint Paul Gunsberg (oder Günsberg) gewesen, aus welchem Chopin nach Ansicht von Madame Dubois «einen bewunderungswürdigen Virtuosen gemacht». Auch er ist in jungen Jahren ein Opfer der Schwindsucht geworden. Als weitere ausge-

* Gewisse Ähnlichkeiten in seinen literarischen Komponistenporträts lassen auf eigene Zutaten Lenzens, namentlich in angeblich wörtlichen Äußerungen, schließen und mahnen zu vorsichtigem und kritischem Gebrauch dieser Quelle.

zeichnete Pianisten, die in ihrer Heimat zu Ruf und angesehener Stellung kamen, seien noch angeführt: der Petersburger Casimir Wernik, der Berliner Gustav Schumann, die Engländer Brinley Richards und Lindsay Sloper, Carl Mikuli, der später Direktor der Galizischen Musikgesellschaft in Lemberg wurde. Als letzter dieser Gruppe sei der Norweger Thomas Dyke Tellefsen genannt, wie Mikuli Herausgeber der Werke Chopins. Er ließ sich für dauernd als Klavierlehrer in Paris nieder.

Aus der langen Reihe der Privatschülerinnen ragen zwei bis zur Konzertreife ausgebildete hervor. Die Krone gebührt der Fürstin Marzelline Czartoryska, die neben ihrer hervorragenden Begabung auch noch das Plus hatte, eine Landsmännin Chopins und mit ihm intim befreundet zu sein, was ihr ermöglichte, ganz in den Geist seiner Werke einzudringen. Mit ihr zu arbeiten, war für ihn eine reine Freude. Sie als einzige soll die Vortragskunst ihres Meisters nahezu erreicht und in diesem Sinne seine Nachfolge angetreten haben. In zahlreichen Wohltätigkeitsveranstaltungen zeugte sie, besonders nach seinem Tode, mit ihrem eindrücklichen und zu Herzen dringenden Spiel von seinem Schöpfertum und Klavierstil. – Als nächstbeste der nicht beruflich tätigen Jüngerinnen ist Madame Peruzzi anzusprechen, gebürtige Russin und Gattin des toskanischen Gesandten am französischen Hof. Auch von ihr wird gesagt, daß sie, ausgestattet mit einer bewunderungswerten Technik, den Charakter der Werke ihres verehrten Lehrers voll erfaßt und diese «mit allen den aus Noten allein nicht erkennbaren Finessen des Meisters» vorgetragen hätte. – Die Peruzzis konnten sich rühmen, Chopin oft als Gast bei sich gesehen zu haben. Manchmal auch suchten sie beide den Meister in seiner Wohnung auf; doch ob da oder dort: es wurde viel weniger konversiert als musiziert. Die zweiklavierige Literatur erfuhr dabei besondere Pflege, namentlich die Duos von Weber, Hummel und Moscheles erfreuten sich großer Beliebtheit. Auch Schuberts vierhändiges Divertissement à l'Hongroise gehörte zu den bevorzugten Stücken. Amüsant waren bei diesen Zusammenkünften die musikalischen Scherze, die den Einfällen Madame Peruzzis entsprangen und von Chopin mit Vergnügen aufgegriffen wurden, wie etwa das Intonieren kleiner, frageartiger Motive aus seinen Werken durch sie, die er dann am zweiten Klavier in allen möglichen Varianten beantwortete. Als Späße waren musikalische Freiheiten wohl erlaubt, doch wehe, wenn sie ernst gemeint! Absolute Texttreue galt als oberstes Gesetz für seine Schüler.

«Traits», wie er virtuose Ausschmückungen nannte, konnte er allenfalls einem Liszt zugestehen, wenn auch widerwillig! («Er muß auch an alles seine Hand legen! Nun, er darf's, er spielt ja vor Tausenden, ich selten vor einem», will Lenz darüber von Chopin vernommen haben.) Darnach kann man sich ein Bild von dem Ärger machen, der ihn überkam, als er von der eigenmächtigen Betitelung seiner Kompositionen durch den Londoner Verleger Wessel erfuhr. Bezeichnungen, die auf den Publikumsgeschmack spekulierten und dem Geist der betreffenden Kompositionen zum Teil direkt widersprachen*. Dabei hatte Wessel die Rechnung noch ohne die Käufer gemacht, denn der Absatz der Chopinschen Werke in London blieb anfangs gering und steigerte sich erst, als Liszt in seinen dortigen Konzerten seines Freundes Etüden, Mazurkas und Nocturnes gespielt hatte.

* *Adieu à Varsovie* – op. 1, *Hommage à Mozart* – op. 2, *La Posiana* – op. 5, *Murmures de la Seine* – op. 9, *Les Zéphirs* – op. 15, *Souvenir d'Andalousie* – op. 19, *La Méditation* – op. 31, *Les Favorites* – op. 40 und so weiter.

Auch Liszt soll sich eine bedenkliche Freiheit, doch ganz anderer Art, herausgenommen haben, indem er während einer sommerlichen Abwesenheit Chopins eine Zeitlang dessen Pariser Wohnung als Absteigequartier benützte. Manche glaubten, darin die Ursache der Entfremdung der beiden Künstler erkennen zu können, doch spricht gegen diese Auffassung eine Briefstelle vom Dezember 1845. Darin teilt Chopin seinen Angehörigen in versöhntem Tone mit, Liszt habe ihn besucht und es hätte sich herausgestellt, daß viel mehr geredet worden als tatsächlich vorgefallen sei. Auch die nachträgliche, aus der Erinnerung gegebene Erklärung Liszts, Chopin und er seien gewissen Differenzen ihrer beiden Damen wegen auseinander gekommen, muß auf einem Irrtum beruhen, da solche Begebnisse bereits vor dem Herbst 1840, dem Zeitpunkt seiner (zunächst provisorischen) Trennung von Marie d'Agoult stattgefunden haben müßten*, während sein Verhältnis zu Chopin bis 1845 ein ungetrübtes war. Vermutlich war es so, daß das Auseinandergehen ihrer Wege, die Seltenheit des Zusammenkommens infolge Liszts langwieriger Reisen und das Mißbehagen Chopins über dessen etwas selbstgefällige Schilderungen seiner Konzerterfolge die Beziehungen allmählich lockerten und schließlich auslaufen ließen.

Nach dem durch erneute akute Erkrankung verdüsterten Winter 1843/44 mußte Chopin die Nachricht vom Tode seines Vaters um so schmerzlicher treffen. Es war deshalb ein glücklicher Gedanke seiner Schwester Louise, ihn noch im gleichen Sommer zu besuchen. Vierzehn Jahre

* Um die Jahreswende 1839/40 hatte es in der Tat Auseinandersetzungen zwischen George Sand und Marie d'Agoult gegeben, denen anscheinend Eifersucht der letzteren zugrunde lag. Dies war aber also schon einige Jahre vor der Erkaltung der Beziehungen zwischen Chopin und Liszt.

hatten sich die Geschwister nicht zu Gesicht bekommen, und George Sand, die Frau Jedrzejewicz nebst ihrem Gatten nach Nohant eingeladen, handelte klug, sie auf das Wiedersehen mit dem Leidenden vorzubereiten. «Sie werden das liebe Kind recht zerbrechlich und verändert wiederfinden», schrieb sie an Louise. «Aber ängstigen Sie sich nicht über seine Gesundheit. Ich sehe ihn seit sechs Jahren fast täglich, und sie hat sich nicht wesentlich verändert. Jeden Morgen ein ziemlich starker Hustenanfall, alle Winter zwei oder drei etwas längere, mehrere Tage dauernde Krisen, einige neuralgische Schmerzen von Zeit zu Zeit, das ist so seine normale Situation. Seine Brust ist gesund und sein Organismus nirgends ernstlich angegriffen.» Man kann annehmen, daß «die Herrin von Nohant», unter welcher Bezeichnung sie in Chopins Briefen an seine Angehörigen meist figuriert, überzeugt war von dem, was sie da so optimistisch über den Zustand ihres Freundes schrieb. Die behandelnden Ärzte rückten nicht mit der Sprache heraus, und der Patient selbst, der sich wohl kaum hatte täuschen lassen, tat das menschenmögliche, den wahren Sachverhalt zu verdecken. Jedenfalls war der Aufenthalt seiner Lieblingsschwester – wenigstens fürs erste – von äußerst wohltätigem Einfluß auf ihn. Es wird dies offenkundig aus den ihrem Besuch folgenden Briefen an seine Lieben zu Hause und aus den Postskripten seiner Gefährtin. «Seit Deiner Abreise leben wir nur mit dem Gedanken an Dich», schrieb sie an Louise. «Fr. hat, wie Du Dir vorstellen kannst, die Trennung schwer empfunden, doch hat sein Körper die Probe ziemlich gut bestanden. Im allgemeinen trug Euer Entschluß, ihn zu besuchen, die erwünschten Früchte. Die Bitterkeit ist aus seinem Herzen gewichen, wodurch er Kraft und Mut wiedergewonnen hat. Etwas von dem Glück, das man einen

Monat lang genossen, muß ja zurückbleiben und wird viele Wunden vernarben machen und einen neuen Vorrat an Hoffnung und Gottvertrauen schaffen. Ich versichere Dir, daß Du der beste Arzt bist, den er je gehabt, denn es genügt, von Dir zu sprechen, um ihm die Lebenslust wiederzugeben ...»

Chopin selbst weiß in jedem Brief an Louise von Sympathien zu berichten, die sie sich in Nohant und während des mit mit ihm verbrachten vierzehntägigen Aufenthaltes in Paris bei seinen dortigen Freunden erworben hatte. Ihr gewinnendes Wesen brachte ihr auch George Sand und Solange nahe, und Marie de Rozières' Zuneigung war geradezu schwärmerisch. Übrigens wandelte sich von diesem Zeitpunkt an die Einstellung Chopins zu dieser Schülerin in frappanter Weise. Sie genoß nun, vermutlich auf die Vorstellungen Louisens hin, sein Vertrauen und kümmerte sich fürderhin um jene Dinge, die einer Frau besser lagen als einem Freunde. Auf seinen Wunsch überwachte sie die Instandsetzung und das Vorheizen der Wohnung und schmückte sie mit Blumen, die er bei der Wiederkehr ebensowenig vermissen mochte wie eine mollige Wärme. In diesem Jahr kam er erst Mitte November zurück, weil er nach der Abreise Louisens doch einige gesundheitlich kritische Tage durchzumachen hatte, von denen er sich erst wieder erholen mußte.

Anfang Dezember lag Paris bereits im Schnee und es war bitter kalt. Chopin beschwor seine einer Unpäßlichkeit wegen allein noch in Nohant verbliebene Freundin, weiterhin zuzuwarten, bis ihr Logis einige Tage gut durchgeheizt worden sei. «Morgen wieder ein Brief, wenn Sie gestatten, Ihr immer älterer, sehr, außerordentlich, unglaublich alter Ch.», beschloß er seine Zeilen. Drei Tage später ließ ihn seine Sorge um sie und der Wunsch, ihr die

Zeit zu verkürzen, erneut schreiben. Ein Brief, der ihn als Kinderfreund zeigt und der in der Gegenüberstellung des jungen knospenden Lebens mit sich selbst von ergreifender Traurigkeit ist. «Soeben habe ich Ihren allervortrefflichsten Brief erhalten und ersehe daraus, daß die Verzögerung Sie arg bedrückt. Doch haben Sie Mitleid mit Ihren Freunden und gedulden Sie sich, denn wirklich, wir wären verzweifelt, Sie bei solcher Witterung und nicht völlig gesund unterwegs zu wissen. Ich wünsche, Sie bekämen erst so spät wie möglich Plätze (im Postwagen), damit es weniger kalt wäre . . . Alle behaupten hier, daß der Winter hier viel zu brüsk fortschreitet. Alle, das sind Herr Durand und Franchomme, den ich heute morgen bereits gesehen habe und bei dem ich gestern am Kamin dinierte, in meinem dicken Überrock und neben seinem dicken Buben. Er war rosig, frisch, warm und mit nackten Beinen. Ich war gelb, welk, kalt und hatte unterhalb der Beinkleider dreifachen Flanell. Ich habe ihm in Ihrem Namen Schokolade versprochen. Sie und Schokolade bedeuten jetzt für ihn ein und dasselbe. Ich glaube, daß Ihr Haar, von dem er erzählte, daß es so schwarz sei, jetzt in seinem Gedächtnis schokoladebraun geworden ist. Er ist ungemein drollig, und ich liebe ihn ganz besonders . . . Ich stelle mir vor, daß es Morgen ist und Sie in Ihrem Schlafrock, umringt von Ihren geliebten Kindern sind, die ich Sie bitte von mir zu umarmen, wie auch ich mich zu Ihren Füßen lege. Was die orthographischen Fehler anlangt, so bin ich zu faul, um im Boiste nachzuschlagen. Ihr mumienhaft alter Ch.»

Mit dem Besuch der Schwester und des Schwagers hatte Nohant für Chopin ein anderes Gesicht bekommen. Alles dort erinnerte ihn an sie, auch noch im folgenden Sommer, und man spürt aus seinen Briefen, wie die durch dieses Wiedersehen neu belebte Sehnsucht nach seinen Lieben nicht mehr schweigen will. Die Episteln wurden viel ausführlicher, und manchmal fügte er vierzehn Tage lang Fortsetzungen an. Es muß zu einem starken Bedürfnis für ihn geworden sein, sich wenigstens in Gedanken mit den Seinigen zu vereinen. Ob das Fortschreiten seines Leidens ihn anschlußbedürftiger machte oder ob er empfand, daß das Selbständigwerden von Maurice und Solange Probleme für seine Stellung innerhalb des Sandschen Familienkreises auslöste und er deshalb vage an irgendeine Änderung dachte, wer vermag dies zu ergründen? Er schmiedete Pläne. «... Die musikliebende und mir aus ganzem Herzen wohlgesinnte Prinzessin Obreskoff wird auf der Durchreise zu Euch kommen, sie soll mir auf der Rückfahrt in ihrem Wagen Mütterchen mitbringen, und um sie im nächsten Frühling abzuholen, müßt Ihr alle, Töchter, Schwiegersöhne und Enkel herfahren ...» In einem späteren Schreiben wandte er sich bezüglich des Kommens seiner Angehörigen gegen jegliche ablehnenden Ausflüchte. «Übrigens, wenn Mütterchen hier krank wäre und auch ich krank wäre, dann könnte Isabella kommen, um uns beide zu pflegen, und Isabella würde ihr Gatte nachreisen, und Ihr andern kämet sie holen. Voilà tout.» Er fühlte sich nicht mehr recht behaglich. «Ach, die Zeit vergeht gar schnell!» seufzt er an anderer Stelle. «Ich weiß nicht, wie es kommt, doch kann ich gar nicht ordentlich arbeiten, und dennoch faulenze ich nicht, schlenkere nicht in allen Winkeln umher wie mit Euch, sondern sitze ganze Tage und Abende in meinem Zimmer. Trotzdem muß ich einige Manuskripte vor meinem Weggang von hier fertigstellen, denn im Winter kann ich nicht komponieren. Seit Eurer Abreise habe ich nur jene Sonate (in h-moll op. 58) geschrieben. Jetzt habe ich außer den neuen Mazurkas nichts druckfertig, und doch wäre es nötig ...»

Man hatte Chopin als eine prominente Persönlichkeit zu der auf den 12. August 1845 angesetzten feierlichen Enthüllung des Bonner Beethovendenkmals eingeladen. Doch nur die Aussicht, jemand von seinen Angehörigen in der Nähe des Festortes treffen zu können, hätte ihn zu der Reise verlockt. Da dies nicht der Fall, blieb er in Nohant und mokierte sich später brieflich über das Drum und Dran dieser Festivitäten: «Liszt läßt sich in Bonn ‚Er lebe' zurufen*, wo Beethoven ein Denkmal errichtet wird und wo die gekrönten Häupter gleichfalls erwartet werden. In Bonn werden Zigarren verkauft: *véritables cigares à la Beethoven*, der sicherlich nur Wiener Pfeifen geraucht hat; und so viel Möbel aus Beethovens Nachlaß hat man schon verkauft, alte Schreibtische, alte Regale, daß der arme Komponist de la symphonie pastorale wohl ein riesiges Möbelgeschäft gehabt haben müßte ...»

Der Umstand, daß Louise und ihr Gatte nun Einblick besaßen in die persönlichen und häuslichen Verhältnisse, unter denen Chopin lebte, schuf ihm die offensichtlich willkommene Gelegenheit zu ausführlichen Berichten an die Angehörigen. Neben sinnvollen Betrachtungen weisen

* Liszts Großmut und Rührigkeit hatten wesentlich zum Gelingen des Denkmalplans beigetragen. 1839, als er von dem Projekt der Geburtsstadt Beethovens erfuhr, hatte er sich schriftlich erboten, für die noch fehlende Summe aufzukommen unter der Bedingung, daß der Florentiner Bildhauer Lorenzo Bartolini (der Liszts und Marie d'Augoults Büste modelliert hatte) mit der Schaffung des Monuments beauftragt würde. Durch Konzerterträgnisse und Stiftungen, die er von reichen Verehrern seiner Kunst erwirkte, gelang es ihm, eine große Summe zusammenzubringen. (In seinen Briefen schrieb er von 20000 Franken, was etwa einem Drittel der Gesamtkosten entspräche.) Bartolinis Entwurf drang aber nicht durch. Das Bonner Denkmal ist eine Schöpfung des Dresdener Bildhauers Ernst Hähnel.

seine Briefe stellenweise so unwesentliche Mitteilungen auf, daß es den Eindruck macht, ihm sei nicht zuletzt darum zu tun gewesen, sein geliebtes Polnisch, wenn nicht reden, so doch wenigstens schreiben zu können. Seit Jan Matuszynskis Tod und Fontanas Auswanderung blieben ihm während des Nohanter Aufenthaltes außer seiner eigenen Familie nur Wojciechowski und Grzymala als Briefpartner heimischen Idioms. Letzterer aber hatte viele Verpflichtungen, war zudem öfters krank, ganz abgesehen davon, daß er schon durch sein Alter eine Art Respektsperson war, der man nicht in einem fort in den Ohren liegen konnte. Im winterlichen Paris fehlte es Chopin nicht an polnischer Gesellschaft, doch nach Nohant verlor sich selten ein Landsmann. Einmal hatte er weiblichen Besuch aus Warschau, den er in seinen Briefen «Lorka» benennt, worunter vermutlich die Gräfin Laura Czosnowska gemeint ist, dieselbe, der die Mazurkas op. 63 gewidmet sind. Mag ihr Aufenthalt für ihn eine große Freude gewesen sein, das Nachspiel war es nicht. Wir erfahren davon in einem Brief aus Nohant an die Angehörigen, worin er sich zunächst darüber ausläßt, daß sein Kollege Nowakowski in Paris sei und er sehnsüchtig hoffe, ihn bei seiner Rückkehr dorthin noch anzutreffen. «Hier will man ihn nicht haben», fährt er in seinem Schreiben fort. «An wie vieles würde ich mich erinnern! Ach, könnte ich wieder in unserer Sprache mich ausplaudern! Jan ist nicht mehr hier und seit der Abreise Lorkas habe ich kein Wort in Polnisch gesprochen ... Obwohl sie hier höflich zu Lorka waren, so haben sie ihr doch nach ihrem Weggang kein herzliches Andenken bewahrt. Der Kusine hat sie nicht gefallen, folglich auch dem Sohn nicht; daher Späße. Auf die Späße folgten Grobheiten, und da mir dies nicht gefiel, so ist überhaupt nicht mehr die Rede von ihr. Nur eine so gute Seele wie Louise konnte bei allen ein gutes Andenken hier hinterlassen . . .»

Der eben genannte Jan war Chopins Diener, dem er den Abschied geben mußte, «weil die andern die Geduld mit ihm verloren und die Kinder ihn zu sehr auslachten». Da sich kein Pole als Ersatz auftreiben ließ, machte ihm ein Freund einen Franzosen namens Pierre ausfindig, «einen sehr braven, gewandten und hoffentlich treuen Menschen, der sieben Jahre lang bei Horsfords, den Eltern meines Es-dur-Walzers (op. 18) gedient hat», schrieb Chopin über diese Angelegenheit nach Hause.

Mit der Kusine ist Augustine Brault gemeint, von der wir vorgreifend schon berichteten, daß sie im Mittelpunkt der Vorfälle steht, die nicht nur das bis dahin in seiner lauen Freundlichkeit erträgliche Verhältnis zwischen Chopin und Maurice zersetzten, sondern in der Folgezeit auch die Harmonie seiner Wahlgemeinschaft mit George Sand zerstörten. Augustine Brault bot wohl Anlaß zu Reibereien, Eifersüchteleien und Aufregungen, jedoch ohne eigene Schuld. Wenn eine solche überhaupt angenommen werden kann, dann trifft sie jeden einzelnen der Beteiligten, Chopin nicht ausgenommen. Doch uns will scheinen, die Entwicklung der Verhältnisse erkläre sich aus der Eigenart der Charaktere und der Gesamtkonstellation und dürfte kaum abwendbar gewesen sein.

Angesichts des geringen und sich dazu noch widersprechenden authentischen Materials ist es schwierig, in die verwickelte Situation hineinzuleuchten. Die Parteinahme Chopins für Solange hatte gewiß keine anderen Hintergründe als die lautere Absicht, diesem nach seiner Auffassung wertvolleren und stiefmütterlich behandelten Kinde Georges ritterlich beizustehen. Wenn er über ihrer Jugendfrische und Anhänglichkeit an ihn ihre charakterlichen Mängel nicht gewahrte, so ist dies aus der eigenen Sauberkeit, der Unerfahrenheit und einer seiner slawisch mißtrauischen Natur sonst allerdings fremden Leichtgläubigkeit zuzuschreiben. Nach den Märchen, die sie ihm auftischte und die er als bare Münze nahm, mußte er glauben, daß ihre Mutter unter ihrem Dache Vorgänge begünstige, die nach seiner Auffassung unmoralisch waren. Nun fühlte er sich anscheinend als Beschützer Solanges zu Vorstellungen veranlaßt, deren Berechtigung ihm der damals dreiundzwanzigjährige Maurice nicht zugestand, zumal die von seiner Schwester erhobenen Anschuldigungen teils falsch, teils böswillig übertrieben waren. Dadurch, daß Chopin sie unbesehen als Tatsache nahm, setzte er sich ins Unrecht gegenüber Maurice, dessen Mißgunst er, als der einzige zählende Mitbewerber um die Liebe der Mutter, sich ohnedies schon längst zugezogen hatte. Chopins ironische Bemerkungen und Sticheleien, die öfters zu Zusammenstößen zwischen ihm und Maurice führten, mußten insbesondere George Sand sehr bedrücken, weil sie ihre mit der Zeit selbstlos, vielleicht aber auch müde gewordene Liebe auf eine harte Probe stellten und die Gefahr, sich eines Tages für einen der beiden entscheiden zu müssen, an den Horizont malten.

Neben dem Genie, das sie verehrte und für das sie Geltung und Achtung von ihren Kindern verlangte, war ihr Chopin der leidende Freund, dem sie seit Jahren gab, was einem Sohne zu geben sie fähig war. Maurice fehlte die Genialität, die auch sie sich zugestehen durfte, aber er war ihr nachgeraten, war, wie sie glaubte, jung und förderungsfähig in seiner schriftstellerischen Begabung, war ihr eigenes Blut, ihr echter Sohn! «Ich kann ohne Dich und ohne meinen kleinen Leidenden nicht leben», schrieb sie ihm beschwörend einmal in dieser kritischen Zeit. Doch entfiel ihr auch das Wort, die wahre Quelle ihrer Kraft entströme ihrem Sohne. Bitter und hart für Chopin, dies zu hören, denn er begehrte für George Sand *alles* zu sein. In seiner krankheitsbedingten Gereiztheit war er eifersüchtig, war es – vermutlich mit Grund – nicht nur auf Maurice, auf diesen aber wohl kaum weniger als er auf ihn. Doch haben diese quälenden Empfindungen nichts mit seinem warmherzigen Eintreten für Solange zu tun, und die schließliche, ausschlaggebende Verwicklung war ungewollt und schicksalshaft.

Schon im November 1845 tauchten bei Chopins Angehörigen Befürchtungen über die Lockerung seiner Beziehungen zu George Sand auf. Noch konnte er erwidern, daß kein Schimmer von Wahrheit an dem sei, was Louise in ihrem Brief gefragt. Sie möchten doch bitte niemals bösen Gerüchten Glauben schenken, denn es gäbe eben viele Menschen, die Glück nicht ruhig mit ansehen könnten. – Einer der Briefe, an denen er vierzehn Tage lang schrieb! Wie schon manchmal, hatte er ihn am Weihnachtstag zu Ende gebracht und sich so mit den Seinen in Gedanken zum Feste vereint. Man spürt in den letzten Abschnitten dieser Aufzeichnungen, daß die Sehnsucht ihm die Feder führte. George Sand und ihre Tochter lagen mit schwerer Erkältung zu Bett, und so war der Heilige Abend für ihn traurig und einsam. «Ich bin der Stärkste», beruhigte er seine Lieben, «sorget Euch nie um mich, Gott ist mir gnädig!»

Einige Monate später schon lauten seine Briefe nicht mehr so zuversichtlich. Das früher so reibungslose Zusammenleben in Nohant war durch das Hinzukommen des neu aufgenommenen Familienmitglieds, in Person Augustine Braults, aus den Fugen geraten. Nicht nur bei Chopin ist eine gewisse Nervosität spürbar, die sich ja aus seinem

Zustand leicht erklären ließe, sondern auch bei seiner Freundin. (Als äußeres Zeichen hierfür sei die Entlassung ihrer ältesten und treuen Bediensteten angeführt, von denen der Gärtner schon zu Großmutter Dupins Zeiten in Nohant geweilt und über vierzig Jahre redlich dort gearbeitet hatte!) George Sand machte während des Sommers 1846 mit ihren Kindern und der Nichte sowie einem jungen Nachbarn, der als der Zukünftige Solanges galt, Überlandfahrten und Ausflüge. Chopin aber blieb in Nohant, weil ihn diese Ablenkungen jetzt mehr anstrengten, als sie ihm wert schienen. «Sobald ich müde bin, kann ich nicht heiter sein, und dies beeinflußt dann die Laune aller und beeinträchtigt die Unterhaltung der Jugend», gestand er brieflich seinen Angehörigen. Man kann es sich ja vorstellen: Junge, verliebte Leute, die sich mit Heiratsplänen tragen (auch Maurice und Augustine taten dies), sind gern allein, und die Anwesenheit eines Leidenden wirkt, selbst wenn er von allen geliebt wird, irgendwie störend und hemmend auf die Glücklichen. Zumal war dies der Fall bei Chopin, vor dem man sich ohnehin nicht gehen lassen konnte. Seinem am 11. Oktober 1846 begonnenen Brief merkt man an, daß es ihm nicht so sehr um persönliche Angelegenheiten als darum zu tun war, wenigstens auf diese Weise mit den Seinen verbunden zu sein. Er plaudert darin mit der Feder über entlegenste Dinge, wie die Weinlese, das Zubereiten einer köstlichen Konfitüre aus sogenannten alexandrinischen Trauben durch die «Herrin von Nohant», über Schönbeins Erfindung der Schießbaumwolle, die in England ausprobiert worden sei, wobei sich gezeigt habe, daß ihre Kraft viel größer sei als die des gewöhnlichen Pulvers, daß sie nicht rauche, nicht ruße, nicht schmutze, viel rascher explodiere und so weiter. Von historischem Reiz ist seine Schilderung eines

Tonwiedergabeapparates, der demnach ein Jahr vor der Geburt Edisons erfunden wurde: «Herr Faber in London (Professor der Mathematik), ein Mechaniker, hat einen sehr spaßigen Automaten geschaffen, den er Eufonia genannt hat und der ziemlich deutlich nicht nur ein und zwei Worte, sondern lange Sätze spricht und, was noch erstaunlicher, eine Arie von Haydn singt und ‚God save the Queen'. Könnten die Operndirektoren sich viele solcher Androiden anschaffen, so wären die Choristen entbehrlich, die viel kosten und viel Umstände machen. Sonderbar, daß man dies erreicht mit Hilfe von Hebeln, Klappen, Röhren, Kettchen, Federn, Blasebalg und so weiter. Ich habe Euch einmal über den Enterich Vaucansons geschrieben, der alles, was er aß, auch verdaute. Vaucanson hatte auch einen Androiden verfertigt, der Flöte spielte. Doch bisher hat noch keine Maschine ‚God save the Queen' mit Worten gesungen ...»

Im weiteren Verlauf dieses beinahe ein Dutzend Druckseiten umfassenden Briefes macht sich die unruhvolle Spannung fühlbar, in der er lebte, und man gewinnt den Eindruck, daß er sich über seine zunehmende Vereinsamung und die wachsenden Beschwerden hinwegzuschreiben versuchte. Er schwärmt darin von dem Sommer «so herrlich, wie man sich eines ähnlichen kaum je erinnert» und zeigte sich dankbar, daß auch die Herbsttage noch warm und sonnig seien. «Bei entsprechender Schonung wird auch der kommende Winter vorübergehen wie der letzte, und mit Gottes Hilfe auch nicht schlimmer. Wie vielen Menschen geht es noch schlechter», tröstete er sich. Immer wieder bricht in diesem Schreiben die Sehnsucht nach den Seinigen durch: «... Ich weiß nichts außer dem, daß ich Euch liebe und immer wieder liebe ... Weiß nicht, wieviel Jahre nötig wären, um uns auszuplaudern...

Ein gewisses Leid vereint sich mit dem Vergnügen, Euch zu schreiben, nämlich die Überzeugung, daß Worte uns nicht einen, und kaum die Dinge . . .»

Auch in der Musik war um jene Zeit nicht alles eitel Sonnenschein. «Ich spiele ein wenig und schreibe ein wenig», berichtete er seinen Lieben nach Warschau. «Mit meiner Cellosonate bin ich bald zufrieden, bald wieder nicht. Einmal werfe ich sie weg, und dann hole ich sie wieder hervor . . . Man braucht Zeit, um gut urteilen zu können. Während man die Musik niederschreibt, scheint sie gut, und anders möchte man sie gar nicht fassen. Erst später kommt die Überlegung und lehnt ab oder nimmt an. Die Zeit ist das beste Zeugnis und Geduld der vortrefflichste Lehrer . . .»

Ob er ahnte, daß die Sonate für Violoncello und Klavier, die ihn zu diesen Betrachtungen veranlaßte, sein Schwanengesang war?

VIERZEHNTES KAPITEL

1846 und 1847

Heiterkeit des Geistes und Schwermut des Herzens griffen bei Chopin merkwürdig ineinander. Die Welt sah von ihm persönlich freilich fast nur die zur Schau getragene aufgeräumte Außenseite. Um die andere zu gewahren, mußte man in seine Musik hineinhorchen, denn sie trug vielfach die Merkmale der Sehnsucht und Traurigkeit. Einmal, in einer selten mitteilsamen Stunde, aus schönem Mund über diesen Zwiespalt befragt, gestand Chopin, nie, auch nicht in fröhlicher Verfassung, ganz frei von einem Gefühl zu sein, das er nur mit dem polnischen Wort *Żal* zu bezeichnen vermöge, weil das Französische einen mit diesem übereinstimmenden Begriff nicht kenne. In der Tat: übersetzen läßt sich dieser Ausdruck nur unzulänglich, da ihm eine weitgespannte Vieldeutigkeit innewohnt. Ihretwegen weisen die Übertragungen dieses *Żal* in andere Sprachen mannigfaltige Umschreibungen auf. Im Deutschen ist die kürzeste, doch einseitige Form der Auslegung: *Weltschmerz*, persönlicher gesehen: eine *demütig ergebene, traurig-rückschauende Stimmung*. Wir wollen hier die umfassendere Deutung Liszts übernehmen, der die polnische Seele studiert hat und der jenem Bekenntnis Chopins beiwohnte und sich noch Jahre später daran erinnerte, wie er das Wort *Żal* mehrfach, in wechselnder Betonung, hintereinander vor sich hersprach, «als lausche sein Ohr gierig diesem Klange, der für ihn die von einer herben Wehklage erzeugte Skala der Gefühle von der Reue bis zum Haß umschlossen» habe.

«*Żal!* Seltsames Wort, von seltsamer Philosophie!» führte Liszt aus. «Verschiedenen Sinnes, umfaßt es alle Rührung und demütige Ergebung eines klaglosen Schmerzes, wenn es unmittelbar auf Tatsachen und Dinge angewandt wird. Sich sozusagen mit Sanftmut dem Gesetz einer göttlichen Schickung beugend, läßt es sich in diesem Fall als ‚untröstlicher Schmerz nach einem unwiederbringlichen Verlust' übersetzen. Sobald es jedoch auf den Menschen angewandt und seine Bedeutung indirekt wird, ändert sich sein Sinn, besagt es das Gären des Hasses, der Vorwürfe, den Vorsatz der Rache, die Drohung, die unversöhnlich im Innern grollt, sei es auf Vergeltung lauernd oder sich von unfruchtbarer Bitterkeit nährend ...»

Wir stimmen nicht überein mit Liszt, der die zuletzt geschilderte Art von Żal-Stimmung als fieberhafte Unruhe und jähe Zerrissenheit in mehrere der Chopins Schaffen beschließenden Werke eingedrungen glaubt. Spuren brennender Schmerzen und tiefer Verzweiflung, doch stets in den Grenzen edlen Maßes gehalten, finden sich eher in Kompositionen, die einige Jahre früher entstanden. Diese Unstimmigkeit mag daher rühren, daß Liszt, als er 1850, bald nach dem Tode Chopins, sein Gedenkbuch schrieb, das Schaffen des polnischen Meisters weder in chronologischer Reihenfolge noch vollständig übersah. Doch eine Żal-Stimmung, die sich darstellt als wehmütig-stille Abkehr von den Erwartungen des Lebens, als ein verhaltenschmerzliches Sichfügen ins Unabänderliche, scheint uns ganz der Situation zu entsprechen, in der sich Chopin vom Winter 1846/47 an befand.

Lange blieb er diesmal allein in Paris. George Sand dehnte ihren und ihrer Kinder Nohanter Aufenthalt in ungewohnter Weise aus, und als sie dann endlich gekommen war, veranlaßten sie besondere Umstände, sich nach zwei Monaten winterlichen Stadtlebens wieder aufs Land zurückzuziehen. Dem Abweichen von der Regel lag Solanges Heiratsvorhaben zugrunde. Man war gemeinsam nach Paris gereist, um den Ehekontrakt mit eben jenem jungen Nachbarn abzuschließen, der sich in Nohant mit Erfolg um Solanges Gunst beworben hatte und Chopin ausnehmend gut gefiel. Im letzten Moment aber trat Solange zurück, weil sie angeblich die Lust verloren, und damit war der Plan plötzlich und endgültig gefallen. Die Sinnesänderung des jungen Mädchens stand mit dem Bildhauer Clésinger in Zusammenhang, der in jenen Tagen in den Salon ihrer Mutter eingeführt worden war und sie beide gleich so für sich und seine Kunst eingenommen hatte, daß sie ihm Modell saßen. Dabei muß sich Solange überstürzt in den Bildhauer verliebt und er sich in den Kopf gesetzt haben, sie zu seiner Frau zu machen. George Sand, der diese Entwicklung der Dinge nach den ihr zugekommenen Auskünften über Clésinger unerwünscht war, setzte die sofortige Rückkehr nach Nohant an, doch änderte dies nichts an der Sache, da der Verliebte ihnen kurzerhand nachreiste und uneingeladen, jedoch zur Freude Solanges, dort erschien. Binnen weniger Tage hatte er dann eine Lage heraufbeschworen, die George Sand keine andere Wahl mehr ließ, als ihre Zustimmung zu der ehelichen Verbindung beider zu geben. Vermutlich war sie froh über Chopins Abwesenheit, denn er hatte die Dinge kommen sehen und sie rechtzeitig vor dem Bildhauer gewarnt, weil dieser als liederlich, grob und verschuldet bekannt war. Aus der Entfernung ging es leichter, Chopin die Einzelheiten vorzuenthalten und ihn vor die vollendete Tatsache zu stellen. Vielleicht war er der «jemand», von dem sie in ihrem Brief an die Gräfin Marliani vom 6. Mai 1847 schrieb, er habe alles Nachteilige über Clésinger gesagt, was man über einen Menschen nur sagen könne. Wohl erscheine der Bildhauer auf den ersten Blick wenig zivilisiert, fuhr sie in ihrem offensichtlich taktischen Schreiben an die Freundin fort, doch sei er von künstlerischer Begeisterung und besitze Eigenschaften, die für seine erkennbaren und möglichen Fehler zu entschädigen vermöchten. Für Chopin wird es keine Überraschung gewesen sein, als er in den ersten Maitagen von George Sand aus Nohant die Nachricht von der bevorstehenden Vermählung Solanges mit Clésinger erhielt. Kein Wort der Einladung an ihn war beigefügt! Seine Antwort läßt trotz ihrem formell-unpersönlichen Charakter, der auch von einer Hemmung infolge Unbeholfenheit im schriftlichen Französisch herrühren könnte, nicht erkennen, ob es ihn geschmerzt hat, sich plötzlich so außerhalb wichtiger Entscheidungen in einer Gemeinschaft gestellt zu sehen, die man als Wahl-Familie bezeichnen könnte. Bei seiner Beherrschung und der Zurückhaltung in (außermusikalischen) Gefühlsäußerungen läßt sich hier nicht auf den Grund schauen. Doch vielleicht ist der zeitlich mit diesen Ereignissen zusammenfallende Ausbruch einer schweren Krankheitskrise ein Hinweis auf Wunden, die seine leichtverletzbare Seele damals erlitt und die seinen Widerstandswillen geschwächt haben könnten.

Hier nun zunächst Chopins Zeilen vom 15. Mai 1847 an George Sand: «Ich kann Ihnen gar nicht sagen, wie sehr mich Ihr lieber Brief erfreut hat, den ich soeben erhielt, und wie sehr mich die vortrefflichen Details bezüglich alles dessen, was Sie im Augenblick beschäftigt, interessierten.

Keiner Ihrer Freunde – Sie wissen es ja – kann aufrichtiger das Glück Ihres Kindes wünschen. Daher bitte ich Sie, dies auszurichten. Mir geht es bereits wieder gut. Gott erhalte Sie immer bei gleicher Kraft und Aktivität. Seien Sie unbesorgt und glücklich. Ihr ganz ergebener Ch.»

Auch Solange erhielt, nachdem sie ihm von ihrer stattgehabten Verheiratung geschrieben, Glückwünsche von Chopins Hand: «... Ich kann es nicht unterlassen, Ihnen zu sagen, wieviel Freude mir Ihr reizendes Briefchen bereitet hat, aus dem ich ersehen habe, daß es Ihnen gut geht. Nun sind Sie auf dem Gipfel des Glückes angelangt, und ich wünsche aus ganzem Herzen, daß es stets so bleiben möge. Ch.»

Weder diesen noch vorangegangenen Briefen ist etwas von dem besorgniserregenden Leidenszustand anzumerken, in dem sich Chopin damals und nun – teils mehr, teils minder merkbar – für immer befand. Zwar war die Krisis, eine der schwersten, die er bis dahin durchgemacht, bereits überstanden, doch fühlten sich sowohl die Fürstin Marzellina Czartoryska als auch Adolph Gutmann veranlaßt, über den Ernst der Lage an George Sand nach Nohant zu berichten. Die Nachricht pochte an ihr Gewissen; denn sie stand gerade am Scheideweg ihres Verhältnisses zu Chopin. Zudem befand sie sich am Rande ihrer Kräfte. Der Aufregungen hatte es für sie in der letztvergangenen Zeit zu viele gegeben, infolge der zunehmenden Reibereien zwischen Maurice und dem krankhaft gereizten Chopin sowie familiärer, häuslicher und finanzieller Schwierigkeiten, welch letztere sich nun Solanges Mitgift wegen noch vermehrten. All dies und die Aussicht, daß das Fortschreiten von Chopins Leiden die Gesamtsituation verschärfen und die Pflege immer beanspruchender gestalten würde, ließ sie verzagen. Als der Brief Gutmanns bei ihr einlief, war sie in einer gewissen Zwangslage. Denn in den kurzen Tagen vor der übereilten Hochzeit konnte sie nicht abkommen. Wäre einer Reise nach Paris nichts im Wege gestanden, sie hätte ihre Müdigkeit und die Unlust, das für sie, die Erlebnishungrige und Emotionsbedürftige, in den Jahren der Enthaltsamkeit* freudlos gewordene Zusammenleben mit Chopin fortzusetzen, vielleicht doch noch einmal besiegt. So aber entschied sie sich, dem zwischen den Zeilen zu lesenden Ruf an das Krankenbett Chopins nicht Folge zu leisten, und sie beruhigte sich bei dem Gedanken, daß der schlimme Anfall ja bereits überwunden sei und hilfsbereite, liebevolle Menschen um den Pflegebedürftigen besorgt waren und sie bei ihm ersetzten. Ihre Antwort fiel entsprechend aus: sie schilderte Gutmann die bedrängte Lage, die sie in Nohant festhalte, und dankte ihm für seine aufopferungsvolle Betreuung. «Ich glaube, ich wäre verrückt geworden, hätte ich von dem Ernst seiner Krankheit erfahren, ohne gleichzeitig zu hören, daß die Gefahr vorüber ist», fuhr sie – für uns, in Kenntnis des nachstehend angeführten Schreibens an Grzymala, wenig glaubwürdig – fort. «Chopin weiß nicht, daß ich davon unterrichtet bin, und wünscht mir seinen Zustand zu verheimlichen, weil er die Verlegenheit kennt, in der ich mich befinde ...»

Gleichen Tags beantwortete George Sand, wie eben bemerkt, auch einen früheren Brief Grzymalas. Hier lagen

* Keine geringere Zeugin und Beurteilerin als Solange Clésinger äußerte sich in späteren Jahren auf Befragen darüber zu einem Kritiker: «... George Sand war brennend in der Vorstellung und kalt von Temperament. Mit Chopin war sie tugendsam. Vor diesem großen Genie mit dem gebrechlichen Körper empfand sie nichts als mütterliche Neigung, nichts als Mitleid und brüderliches Samaritertum. Sie versah diesen Dienst während acht Jahren. Sie der Herzlosigkeit anzuklagen, weil sie Chopin vor dem Ende seines Lebens verließ, ist nicht recht. Ihre Trennung war einzig von unvereinbaren Situationen verursacht ...»

die Verhältnisse wesentlich anders, und sie hätte es in der Hand gehabt, diesen verständnisvollen Freund um die Wiedergutmachung des von ihr an Chopin Versäumten zu bitten und ihn mit dem Versuch einer Lösung oder wenigstens Linderung bestehender Spannungen zu betrauen. Doch in ihrem erschöpften Zustande versagte sie, und so erhielt Grzymala, den sie acht Jahre zuvor wegen der Verdichtung ihrer Beziehungen zu Chopin angerufen hatte, nun einen die Beendigung ihrer Gemeinschaft gedanklich vorbereitenden Brief. Sie entschuldigte darin ihr Vorgehen, Chopin bei dem Familienereignis unbeteiligt gelassen und nicht befragt zu haben, damit, daß er über der Poesie und Musik, die seine Seele erfülle, die Dinge des wirklichen Lebens nie sehe, wie sie seien, und deshalb als ernstlicher Ratgeber ohnedies nicht in Frage käme. Im übrigen untergrabe aber auch sein Eingreifen in die häuslichen Angelegenheiten ihre Autorität und bedrohe die Liebe zwischen ihr und ihren Kindern. Er, Grzymala, möge doch Chopin begreiflich machen, daß er sich nicht mehr um die Kinder kümmern solle. «Die Krankheit, die an diesem unglücklichen Geschöpf genagt hat», heißt es in dem Schreiben weiter, «lastet auch auf mir seit langem schwer, und ich sehe ihn in dem Gefühl scheiden, daß ich ihm niemals geholfen, denn die wahre Quelle seines Unglücks liegt in der Unruhe, der Eifersucht und dem Mißtrauen, das er für mich empfindet ...»

Ein problematischer Brief! Zehnmal kürzer als jener erste an Grzymala vom Frühling 1838, doch nicht weniger gewichtig. Mit ihm hatte sie den Schritt getan, für den es auch bei Reue kein Zurück mehr gab, denn er betrat den Pfad, der unausweichlich zur Tragödie führen mußte, den Pfad, welcher, einmal eingeschlagen, die letzte Wegstrecke des schwerleidenden Chopin verdunkelte – und vielleicht auch sein Ende beschleunigte. «Ich sehe ihn scheiden!» George Sand mußte wissen, daß Chopin nur dann «ging», wenn sein Stolz verletzt war, weil er sie liebte, liebte um alles dessentwillen, was sie ihm gewesen und für ihn getan und trotz allem, was er durch ihre Schuld auch erlitten haben mag. Liebte bis an sein Ende. Die Verantwortung für eine Trennung von diesem todkranken, ihrer Pflege und Freundschaft bedürftigen Freund lag ganz allein bei ihr. Doch erfordert die Gerechtigkeit, einzusehen, daß die letzten Jahre des Zusammenlebens Bürde und Opfer für sie waren, die sie willig auf sich genommen und bis dahin auch in Treue getragen hatte. Gewiß nicht zuletzt deshalb, weil sie die ihr auferlegte Pflicht, einem schöpferischen Genie zu dienen, erkannte und zu erfüllen bestrebt war. Bestimmung und edelste Aufgabe so mancher selbstlosen Frau! Wie aber liegen die Dinge, wenn beiden, wenn Mann sowohl wie Frau schöpferische Berufung zuteil ward? Wer diente George Sand, die in ihrer Art auch ein Genie war? Darf man sie, wie es hundertfach geschah, der nackten, rohen Selbstsucht zeihen, wenn ihr nach Jahren dankenswerter Hingabe in einem Augenblick des Tiefstandes ihrer körperlichen und seelischen Kräfte die Last zu schwer geworden und sie zu Fall gekommen? Und wenn sie für sich vielleicht noch hatte retten wollen, was für die Fortführung ihrer eigenen Aufgabe vonnöten?

Wohl hätte wahre Liebe die Schwäche des andern, im Bewußtsein der eigenen, mit dem Martyrium der standhaft ertragenen Krankheit entschuldigt und nichts vom eigenen Erdulden geschrieben. Doch, wer will da rechten? Ein gewisser Egoismus ist fast allen schöpferisch genialen Menschen zu eigen, *muß* es vielleicht im Interesse ihres Werkes sein. Auch Chopin besaß ihn. Vielleicht geschah es zur Beschwichtigung ihres Gewissens, wenn George Sand Grzymala gegenüber Chopins Empfindlichkeit und Eifersucht betonte. Hirngespinste waren dies ja nicht! (Wohl aber begreifliche Äußerungen unterdrückter Leidenschaft und der Ohnmacht gegenüber Chopins körperlichem Verfall!) – Nicht nur Gutmann hat seines Meisters Reizbarkeit als Patient bestätigt, sondern auch die Gattin des polnischen Arztes Doktor Lyscinski in Edinburgh, bei dem Chopin während seines Schottlandaufenthaltes im Sommer 1848 in Behandlung war und logierte. Sie berichtete von ihres berühmten Gastes Herrschsucht und Eigensinn. Vorschriften und Widerspruch habe er nicht ertragen und oft einem gutgemeinten Rat ostentativ entgegen gehandelt, andrerseits aber die Erfüllung jeden Wunsches unbedingt erwartet, auch wenn er dem Partner ungelegen gewesen sei. Was die Eifersucht anlangt, so ist schon in einem Briefe Marie d'Agoults an Liszt aus dem Jahre 1840 zu lesen: «Ich glaube, daß die Chopinsche Ehe demnächst in die Brüche gehen wird. Die gemeinsamen Freunde stellen ihn als einen eifersüchtigen Kranken hin, als einen Menschen, den die Leidenschaft umbringt, der sich und die andern quält. Sie hat ihn übersatt und fürchtet nur, daß er auf der Stelle stirbt, wenn sie ihn verläßt.» Wohl ist die Verfasserin dieser Zeilen nicht unparteiisch, und daß die Verbindung noch sieben weitere Jahre bestand, deutet auf Übertreibung hin, doch ist zu bemerken, daß die Beurteilung Chopins später eine Stütze durch die immerhin ernst zu nehmende Stimme des polnischen Dichters Mickiewicz fand. Einem Tagebucheintrag Madame Juste Oliviers zufolge hat sich dieser ihr gegenüber geäußert, Chopin sei George Sands böser Geist, ihr moralischer Vampir, ihr Kreuz. Er martere sie und werde schließlich noch Schuld an ihrem Tode tragen.

Mickiewicz, der Chopin gut kannte, ihn als Künstler und Dichter in Tönen, als Landsmann hoch schätzte und ihm menschlich nahestand, soweit dies bei Chopins Veranlagung für einen nicht intimen Freund möglich war, dieser Mickiewicz also hielt auf Grund seiner Beobachtungen, die er namentlich bei Besuchen in Nohant machen konnte, für George Sand ein Schicksal für möglich, das sie selbst späterhin ihrer *Lukrezia Floriani* zudichtete, der Heldin ihres 1846 begonnenen und Anfang 1847 vollendeten Romans. Es ist jenes ihrer Werke, das ihr von vielen Zeitgenossen und manchen Biographen als verwerfliche Roheit gegenüber Chopin ausgelegt und als das ihm bewußt verabreichte Mittel bezeichnet wurde, den Bruch herbeizuführen. Selbst einige ihr wohlgesinnte Persönlichkeiten bezogen den Roman auf den polnischen Tondichter und Madame Sands Zusammenleben mit ihm und fanden es unverzeihlich, den Leidenden einer solchen Belastungsprobe auszusetzen*. (Beispielsweise Heine, der allerdings verbittert war gegen George Sand, weil sie, wie er selbst schrieb, sich seit seiner Erkrankung nicht mehr um ihn

* Wenn auch zugegeben sei, daß die beiden tragenden Figuren des Romans *Lukrezia Floriani* – die Titelheldin, eine Schauspielerin, und Prinz Karol – viele Züge mit der Autorin und Chopin gemein haben, so ist doch bei unvoreingenommener Betrachtung klar, daß George Sand hier nicht anders vorgegangen ist als bei ihren früheren Romanen autobiographischen Einschlags: das an Vorbildern Benützte diente gewissermaßen nur als Basis und Gerüst. Von ihren lebenden Modellen entlieh sie Eigenschaften, Sonderlichkeiten, Schwächen, Fehler, Ansätze ihres Wandels und Handelns, ihres Verhaltens zur Umwelt. Dieses Entnommene wurde von George Sand dann jeweils unter Festhaltung der ursprünglichen Richtung, aber doch auf eine von ihr, unabhängig von der Wirklichkeit, selbständig erdachte Entwicklungsbahn gestellt, die bis zu den äußersten Möglichkeiten und Konsequenzen, ja oft bis zu einer überdimensionierten Ausweitung und Steigerung führte. Im Laufe der jeweiligen Gestaltung, bei der sie mit sich selbst nicht schonender verfuhr als mit den andern, entfernten sich die Romanfiguren immer mehr von ihren Urbildern.

gekümmert habe. «... Sie hat meinem Freund Chopin in einem abscheulichen, doch göttlich geschriebenen Roman niederträchtig mitgespielt», stellte er fest.) Es gab Leute, die *Lukrezia Floriani* tatsächlich als eine der Ursachen des frühen Todes Chopins ansahen. Mit derart weitgehenden Anschuldigungen tat man George Sand bestimmt unrecht. Dies ergibt sich schon aus Chopins Stellung zu dem Werk, das seinen Briefen zufolge keine gewichtigere Rolle bei ihm spielte als die früheren Romane George Sands. Er las interessiert Stück um Stück während des Entstehens (nicht, wie behauptet wurde, weil ihn die Autorin, schadenfroh, ihm sein angebliches Spiegelbild vorhalten zu können, mit der Korrektur betraut hätte, wozu seine Französischkenntnisse übrigens gar nicht ausgereicht haben würden). Seiner Schwester Louise berichtete er ohne weiteren Kommentar von diesem Roman, von dem er vermute, daß er ihr weniger gefallen werde als der darnach geschriebene *Piccinino*, der allgemein größeren Enthusiasmus entfacht habe. Etliche Wochen später kann man in einem an George Sand gerichteten Schreiben Chopins lesen, daß er es vorgezogen habe, statt ins Theater zu gehen, sich mit *Lukrezia* zu verweilen. Er, der doch zu Argwohn neigte und der seit dem Beginn der Krise in seinen Beziehungen zu George Sand, und mehr noch nach dem Bruch mit ihr, den Seinen alles berichtete, was damit zusammenhing, hätte doch wohl auch Anlaß genommen, sich über die Verwendung und Verfälschung seiner Person in einem ihrer Romane auszulassen. Seine zahlreichen Briefe enthalten nichts dergleichen. Nur einmal noch ist in einem Schreiben vom 17./18. November 1848 (irrtümlich Oktober datiert, d. A.) aus London an Grzymala der Name *Lukrezia* erwähnt, jedoch ohne daß sich daraus auf eine Selbstidentifizierung mit dem Prinzen Karol, dem Gegenspieler der Titelheldin, deuten ließe. «Noch nie habe ich jemand verflucht», bekundet Chopin in den betreffenden Zeilen, «doch gegenwärtig ist es für mich schon so unerträglich, daß ich glaube, es würde mich erleichtern, wenn ich Lukrezia verfluchen könnte ...» George Sand selbst hat sich übrigens in ihrer *Histoire de ma vie* gegen den Vorwurf gewehrt, Chopins Charakter kopiert zu haben: «Ich habe in dem Fürsten Karol einen seiner Natur nach determinierten, in seinen Gefühlen und Anforderungen überaus abgesonderten Menschen gezeichnet», heißt es da. «Ein solcher war Chopin niemals. Er war die Vereinigung aller jener erhabenen und scheinbar einander widersprechenden Gegensätze, die nur Gott allein zu verknüpfen vermag und die eine nur ihnen eigentümliche Logik besitzen ... Übrigens ist Fürst Karol kein Künstler. Er ist ein Träumer und nicht mehr. Und da er kein Genie ist, besitzt er auch nicht die Rechte eines solchen.» Daraus wird ersichtlich, daß sie Chopin zum mindesten theoretisch solche Sonderrechte zugestand.

Mit dem Abbruch der Beziehungen zwischen George Sand und Chopin hat der Roman *Lukrezia Floriani* keinesfalls etwas zu tun. Eine unglückliche Verkettung von Umständen ließ es um Mitte Juli 1847 zu offenen Gegensätzen zwischen den bisherigen Gefährten kommen. Kleine Risse hatten, wie bereits dargelegt, das gute Einvernehmen schon einige Zeit vorher gestört. Dann war die Zurücksetzung Chopins in der Heiratsangelegenheit Solanges gekommen, die aber ohne weitere, erschwerende Begleitumstände wohl folgenlos geblieben wäre dank dem Umstande, daß Chopin still zu dulden wußte, wenn ihn etwas tief traf, und daß er außerdem nicht nachtragend war und wohl auch auf die Selbstbesinnung George Sands hoffte. Doch da wollte es das Geschick, daß seine Stellungnahme zu Vorfällen, die sich in Nohant abgespielt* und von denen er nur durch die grundfalsche Darstellung Solanges erfahren hatte, für George Sand ganz so aussehen mußte, als habe er sich mit ihrer Tochter gegen sie verbündet. Sie hatte nach den in der untenstehenden Fußnote geschilderten Ereignissen den Neuvermählten das Haus verboten. Die junge Frau schrieb nun von ihrem damaligen, in der Nähe Nohants gelegenen Zufluchtsorte aus an Chopin, beklagte sich über ihre Mutter und bat ihn, seinen noch in Nohant stehenden Wagen für die Reise nach Paris benützen zu dürfen, was ihre Mutter verweigert habe, obwohl sie unpäßlich sei. Chopin, den wahren Sachverhalt nicht ahnend, schrieb mit wendender Post an Solange: «Recht betrübt darüber, Sie leiden zu wissen, beeile ich mich, Ihnen meinen Wagen zur Verfügung zu stellen. Ich habe Ihrer Mutter darüber geschrieben. Schonen Sie sich. Ihr alter Freund Ch.» Leider ist der erwähnte, an George Sand gerichtete Brief nicht mehr vorhanden. Da Chopin seine Auffassung und Haltung ganz auf die Schilderung Solanges stützte, der er von jeher blindlings glaubte, so dürfte er in diesem Schreiben George Sand – seiner Art gemäß sicher milde – Vorwürfe gemacht und

* Solange, von der schon früher Pauline Viardot-Garcia gesagt hatte, sie tue Böses um des Bösen willen, muß sich aus einem unerfindlichen Grund über das Glück ihrer Cousine Augustine Brault geärgert haben, die sich mit einem Freund von Maurice, dem jungen Maler Th. Rousseau, verlobt hatte. Bedenkenlos erklärte sie nämlich dem Bräutigam, Augustine sei die Geliebte ihres Bruders gewesen, was die sofortige Entlobung und damit die Zerstörung des Lebensglücks zweier Menschen zur Folge hatte. Bei den Auseinandersetzungen darüber war es zwischen Clésinger und Maurice zu Handgreiflichkeiten gekommen, in die sich schließlich George Sand, für ihren Sohn Partei ergreifend, auch noch einmischte. Das Ende vom Lied war, daß Clésinger für einen Stoß, den er seiner Schwiegermutter versetzt hatte, eine Ohrfeige von ihr einstecken mußte und ihm samt seiner jungen Frau die Türe gewiesen wurde.

ihr geraten haben, ihrerseits bei dem Clésingerschen Paare wieder einzulenken. War dies so – und man kann es nach den Angaben Gutmanns fast als sicher annehmen –, dann konnte George Sand auf Grund der tatsächlichen Begebenheiten und in Unkenntnis von Chopins falscher Vorstellung sich über sein Eintreten für Solange und seine Zumutung an sie, George, verletzt fühlen. Bei ihrer inneren Bereitschaft und vielleicht sogar dem Wunsch zur Trennung von Chopin, wovon wir schon gehört haben, hielten sie, die Resolute und allzu Realistische, keinerlei Hemmungen ob der möglichen schweren Folgen für den zartbesaiteten und sterbenskranken Freund zurück, ihm in voller Erregung zu antworten.

In ihrer Entgegnung gab sie dann wohl allem unverblümt Ausdruck, was sich an Enttäuschung und Bitternis in ihr angesammelt und was sie in dem vorerwähnten Brief an Grzymala nur andeutungsweise berührt hatte. Auch dieses Schreiben ist verlorengegangen. Doch ist es aller Wahrscheinlichkeit nach identisch mit jenem, von dem ein Eintrag in dem Tagebuch Delacroix' vom 20. Juli 1847 spricht: «Chopin kam heute vormittag, während ich beim Frühstück saß, und sprach von dem Brief, den er von George Sand erhalten hat. Das Hauptsächlichste daraus hatte er mir bereits schriftlich mitgeteilt. Es ist gewiß schrecklich! Grausame Leidenschaften und lange verhaltene Ungeduld tauchen auf. In einem Kontrast, der lächerlich wäre, wenn es sich nicht um eine so tragische Sache handelte, macht von Zeit zu Zeit die Schriftstellerin der Frau Platz und bricht in Tiraden aus, die wie eine Anleihe bei Romanen oder philosophischen Traktaten klingen.» Künden diese Worte nicht zugleich die Tragik George Sands? Dieser Frau, der so viele wertvolle Eigenschaften von Natur aus gegeben waren und der doch *ein* Himmelsgeschenk vorenthalten ward, das die Problematik ihres Wesens hätte mildern und die Schwierigkeit ihrer Lage erleichtern können: der Humor.

Auguste Franchomme war bei der Ankunft und Öffnung des bedeutungsvollen Briefes durch Chopin anwesend. Nach der Schilderung, die er dem Biographen Niecks persönlich gegeben, hatte George Sand darin die Forderung gestellt, daß Chopin dem Clésingerschen Paare sein Haus verbiete, andernfalls zwischen ihr und ihm alles aus sein müsse. «Sie haben nur mich, und ich sollte ihnen meine Tür verschließen?» habe er schmerzlich ausgerufen. «Und er tat es nicht», fügte Franchomme seiner Auskunft hinzu, «obwohl er wußte, daß die Frau, welche er anbetete, es ihm nie verzeihen würde. Armer Freund! Wie habe ich ihn leiden sehen!» Chopins mitfühlendes, von der Selbstglorifizierung Solanges betörtes Herz rief ihn an die Seite des von George Sand verstoßenen Paares. Um erschlichenen Mitleids und verwundeten Stolzes willen gab er die Frau auf, die ihm seit beinahe neun Jahren nahestand wie niemand sonst außer seinen Angehörigen. Er antwortete nicht und schrieb überhaupt nie mehr an George Sand.

Solange Clésinger aber stand in reger Korrespondenz mit ihm und nützte die Sachlage weidlich für sich aus. Chopin erwies sich ihr gegenüber als rührend besorgter und hilfsbereiter Freund. Seine brieflichen Äußerungen an die Angehörigen über die Streitigkeiten im Sandschen Familienkreise, über das Verhältnis George Sands zu ihren Kindern, über die zunächst eisige Aufnahme der (später geglückten) Wiederannäherungsversuche Solanges bei ihrer Mutter sind nur aus dem Umstand heraus zu verstehen, daß er sich von Solange hatte irreführen lassen und daß diese es verstand, die Täuschung aufrechtzuerhalten.

George Sand schwieg sich Chopin gegenüber aus. Die Würfel waren zugunsten ihres Sohnes gefallen, und sie versuchte nicht, dem so tragisch beendeten «Gedicht ihrer freien Wahl» einen versöhnlichen Epilog anzufügen. Aber seelisch kam sie nicht zur Ruhe. Immer wieder erkundigte sie sich bei Gutmann oder Marie de Rozières nach dem Ergehen Chopins. Mehr von ihm zu wissen begehrte sie nicht. Was sie durchgemacht, enthüllen ihre Zeilen vom August und Dezember 1847 an Charles Poncy. «... Seit meinem letzten Brief habe ich alles geleert, was der Kelch des Lebens an Bitterem enthält», heißt es darin. «Ich wollte nichts anderes als meine Lieben glücklich machen, und ich habe nur Undank geerntet... Jetzt kämpfe ich mit mir selbst, um mich nicht untergehen zu lassen...» Im späteren Brief: «... Ich habe die ernsteste und schmerzlichste Phase meines Lebens durchlaufen. Oft war ich nahe daran, zu unterliegen, obwohl ich die Katastrophe lange vorausgesehen hatte... Aber schließlich findet uns das Unglück doch immer unbewaffnet und unvorbereitet. Ich glaube, daß mein Kummer unheilbar ist; denn wenn es mir gelingt, mich ihm für einige Stunden zu entziehen, so kehrt er darnach um so finsterer zurück...»

Einmal noch begegneten sich Chopin und George Sand. Es war am 4. März 1848 im Hause der Gräfin Marliani. Chopin kam gerade von einem Besuch bei seiner früheren Hausgenossin, als er im Vorzimmer unerwartet mit Madame Sand zusammentraf. «Ich habe Ihrer Frau Mutter guten Tag gesagt, und mein nächstes Wort war die Frage, ob es schon lange her, daß sie von Ihnen Nachrichten erhalten habe», schilderte er anderntags Solange Clésinger den Verlauf dieses Zusammentreffens. «Vor einer Woche», antwortete Ihre Mutter. ‚Dann will also ich Ihnen sagen, daß Sie Großmutter geworden sind: Solange hat ein

Töchterchen, und ich freue mich sehr, Ihnen dies als erster mitteilen zu können.‘ Ich grüßte und ging die Treppe hinab.» Unten angekommen, schickte er, da er selbst die Stufen nicht noch einmal zu steigen vermochte, seinen Begleiter zurück zu George Sand, damit dieser nachhole, was er ihr zu sagen vergessen, daß sich nämlich ihre Tochter wie auch das Kind wohl befänden, «was doch für eine Mutter ganz besonders wichtig ist (jetzt werden Sie es leicht begreifen, Mutter Solange) ...», setzte er in rührender Einfühlung hinzu. George Sand kam mit dem Beauftragten herunter zu dem wartenden Chopin, um sich selbst für die liebenswerten, ergänzenden Worte zu bedanken. Bewegt erkundigte sie sich dann nach Solanges Ergehen. Schließlich fragte sie den verlassenen Freund, wie er sich befände. «Ich habe geantwortet, daß ich mich wohl fühle», führte er seinen Bericht an Solange fort, «und dann ließ ich mir vom Portier die Türe öffnen und verabschiedete mich grüßend ...»* (Die Geburt des Töchterchens gab übrigens den Anlaß für die endgültige Versöhnung zwischen Mutter und Tochter. Das Kind starb schon nach wenigen Tagen. Ein zweites Töchterchen Jeanne war später der Abgott sowohl seiner Mutter nach ihrer zer-

* In ihrer *Historie de ma vie*, die 1854 im Druck erschien, schildert George Sand dieses letzte Zusammentreffen anders. Es besteht aber kein Zweifel, daß die sofort schriftlich fixierte Darstellung Chopins die richtige ist. Auch die vorangegangenen Differenzen erfahren in George Sands Erinnerungen eine in manchem von Briefen und weiterem authentischem Material abweichende Darstellung. Man darf nicht übersehen, daß sie sich in dieser Sache in der Verteidigung befand, und da ist eine gewisse Befangenheit, um es milde auszudrücken, begreiflich. Gelegentlich eines 1849 stattgehabten abendlichen Besuches von Delacroix bei Chopin («dem prächtigen Menschen», heißt es in des Malers Tagebuch) sprachen die beiden über George Sand, «dieses (nach Delacroix) merkwürdige Wesen voller Tugenden und Laster», und ihre Absicht, Memoiren zu schreiben. Chopin hatte Zweifel, daß ihr dies möglich sein werde, denn sie habe ja «stets alles schnell vergessen».

brochenen Ehe als auch seiner Großmutter, die es zeitweise in Pflege hatte.)

So bedrückend auch George Sands Kümmernisse über all das um jene Zeit Geschehene gewesen sein mögen: Chopins Qualen über den ihm zwar entschlußgerecht gemachten, aber letzten Endes doch selbst gewählten Verzicht auf eine fernere Verbindung mit ihr waren tiefer und nachhaltiger. Mochten auch seine Freunde aus Schonung für ihn diesem Gesprächsthema aus dem Wege gehen, er selbst kam immer wieder auf George Sand zu sprechen, die ihm – wenn auch oft unter Schmerzen – Glück, Geborgenheit und eine zweite Heimat bedeutet hatte. Auch seine Briefe an die Angehörigen hallen wider von ihr. Dort Erinnerungen heraufbeschwörend, hier mitunter, ohne Bitterkeit, leise Anklagen erhebend. Sie muten an wie ein Versuch, sein Herz im Feuer der Selbstpein zu härten und zu stählen gegen Sehnsucht und Liebe.

Doch die Liebe hatte Bestand. Nur das Band, das die Herzen geeint, war unrettbar zerrissen.

FÜNFZEHNTES KAPITEL

1848 und 1849

Die Welt mußte sich Genüge sein lassen an dem, was der polnische Meister ihr bis dahin in reichstem Maße geschenkt. Seine Muse hatte von Liebe gesungen, geweint und verhalten geschluchzt, hatte von Leidenschaft, Kämpfen, Enttäuschung und Hoffnung gezeugt, Gesichte und Geheimnisvolles gedeutet, hatte die ritterlich stolzen Feste der Heimat beschworen, zu Tänzen beschwingt, Märchen erzählt, hatte humorvoll gepoltert und ironisch gelächelt. Doch nicht mehr gab sie ihm neue Weisen, die für die weite Welt bestimmt gewesen wären. Sein Ohr allein vernahm noch in Tönen gefaßte, aus tiefsten Tiefen aufsteigende Bekenntnisse. Nur noch für sich selbst, in Stunden des Verlassenseins, schüttete er sein Herz vor den Saiten aus, und es waren Klänge der Schmerzen, des Sehnens nach Erlösung und Tod, die sie verhallend wiedergaben. Musik, die treueste und liebste Gefährtin seines Lebens von Jugend auf, vermochte nicht mehr wie sonst alles Erleben und Erleiden zu sublimieren in tönende Erinnerung von immerwährendem Wert. Nicht mehr fand er die Kraft, in befreiender Niederschrift festzuhalten, was ihn bewegte und was er empfand. Als wolle sich die Richtigkeit seines wiederholt in Worte gekleideten Gefühls erweisen, daß mit dem Band der Liebe zugleich auch der schwache Faden seines Lebens zerrissen sei, ward sein körperliches Befinden nicht wieder so, wie es in glücklicherer Zeit, vor dem schmerzensreichen Frühling und Sommer gewesen. In dem steten Wechsel von leichter Besserung und erneuten Rückschlägen hatte es um die Jahreswende 1847/48 wieder ein besorgniserregendes Tief gegeben, dessen Spuren auch in der dann endlich wieder neu aufsteigenden Linie nicht mehr zu verhüllen waren.

Seine stille Traurigkeit und bedrückende Apathie griff den Freunden ans Herz. Um ihn aus dieser Stimmung herauszuholen, ihn dem Leben und der Musik wieder zu retten, rieten sie an, er möchte ein Konzert geben. Der zu erwartende Ertrag sollte dem praktischen Zweck dienen, den durch sein kompositorisches Schweigen verursachten Ausfall an Verlagshonoraren für einige Zeit zu ersetzen. Selbständig, doch mit Chopins Sanktion hatten seine Freunde, voran Pleyel und Leo, die Veranstaltung für den 16. Februar 1848 glänzend vorbereitet, und er selbst brauchte an äußeren Dingen nichts anderes zu tun, als aus der langen Liste der Anmeldungen jene Persönlichkeiten auszuwählen, an deren Erscheinen ihm besonders gelegen war. Denn es lief binnen weniger Tage eine solche Überzahl an Kartenbestellungen (den Platz zu zwanzig Franken) ein, und zwar nicht nur aus Paris, sondern auch aus Brest, Nantes und anderen französischen Städten, daß nur ein Drittel in dem dreihundert Personen fassenden Pleyelschen Saale untergebracht werden konnte und die übrigen Kunstfreunde auf später vertröstet werden mußten (obwohl Chopin selbst schon von Anfang an nicht daran dachte, noch ein zweites Mal in Paris zu konzertieren). Er erzählte von den Vorbereitungen zu der bedeutungsvollen Veranstaltung – es handelte sich um sein letztes dortiges Auftreten – in einem Brief an seine «Innigst Geliebten» in Warschau: «... Pleyel wird, um mich anzuspornen, die

Treppe mit Blumen schmücken. Ich werde wie bei mir zu Hause sein, und meine Augen werden nur bekannte Gesichter sehen. Das Instrument, das ich spielen werde, steht bereits bei mir . . .»

Über dieses glanzvolle Konzert, das ihn aber bis zu einer Ohnmacht anstrengte, gibt es nur ein einziges, uns bekanntes Wort Chopins, und zwar in einem Brief an Solange: «Ich habe bei Pleyel ein Konzert gegeben.» War es Bescheidenheit, die ihm im übrigen die Lippen schloß, oder war es sein inneres Absterben, das so verhängnisvoll eingesetzt hatte? Wir vermuten das letztere.

Jene, die das Glück hatten, zu dieser exklusiven Veranstaltung des «Ariel der Pianisten», wie er genannt wurde, zugelassen zu werden, erlebten Unvergeßliches. Zur Einleitung spielte er mit Alard und Franchomme zusammen ein Klaviertrio von Mozart und zum Beginn des zweiten Teils mit Franchomme drei Sätze seines neuesten Werkes, der Sonate für Violoncello und Klavier. Seine Solovorträge (Nocturnes, Barcarole, Berceuse, Etüden, Préludes, Mazurkas und Walzer) wurden unterbrochen durch Gesangsnummern Antonia Moline di Mendis und des hervorragenden Tenors Roger. Die Presse überbot sich förmlich in der Schilderung dieses Abends mit allem Drum und Dran und berichtete von den «tausend und aber tausend Nuancen im Spiel des unvergleichlichen Genies» und dem «Zauber, der auch nicht einen Augenblick aufgehört und seine Kraft noch nach dem Konzert weiter behalten» habe.

Der Hof hatte vierzig Billette bezogen, die königlichen Herrschaften aber waren selbst nicht anwesend. Angeblich eines Trauerfalles wegen, es mag aber sein, daß dies ein vorgeschobener Grund gewesen und der wahre in vorsichtiger Zurückhaltung lag, die ob der politischen Umtriebe geboten schien. Allenthalben in Europa hatten nämlich die revolutionären Ideen erneut Auftrieb bekommen, und Frankreich, wo von den Arbeitern vor allem ein gerechteres Wahlrecht verlangt wurde, war eines der ersten Länder, in denen damals durch das Aufgebot der Militärmacht gegen die Volksmassen schwere Kämpfe entbrannten. Am 24. Februar 1848 wurde in Paris die zweite Republik proklamiert, und damit war das Bürgerkönigtum Louis Philipps zu Ende*.

Im März folgten die politischen Erhebungen in Deutschland und Österreich, und wie es um jene Zeit in Polen aussah, das erfahren wir durch einen am 4. April an Fontana gerichteten Brief Chopins, der seine Vaterlandsliebe und sein Freundschaftsverhältnis wieder einmal spiegelt und beweist, daß ihn Humor, ein klarer Blick und ein gewisser nationaler Optimismus noch nicht verlassen hatten. Er empfiehlt darin Fontana einen Bekannten und meint dazu: «... Er wird Dich lieb gewinnen, trotz Deiner Glatze. Du bist ein ekelhafter Griesgram, hast mir in keinem Brief auch nur ein gutes Wort geschrieben; allein das macht nichts, irgendwo in Deiner Seele liebst Du mich so wie ich Dich ... Du bist mein lieber, guter, alter Julian, und damit basta! Ich umarme Dich herzlich, mein Teurer ... Wenn Du klug handeln willst, so verhalte Dich ruhig und kehre erst dann zurück, wenn es bei uns bestimmt losgeht. Die Unsrigen sammeln sich in Posen. Czartoryski ist als erster dorthin gefahren, allein Gott weiß, welchen Weg alles nehmen muß, damit Polen wieder

* Mehrere Freunde George Sands rückten in wichtige Regierungsposten ein, so Louis Blanc, der zum Präsidenten der Kommission für die Organisation der Arbeit ernannt wurde. Auch Mallefille erhielt ein Amt als Gouverneur von Versailles, hatte es indes nur drei Tage inne. George Sand, die die Geschehnisse in Paris miterlebte, war in ihrem Element und man kann sich ihre – nur hinter geschlossenen Türen geübte – Beredsamkeit vorstellen, wenn man ihre Briefe aus jenen Tagen liest.

erstehe ... Was die hiesigen Zeitungen schreiben, ist Schwindel. Weder gibt es eine Republik in Krakau, noch hat sich der Kaiser von Österreich zum polnischen König ernannt ... und er wird auch gar nicht darum gebeten, wie dies hier behauptet wurde. Der König von Preußen denkt ebensowenig an die Abtrennung Posens; er hat sich im eigenen Land lächerlich gemacht, aber trotzdem richten die Preußen aus dem Posenschen Adressen an ihn mit der Erklärung: ‚Da dieses Land durch das Blut ihrer Väter erworben sei und sie Polnisch nicht einmal verstünden, wollten sie unter keiner anderen Regierung als der preußischen leben.' Dies alles, siehst Du, sieht nach Krieg aus, aber wann es losgeht, weiß man nicht. Wenn es jedoch losgeht, dann wird ganz Deutschland in Mitleidenschaft gezogen. Italien hat bereits den Anfang gemacht, Mailand hat die Österreicher vertrieben, doch sitzen sie noch in den Provinzen, und sie werden kämpfen. Sicherlich wird Frankreich helfen, weil es eine bestimmte Art von Pöbel hier hinausdrängen muß, um recht zu tun. Der Moskowiter wird wohl im Lande Schwierigkeiten haben, wenn es gegen Preußen losgeht. Die galizischen Bauern haben den wolhynischen und podolischen ein Beispiel gegeben: ohne fürchterliche Geschehnisse kann dies nicht ablaufen, doch am Ende von alledem ersteht ein glänzendes, großes Polen, mit einem Wort: Polen! Also wollen wir trotz unserer Ungeduld es abwarten, bis die Karten gut gemischt sind, um nicht vergeblich die Kräfte zu verausgaben, die so nötig sein werden im entsprechenden Augenblick ...»

Gegen Ende April 1848 wollte es einmal kurz scheinen, als verwirkliche sich nun endlich die langgehegte Hoffnung auf die Wiedererstehung eines selbständigen polnischen Staates. Doch wiederum unterlagen die nationalen Kampftruppen. Der erneute Zusammenbruch eines Befreiungsaufstandes versetzte Chopin in tiefe Trauer um sein Vaterland und in Sorge um die Seinen. «Alle schrecklichen Ereignisse aus Posen habe ich erfahren», schrieb er am 13. Mai an Graf Grzymala. «Ein Unheil folgt dem andern. Meine Seele ist betrübt und kann sich an nichts mehr freuen.»

Für die Kunst und ihre Vertreter, soweit sie sich abseits der politischen Strömungen hielten, war in dem bewegten 1848er Jahr auf dem Kontinent eine ungute Zeit. Namentlich in Frankreich kam man infolge der Kämpfe zwischen Konservativen und Radikalen, die im Juni einige Tage lang in einen richtigen Bürgerkrieg ausarteten, nicht aus den unproduktiven Spannungen heraus, die das Bedürfnis nach Musik und Kunstgenuß niederhielten. Wie in unseren Tagen die Schweiz, so war es damals Großbritannien, das als Insel des Friedens* eine Invasion ausländischer Solisten erlebte. Die bedeutendsten Kräfte der Pariser Oper, wie die Damen Alboni, Grisi, Persiani, ferner Luigi Lablache und Giuseppe Mario, gastierten am Covent-Garden- oder dem Konkurrenztheater in London, Jenny Lind sang mit triumphalem Erfolg in Donizettis *Regimentstochter* und in Bellinis *La Somnambule*, hier alternierend mit der in der englischen Metropole auch als Konzertsängerin gefeierten Madame Viardot-Garcia, die übrigens ihre Liedbearbeitungen von Chopin-Mazurkas dort verschiedentlich sang und jeweils wiederholen mußte, da sie ungemein gefielen. Berlioz wurde sowohl als Komponist wie als Dirigent glänzend aufgenommen, Thalberg war für zwölf Konzerte engagiert, und selbst Pianisten, die

* Der Chartismus, die englische Arbeiterbewegung, war nach wichtigen Reformen und der Einführung von Schutzgesetzen, darunter eines, das den Zehnstundentag verankerte, bereits wieder in ruhige Bahnen gelenkt.

nicht zur first class zählten, wie Prudent und Hallé, fanden ein ansehnliches Publikum.

In der Osterwoche begab sich auch Chopin nach England. Nicht um der Erfolgsaussichten willen. Seine Kompositionen waren dort teils noch zu wenig bekannt, teils umstritten, und die Interpreten und Theoretiker, die sich dafür einsetzten, wie Liszt, Hipkins und Davison**, hatten sie anfänglich gegen Unverständnis und Feindseligkeiten zu verteidigen. Noch 1841 wurden beispielsweise die Mazurkas op. 41 im führenden englischen Fachblatt so böswillig heruntergerissen, daß sich die dortigen Chopin-Verleger beschwerten, was den betreffenden Kritikus zu noch philiströserer Befehdung veranlaßte. (Er versteifte sich auf angeblich «hunderte von greifbaren Fehlern und buhlerischen Unschönheiten».) Der Kreis der Chopin-Verehrer war 1848 verhältnismäßig noch klein, doch beabsichtigte der Meister auch gar nicht, in weitem Rahmen für seine Kunst zu werben. Nein! Es war ihm nur darum zu tun, nicht noch einmal einen Sommer in Paris zuzubringen und seinen verflossenen Ferienaufenthalten in Nohant nachzutrauern. Der Hauptgrund seiner Reise indes war die Hoffnung, aus seinen Honoraren eine beträchtliche Summe erübrigen zu können, die ihm über den kostspie-

** Davison, bekannt als großer Verehrer und Propagandist der Musik Mendelssohns, hatte 1843 die erste ausführliche Betrachtung über Chopins Werke veröffentlicht. Seine gute Meinung von dem polnischen Meister hielt indes nicht lange an, und zwar, wie man Chopin in London versicherte, weil er in ihm einen Gegner Mendelssohns vermutete. Diese Ansicht stützte sich, so unglaublich es klingen mag, offenbar auf den Umstand, daß Chopin es ablehnte, seinen Namen auf ein aus Paris an die Witwe Mendelssohns gerichtetes Beileidschreiben zu setzen, in dem der Passus vorkam: «Möge es uns deutschen, fern von unserer Heimat weilenden Künstlern gestattet sein ...» Chopin hatte auf die Aufforderung, mitzuunterzeichnen, zurückgeschrieben: «La lettre venant des allemands, comment voulez-vous que je m'arroge le droit de la signer?»

ligen Pariser Winter hinweghelfen sollte. Denn finanziell betrachtet, dünkte ihn seine zukünftige Lage im Hinblick auf die Abnahme seiner physischen Kräfte äußerst kritisch. Und sie war es in der Tat.

Seine einer angesehenen und wohlhabenden schottischen Familie entstammende Schülerin Jane Stirling und ihre Schwester, Mrs. Erskine, hatten ihn zu der Reise veranlaßt und ihm in bester, doch seine gesundheitliche und seelische Verfassung zu wenig nachfühlender Absicht Einladungen in höchste und vornehmste Kreise des Inselreichs beschafft. Sie selbst erfreuten ihn mit unzähligen kleinen und großen Aufmerksamkeiten, und ihre wahrhaftige Herzensgüte kannte keine Grenzen. Aber es gibt eben auch – und zumal in kritischen Lebensläuften – ein Zuviel des Sichbemühens und Umsorgens; so ist es verständlich, wenn Chopin, bei aller Anerkennung ihrer großzügigen Generosität und hingebenden Organisation seines Aufenthaltes nach den Gesichtspunkten der Anknüpfung wertvoller Beziehungen und des Gewinns neuer Freunde seiner Kunst, doch manchmal brieflich seufzte: «Meine guten Schottinnen sind überaus lieb, langweilen mich aber zuweilen schrecklich. Sie werden mich noch aus lauter Höflichkeit erdrücken, und ich werde es aus Höflichkeit gestatten!» Oder auch: «Sie bezeugen mir viel Freundschaft, doch sind sie gewohnt, herumzuschlendern und den ganzen Tag in London mit Visitenkarten herumzufahren, und sie möchten, daß ich all ihren Bekannten Besuche abstatte, und dabei lebe ich kaum noch! Wenn ich so drei oder vier Stunden im Wagen herumgeschüttelt werde, so ist das so, als wäre ich von Paris nach Boulogne gefahren. Zu einem solchen Leben fehlt mir die Kraft!»

Die gesellschaftlichen Ansprüche, die an ihn gestellt wurden, waren angesichts seines Befindens entschieden zu weitgehend. Man kann sich ungefähr ein Bild davon machen, wenn man hört, daß er, für den es doch Besänftigung seines ewigen Heimwehs und größte Freude bedeutete, einen Abend im Kreise von Landsleuten zu verbringen, zumal in einer so fremden Atmosphäre wie es die englische für ihn war, sich einen polnischen Ball hatte entgehen lassen! «Obwohl ich ein Billett besaß, bin ich nicht hingegangen, weil ich keine Kraft mehr hatte», berichtete er am 2. Juni 1848 an Grzymala. «Vorher war ich noch bei Lady Kinlogh zum Diner in höchst vornehmer Gesellschaft von Lords, Kanzlern und andern Teufeln mit Ordensbändern unter den Westen! Ich werde hier präsentiert, doch weiß ich gar nicht wem ... zwanzig Jahre in Polen, siebzehn Jahre in Paris, kein Wunder, daß ich mich hier nicht heimisch fühle, um so mehr, da ich die Sprache nicht kenne. Es wird hier zwar nicht geplaudert, wenn ich spiele, und angeblich urteilt man überall gut über meine Musik, aber meine kleinen Kollegen, die hier gewöhnlich mißachtet werden, sind die Ursache, daß ich als irgendein Amateur gelte, und binnen kurzem werde ich als ein Grandseigneur verschrien sein, weil ich saubere Schuhe habe und keine Karte bei mir trage mit der Aufschrift: ‚erteilt Unterricht zu Hause, spielt auf Wunsch in der Gesellschaft und so weiter'. Die alte Rothschild hat sich bei mir erkundigt, wieviel Honorar ich beanspruche, weil irgendeine Dame, die mich gehört hat, sie darum frug. Da die Sutherland mir zwanzig Guineen (bis 1813 geprägte, aber heute noch im Geldwesen bekannte englische Münze, 1 Guinee = 21 Schilling) gegeben hat und Broadwood, auf dessen Instrumenten ich spiele, dies als Satz für mich festlegte, erwiderte ich also: zwanzig Guineen. Die anscheinend sehr wohlwollende gute Dame entgegnete mir darauf, ich spiele gewiß sehr schön, dies sei wahr, doch rate sie mir, weniger zu nehmen, weil in dieser Saison mehr Moderation am Platze sei. Daraus ersehe ich, daß man auch hier nicht freigebig ist und daß es überall schwer ist, Geld zu verdienen. Der Bourgeoisklasse muß man etwas Erstaunliches, Mechanisches bringen, was ich nicht kann, die vornehme Welt, die viel reist, ist hoffärtig, doch gebildet und gerecht, wenn sie gewillt ist, sich etwas näher anzusehen, aber von tausend Dingen so sehr in Anspruch genommen, so eingeschlossen in ihre konventionelle Langeweile, daß es ihr gleichgültig ist, ob die Musik gut oder schlecht, da sie sie doch von früh bis abends anhören muß. Denn hier gibt es bei jeder Blumenausstellung Musik, bei jedem Diner Musik, bei Wohltätigkeitsfesten Musik ...»

Was den finanziellen Ertrag anbelangt, so war es damit wirklich nicht weit her. Die dem Hofe nahestehenden Persönlichkeiten nahmen an, daß er mit der Ehre, bei ihnen zu spielen, Genüge habe und zahlten nichts. Auch die Londoner Philharmonie, die ihn zum Vortrag eines seiner Klavierkonzerte eingeladen hatte, reflektierte auf honorarfreie Mitwirkung. Chopin sagte aber ab, weniger der Unrentabilität wegen, als weil ihm die Mühen bei seinem Zustand zu groß und – der gewichtigste Grund seines Verzichts – eine einmalige nichtöffentliche Probe ungenügend erschien für die Hauptprobe und eine gute Aufführung. Es wurde ihm zudem bedeutet, daß man Mozart, Beethoven oder Mendelssohn spielen müsse, um erfolgreich zu sein. Zwar hatte die Londoner Pianistin Luise Dulcken im Jahr zuvor mit einem seiner Konzerte sehr gut abgeschnitten, ihm aber schien das Risiko doch zu groß. Vielleicht dachte er an sein für einen geräumigen Saal zu zartes Spiel, insbesondere, da er von dem Londoner Philharmonischen Orchester die Auffassung hegte, es sei «wie ihr Roastbeef oder die Schildkrötensuppe, nämlich stark und kräftig, doch nur dies!»

Bei den Soireen in vornehmen Häusern sprang pekuniär nicht viel heraus, und auch das Unterrichten war in dieser Hinsicht eine fragwürdige Sache. «Schon ist mir eine Schülerin aufs Land entschwunden und hat meine neun Stunden nicht bezahlt», klagt er in einem Brief, «und andere, die zwei Stunden wöchentlich nehmen wollten, lassen beide ausfallen, geben sich also nur den Anschein, etwas zu tun.» Eine sehr Begabte, die bei ihrem bisherigen Lehrer zwei Stunden wöchentlich belegt hatte, wofür sie je eine halbe Guinee entrichtete, durfte bei ihm nur noch eine Stunde zu einer ganzen Guinee nehmen, «damit es der Geldsack nicht spüre». Immerhin gab es aber doch einige Musikbeflissene, welche die Gelegenheit nützten, den Unterricht des großen Meisters zu genießen, so oft es seine Zeit erlaubte. Die Einnahmen, die ihm den an sich schon teuren, jedoch durch eine feudale Wohnung, Diener und Equipage noch beträchtlich erhöhten Londoner Lebensaufwand für drei volle Monate überhaupt erst ermöglichten, stammten von zwei Matineen in den Palais von Lady Sartoris-Kemble und Lord Falmouth. Zu der Annahme von Einladungen zu öffentlichen Konzerten in Manchester, Glasgow und Edinburgh für den 28. August, 27. September und 4. Oktober 1848 bewegte ihn einzig die Notwendigkeit des Geldverdienens, denn seine gesundheitliche Verfassung hätte es ihm eigentlich nicht erlaubt. Er selbst fand sich außerdem auch noch als Spieler nicht auf der Höhe. Warnte er doch Osborne, dem er begegnete, sich seine in Paris von ihm, Chopin, als Pianisten gewonnenen Eindrücke nicht durch das Anhören seiner jetzigen Klaviervorträge verderben zu lassen. «Ihre Anwesenheit wäre für Sie und mich peinlich», sagte er zu ihm. In einem

Brief schätzt er den Ertrag seiner Reise auf bestenfalls zweihundert Guineen, doch dürfte er kaum so viel nach Hause gebracht haben, da er damals die Krankheitskosten, die ihm vor seiner Rückreise noch in London entstanden, nicht voraussehen konnte.

Weit günstiger gestaltete sich das Unternehmen, was den künstlerischen Erfolg und die Anknüpfung von Beziehungen betraf. Doch nützte ihm das ja nichts mehr. Der Königin Viktoria und ihrem Gemahl wurde er durch die Herzogin von Sutherland gelegentlich eines in ihrem «unbeschreiblich schönen Schlosse» gegebenen Diners vorgestellt. Das musikalische Programm bestritten außer ihm die Sänger Lablache, Mario und Tamburini. Zu einer Aufforderung in den Buckinghampalast kam es indes nicht, trotz der freundlichen Aufnahme, die er bei der Königin fand. Anscheinend, weil er sich zu wenig darum bemühte, vielleicht auch, weil seine Absage an die Philharmonie verstimmt hatte. Von den vielen bedeutenden Persönlichkeiten, die er kennenlernte, sei Dickens, der Schriftsteller, genannt, dann Wellington, der im Theater «wie ein alter monarchistischer Wachthund unter der Loge seiner gekrönten Herrin» gesessen habe. Es war dies in einer Vorstellung von Bellinis *Nachtwandlerin*, in der Jenny Lind zum erstenmal in England auftrat. Die «schwedische Nachtigall» («ein Polarlicht, ein gutes Mädchen», wie Chopin feststellte) machte ihm großen Eindruck. Ihre schöne und wohlausgebildete Stimme und insbesondere ihr «haarfeines Pianissimo» entzückten ihn, nicht minder ihre natürlich-liebenswürdige Art. Sie hatte Chopin, als sie von seinem Wunsch, der Vorstellung beizuwohnen, und gleichzeitig von seiner Atemnot vernommen, die ihm das Treppensteigen unmöglich machte, den bequemsten Sperrsitzplatz reservieren lassen.

Über die englische und schottische Gastfreundschaft war Chopin des Lobes voll. Im längsten seiner dortigen Briefe (vierzehn Druckseiten vom 19. August an die Angehörigen) erzählte er, wie eine morgens ganz nebensächlich zu Lord Falmouth geäußerte Bemerkung, er habe vergangene Nacht nicht gut geschlafen, dazu führte, daß er beim abendlichen Nachhausekommen in seinem Bett neue, elastische Matratzen und bessere Kissen vorfand. Der ungenannte Spender war Broadwood. Er ließ Chopin auch auf seiner Reise von London nach Edinburgh mit dem Expreßzug (eine neue Errungenschaft!) außer seinem eigenen Sitzplatz noch den im Abteil gegenüberliegenden belegen, damit er kein störendes Vis-à-vis habe, und sorgte auch dafür, daß sein Diener im gleichen Waggon mitreisen konnte. Auch von «seinen Schottinnen» wußte Chopin dergleichen Freundlichkeiten zu berichten. Nichts könne ihm in den Sinn kommen, was nicht sofort zur Stelle wäre, selbst die Pariser Zeitungen würden ihm täglich gebracht. «Still ist es hier, ruhig und gut», schreibt er von seinem Aufenthalt in Calder House, dem Schloß des Schwagers Jane Stirlings. «Lord Torphichen hat mich für den ganzen nächsten Sommer eingeladen; mein Leben lang möchte ich hier weilen, doch was nützt mir das? – Abgesondert von allen kann ich tun und spielen, was mir beliebt, ungeniert, denn hier ist die Hauptsache, den Gast nicht zu genieren.» Mitunter bedauerte er, nicht Englisch zu können (die englischen Worte in seinen Briefen schrieb er meist phonetisch, also zum Beispiel «Delinius» statt «Daily News»), dann aber auch: «Wäre es in London nicht so schwarz und die Menschen nicht so schwerfällig und gäbe es keinen Kohlenrauch und Nebel, dann hätte ich auch noch Englisch gelernt. Doch die Engländer sind so verschieden von den Franzosen, an denen ich wie an den

Meinigen* hange. Sie nehmen alles nur nach Pfunden, die Kunst lieben sie deshalb, weil sie ein Luxus ist; herzensgute Menschen, doch solche Originale, daß ich jetzt begreife, daß man hier steif werden oder sich in eine Maschine verwandeln kann. Wäre ich jünger, so würde ich mich vielleicht entschließen, eine Maschine zu werden, würde an allen Ecken und Enden Konzerte geben und die geschmacklosesten Aventüren spielen (wenn es nur Geld einbrächte)...»

Nie hätte er so etwas getan! Aber es spricht aus Zeilen, wie den eben angeführten, und solchen, wie wir sie nachstehend bringen, die Angst vor der Zukunft und die Zerrissenheit seiner Seele, die zu allem anderen Schmerz nun noch die kompositorische Unfruchtbarkeit ertragen mußte. (Die Vollendung von zwei früher geschriebenen Mazurkas, op. 67,2 und op. 68,4, war neben einem polnischen Lied das ganze Ergebnis der beiden letzten Lebensjahre.) Er war genötigt, seine sinkenden Kräfte bis zur Erschöpfung auszunützen, um dem ihn selbst künstlerisch unbefriedigt lassenden, überanstrengenden und infolge von Nebel, Kälte und Mangel an Sonne für ihn gesundheitlich schädlichen Aufenthalt wenigstens eine finanzielle Rücklage abzugewinnen, deren er für die kommenden Monate unbedingt bedurfte. «Von musikalischen Ideen kann überhaupt nicht die Rede sein», schrieb er bedrückt am 6. August 1848 an Franchomme. «Ich bin ganz entgleist und komme mir selber vor wie ein Esel auf einer Maskerade oder wie eine E-Violinsaite, die man auf einen Kontrabaß gespannt hat, erstaunt, aus der Façon gebracht, betäubt...» Und an einer anderen Stelle meint er, man könne seinen Geldnöten vielleicht dadurch abhelfen, daß man ihm bis an

* Er hielt es mit Heinrich Heine, der in seiner Studie über Polen die polnische Nation «die Franzosen des Nordens» genannt hat, ein Ausdruck, den Chopin übernahm.

sein Lebensende ein Gehalt aussetze dafür, daß er keine einzige Melodie à la Osborne oder Sowinski erdacht habe. Im September stand es noch schlechter mit ihm, wie man aus einem Brief an Grzymala entnehmen kann, den Freund, zu dem Chopin äußerte, er allein wisse *alle* seine Leiden: «Ich bin traurig, kann nicht aufatmen und auch nicht arbeiten. Fühle mich einsam, allein, allein, wenn auch umgeben . . . Du weißt, welch eine Qual es manchmal für mich bedeutet, zu schreiben: die Feder brennt mir in den Fingern, Haare fallen mir vom Schädel, und doch kann ich das, was ich möchte, nicht schreiben, nur tausend unnötige Dinge . . .»

Vor allem entbehrte er polnischen Umgang. Nach seiner Auffassung, wie er sie in einem Brief an Marie de Rozières niederlegte, ist «der größte Trost in der Fremde, jemanden zu haben, der einen an die Heimat gemahnt, so oft man ihn ansieht, zu ihm spricht oder ihn anhört». Darnach kann man ermessen, welch ein Segen es für ihn gewesen, als im September in Edinburgh Fürst und Fürstin Alexander Czartoryski mit ihrem Söhnchen Marzell auftauchten, um ihn zu besuchen und ihm zuliebe sogar eine Einladung nach dem zwölf Meilen von Glasgow entfernten Johnston Castel annahmen. Ihre Gesellschaft und der durch sie wiedererweckte polnische Geist verliehen Chopin, wie er selbst schrieb, erst die Kraft, in Glasgow zu spielen. Doch allzu schnell verflog diese Zeit, und nach der Abreise der polnischen Freunde war seine Depression um so größer.

Auch mit seinem Befinden ging es ständig abwärts. Husten und Atemnot plagten ihn unausgesetzt, und das Blutspucken war nunmehr eine häufige Erscheinung geworden. Während der anstrengenden Einladungen auf den Schlössern des schottischen Adels war er meist so schwach, daß er vor zwei Uhr nachmittags in der Regel das Bett nicht verließ, die Treppen herauf- und hinuntergetragen werden mußte und sich oft nur mit Mühe und Not während der zwei bis drei Stunden des Diners und des anschließenden Beisammenseins (wo er fast stets an das Klavier gebeten wurde) aufrecht halten konnte. Darnach ließ er sich gewöhnlich von seinem Diener auf sein Zimmer bringen, entkleiden und zu Bett legen, wo er dann «schnaufen und träumen durfte bis zu dem Augenblick, wo derselbe Verlauf von neuem begann». – Im letzten Oktoberdrittel waren seine Beschwerden so heftig, daß er sich zu Edinburgh in Behandlung des Homöopathen Lyscynski (der Name erscheint in verschiedener Schreibweise) begeben mußte.

Dort erreichte ihn eine briefliche Anfrage Grzymalas, was es mit dem Gerücht auf sich habe, das wissen wolle, er, Chopin, würde Jane Stirling heiraten. Es ging dem Leidenden, der sich so schlecht fühlte, daß er gerade sein Testament aufgesetzt hatte, nicht in den Kopf, wie der Freund auch nur einen Augenblick an diese Möglichkeit hatte denken können, da er doch eigentlich aus seinen Briefen hätte erkennen müssen, wie es um ihn stand. «... Die Freundschaft in Ehren, ich habe es ausdrücklich gesagt, doch berechtigt sie zu gar nichts. Könnte ich mich in ein Wesen verlieben, das mich auch lieben würde wie ich es wünschte, dann würde ich trotzdem nicht heiraten, weil wir nichts zu beißen hätten und nichts, worauf man sitzen könnte ... Not leiden darf man allein, doch zu zweien ist es das größte Unglück. Ich kann im Spital sterben, werde aber keine Frau brotlos zurücklassen. An eine Frau denke ich also gar nicht, doch an die Mutter, an die Schwestern. Gott gebe, daß sie guten Mutes bleiben! Indessen, wohin ist meine Kunst entschwunden? und mein Herz, wo habe ich es vergeudet? ... Kaum kann ich mich erinnern, wie in der Heimat gesungen wird. Sonderbar entflieht mir diese Welt, ich verliere mich, habe keine Kraft . . . sobald ich mich ein wenig erhebe, sinke ich um so tiefer. Ich beklage mich nicht bei Dir, doch Du verlangtest es, also erkläre ich Dir, warum ich dem Sarge näher bin als dem Ehebette. Mein Gemüt ist ziemlich ruhig . . .»

Als sich sein Zustand unter der Fürsorge des Arztes, in dessen Haus er untergebracht war, scheinbar gebessert hatte, reiste er nach London zurück, wo ihn aber gleich am ersten Tag ein «Katarrhanfall mit Kopfschmerzen, Atemnot und allen schlimmen Symptomen» niederwarf. Ein bekannter Homöopath, Doktor Mallan, nahm sich seiner an. «Er hat mich so zurechtgemacht», schrieb er am 17. November an Grzymala, «daß ich gestern auf dem polnischen Konzert und Ball (der glänzend war) spielen konnte, doch bin ich gleich nach meinen Vorträgen heimgekehrt und konnte die ganze Nacht nicht schlafen . . . Hier in London haben sich die großen Nebel noch nicht eingestellt, doch muß ich trotz der Kälte in aller Frühe schon die Fenster öffnen lassen, um frische Luft zu schlucken . . .» Es ist, als ob das Schicksal den Kreis habe schließen wollen: dieses letztmalige Spielen außerhalb seiner vier Wände, dieser Abschied von der Öffentlichkeit elf Monate vor seinem Tode, er geschah fern der Heimat und doch im heimischen Kreis!

In einem unruhvollen Brief an Grzymala (den er schloß: «Schreibe und verzeihe, daß ich bös und ungeduldig, ich bin ja so krank») berichtet Chopin, daß sich Mrs. Erskine sehr um sein Seelenheil bekümmere, ihm aus der Bibel vorlese und davon spreche, daß jene andere Welt besser als die unsrige sei. Offenbar kam ihr der Zustand des Leidenden äußerst bedenklich vor; dieser jedoch sah in ihrem

Bemühen nur den Ausfluß ihrer gläubigen Religiosität. Im übrigen wurden ihm die Schottinnen, die ihm auch nach London nachgereist waren, mit der Zeit allzu anhänglich. «Sie sind so langweilig, daß Gott erbarm», äußerte er sich brieflich, «und haben sich so an mir festgesogen, daß sie nicht mehr loszulösen sind.» Eine aufmunternde Freude waren für ihn hingegen die Besuche des «guten Szulczewski», Broadwoods und der Czartoryskis, die noch in London weilten. Insbesondere die Fürstin Marzellina, von der Chopin im Verlauf seiner schlimmen Krankheitstage schrieb, sie einzig und allein erhalte ihn am Leben, war die gütige Fee, die fast täglich erschien und ihm Trost, Linderung seiner Leiden und ein Stück Heimat bedeutete.

Wenn er sich auch manchmal fragte: «Wozu soll ich denn eigentlich zurückkehren? Um weiter zu stöhnen?», so kam doch der Tag, an dem er seiner «dummen Sehnsucht» nachgab und mit der brieflichen Bitte an Marie de Rozières herantrat, sie möge die Hausbesorgerin veranlassen, daß diese ein Klafter Holz kaufe, die Zimmer in seiner Pariser Wohnung «gewaltig» vorheize, Möbel und Vorhänge entstaube, vor allem jene an seinem Bett, die er vermutlich oft in Bewegung setzen werde. «Ich habe es eilig, wieder leichter zu atmen», fuhr er fort, «die Menschen verstehen zu können und einige befreundete Gesichter wieder zu sehen.»

Eingehendere Anweisungen bekam Grzymala aus dem «Hunde-London», das Chopin am 21. November 1848 verließ. «... Am Freitag (22. November) noch bei Tage werde ich an der Place d'Orléans eintreffen – um mich hinzulegen», ließ er sich vernehmen. «Außer meinen gewöhnlichen Leiden habe ich noch Neuralgie und bin ganz verschwollen. Ich bitte Dich, veranlasse, daß Leintücher und Kissen trocken sind, Fichtenzapfen gekauft werden und an nichts gespart wird, damit ich mich erwärmen kann nach meiner Ankunft. Ersuche Pleyel, daß er mir Donnerstag abend irgendein Klavier schickt, laß es zudecken. Laß am Freitag einen Veilchenstrauß kaufen, damit es im Salon dufte. Ich will etwas Poesie in meinem Heim haben bei meiner Rückkehr und wenn ich mich durch den Salon in das Schlafzimmer begebe, wo ich mich wahrscheinlich für lange Zeit ins Bett legen werde . . . Laß heizen, wärmen und abstauben, vielleicht erlange ich meine Gesundheit wieder! Dein bis in den Tod Ch.» «Vielleicht erlange ich meine Gesundheit wieder!» Der Hoffnungsstrahl ward einzig für den Freund ausgesandt, damit ihn nicht Traurigkeit umfange. Für sich aber notierte Chopin in sein Merkbuch: «Polen, armes Land, singend und weinend, mein Herz gehört Dir! In Deiner Erde wird es ruhen, der Erde, die es mit zarten Düften wird rein werden lassen. Endlich ruhen . . .»

Und so kehrte er denn zurück aus Britannien, kränker als er gegangen, wissend, daß auch dieser letzte Fluchtversuch mißlungen war und er sein vorgezeichnetes Schicksal erfüllen mußte. Was nützte es viel, daß die Freunde alles nach Wunsch besorgt hatten und darüber hinaus noch manches, von dem sie annahmen, es könne ihm Freude machen und die Heimkehr verschönern? Es fehlte die liebend besorgte Frau, die Samariterin, die wußte, was wohltat, die zur Stelle, wenn man sie brauchte, und die beruhigte, wenn das Herz ängstlich pochte, die Nerven und der Husten quälten und der Atem schwer ging. Es fehlte die Freundin, die vergessen machte, daß es draußen Winter war und kalt, daß es Leid und Schmerzen gab und abgrundtiefe Einsamkeiten. Auch für ihn bestand keine Möglichkeit des Widerrufs der Entscheidung, die verwundeter Stolz ihn gewiesen. Doch da war Solange Clésinger, die, nun selbst Mutter, ihr Kind hatte begraben müssen, ein zweites erwartete und fern von ihrem Manne bei ihrem Vater lebte, weil sie nichts mehr besaß und die Hochzeitsgaben ihrer Mutter (das schöne Haus in Paris mit allem, was an Möbeln und sonstiger Ausstattung darin war) nebst beträchtlichen Barmitteln vertan waren, um Clésingers Schulden zu decken. Solange, die Chopin volles Vertrauen schenkte, die ihn um Rat und Freundschaftsdienste anging, die er zu trösten, zu beruhigen und der er auch indirekt zu helfen vermochte dadurch, daß er sich dem Schaffen ihres Mannes durch Rat und Tat nützlich erwies; Solange, die ihm öfter und ausführlicher als diesem schrieb und sich immer von neuem Nachrichten erbat. Er antwortete fleißig und liebevoll, und es waren der Briefe viele, die sie von ihm aus England und nun auch aus Paris erhielt. Dennoch empfing sie nur einen kleinen Teil der ihr in Tatsache zugedachten. Mehr als fünfzig hat Chopin, wie er selbst bemerkte, in London und Schottland an sie aufgesetzt und wieder vernichtet. Warum? Wir glauben, daß sich für ihn in Solange ein Stück George Sand verkörperte und daß er, wenn er sich brieflich an die Tochter wandte, in Gedanken seine brachliegende, verschmähte Liebe auf Umwegen heimlich doch zu der unvergeßlichen Geliebten gelangen fühlte. Bei seiner Veranlagung und seinem über das Erklärbare hinausreichenden Vorstellungsvermögen kann es sehr wohl sein, daß sich die Grenzen verwischten und er sich in Träumen wiegte von vergangener oder nie gewesener Zeit.

Wir versagen es uns, einzelnes aus den erhaltenen Briefen an Solange herauszupflücken. Einige geschlossene Zeilen mögen in ihrer Intensität für alle übrigen künden und sein liebereiches, tieffühlendes, abschiedswehes Empfinden spürbar machen: Paris, Mai 1849. «Ein sehr unglücklicher

Freund segnet Sie und Ihr Kind. Hoffen wir, daß Ihnen die Zukunft noch andere Tröstungen und weiteres Glück vorbehält. Jugend verpflichtet. Das heißt, Sie müssen unbedingt glücklich sein und in gutem Andenken behalten den, der Sie liebt. Ch.»

In seinem letzten überlieferten Brief* an Solange – er ist vom 4. Juli 1849 datiert und nach der Geburt des unter Betreuung ihrer Mutter zur Welt gekommenen zweiten Töchterchens geschrieben – schlägt Chopin die Brücke hinüber zu George Sand mit den Worten: «Halten Sie mich auf dem laufenden über das Befinden von Ihnen *allen*, jetzt, wo die Familie sich um ein solch großes Stück erweitert hat. Seid alle glücklich. Ch.»

Eine schwerwiegende Nachricht hatte Chopin bei seiner Rückkehr nach Paris vorgefunden. Doktor Molin, sein langjähriger, geschätzter Arzt, war während seiner Abwesenheit gestorben; ein fähiger Homöopath, von dem der Leidende glaubte, er allein besitze das Geheimnis, ihn hochzubringen und ihm durchgreifend zu helfen. Innerhalb weniger Monate wechselte er nun dreimal den Arzt. «Sie nehmen mir für jede Visite zehn Franken ab, ohne mir eine wesentliche Erleichterung verschaffen zu können», äußerte er sich über sie. «Alle sind sich einig bezüglich Klima, Ruhe und Schonung. Die Ruhe werde ich eines Tags auch ohne sie finden!» Es war in der Tat keine einfache Auf-

* Daß Chopin später noch mit Solange in Verbindung stand, erhellen folgende am 5. August 1849 an Grzymala gerichtete Zeilen: «Clésinger hat Solange nach zehntägiger Reise mit Kind und Amme hierhergebracht, ohne Geld und zu einer Zeit, wo alles von hier aufs Land flieht! Wo ist da der Verstand? Nicht zu glauben! Kopflos, oder der Kopf wirklich sehr häßlich. Solange treibt sich in der Stadt herum auf Wohnungssuche. Er möchte bei Chaillot etwas finden; schrecklich, was das für ein Dummkopf ist!» – Solange soll übrigens auch im Sterbezimmer Chopins geweilt haben, doch ist dies nicht verbürgt.

gabe für die Ärzte, einen Kranken, der ihrer Kunst nicht vertraute und dessen Leben, wie sie ja wohl erkannten, nur noch nach Monaten zählte, so zu behandeln, daß ihm wenigstens noch Hoffnung blieb. Vielleicht war Doktor Frenkel, der enttäuschende vierte Arzt nach Molin, kein guter Psychologe, da Chopin über ihn berichten konnte, es wäre von ihm unmöglich zu erfahren, ob er nun ein Bad aufsuchen oder nach dem Süden reisen solle, und seine Frage nach der Hygiene habe er dahin beantwortet, er, Chopin, brauche keine regelmäßige Lebensweise. Schließlich erschien Doktor Frenkel gar nicht mehr, und Chopin hegte die trügerische Hoffnung – oder war es eine Äußerung des Galgenhumors? –: «Mir selbst überlassen, werde ich vielleicht rascher wieder hochkommen.»

Die Sommerzeit seines letzten Lebensjahres verbrachte er in dem ländlichen Vorort Chaillot. George Sand war nicht mehr in ihre der Chopinschen unmittelbar benachbarte Wohnung zurückgekehrt; der mit ihr getätigte Mietvertrag war abgelaufen, so daß Chopin ohnedies eine andere Unterkunft suchen mußte. Frau Rubio und Gutmann hatten sich der Sache angenommen und ein schönes Logis in der Rue Chaillot ausfindig gemacht, allerdings zu einem so hohen Mietzins, daß man ihm nur die Hälfte der Summe nannte, während die Gräfin Obreskoff heimlich für die andere aufkam. Überhaupt war seine Finanzlage dergestalt, daß Gutmann, der die wirtschaftlichen Dinge betreute, von befreundeten Persönlichkeiten Mittel erbitten mußte, um die Ausgaben decken zu können; hiebei war es gut, dem Kranken keinen Einblick in diese Probleme zu gewähren, denn sein Stolz hätte ihm die Annahme solcher Zuwendungen niemals gestattet.

Die Wahl eines Quartiers außerhalb der Stadt hatte ihren Grund in der Choleragefahr, die in Paris, wie auch in anderen europäischen, von Kriegs- und Revolutionsereignissen heimgesuchten Gegenden damals bestand. Viele der mit Chopin befreundeten Familien waren aufs Land oder in den Süden entflohen, nicht ohne ihn vorher mit einem Besuch zu erfreuen und sich von ihm zu verabschieden. Er war erschreckend abgemagert und sah auch sonst so elend aus, daß man befürchten mußte, ihn nach der Rückkunft nicht mehr lebend anzutreffen. Unter denen, die ihn vor ihrer Abreise aufsuchten, war die Gräfin Delphine Potocka, die ihn in früheren Jahren einmal sehr umschwärmt hatte und deren Stimme für ihn etwas vom Schönsten war, das es gab. Es kam dies auch in dem Eintrag seines letzten Liedes in ihr Album zum Ausdruck. Delacroix war in Chaillot mit ihr bei Chopin zusammengetroffen, und sie hatte ihm so gefallen, daß er seinem Tagebuch anvertraute, ihm sei noch nichts Vollendeteres vorgekommen als die bezaubernde Frau Potocka. – Über die damals ebenfalls anwesende Gräfin Kalergis liest man an der gleichen Stelle, daß ihr Spiel ihm wenig sympathisch gewesen, sie dabei aber wirklich schön ausgesehen habe, besonders, wenn sie die Augen aufgeschlagen in der Art der Magdalenen von Guido Reni oder Rubens. – Auch Jenny Lind verschönte Chopin einen Abend durch ihre Gesellschaft und Gesangskunst. «In die Stadt ist es weit», schrieb Chopin an Grzymala, der, schon längere Zeit leidend, damals seiner Kränklichkeit wegen, etwas später anscheinend aus politischen Gründen*, ebenfalls außerhalb

* «Du glaubst gar nicht, wie gerne ich Dich sehen möchte, wenn auch nur für eine Stunde», wandte sich Chopin am 5. August 1849 an Grzymala, «allein ich kann Dich nicht bitten, daß Du aus Deinem Loch kriechst, denn obgleich man zwar nicht 300 Mitglieder der *Demokratischen* Gesellschaft (keinen einzigen habe ich gekannt), sondern nur etliche zehn zur Abreise veranlaßt hat, so ist es doch eine delikate Angelegenheit, falls Du Angst hast.»

Frédéric Chopin: Zeitgenössische Federzeichnung.

von Paris weilte. «Daher besuchen mich nur manchmal entweder die, die mich sehr lieben, wie zum Beispiel Franchomme, oder solche, die ihre Lieben in der Nähe haben, wie der Fürst und die Fürstin (Czartoryski). Heute war auch Pleyel da. Der Gute! . . .»

Besuche in Chaillot bedeuteten für den Leidenden wohltuende Ablenkung und Auffrischung, waren jedoch zu selten, um ihn, der ein geselliges Leben gewohnt, auf genügende Dauer dem Gefühl der Vereinsamung zu entreißen, auch war sein Zustand bereits in ein zu schlimmes Stadium gelangt, als daß er sich längere Zeit hintereinander mit Musik hätte beschäftigen können. Für die nächtlichen Stunden hatte man eine Polin als Garde-malade gedungen. Wie notwendig dies war, zeigte sich in der Nacht zum 22. Juni 1849, in der er zwei Blutstürze erlitt. Sie gaben den Anlaß zur Konsultation des bedeutenden Arztes Doktor Cruveilhier, der wenig Medizin verschrieb, auf ruhiges Verhalten Wert legte und dem Kranken empfahl, sich auf seine Natur zu verlassen. «Allein ich sehe, daß auch er mich für einen Schwindsüchtigen hält», bemerkt Chopin brieflich am 10. Juli, «weil er mir einen Teelöffel voll von irgend etwas mit ‚lichenes' verschrieben hat.»

Am 25. Juni tat er den Schritt, den er sich vermutlich für den äußersten Notfall aufgehoben und immer wieder hinausgeschoben hatte, um seine Lieben in Warschau nicht übermäßig zu beängstigen. Er rief seine Schwester Louise Jedrzejewicz zu sich: «Mein Leben, wenn Ihr könnt, so kommt. Ich fühle mich schwach, und kein Doktor wird mir so helfen wie ihr. Wenn Ihr Geld braucht, so leihet es Euch, wenn ich mich besser fühlen werde, verdiene ich es leicht wieder und werde es dem zurückgeben, der es Euch leihen wird, doch jetzt bin ich zu bettelarm, um Euch etwas zu schicken. Meine Wohnung in Chaillot ist genügend groß, um Dich und Kalasanty und auch Eure Kinder aufnehmen zu können ... Meine Freunde und mir wohlwollende Personen erachten Louisens Ankunft als beste Arznei für mich ... Ich weiß nicht, warum ich so ein Verlangen nach Louise habe, und hoffe, das Familienkonzilium wird sie mir schicken; wer weiß, ob ich sie nicht heimbegleite, wenn ich mich wohler fühle ... Vielleicht gestattet Gott, daß es wieder gut wird ... Selten verlange ich viel, und auch dies hätte ich unterlassen, wenn nicht alle, die mir Gutes wünschen, mich dazu gedrängt hätten. Los, rühre Dich, Kalasanty, und ich werde Dir eine große und ausgezeichnete Zigarre dafür geben! Ich hoffe, daß mein Brief zu Mütterchens Namenstag angekommen ist und ich also in Eurer Mitte nicht gefehlt habe. Ich will an all dies gar nicht denken, weil mich sonst gleich das Fieber packt; und ich habe Gott sei Dank kein Fieber, was alle ordentlichen Ärzte deroutiert ... Euer getreuer, doch schwacher Bruder Ch.»

Er rief nicht umsonst! Doch wurde es der Einreiseschwierigkeiten wegen 9. August, bis Louise und Kalasanty Jedrzejewicz mit ihrem Töchterchen in Chaillot eintrafen.

Zwei bis drei Wochen vor dem erschütternden Wiedersehen der Geschwister hatte sich Chopin mit einer eigenartigen Angelegenheit zu befassen, die für eine Reihe von Tagen ausreichenden und aufregenden Beschäftigungsstoff bot. Hier die Vorgeschichte: Jane Stirling, die als Schülerin Chopins wieder nach Paris übersiedelt war, hatte durch Franchomme und Madame Rubio von des Meisters pekuniärer Notlage erfahren und in edler Hilfsbereitschaft eine Summe von fünfundzwanzigtausend Franken in einen von fremder Hand an Chopin adressierten Briefumschlag getan, versiegelt und durch einen schottischen Schriftsteller bei der Pförtnerin des Hauses, in dem Chopin gewohnt, abgeben lassen, mit der Weisung, ihm diesen wichtigen Brief ohne Verzug auszuhändigen. Dies geschah im März 1849. Wie erstaunte nun Franchomme, der von Jane Stirlings Stiftung wußte, daß der Meister nach wie vor oft in bittersten Worten über seine Geldnöte klagte. Eines Tages faßte er schließlich den Mut, dem Freund zu entgegnen, er habe doch gewiß keine Ursache mehr, sich finanzielle Sorgen um die Zukunft zu machen, da er jetzt doch genug Geld besitze. Chopin war baß erstaunt! Es stellte sich heraus, daß ihm das Kuvert nie ausgeliefert worden war und er auch auf andere Weise kein Geld erhalten hatte. Eine peinliche Sachlage! Man wußte ja nicht einmal, ob der Umschlag wirklich der Portiersfrau übergeben worden war, da sich der Überbringer keine Quittung hatte ausstellen lassen. Franchomme setzte sich mit Jane Stirling in Verbindung, die die Angelegenheit mit ihrem damaligen Beauftragten besprach. Dieser nun kam auf den Einfall, das berühmte Medium Alexis mit der Aufklärung des mysteriösen Sachverhaltes zu betreuen. Chopin gelangte in der Tat durch Alexis' Eingreifen zu den fünfundzwanzigtausend Franken (wovon er aber anscheinend nur die Hälfte annahm). Wie dies alles vor sich gegangen, erfahren wir am besten durch ihn selbst in seiner brieflichen Darstellung an Grzymala vom 28. Juli 1849. Darnach hat Alexis dem ihn konsultierenden Boten bis auf die Einzelheiten genau den Vorgang seiner Briefübergabe an eine Frau in einem kleinen dunkeln Zimmer geschildert. Der Adressat, dessen Name Alexis richtig aufgeschrieben, habe diesen Brief nie gesehen, die Frau habe ihn hinuntergetragen. Was weiter mit dem Umschlag geschehen, könne er erst sagen, wenn er etwas von der betreffenden Frau in die Hand bekäme, ein Taschentuch oder ein Büschel Haare. Chopin schildert nun, wie er unter Mitwirkung der inzwischen eingeweihten und zu der Séance beigezogenen Mrs. Erskine unter erfundenen Vorwänden wirklich zu einem Büschel Haare der betreffenden Pförtnerin, Frau Etienne, gekommen sei. «Heute früh nun», fährt Chopin in seinem Brief an Grzymala wörtlich fort, «kommt zu mir dieser Herr ‚Afides' mit Mrs. Erskine direkt von Alexis. Alexis hat die Haare als der Person gehörig erkannt, der man das Paket übergeben und gesagt, sie hätte dieses versiegelte Paket in irgendein Möbelstück neben dem Bett hineingetan, dieses Paket sei noch bei ihr, es sei weder verloren gegangen noch abgegeben, noch entsiegelt worden. Falls dieser Herr es richtig anpacke, werde sie es ihm zurückgeben, doch sei Vorsicht geboten. Also begab sich dieser Herr um zwölf Uhr geradewegs von mir (Rue Chaillot) nach dem Square d'Orléans, traf Frau Etienne allein an, brachte ihr in Erinnerung, daß er im März bei ihr gewesen sei, ein Paket für mich abgegeben und ihr gesagt habe, daß es sehr wichtig sei. Sie erkannte ihn und gab ihm das Paket heraus, das er ihr vor so vielen Monaten übergeben hatte. Es war nicht entsiegelt und die fünfundzwanzigtausend Franken darin unberührt. Frau Erskine entsiegelte es bei mir in meiner und dieses Herrn Gegenwart. Was sagst Du nun dazu? Dieser Hellseher! Dieses seit so langem verschwundene Paket unberührt! Der Schädel kann einem platzen bei solch seltsamen Ereignissen. Jetzt glaube an Magnetismus! Eine Gottesgnade, daß es sich gefunden hat. Viele Details kann ich Dir jetzt nicht mitteilen, weil mich die Feder in den Fingern brennt ...» Die Vermutung ging dahin, daß die ungetreue Hausbesorgerin, Frau Etienne, mit dem baldigen Tod Chopins und dem Vergessenwerden dieses Pakets rechnete, dessen Inhalt sie wohl erraten hatte.

Das Geld, oder vielmehr der Teil desselben, den Chopin in Unkenntnis des tatsächlichen Umfangs seiner pekuniären Misere nur annehmen zu können glaubte, kam gerade noch zur rechten Zeit. So brauchte man doch wenigstens die Schwester des Meisters nicht auch noch mit Sorgen dieser Art zu behelligen. Louises Gegenwart bedeutete unermeßlichen Segen für den Leidenden. Besser als sie wußte ihn ja niemand zu behandeln. Gleich machte sich ihr stilles Wirken in dem beruhigenden Gefühl des Geborgenseins bei dem Kranken bemerkbar. Louise war es auch, die auf Hinzuziehung zweier weiterer Ärzte bestand, wie man durch einen Brief Chopins an Franchomme erfährt, der zu Erholungszwecken Paris für kurze Zeit verlassen hatte. Diesem Schreiben gingen kurz zuvor einige andere voran, worunter jene beiden bereits erwähnten an den Jugendfreund Titus Wojciechowski. Titus wartete als damals zwangsmäßig russischer Untertan in Ostende vergeblich auf die Einreiseerlaubnis nach Paris, die von dort aus zu erwirken Chopin infolge seines Befindens nicht mehr die Möglichkeit hatte. Er erhoffte des Freundes Kommen als «nützlicheres Mittel denn alle Medikamente», befürchtete von dem Zusammentreffen jedoch für Titus Enttäuschungen, die indes einigermaßen ausgeglichen werden könnten durch Stunden der Freude und lieber Erinnerungen, und hatte den sehnlichen Wunsch, daß die Zeit, die zusammen zu verbringen ihnen gegönnt sein würde, eine Spanne vollkommenen Glückes werde. Das Wiedersehen kam nicht zustande.

Der vorerwähnte Brief an Franchomme ist wahrscheinlich der allerletzte von Chopin geschriebene und sei deshalb ungekürzt wiedergegeben:

Sonntag nach Deiner Abreise, 17. September 1849.

Teurer Freund!

Es tut mir sehr leid, daß Du Dich in Le Mans nicht wohl gefühlt hast. Dafür weilst Du jetzt in der Touraine, deren Himmel Deine Gesundheit gewiß günstiger beeinflussen wird. Was mich betrifft, so fühle ich mich eher schlechter als besser. Die Herren Cruveillé (Cruveilhier), Louis und Blache haben ein Konsilium abgehalten und bestimmt, ich dürfte nicht reisen, sollte vielmehr eine Wohnung mit südlich gelegenen Zimmern nehmen und in Paris bleiben. Nach langem Suchen hat man mir endlich eine zwar teuere, dafür aber allen Bedingungen entsprechende Wohnung, Place Vendôme Nummer 12, gefunden. Augenblicklich befinden sich dort Albrechts Büros. Méara war mir bei der Suche nach einer Wohnung sehr behilflich. Kurz, ich werde Euch alle im Laufe des kommenden Winters unter günstigen Verhältnissen wiedersehen. Meine Schwester bleibt bei mir, es sei denn, daß man sie dringendst nach Hause zurückberuft. Ich liebe Dich und dies ist einstweilen alles, was ich Dir sagen kann, denn ich fühle mich einer Ohnmacht nahe vor Müdigkeit und Schwäche. Meine Schwester freut sich sehr, Madame Franchomme wiederzusehen, was auch mir kein geringes Vergnügen bereiten wird. Gottes Wille geschehe . . . Die schönsten Grüße an Frau und Herrn Forest. Wie gerne würde ich einige Tage mit Euch verbringen! Weilt Frau de Lauvergeat gleichfalls am Meer? Vergiß nicht, sie bei Gelegenheit von mir zu grüßen, ihren Gatten ebenfalls. Umarme Deine Kinderschar und schreibe mir ein Wort.

Stets Dein Ch.

Von meiner Schwester Küsse für Madame Franchomme.

Wie beherrscht klingen diese Zeilen doch, wenn man den beängstigenden Kräftezerfall und die zunehmenden Schmerzen bedenkt, die Chopins Umgebung mit tiefer Trauer wahrnahm. Erstickungsanfälle, die das Schlimmste befürchten ließen, überkamen ihn häufig. Seine Stimme, diese liebe, feine Stimme, verlor sich immer mehr in ein klangloses Flüstern, und die Gebärde seiner schlanken, durchsichtigen Hände trat oft an ihre Stelle. Stets bemühte sich der Schwerkranke, ruhig und gefaßt, ja sogar heiter zu erscheinen. Gern ließ er sich vorlesen, was der junge Charles Gavard, der Bruder jener Schülerin, der Chopin seine *Berceuse* gewidmet hat, des öfteren tun durfte. Meist war es Voltaires *Dictionnaire philosophique*, den sich Chopin aus seiner Bücherreihe reichen ließ, um die Seiten aufzuschlagen, die er hören wollte. Ungemein hoch schätzte er, wie Gavard aus der Erinnerung berichtete, «die vollendete Form jener so klaren und bündigen Sprache und jenes so sichere Urteil über Fragen des Geschmacks», die übrigens das letzte Vorlesethema waren.

Die Liebe, die Chopin in seinem Freundeskreis und darüber hinaus entgegengebracht wurde, erwies sich in der allseitig herzlichen Anteilnahme. Seiner treusorgenden, unermüdlichen Schwester standen die Vertrauten mit allen nur erdenklichen Dienstleistungen zur Seite. Als die geeignetsten und auch dem Kranken willkommensten Mitpfleger waren Fürstin Marzellina Czartoryska und Adolph Gutmann täglich viele Stunden um ihn.

Gegen Ende September ging nach viermonatigem Aufenthalt in der Rue Chaillot der Umzug in die neue Wohnung vor sich. Groß war die Zahl derjenigen, die nun täglich kamen, um sich nach dem Befinden des kranken Meisters zu erkundigen. Zu ihm selbst wurden nur noch die nächsten Freunde und Schüler zugelassen. Man hatte die Gräfin Potocka, die sich in Nizza aufhielt, von dem verhängnisvollen Zustand ihres von ihr hochverehrten, befreundeten Landsmanns unterrichtet, und sie war sofort nach Paris zurückgeeilt, um sich dem Kreis derer zuzugesellen, die seine letzten Lebenstage mit ihm zusammen verbrachten. Es waren dies neben seiner Schwester Louise, dem Arzt und dem Geistlichen, Gutmann, Grzymala, die Czartoryskis, Pleyel, Franchomme, die Geschwister Gavard und vermutlich auch Solange Clésinger. Im Vorzimmer fand man in diesen entscheidenden Tagen stets eine große Anzahl der übrigen Freunde und Schüler versammelt.

In der Zulassung der Besucher zum Sterbebett Chopins ging man vielleicht doch etwas zu eigenmächtig vor. Dem polnischen Priester Alexander Jelowicki gelang es erst nach dreimaligem Vorsprechen, Chopin von seinem Wunsche, ihn zu sehen, durch eine Mittelsperson Kenntnis zu geben, worauf er ihn ohne weiteres empfing. Von da an zählte Jelowicki zu den täglichen Besuchern, und es kam unter den Vorstellungen des Abbé, der um diese Gott zugewandte, doch jedem Dogma ferne Seele rang, der Moment, in dem Chopin zu beichten begehrte, nachdem er es jahrelang nicht mehr getan. «Unter Strömen von Tränen», wie Jelowicki in seinem merkwürdig literarisch anmutenden Bericht schrieb, bekannte sich der Sterbende zu seinen Sünden und empfing Absolution und die Letzte Ölung. Von diesem Augenblick an sei er wie ein Heiliger gewesen. Vier Tage vor seinem Tode.

George Sand, die durch Gräfin Marliani nachfragen ließ, ob sie kommen dürfe, wurde abgewiesen. An einem der letzten Tage seines Lebens hatte Chopin zu Franchomme geflüstert: «Sie hatte mir gesagt, ich würde in keinen anderen als ihren Armen sterben!» Man befürchtete von dem Wiedersehen mit seiner immer noch geliebten Freundin für den Todgeweihten zu große Aufregung, verwehrte ihr deshalb den Abschied und verschwieg ihm ihren Wunsch. Ob dies so recht getan? Gewiß war die Entscheidung schwer und sicherlich wurde sie in bester Absicht so gefällt! George Sand, die es tief schmerzte, dem Freund nicht noch einmal in die Augen sehen zu können, hat später in ihrer *Histoire de ma vie* die Zweifel jener, die sie zurückgewiesen, besänftigt mit der Versicherung, daß sie recht getan, wenn das Leben Chopins durch die Aufregung, die ihr Erscheinen vielleicht über ihn gebracht hätte, um einen Tag oder auch nur um eine Stunde verkürzt worden wäre. Ihrer Trauer um den Heimgang ihres Freundes und langjährigen Weggefährten und dem Kummer über unausgesprochen Gebliebenes ward Trost durch die Auffassung, daß die Dinge letztlich nicht auf dieser Erde entschieden werden.

Widersprechend sind die Schilderungen über Friedrich Chopins letzte Tage und die Nacht seines Todes. Es war für alle, die dabei waren, ein so tiefes und ergreifendes Erleben, daß die Einzelheiten an Gewicht verloren. Bei dem einen blieb dies, bei dem andern jenes haften. Und fügt man zusammen, was in ihrer Erinnerung davon lebendig geblieben, so ergibt sich die Vorstellung eines in Geduld und Ergebung, in Größe und Reinheit, versöhnt und begnadet, von dieser Welt Geschiedenen.

Wenige Tage vor dem Ende versank Chopin einmal in langes, tief nachdenkliches Schweigen. Plötzlich flüsterte er in die Stille: «Maintenant j'entre en agonie.» Mit einer verbrauchten Phrase wollte ihn der Arzt beruhigen. Chopin aber antwortete ihm: «Eine seltene Gunst erweist Gott dem Menschen, dem er den Augenblick enthüllt, in dem der Tod an ihn herantritt. Mir erzeigt er diese Gnade. Stören Sie mich bitte nicht!»

Am drittletzten Tag konnte man ihn auf das Eintreffen Delphine Potockas vorbereiten. «Darum also hat Gott so lange gezögert, mich zu sich zu rufen», sagte er sichtlich bewegt. «Er wollte mir noch die Freude gewähren, sie zu sehen!» Und es ward ihr die Kraft gegeben, Weh und Leid zurückzudämmen und in strahlender Schönheit und mit innigstem Gefühl am Lager des sterbenden Freundes zu singen. Psalm und Hymne von Marcello und Stradella oder Arien von Mozart, Pergolesi, Bellini. Jene, die dabei gewesen, wußten es nicht mehr genau zu sagen. Das Übermaß von Empfindungen war kaum zu ertragen für die Anwesenden, und auch für den Sterbenden war es zuviel. Ein Röcheln unterbrach den Gesang, der im Gebet des am Bett knienden Priesters unterging.

Noch einmal kehrte Chopin aus den unbekannten Gefilden wieder, in die ihn die Musik entrückt. Er ließ seine im Vorzimmer versammelten Freunde und Schüler nacheinander zu sich kommen und hatte für jeden ein rührendes, dankendes und aufrichtendes Wort. Marzellina Czartoryska trug er auf, im Zusammenspiel mit Elise Gavard seiner zu gedenken und zu seinem Gedächtnis mit Auguste Franchomme Mozart zu spielen. «Ich werde Ihnen zuhören» versicherte er mit gläubig hoffnungsvollem Ausdruck. Seine Schwester, für die er tiefe Liebe und Dankbarkeit empfand, bat er, die Kompositionsskizzen, die man finde, zu vernichten, da er nicht wünsche, daß Unwürdiges unter seinem Namen verbreitet werde. Einzig der Anfang einer *Methode des Klavierspiels* möge bestehen bleiben und Alkan und Reber überlassen werden, auf daß sie einigen Nutzen daraus zu ziehen vermöchten.

Am 16. Oktober schwand sein Bewußtsein für mehrere Stunden. Beim Erwachen versagte seine Stimme, und er deutete durch Gesten an, daß er etwas aufschreiben wolle. Hier das Faksimile dieser letzten Zeilen von Chopins Hand:

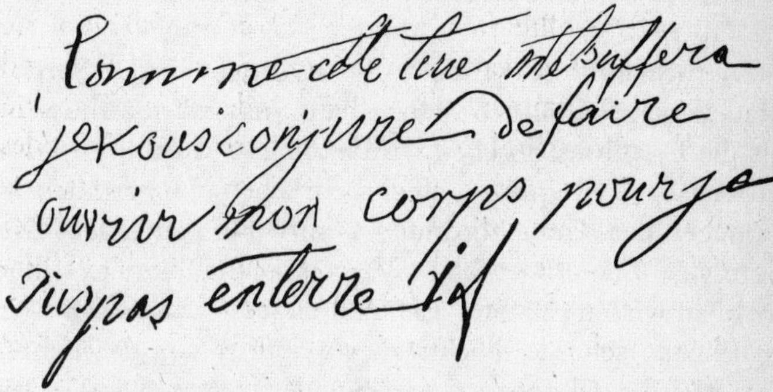

(Da dieser Husten mich ersticken wird, beschwöre ich Euch, meinen Körper öffnen zu lassen, damit ich nicht lebendig begraben werde.)

Unter Gebeten des Abbé Jelowicki und der Responsorien der Freunde verliefen die Abendstunden des 16. Oktober. Chopin lag stumm, wie schlafend. Nur die Beklemmungen beim Atmen ließen erkennen, daß noch Leben in ihm war. Ein letzter Anfall hatte sein Gesicht dunkel verfärbt. Als der Arzt fragte, ob er leide, antwortete er leise: «Plus» (nicht mehr).

In der dritten Morgenstunde des 17. Oktober 1849 hauchte der große Sohn Polens seine Seele aus. Er starb in den Armen seines Schülerfreundes Gutmann, dem er soeben mit den von einem warmen Blick begleiteten, fast nur von den Lippen geformten Worten: «Cher ami!» für einen Liebesdienst gedankt.

Er hatte ausgelitten, und sein Herz fand die Ruhe, nach der er sich so lange schon gesehnt. Friedlich und verjüngt lag er auf dem Sterbebett. So hat ihn sein Landsmann, der Maler Kwiatkowski, gezeichnet, der das Wesen des Freundes in die Worte faßte, die er angesichts des Toten an die schmerzgebeugte Jane Stirling richtete: «Er war rein wie eine Träne.»

Die Seelenmesse wurde am 30. Oktober in der Kirche Madeleine zelebriert. So lange hatte man warten müssen, bis die Erlaubnis gegeben wurde, die zur Aufführung des Mozartschen Requiems unentbehrlichen Sängerinnen – entgegen der Kirchenordnung – mitwirken zu lassen. Die pompöse Trauerfeier hatte Vater Gavard inszeniert, der wohl zu wissen glaubte, was man diesem großen Künstler an Ehrung schulde. Nichts aber wußte er von der Lehre, die Meister Chopin seinen Schülern gepredigt: «Das Letzte des Erreichbaren ist die Einfachheit!»

Es fand nur Einlaß, wer eine Karte besaß, und dies waren außer den nächsten Angehörigen und Freunden fast ausschließlich Leute der vornehmsten Gesellschafts- und Emigrantenkreise von Paris, London, Wien und Berlin. Nur wenigen der Persönlichkeiten, die den Verstorbenen als einen der ihren in der Welt der Künste schätzten, nur wenigen Schriftstellern und Literaten, denen es um das Abschiednehmen von einem verehrten Genius zu tun war, gelang es, dabei zu sein. Die exklusive gesellschaftliche Elite füllte die geräumige Kirche, und es blieb kaum Platz für jene, die nicht zu ihr zählten. Das Gotteshaus war schwarz ausgeschlagen, und eine unübersehbare Fülle von Blumen fügte die Farben des Lebens in das Dunkel der Trauer. Unter den Klängen des Marschs aus der b-moll-Sonate (die Henri Reber instrumentiert hatte) wurde der Sarg feierlich zu dem in der Kirchenmitte aufgebauten

Katafalk getragen, worauf Mozarts Requiem einsetzte. Zwischen dem Credo und Sanctus erklangen auf der Orgel jene beiden in Majorka unter bildhaften Vorstellungen und Phantasien entstandenen Präludien und am Ende der Zeremonie Improvisationen über Chopinsche Themen. Der Trauerzug bewegte sich dann durch die lange Zeile der Boulevards zum Friedhof Père-Lachaise. Nachdem in stiller Andacht der Sarg versenkt worden, überstreute ihn Freundeshand mit der polnischen Erde, diesem Symbol der Heimat, das Chopin bei seinem Scheiden vom väterlichen Boden vor gerade neunzehn Jahren in silbernem Pokal mitgegeben worden war. Unweit der Gräber Bellinis und Cherubinis fand seine sterbliche Hülle ihre Ruhestätte in der Erde Frankreichs, das er geliebt und in dem er so viele seiner Werke geschaffen. Sein Herz aber, das zeitlebens ungeteilt, glühend und treu für Polen geschlagen, wurde in die Heimat zurückgebracht und in der Heiligkreuzkirche zu Warschau bewahrt.

Wer von ihm als Mensch und Künstler wußte, trauerte um das allzufrühe Scheiden eines Auserwählten und mußte doch die Fügung als gnädig empfinden, die seinen Leiden ein Ende gesetzt, als seine Aufgabe erfüllt war, seine Leier ausgeklungen hatte. «Der Geist der Musik ist über die Welt hinweggegangen», schrieb in seinem Nachruf Robert Schumann, der als erster den jungen Genius verheißend gepriesen.

Am Jahrestag seines Todes, 1850, enthüllte man nach einer Gedächtnismesse und dem Vortrag einiger seiner Präludien (in der Fassung für Orgel und Violoncello von Lefébure und Franchomme) am veilchengeschmückten Grabe Chopins ein Monument, das der Bildhauer Clésinger geschaffen hat. Vergeblich versuchte der Delegierte Polens, Wolowski, eine Ansprache zu halten. Der Schmerz übermannte ihn nach wenigen Sätzen und griff über auf die vielen Teilnehmenden. Da sammelte sich die Trauergemeinde still in tieferem Gedenken, als es die wohlgesetzteste Rede je gestattet hätte.

So stellt sich das schöpferische Leben dieses Menschen dar, der an Leid und Schmerzen gereift, im zerbrechlichen Gefäß seines Körpers eine Seele barg, die zart war wie die eines Kindes, mädchenhaft empfindsam, sehnsüchtig und schwermütig und doch voll der Glut und Leidenschaftlichkeit des Mannes.

Chopin, im Geist und in der Kraft seines Herzens Sinnbild und treuester Sohn seines leidgeprüften Vaterlandes, hat der polnischen Seele in seiner Musik für alle Zeiten ihre edelste und höchste Verklärung gegeben.

DER MUSIKER UND SEINE WERKE

fine
Voce
Pianof.
senza tempo
a tempo
Da Capo al fine

Unter den Musikern von Weltgeltung ist Chopin eine einmalige Erscheinung, ein Außenseiter, der sich nirgends richtig einreihen läßt. Seine Beschränkung auf ein einziges kompositorisches Gebiet führte zu dem Sonderfall, daß in dem ausdruckstechnisch begrenzten Bereich der Klaviermusik eine Höhe erzielt wurde, welche jener der weitgespannten Schöpfungen großer Meister der Musik ebenbürtig ist. Die Spezialisierung auf das Klavierschaffen ließ ihn eine bis dahin ungeahnte Welt entdecken und erschließen: Klangvorstellungen, -verbindungen, -abstufungen, -brechungen, -farben, die neben einer auf die Spitze der Verfeinerung getriebenen Satzweise als unbedingt neuartig anzusprechen sind. Sein Erfindungsreichtum, der dem anderer genialer Tonsetzer nicht nachsteht, wirkte sich restlos zum Segen der Klaviermusik aus. Im selbstgewählten kleinen Rahmen und in der ungeteilten Hingabe an das geliebte Instrument fand er Befriedigung und vermochte sich – zum Besten der Klavierliteratur – musikalisch voll auszuleben. Er hatte weder den Ehrgeiz, sich in anderen Kompositionszweigen zu versuchen, noch brauchte er, der sich in der Beschränkung wahrhaft als Meister zeigte, eine Verpflichtung hierzu zu verspüren. (Drei wenig bedeutende Kammermusikwerke und achtzehn nicht für die Veröffentlichung bestimmt gewesene *Polnische Lieder* zählen im Rahmen des Gesamtschaffens kaum, und übrigens verwenden sie ja ebenfalls das Klavier teils absolut dominierend.)

Einzigartig ist auch die Ausprägung des Nationalen in der Musik Chopins, die durchweg ein hinreißendes Bekenntnis zur polnischen Heimat und deren Volksseele ist. In dieser Hinsicht steht sein Schaffen an Bedeutung und Verbreitung weit über dem der anderen Komponisten nationaler Art, Dvořák und Grieg nicht ausgenommen (um die nach Chopin kräftigsten Vertreter volksverwurzelter Tondichtung anzuführen).

Chopin war es vorbehalten, den Melodien und Rhythmen seiner Heimat nicht nur eine ungeahnte Popularität zu verschaffen, sondern sie auch noch derart zu erweitern und zu vertiefen, daß das Polnische in seiner Musik bereits nicht mehr als national begrenztes Element, sondern, des Charakters einer Spezialität entkleidet, als selbstverständlich empfunden wird. Bleibt man sich beispielsweise bei Grieg der nordischen, bei Dvořák und Smetana der böhmischen, bei Albeniz der spanischen Herkunft ihrer Tonsprache stets bewußt, so ist bei Chopin das Polnische bereits solch nationaltypischer Auffälligkeit bar, wodurch sich seine Musik als einer gehobeneren Ebene zugehörig erweist. Die Ursache dieses graduellen Unterschieds liegt wohl darin, daß der polnische Meister kraft seines Urinstinktes das Volkseigene so innig mit seinem individuellen Musikempfinden zu vermählen wußte, daß daraus eine urpersönliche Tonsprache entstand. Hieraus erklärt sich, daß uns seine Musik in erster Linie als chopinisch und nicht als polnisch anspricht, so wie uns jene Beethovens eigengeprägt, nicht typisch deutsch vorkommt.

Damit soll aber keineswegs jenem bodenständigen, im Volkstum beheimateten Element Abtrag getan werden.

Es war und blieb stets von grundlegender Bedeutung für Chopin, doch wurde es in der Verschmelzung mit Eigenpersönlichem zu einer höheren Einheit sublimiert, die berufen war, Polen den Nationen von musikalischer Weltgeltung an die Seite zu stellen. Und wiederum ist etwas Besonderes zu vermerken: Italien, Deutschland und Frankreich, die auf dem Gebiet allgemeingültiger Musik führend wurden, haben alle eine lange Zeitspanne mit vielen schöpferischen Talenten und Hochbegabungen benötigt, um diese Stellung zu erringen; Chopin nun gelang es als einzelnem, allein und selbständig Polen mit einemmal den auf dem Kontinent musikalisch ausschlaggebenden Ländern anzugliedern. Sein Schaffen erst fügte die polnische Stimme in das europäische Konzert, aus dem sie seither nicht mehr wegzudenken ist.

Dem Nationalen und Klavierinstrumentalen, diesen Grundkräften und Charakteristiken von Chopins Schöpfertum, schließt sich als weiteres Hauptmerkmal romantisches Wesen an. Seine Kompositionen sind, objektiv betrachtet, *alle* Ideal-Klaviermusik und *alle* zugleich im Polnischen verwurzelt. Sie sind aber auch, dies nach unserer persönlichen, von der Auffassung des Begriffs *Romantik* beeinflußten Ansicht außerdem *alle* romantisch durchsetzt. Diese drei Komponenten greifen ständig ineinander; doch gibt es selbstredend Abstufungen und Grenzen; einmal zeigt sich diese, ein andermal jene Quelle im Vordergrund. Uns will es scheinen, daß Chopin sein Bestes dann schuf, wenn er sich am romantischsten gab, nämlich in den hintergründigen und phantastischen Werken.

Der romantische Zug, Träger der Vertiefung im Tonschaffen des polnischen Meisters, ist unverkennbar deutscher Art. Man kann annehmen, daß Elsner den bei dem Knaben Chopin in der Anlage vorhandenen zarten Trieb zur Romantik unter seinen Einfluß nahm und ihn zu Wachstum und Entfaltung führte. Schon Heine hat die Bedeutung dieses germanischen Einschlags in Chopins Musik erkannt, als er in einem seiner *Pariser Kunstbriefe* schrieb: «... Deutschland gab ihm den romantischen Tiefsinn.» Es spricht sowohl für die kluge Elsnersche Lehrmethode als auch für die starke Individualität Chopins, daß ihn der deutsche Einfluß die letzten Tiefen erreichen ließ ohne jede beeinträchtigende Rückwirkung auf seine eigene, festgefügte Welt. Wenn man von gewissen Anregungen, die ihm Hummel gab (und auf die wir noch zurückkommen), absieht, fußt er in keiner Weise «schulmäßig» auf deutschen Meistern. Er schuf und blieb durchaus selbständig in seinem eigengeschaffenen Reich, in dem die Heimat und das zum universalen Klangmittel gestaltete Klavier die Hauptrolle spielten.

Obgleich sich, wie bereits erwähnt, die drei Hauptelemente in seinem Tonschaffen ständig durchdringen, so läßt sich eine Werkbetrachtung doch fast immer zwanglos nach dem Gesichtspunkt des Vorherrschens des einen oder anderen Charakteristikums gruppieren. In den Polonaisen, Mazurkas, Walzern und Ecossaisen offenbart sich am sinnfälligsten das Heimatliche; von überwiegend pianistischem Reiz sind in erster Linie die Etüden, dann die Variationenwerke und Rondos, ferner Tarantella, Boléro, Berceuse und Barcarole; auch die beiden Klavierkonzerte wollen wir dazurechnen (obwohl bei diesen eine Einordnung nach den erwähnten Gesichtspunkten schwer fällt, da sich die drei Komponenten die Waage halten); das Romantische schließlich dominiert in den Préludes, Balladen, Scherzi, Impromptus und Sonaten, den Tondichtungen, die wir für die bedeutendsten halten.

Bevor wir auf die Werke selbst eingehen, seien einige

Betrachtungen allgemeiner Art über die kompositorischen Einzelelemente angestellt, wie sie sich im Schaffen des polnischen Meisters dartun.

Als *Melodiker* war Chopin äußerst bedeutungsvoll. Sind seine Einfälle doch unübertroffen an Natürlichkeit, Vitalität, Erfindungsreichtum und Gefühlsinhalt! Selbst in der kurzen, ja allerkürzesten Melodie findet man bei ihm stets etwas ungemein Lebendiges, Empfindungsgesättigtes und zugleich Aristokratisches. Als Musterbeispiel dieser Fähigkeit, den kleinsten Raum mit vielsagenden, glänzend profilierten, melodischen Gedanken zu füllen (eine Fähigkeit, die er mit Schubert und Schumann teilt), können die Mazurkas gelten.

Viel wichtiger noch ist, was Chopin der Melodik mit der – wenn auch unbewußten – Schöpfung der sogenannten *Unendlichen Melodie* gegeben. Erst- und einmalig war eine solche in Schuberts Lied *Rastlose Liebe* angetönt worden, und später hat sie in Richard Wagners Werken dominiert. *Unendlich* will besagen, daß eine Melodie ganz aus sich selbst heraus, also ohne Zuhilfenahme von Wiederholungen und Sequenzen zur Weiterentwicklung gebracht und durch immer neue und blühende Gedanken und Wendungen lebenskräftig fortgeführt wird. Die Melodik Chopins, diese stärkste Seite seines Musikschöpfertums, ist vielleicht auch seine bewundernswerteste. Nimmt man die Frühwerke aus, so sind selbst die bei ihm so häufigen Arabesken, virtuosen Läufe und Floskeln keineswegs leerer Flitterkram (wie dies bei Hummel, Field und mitunter auch bei Mendelssohn der Fall ist), sondern sie tragen Leben in sich. Selbst rein virtuose Passagen sind oft im Sinne einer *unendlichen Melodie* weitergeführt. Man sehe sich, um dies bestätigt zu finden, daraufhin einmal beispielsweise das As-dur-Impromptu op. 29, den Schluß des

Fis-dur-Impromptu op. 36, die Durchführung des e-moll-Klavierkonzerts op. 11 oder auch die Berceuse op. 57 und die Barcarole op. 60 an.

Chopins Meisterschaft auf diesem Gebiet hängt zu einem Teil mit der Beschränkung auf das Klavierschaffen zusammen. Sein ausschließlich pianistisches Musikempfinden und -denken enthüllte ihm im Rahmen seiner Schöpferindividualität eben *alle* Möglichkeiten dieses Instrumentes. Mit keinem anderen vermag man praktisch so frei melodisch zu schalten und walten; nur das Klavier eignet sich gleich gut für ruhige Kantilenen wie bewegtestes Spiel. Dazu kommt, daß es auch gewissermaßen «unendlich» spielbar ist, weil dem Pianisten keine ausführungstechnischen Begrenzungen von der Art des Lufteinziehens der Bläser oder des Bogenwechsels der Streicher gesetzt sind. Das Klavier hat – neben der Orgel – dank seiner Struktur von allen Instrumenten den «längsten Atem», und diese Eigenschaft machte sich Chopin glänzend zunutze, unbeschadet seiner Meisterschaft in der Kunst der feingegliederten Phrasierung und Artikulation im einzelnen. Weitgespannte, großzügige, deklamatorische Melodieführung, wie sie ihm gemäß war, kommt dem romantischen Fühlen sehr entgegen, und es bleibt eigentlich verwunderlich, daß gerade bedeutendste Repräsentanten der deutschen Musikromantik (wie Weber, Mendelssohn und Schumann) so wenig Gebrauch davon machten. Bei Schubert, der auf der Schwelle der Stilwende zum Romantischen steht, mag die seltene Anwendung der frei-deklamatorischen Melodieführung, die er übrigens wunderbar meisterte, mit seiner Verwurzelung in der Klassik zusammenhängen. Es liegt ja schon in dem architektonischen Wesen der klassischen Form begründet, daß eine langgezogene, sich frei entwickelnde Melodie darin nicht genügend Platz zur Entfaltung hat. Chopin ist in dieser Beziehung seinen Zeitgenossen um etliches voraus, ist ungleich moderner. Die meisten Komponisten seiner Epoche, die sich von der klassischen Form mehr oder weniger gelöst hatten, waren noch mehr verhangen mit Sequenzen und Repetitionen.

Als großartiger Melodiebildner war Chopin unbedingt wegweisend für Liszt, Wagner und die neueren Komponisten. Seine Nocturnes, diese melodischen Orgien, bringen die besten Beispiele dieser Art. So merkwürdig es klingen mag: was Weite und Schönheit der melodischen Linienführung anbelangt, kann man ihm keinen anderen gleichstellen als Joh. Seb. Bach, der gelegentlich ähnlich große Melodiebögen spannt. (Es sei nur an den Mittelsatz des *Italienischen Konzerts* erinnert!)

Auf Bach muß man auch zurückgreifen, um Kühnheiten der *Harmonik* zu finden, wie sie Chopin seiner Zeit vorausnahm. Obwohl er darin auch sehr schlicht zu sein und in einfachen, lapidaren Klangbildungen und diatonischen Modulationen oft Großes zu leisten vermochte, ist das Typische bei ihm doch die ungemein reiche Anwendung des *Chromatischen*. Er kann als Begründer einer neuzeitlichen, differenzierten Harmonik auf chromatischer Grundlage gelten. Hierin steht er in großem Gegensatz zu Beethoven und besonders Brahms. Dieser vertritt das eindeutige, männliche Prinzip der Diatonik, Chopin das labile, weibliche der Chromatik. Selbst vor den schrillsten Dissonanzen schreckte der polnische Meister nicht zurück und blieb dennoch stets im Rahmen des Edlen und Vornehmen. Glänzende Zeugnisse des Reichtums und Wagemuts seiner Harmonik bieten die h-moll-Sonate (namentlich in der Durchführung) und die Préludes, deren viertes allein schon eine Fundgrube ist und als Kurz-Harmonielehre auf moderner Grundlage dienen könnte!

Hinsichtlich der Harmonik kann der Einfluß Chopins auf die ihm folgende Zeit bis auf die Gegenwart nicht hoch genug eingeschätzt werden. Vielfach wird übersehen, daß er darin für die Entwicklung bis zum heutigen Stand von einer Bedeutung war, die jene vielgerühmte Richard Wagners wesentlich überragt. Die Chromatik des Bayreuther Meisters ist zwar reichlich dosiert, aber primitiver und gröber als die des polnischen. Chopin ist als Harmoniker eine echte Naturbegabung, ganz und gar unschulmäßig, ohne jede Anlehnung an eine Methode. Mit elementarer Selbstverständlichkeit, völlig mühelos, ja geradezu instinktiv verläuft bei ihm die Harmonik. Nie ist sie auch nur im geringsten gesucht oder konstruiert, und man merkt, daß diese differenzierten Modulationen nicht am Schreibtisch entstanden, sondern beim Improvisieren am Klavier. Der Einfluß des Instrumentes, dem er tausendfältiges Leben zu entlocken wußte, machte sich auch hier zweifellos positiv bemerkbar.

Die *Rhythmik*, um zu diesem wichtigen Element zu kommen, wurzelt bei Chopin in den polnischen Volkstänzen. Wenn wir in seinen Mazurkas, Polonaisen und Krakowiaks die straffen, markigen Rhythmen hören, denken wir allerdings nicht mehr an ihren folkloristischen Ursprung, sondern empfinden sie als chopinesk, weil für uns die Begriffe «polnisch» und «chopinmäßig» ihrer innigen Verschmelzung wegen in eins zusammenfallen. Rhythmen solcher Art in seinen Stücken tänzerischen Charakters sind volkstümlich einfach und mitunter auch von einer gewissen Monotonie, hervorgerufen durch ständige Wiederholungen. Für das slawische Wesen mögen sie recht aufschlußreich sein, vom kompositionellen Standpunkt aus gesehen, der für uns hier das Maßgebende ist, bieten sie nicht viel des Interessanten. Anders stellt sich dies jedoch dar, wenn Chopin solch typische Rhythmen in Werken nicht tanzmäßiger Art zur Anwendung bringt. In diesen (zum Beispiel Préludes) wirken sie dann in ihrer obstinaten, fatalistischen Unerbittlichkeit genial. Übrigens lassen gerade derartige Rhythmen, die Chopin liebt und in denen er groß und bedeutend ist, sehr oft den romantischen Stimmungsgehalt (wie Einsamkeit, Sehnsucht, hoffnungslose Verzweiflung und anderes mehr) erst so recht lebendig werden.

Ist dieses Monoton-Fatalistische der eine Pol von Chopins rhythmischem Empfinden, so beruht der andere auf reichster Abwechslung und zeigt den Meister noch moderner und wegweisend. Hier läßt er eine Fülle von sensiblen, aufgelockerten, traumhaft unbestimmten, neblig verschleierten Gebilden erstehen, die sich als durchaus neu und bahnbrechend dartun. Die Gleichzeitigkeit von Duolen, Triolen, Quintolen, Septolen und so weiter ist originell, und das unmittelbare Nacheinander von rhythmisch-rhapsodischen Veränderungen, das Freie, Aufgelöste, oft Bizarre, Phantastisch-Skurrile bedeutet dabei auch noch einen romantischen Zug. Der rhythmischen Überraschungen scheint kein Ende, und dabei bleiben die Grenzen des Vornehmen stets gewahrt.

Die Beurteilung der *Form* bei Chopin ist nicht einheitlich. Wir gehören nicht zu jenen, die ihm die Fähigkeit absprechen, die große klassische Sonatenform zu meistern. Wir finden, daß sie sich bei ihm als unproblematisch und recht selbstverständlich präsentiert, allerdings ohne immer ein Idealgebilde zu sein. Niemals hat er sich von der Form beherrschen lassen (wie etwa Schubert), denn er fühlte gar keine Verpflichtung, die klassischen Formgesetze einzuhalten oder ihnen nachzueifern. Das Zwanglose der formalen Gestaltung überträgt sich auf den Spieler oder Hörer, so daß in ihm der Gedanke, der Form nachzuspüren, überhaupt nicht aufkommt. Dies gilt auch für die Klavierkonzerte, trotz ihren weitschweifigen Wiederholungen in den Orchestertuttis und Durchführungsteilen. In den Sonaten aber sind auch diese letzteren prächtig gelungen, und uns scheint hier ihr Sinn besser erfüllt als bei den großen romantischen Sonatenkomponisten Schubert und Schumann. (Die erste, mit siebzehn oder achtzehn Jahren verfaßte Sonate op. 4 nehmen wir hier aus, da Chopin um diese Zeit das Wesen der Sonatenform noch kaum recht erfaßt hatte.) Eigenartig, jedoch gut nimmt sich die Weglassung des Hauptthemas in der Reprise aus. Der ganze Sonatensatz erhält dadurch eine gestraffte Kürze. Dagegen mögen die Scherzi durch ihre zahlreichen Repetitionen etwas gedehnt erscheinen, wodurch das formale Prinzip im Grunde nicht berührt wird. Würde man in diesen Sätzen die wörtlichen Wiederholungen streichen, so ergäben sich Formgebilde von idealer Vollendung*.

In den größeren Kompositionen phantastischen, schwärmerischen, erzählenden oder schildernden Inhaltes, wie der Fantasie op. 49, den Balladen und auch der Polonaisen-Fantasie op. 61, ist die Form frei und doch wunderbar ebenmäßig gestaltet, und es sind dabei Werke von prachtvollem Aufbau und großzügiger Weite entstanden. Doch auch bei kleinen und kleinsten Stücken Chopins kann man von formaler Vollendung sprechen.

Nun bleibt uns von den Einzelelementen noch die *Kontrapunktik* in der Kompositionsweise Chopins zu beleuchten. Hier haben wir es mit seiner einzigen, aber großen und entscheidenden Schwäche zu tun. Das Unvermögen zu na-

* Allerdings wird dies kein guter Interpret tun, denn es liegt ein besonderer Reiz darin, eine Stelle bei jedesmaligem Wiedererscheinen immer neu und anders zu gestalten, was gerade bei Chopin sehr gut möglich ist.

türlich fließender polyphoner Stimmführung versperrte ihm Weg und Flug zu den Regionen höchster musikalischer Offenbarung; es ist der Grund, weshalb man ihn nicht neben Bach, Haydn, Mozart, Beethoven und Brahms stellen kann, die, ob klassisch oder romantisch, durch ihr geniales kontrapunktisches Können den ganzen musikalischen Kosmos umfaßten.

Kontrapunktik (eine Wortbildung aus «punctus contra punctum», das heißt Note gegen Note) ist die Kunst, verschiedene Stimmen gleichzeitig in sinnvollen und edlen Zusammenklang zu bringen, dabei aber doch jeder einzelnen Stimme ihre Selbständigkeit und melodische Vollwertigkeit zu belassen. Eine Kunst, die von der Orgel, der Kirchen- und Kammermusik herkommt und die in Bach ihren bisher größten, in Reger ihren bis jetzt letzten Meister gefunden hat. Der ausschließlich pianistisch orientierte, auf den sinnlichen Klavierton und Klangreiz ausgehende, gefühlsbetonte Chopin hatte keine schöpferische Ader für diese vergeistigte Kompositionsweise. Es will nichts hiergegen besagen, daß er in seinem Schaffen gelegentliche Anläufe zu polyphoner Stimmführung genommen hat, weil sich diese als eine Folge, als ein Ergebnis seiner Harmonik einstellte, während in der echten Kontrapunktik der Verlauf umgekehrt ist, nämlich die polyphone Stimmführung die Basis der Harmonik bildet. Wohl wäre Chopin auch in der Lage gewesen, kontrapunktisch zu schreiben; aber da dies seiner künstlerischen Art durchaus fremd war, so hätten die Resultate wahrscheinlich unnatürlich und konstruiert gewirkt.

Mit der kontrapunktischen Schwäche Chopins hängt auch sein Mangel an Sinn für das Kammermusikalische und Orchestrale zusammen. Doch darf man darunter nicht verstehen, daß ihm das Organ für instrumental-orchestrale

Farben abgegangen sei. Das besaß Chopin in gutem Maß. Wie oft hört man beispielsweise aus den Polonaisen Trompetenfanfaren heraustönen oder aus den Nocturnes Flöten- und Geigenklänge, aus den Préludes oder den Etüden Cellokantilenen! Aber seine Domäne ist doch der Klavierklang, und seine Werke sind so erschöpfend für das Klavier gestaltet, daß sich eine Instrumentierung gar nicht vorstellen läßt, im Gegensatz zu orchestral empfundenen Klavierwerken Beethovens und Schuberts. Doch sei gesagt, daß die wenigen Instrumentationen, die Chopin gemacht hat, keineswegs ungeschickt sind; sie entbehren aber jeder Originalität.

Zur Unterbauung unserer Werkbetrachtung wollen wir uns zuvor noch den in der Einleitung angeführten drei Quellen zuwenden, die Chopins Musikschaffen stärksten Antrieb gaben.

Am wichtigsten für die Kennzeichnung seines kompositorischen Wesens ist *das Polnische*, das alle seine Werke durchblutet, die einen mehr, die andern weniger. Wir können es uns im Hinblick auf die Einleitung des dritten biographischen Kapitels (Seite 38–45) versagen, hier einen Abriß der Musikgeschichte Polens zu geben und uns auf ergänzende Bemerkungen beschränken.

Eine nennenswerte Entwicklung der polnischen Musik setzte um die Mitte des fünfzehnten Jahrhunderts, im Zeitpunkt des dortigen Aufkommens der Vierstimmigkeit ein. Schon hundert Jahre später war ein sehr beachtlicher Aufschwung zu bemerken; gab es doch an der Universität der kulturell führenden Stadt Krakau bereits einen Lehrstuhl für Musiktheorie. Auch eine Notendruckerei hatte sich aufgetan, und es setzte ein Austausch polnischer Musiker mit solchen des westlichen und südwestlichen Europas ein, der eine Befruchtung insofern bedeutete, als die italienische und niederländische polyphone Tonsatzkunst in Polen Eingang fand. (Als wichtigstes Frühwerk gelehrter Schreibweise ist das umfangreiche Psalmenwerk Nikolaus Gomolkas anzusprechen, eine kontrapunktische Vertonung der polnischen Textfassung sämtlicher Psalmen von Kochanowski.)

Im Ausland kannte man seit Ende des sechzehnten Jahrhunderts dank des Musikeraustausches den *polnischen Tanz*. Dieser *Polonaise* begegnete man von da an allenthalben (Couperin, Rameau, Bach, Händel und spätere Komponisten, darunter Beethoven und Weber, nahmen sie vor Chopins Zeit in ihre Werke auf), jedoch trug sie außer dem charakteristischen Rhythmus nichts typisch Polnisches an sich. Nun sind sich ja die Gelehrten heute noch nicht ganz darüber einig, ob es sich bei der Polonaise ursprünglich um einen Volkstanz gehandelt hat oder ob sie nicht erst gelegentlich der Thronbesteigung Heinrichs III. in Krakau (1573) bei der Defiliercour ihre Taufe erlebte. Für die letztere Annahme spricht der Umstand, daß die ältesten bekanntgewordenen Polonaisen keine Tanzlieder, sondern rein instrumentaler Art waren. Außerhalb der Landesgrenzen trug die Polonaise *vor* Chopin kein folkloristisches Gepräge, es sei denn, man gestehe solches dem Rhythmus zu, aber dieser ist doch etwas mehr Äußerliches und nach unserer Auffassung so wenig nationalgebunden wie der des Walzers oder des Marsches.

Die polnische Seele harrte in der außerheimatlichen Musikwelt noch ihres Verkünders! Wohl lebte im Ausland vor Chopins Zeit ein ernst zu nehmender polnischer Komponist, Graf Michael Kleophas Oginski. Seine Bedeutung und Ausstrahlung war indes viel zu gering, als daß er sich im nationalen Sinne hätte durchsetzen können. Er war Schüler Viottis, in Florenz ansässig und hat eine

Reihe echter Polonaisen geschrieben sowie, als Novität, einige nach dem spanischen Bolérorhythmus gesetzte herausgebracht.

Polen selbst besaß einen reichen Fundus an Volksliedern und Tanzweisen, wovon umfangreiche Sammelwerke zeugen. Auch Chopin war schon in früher Jugend mit heimischen Melodien vertraut, nicht zuletzt von seinen Ferienaufenthalten auf großen Gütern und von ländlichen Festen her. Außerdem hatte er in Elsner einen, wenn auch zugewanderten, doch innerhalb Polens als nationalen Komponisten anerkannten Musiker zum Lehrer und stand mit Kurpinski, dem anderen hochgeachteten zeitgenössischen Tonsetzer, in Beziehungen. An Grundlage und Material fehlte es ihm also keineswegs. Doch was er schließlich daraus machte, formte und schuf, das war eben in einem ganz anderen Maße erfüllt von polnischem Wesen, als die über die Grenzen seines Vaterlandes hinaus bekannt gewordenen Rhythmen der Polonaise und der übrigen (landschaftlich gefärbten) Tänze, wie Mazur, Krakowiak und Kujawiak, allein aus sich heraus es je hätten sein können.

Von der Seele seines Volkes, von dessen Kampf und Schmerz, von dessen Ritterlichkeit, Tapferkeit, Wehmut und Verzweiflung hat er als erster durch sein Schaffen der weiten Welt erzählt, und man kann sagen, er sei bis jetzt *hierin* auch der einzige von überragender Bedeutung geblieben. Ohne ihn, ohne seine ideale Verlebendigung und Vertiefung in der Darstellung des Empfindens und des Seelenlebens seiner Nation hätte die polnische Musik kaum eine internationale Rolle gespielt. Es ist bezeichnend, daß *nach* Chopin eine Entwicklung derselben in die Weite und Tiefe nicht stattfand; denn sowohl Paderewski als auch Rozycki und Szymanowski, um die wichtigsten der neueren polnischen Komponisten zu nennen, sind zwar ausgezeichnete musikalische Köpfe, aber wohl kaum Vertreter *neuer* nationaler Momente. Chopins Größe ward ja auch, wie wir schon erkennen ließen, keineswegs von dem Polnischen seiner Musik allein bestimmt, sondern außerdem von klavieristischen Faktoren sowie der vortrefflichen Mischung mit deutschen und französischen Wesenszügen. Es ist charakteristisch, daß alles andere an Chopins Musik mehr Schule machte als just das Polnisch-Nationale! Einzig jener Einfluß, den er als *Slawe* auf das russische Tonschaffen, auf Musiker wie Mussorgskij, Skrjabin, Rachmaninow und Glasunow ausübte, ist folkloristischer Natur.

Das Deutsche in Chopins Musik bot zwar auch kein sehr großes Feld für die Rückstrahlung, da es im germanischen Kulturbereich genügend geniale Offenbarer der eigenen romantischen Seele gab. Immerhin schlängelt sich aber doch ein geheimer Pfad von der Chopinschen Romantik über Liszt, Wagner und Richard Strauss zur deutschen Musik der letzten Gegenwart.

Wesentlich anders als mit dem Germanischen steht es mit dem Romanischen in Chopins Schaffen. Die Anregungen, die er sich aus Frankreich holte und dank seiner schöpferischen Individualität und instrumentalen Spezialisierung aufs beste und tiefste ausbaute, nämlich das Wechselspiel subtiler Harmonik sowie die Eleganz und Glätte des Klavieristischen, das konnte, ja mußte eigentlich auf Grund seiner Neuartigkeit und eingängigen, überzeugenden Bedeutung viel weitertragenden Einfluß ausüben. Am meisten natürlich in Frankreich selbst, dem Boden, dem die Wurzeln dieses qualifizierten Wesenszugs der Chopinschen Kunst entsprossen. Frankreich war am aufnahmefähigsten für das mit seiner Eigennote durchdrungene Französische an ihm, und es ist tatsächlich auch die französische Musikentwicklung gewesen, die am meisten von ihm annahm und gewann. Seine eigentlichen Erben, seine musikalischen Nachkommen und, wenn man so sagen will, die Vollender seiner Muse (im Sinne raffinierter Verfeinerung) sind die französischen Impressionisten. Man kann den in Paris heimisch gewordenen Polen Chopin als den Vater der modernen französischen Musik betrachten! Dies ist indes nicht so verwunderlich, wie es im ersten Augenblick vielleicht aussieht. Denn es steht außer Zweifel, daß der französische und polnische Charakter manches Verwandte haben. Eleganz, Grazie, Galanterie, spielerische Leichtigkeit sind solche gemeinsame Merkmale. So ist es verständlich, daß Chopin, dem übrigens von seiner Großmutter väterlicherseits her französisches Blut vererbt ward, sich französisierte und, umgekehrt, daß sich das Musikschaffen Frankreichs chopinisierte. Auch romanische Komponisten anderer Nationalität haben Chopinesk-Französisches übernommen; wir denken an Albeniz, Casella, de Falla, Malipiero und andere.

Auf dem Französischen in Chopins Musik basiert auch in erster Linie die Anregung, die das deutsche Komponistentum durch ihn erfuhr. Allerdings betrifft dies mehr typisch Klavieristisches denn Inhaltliches. Eine dergestalte positive Beeinflussung, die sich vornehmlich in einer wohltuenden Auflockerung des Klaviersatzes bemerkbar machte, läßt sich bereits bei Schumann feststellen und weiterhin bei manchen deutschen Tonsetzern beobachten, die hauptsächlich für Klavier schrieben (wie zum Beispiel Theodor Kirchner, Hermann Goetz, Walter Niemann).*

* Sogar Brahms und Reger imponierte die Klavierbehandlung in der Musiksprache Chopins, und sie versuchten sich gelegentlich experimenteller Weise in der Nachahmung seines Stils. Auch Hans Pfitzner ist klavieristisch manchmal auffallend chopinesk.

Wir sehen aus dem Vorgesagten bestätigt, worauf wir in der einleitenden Übersicht hinwiesen, daß nämlich Chopin in der Musikgeschichte die einzigartige Stellung einnimmt, allein die Musik eines ganzen Landes zu repräsentieren. Und doch brachte es nicht gerade das Folkloristische in seiner Kunst – ein so eminent wichtiges Charakteristikum es für sie auch war –, sondern sein Genie, der Komplex seiner schöpferischen Elemente zuwege, das Polnische zu einem musikalischen Begriff werden zu lassen und es zum Wettbewerb mit anderen Musikländern zu befähigen.

Um zum *Klavieristischen* bei Chopin überzugehen, erinnern wir noch einmal an das Kuriosum, daß er als Musikschöpfer höchsten Ranges sich auf ein einziges Instrument beschränkte. Wohl hat es stets eine Legion von mehr oder weniger nennenswerten Komponisten gegeben, die einzig und allein für Klavier schrieben, jedoch niemals ein solcher Koryphäe wie er. Eine Parallele zu seinem «Spezialistentum» ließe sich allenfalls in Berlioz und Bruckner finden, die beide ausschließlich sinfonische Werke schufen, oder in dem Nur-Dramatiker Wagner. Doch handelt es sich bei diesen dreien um etwas grundsätzlich anderes, da die gewaltigen Klangmöglichkeiten des vollbesetzten Orchesters eine Beengung gewissermaßen illusorisch machen.

Chopin war mit dem Klavier derart verwurzelt, daß in seinem musikalischen Denken nichts anderes mehr Platz hatte, und er konnte sich damit auch wirklich Genüge sein lassen. Liegt in seinen Werken trotz ihrer Beschränkung auf das Klavier doch eine Welt musikalischer Offenbarungen.

Sehr interessant ist der Umstand, daß am Beginn der Laufbahn dieses genialen Klavierkomponisten, eines der größten aller Zeiten, dem nur Liszt und – blickt man in die

Klassik zurück – Mozart zur Seite zu stellen sind, die *Salonmusik* steht. Die flache, seichte Modekomposition, die in seiner Jugend Trumpf war, gab für ihn das Vorbild ab, an dem er sich autodidaktisch schulte. Zwar führte ihn Zywny, sein erster Klavierlehrer, frühzeitig (und mit Gültigkeit für sein ganzes Leben) zu Joh. Seb. Bach; doch hatte dies auf die kompositorischen Versuche des acht- und neunjährigen Knaben weiter keinen Einfluß. Man geht wohl kaum fehl in der Annahme, daß es sich bei seinen Improvisationen und bei seinen Interpretationen fremder Werke in der vornehmen Warschauer Gesellschaft zunächst ausnahmslos um Salonmusik handelte. Es lag nahe, daß man das Wunderkind spielen ließ, was seinen Zuhörern gefiel und ihm Beifall eintrug, und dies war eben, dem Zeitgeschmack entsprechend, Salonmusik. Erst mit der Überantwortung des Hochbegabten an Elsner und der Aufnahme zeitlich ausgedehnter Kompositionsstudien mag auch bei ihm selbst ein anderer Maßstab Geltung bekommen haben. Dies hinderte den jungen Chopin indes nicht, der Salonmusik auch weiterhin noch ab und zu Tribut zu zollen. Gelegentlich erhob er sie auf ein königliches Podest, und, genau besehen, ist er eigentlich nie ganz von ihr weggekommen. Selbst in seinem späteren Schaffen gibt es nämlich Stellen und einzelne Werke (etwa die *Polnische Fantasie op. 13* und die *Grande Polonaise op. 22)*, die nichts anderes als beste Salonmusik sind. Es kommt eben immer auf den Standpunkt an, von dem aus man solche Dinge betrachtet: Als Salonmusik hat sie höchstes Niveau, könnte aber, von einer absoluten Warte aus gesehen, niemals bestehen.

Neben der Modemusik waren es zwei Klaviermeister, die ziemlich frühzeitig Einfluß auf ihn ausübten: Field und Hummel. Die Anregungen, die er von ihnen empfing, blieben auch für sein ferneres Schaffen von einiger Wirkung. Field, der die gehobene Salonmusik um manche gute Nummer gemehrt hat, bereicherte die Gattung des sogenannten Charakterstücks um das lyrisch-weiche, romantisch-verträumte Nocturne. Seine Kompositionen dieser Art machten auf Chopin nachhaltigen Eindruck, sowohl was die Satzweise als auch was das Romantische und die weitgespannte, schöne Melodieführung anbelangt. Die Nocturnes des polnischen Meisters, die zu seinen besten Werken zählen, lassen dies deutlich erkennen. Viel wichtiger als der von Field ausgehende, mehr äußerliche Einfluß ist jener, den Hummel auf Chopin ausübte. Nicht nur Satztechnisches, sondern auch Musikalisches in weiterem Sinne (wie vornehmes Pathos, Beethovenisch-Heroisches) in Hummels Werken fand Eingang in Chopins Tonsprache. Am meisten tritt dies in den beiden Klavierkonzerten zutage.

Im übrigen aber kann Chopin als der Schöpfer eines hochoriginellen, typischen Ideal-Klavierstils gelten. An instrumentaltechnischem Erfindungsreichtum ist ihm Liszt zwar noch überlegen, dafür aber ist Chopin spezialisierter. Er ist der bedeutendste Verkünder des chevaleresk-eleganten, immer vornehmen, gänzlich transparenten Klavierstils und eines satten, schönheitsgetränkten Klanges von edler Zurückhaltung. Hierin hat er übrigens manches mit Weber gemeinsam. Doch gerade das beiden Eigene, nämlich das Schwungvolle, Weitgriffige, Brillante, Ritterliche läßt den enormen Unterschied zwischen dem polnischen und dem deutschen Meister offen zutagetreten. Bei Weber ist der Klaviersatz allzuoft virtuoser Selbstzweck (wie manchmal auch bei Liszt), er wirkt vielfach trocken, und mitunter steckt nur Geklingel dahinter. Bei Chopin indes ist alles immer lebendig, geist- und seelenvoll, selbst die

Virtuosität, und fast ausnahmslos im Dienste höherer musikalischer Ideen stehend. In dieser Hinsicht gerade läßt er sich mit Mozart vergleichen, mit dem er auch die durch den horizontalen Verlauf erzielte, stete Durchsichtigkeit des Klaviersatzes teilt. Zieht man noch andere große Tonschöpfer, deren Denken vom Klavier herkommt, wie Schumann und Brahms, zum Vergleich mit Chopin heran, so läßt sich nicht übersehen, wieviel mehr Instinkt für das Klaviergerechte und die Tastatur er gegenüber jenen besitzt, sowohl bezüglich des Technischen als auch des Klanglichen. Seine glatte und anschmiegsame Satzweise vermeidet jegliche Kanten und Ecken und läßt Hand und Klaviatur stets in Freundschaft miteinander auskommen. Kennzeichnend für diese ungewöhnliche Begabung, mit Hilfe seines vollendeten Klaviersatzes letztmögliche Angleichung der spielenden Hand an das Instrument zu gewährleisten, ist beispielsweise der Umstand, daß seine, sehr häufig angewandte, Weitgriffigkeit der Akkorde und Arpeggien meist so ausgezeichnet «liegt», daß sie selbst von kleinen Frauenhänden bewältigt werden kann, sofern diese nur behende und elastisch sind.

Was brillante Lauftechnik, vor allem chromatische, anbelangt, ist Chopin unerhört erfinderisch. Ist doch ihre Anwendung in der von ihm gebrauchten Ausdehnung und Art unbedingt erstmalig! Insbesondere gilt dies von Terzen, Sexten und so weiter, in Doppelgriffen und mannigfachsten, kaleidoskopartigen Brechungen. Förmlich revolutionär aber mutet es an, wie er alle Möglichkeiten der Pedalisierung in sein pianistisches Denken einbezieht! Kein Wunder, daß er besonders in dieser Richtung vorbildlich geworden ist. Schon Liszt erfuhr manche dergestaltige Anregung durch ihn. Vornehmlich aber fußen die französischen und verwandten Impressionisten des Klaviers auf seiner beispielgebenden Art des differenzierten Pedalgebrauchs, der seither zu einem selbstverständlichen Erfordernis geworden ist.

Wie sich aus dem Vorgesagten ergibt, fällt Chopin der Ruhm zu, Begründer einer sowohl technisch als klanglich neuartigen, modernen Klavierkultur zu sein. Er bietet dem aufgeschlossenen Pianisten unserer Zeit den besten fachlichen Lehrstoff. Hinsichtlich eleganter Technik, subtiler Anschlags- und raffinierter Pedalbehandlung verspricht das Studium der Werke Chopins den größten Erfolg. Auch die Entwicklung der Klaviermusik an sich ist durch ihn entscheidend beeinflußt worden: Saint-Saëns, Franck, Debussy, Ravel, Glasunow, Balakirew, Rachmaninow, de Falla und so weiter stehen alle mehr oder weniger auf seinen Schultern. Selbst die deutsche Klavierkomposition blieb, wie schon dargetan, nicht unberührt von dem polnischen Meister; einen Schuß seiner Art hat auch sie mitbekommen in Gestalt einer Auflockerung des Klaviersatzes sowie auch eines Fortschritts im Technischen, wie ihn vor allem Adolf Henselt, den man den «deutschen Chopin» nennt, repräsentiert.

Nun bleibt uns noch des dritten, äußerlich unauffälligsten, aber doch vielleicht wertvollsten Merkmals der Chopinschen Muse zu gedenken: des romantischen Empfindens. Zusammenfassend könnte man über die wichtigsten Ingredienzien seines Schaffens etwa sagen: im polnischen Wesen dokumentiert sich das Instinktmäßige, Triebhafte, im Klavieristischen das Aristokratische, Vergeistigte und im Romantischen das Seelisch-Gemütvolle, Warme.

Von Natur aus ist Chopin Hochromantiker durch und durch. Bereits in seinen ersten, der Salonmusik zuzuzählenden Kompositionen drückt sich dies unverkennbar aus, und zwar in dem romantischen Kern, in der Zwiespältigkeit, einer erhöhten Subjektivität und Beeinflussung der Form durch das Inhaltliche. Auch das Phantastische, Hintergründige, Suchende, Irreale, das später in den Préludes zur tiefen Offenbarung ward, ist andeutungsweise schon in den Jugendwerken vorhanden. Nicht minder die hochgesteigerte Empfindsamkeit der seelischen Verfassung, dieser ihn zur Romantik treibenden Kraft und zugleich Grundlage seiner schizoiden Veranlagung, die sich späterhin immer mehr entwickelte, jedoch ohne irgendwelche pathologische Auswirkung in seiner Musik geblieben ist.

Trotz der urromantischen Basis ist Chopin bis zu einem gewissen Grad doch auch *absoluter* Musiker insoweit, als er dort, wo es geboten erscheint, tatsächlich in einem höheren Sinne im Rahmen der Klassik bleibt. Nach unserer Ansicht geschieht es aber rein instinktmäßig, daß er die klassischen Formgesetze einhält, während zum Beispiel Schubert und Schumann, die sich ihm in diesem Zusammenhang am zweckdienlichsten gegenüberstellen lassen, voll bewußt und aus Traditionsgebundenheit darnach trachteten. Diese beiden Romantiker sind verwurzelt in der deutschen Musikgeschichte, sind verwachsen mit vorangegangenen Komponistengenerationen und können die Klassik nicht ganz verleugnen, weil sie aus ihr herkommen und auf ihr aufbauen. Bei Chopin liegt der Fall anders: ihm fehlt jeglicher Anschluß an eine Überlieferung. Doch ward er unbewußt und unmittelbar zu ihr hingezogen, weil das Maßhalten, die instinktive Anerkennung und Anwendung der besten gültigen Form ihm immer und überall eine Selbstverständlichkeit war, ja in seinem ganzen Wesen begründet lag. Seine Beachtung der klassischen Form hat nichts mit Tradition zu tun, sondern beruht einfach auf seiner Veranlagung. In Verbindung mit seiner romantischen Gesinnung wirkt sie sich deshalb nur unbewußt und demzufolge viel zwangloser und selbstverständlicher aus als bei Schubert und Schumann. In den Konzerten und Sonaten, jenen Werken also, in denen er sich bewußt im klassizistischen Rahmen hält (weil es das Schema der Sonatenform erfordert), ist die Form relativ gut und dabei seiner persönlichen Schaffensart nicht entfremdet, da er eine Verpflichtung zur Einhaltung der Gesetze nicht fühlt und frei, jedoch ganz sinnvoll dem Gebot der Klassik gehorchend, verfährt. In der hier so günstigen Konstellation der Romantik im klassischen Gewand liegt die – wohlgemerkt – einzige Vergleichsmöglichkeit mit Brahms; nur daß bei diesem eindeutig das klassische Prinzip das Primäre ist, während es sich bei Chopin umgekehrt verhält. In allem übrigen lassen sich keine größeren Gegensätze denken als diese beiden schöpferischen Musiker. Bei der Betrachtung der Harmonik Chopins wurde bereits darauf hingewiesen, daß er mehr das chromatische, weibliche, Brahms hingegen mehr das diatonische, männliche Prinzip vertritt. Allenthalben sonst jedoch und insbesondere auch in der Grundhaltung stellt sich Chopins Musik als durchaus maskulin dar. Es ist unsere Überzeugung, daß er der männlichste aller großen Meister der Musikromantik (Schubert, Weber, Spohr, Marschner, Mendelssohn, Schumann) ist. Ein sonderbarer Irrtum, die Chopinsche Tonsprache als feminin aufzufassen, wie dies oft geschieht! Man verwechselt dabei anscheinend die Wirkung mit der Ursache. Gerade das Maskuline in Chopins Musik dürfte es nämlich sein, das die Frauen so stark anzieht! Es sei aber zugegeben, daß er auch eine ganze Reihe weichlicher und süßlich-sentimentaler Musikstücke geschrieben hat, die dem Geschmack eines allzu naiven Allgemeinpublikums am meisten entsprechen. Liebhaber flacher Mode- und Salonmusik (zu der wir das Es-dur-Nocturne op. 9,2 sowie einige Tanzstücke rechnen) gibt es auch heute noch übergenug. Doch steht dies hier außer Diskussion, da solche teilweise erwerbsbedingte Abirrungen nicht den uns hier einzig interessierenden wahren und echten Chopin zeigen. Ihn müssen wir in den Meisterwerken, vor allem den Sonaten, Balladen und Préludes suchen. In diesen ist starke Männlichkeit eindrücklich und kräftig ausgeprägt durch Energie, Schwung, Großzügigkeit, Ritterlichkeit und Noblesse, und dies auch in Episoden ganz lyrischen Charakters.

Im Rahmen dieser Ausführungen erheischt auch das physio-psychologische Moment Interesse, weil hier der Grundsatz «mens sana in corpore sano» über den Haufen geworfen ist. Bei Chopin zeigte sich nämlich eine einzigartige Beherrschung des Körpers durch den Geist, besser gesagt: eine stupende Unterordnung, ja ein Untertauchen des Körperlichen in das Geistige. Die bei seiner zarten Konstitution und stets angegriffenen Gesundheit vermutlich physisch unzulängliche männliche Potenz übertrug sich in sein musikalisches Schöpfertum. Doch beachte man: die Manifestation geschah in *gesunder* Weise. Es stimmt nicht, was mitunter behauptet wird: Chopins Musik sei allgemein morbid. Sie ist da, wo sich etwas dieser Art finden läßt, jedenfalls weniger krankhaft als etwa Schuberts *Winterreise*, Schumanns *Kreisleriana* und manche Stellen in einigen Werken Beethovens. Auch von Dekadenz kann man bei Chopins Musik nicht reden, denn erhöhte Sensibilität und aristokratische Verfeinerung sind durchaus noch nicht gleichbedeutend mit diesem Begriff. Nun besteht aber die Merkwürdigkeit, daß seine Musik, obwohl sie keinerlei Verfallserscheinungen aufweist, mehr denn jede andere hochstehende zu sentimental-schmachtender oder sonstwie entarteter Auffassung und Wiedergabe verleitet. Auch das berühmte, reichlich mißverstandene *Rubato*, meist übertrieben und verzerrt ausgeführt, gehört dazu. Keineswegs deutet das Schaffen des polnischen Meisters auf das Vorhandensein von *mehr* geistig-seelischen Anomalien* hin, als sie alle anderen schöpferischen Genies (Bach und sogar Haydn nicht ausgenommen) auch besaßen. In dieser Hinsicht darf nicht übersehen werden, daß Chopin verhältnismäßig viele Werke von gesund-optimistischer Grundstimmung, namentlich Tänze und rhythmisch Tanzartiges geschrieben hat. Kerniges, straffes, energisches, schwungvolles, lebenskräftiges, bejahendes Wesen zeichnet einen Großteil seiner schöpferischen Gedanken aus. Andererseits aber auch vermochte keiner so wie er Tanzformen (Mazurkas und Walzer) mit melancholischem und tiefsinnigem Inhalt zu füllen. Solche bei einem Slawen nicht weiter auffällige Polarität ist ein echt romantischer, jedoch kein krankhafter Zug. Auch die bei ihm im höchsten Grade vertretene Darstellung von Seelenzuständen besonders tragischer Art, wie Wehmut, Verzweiflung, Schmerz, Angst, Sehnsucht, Einsamkeit ist etwas typisch Romantisches.

Ist Chopin der pianistische Instinkt und die musikalische Ausmünzung seines patriotischen Naturells sozusagen angeboren, so kann man dies bezüglich des romantischen Wesens nur bedingt behaupten. Die Romantik, die er in den adeligen Salons Warschaus kennenlernte, war ein Pseudogebilde, dessen Einfluß der junge Chopin erst über-

* Wer sich für dieses Thema näher interessiert, sei auf das 1929 erschienene Werk *Geniale Menschen* des deutschen Psychiaters Ernst Kretschmer hingewiesen, der darin unter anderem die Frage aufwirft, ob ein «psychopathologisches Teilelement vielleicht ein unentbehrlicher Aufbaubestand der Genialität selbst sei».

winden mußte. Zur unverfälschten, echten Romantik in umfassendem Sinne (wie sie ihren reinsten und höchsten Ausdruck in Deutschland fand) drang er erst später durch, parallel mit der allmählichen Ablegung des Salonmäßigen.

In der Klärung und Vertiefung des romantischen Prinzips innerhalb seines Schaffens liegt Chopins bedeutungsvollste Entwicklung und Reifung.

Das Nationale kann als die wichtigste Grundlage der Musikmentalität Chopins bezeichnet werden, und deshalb sei der Streifzug durch sein Schaffen mit jenen Werken begonnen, in denen das polnische Element vorherrscht: mit den Polonaisen, Mazurkas, Walzern und übrigen tanzverwandten Stücken.

Die *Polonaise*, kein eigentlicher Tanz, sondern ein feierlich-gravitätisches Schreiten, bot Chopin die denkbar beste Möglichkeit, Heimatgefühl und Vaterlandsliebe voll ausschwingen zu lassen. Dies mag daher kommen, daß der *Polski* (wie der Originalname lautet) in der echten, längst nicht mehr gebräuchlichen Form eine Art Kundgebung war, die ausschließlich in den Kreisen des Adels gepflegt wurde, mit denen Chopin in enger Fühlung stand und auch nur dort gepflegt werden konnte. Bedeutete er doch den festlichen Ausdruck des Reichtums und Glanzes, der kriegerischen Heldenhaftigkeit und des stolz-ritterlichen Wesens; eine Parade der Adelsträger in ihren unbeschreiblich kostbaren Trachten und juwelengeschmückten Waffen vor ihren Damen und der hohen Geistlichkeit, vorzugsweise bestimmt, das Ansehen der mächtigsten Schicht des kämpferisch gesinnten, tapfern Volkes voll ins Licht zu stellen. Das Werbende und Spielerische, Jugendfrische, Fröhliche des echten Volkstanzes geht der repräsentablen

Polonaise alten Stils ganz ab. Der Geist des frühen Polen, das von der Adelskaste regiert wurde und jahrhundertelang seine Könige aus ihr wählte, lebt in diesem männlichen, feierlich geschrittenen Tanz weiter. Chopin nun hat den tieferen Sinn und das Wesen der Polonaise vollendet eingefangen; seine Klavierfassungen sind wahrhaft nationale Symbole und unerreichte Höhepunkte dieser Kompositionsgattung geworden, angesichts derer die Bedeutung jener seines Landsmanns Oginski zu einer wenn auch hochverdienstlichen, so doch mehr historischen herabsinkt. Von fremdstämmigen Tonsetzern hat noch am ehesten C. M. v. Weber ihren Sinn erfaßt und gedeutet. Seine Polonaisen sind wirklich nobel, würdig-feierlich, dabei glänzend und von chevalereskem Gehaben, doch ist ihr seelischer Gehalt recht dürftig. Schuberts Polonaisen sind reizende und zündende Stücke; aber sie benützen nur das Schema und den Rhythmus. Beethovens Polonaise op. 89 und auch die sein Tripelkonzert beschließende sind schwach. Dagegen können die Bachschen als Musterbeispiele der altklassischen Polonaise gelten.

Chopin schrieb (einschließlich der Frühwerke dieser Art) siebzehn Polonaisen für Klavier allein, eine mit Orchesterbegleitung und eine für Klavier und Violoncello. Ferner könnte man den *Boléro* (hier eine mit dem Rhythmus dieses spanischen Tanzes vermischte Abart) hinzurechnen; sowie ihres Umfanges und ihrer Bedeutung wegen die Schlußvariation *Alla Polacca* in dem Variationenwerk über Mozarts *Là ci darem la mano.*

Sieben dieser Werke sind meisterlich geraten und auch ihrer charakteristischen Gestaltung wegen besonderer Beachtung würdig. Die übrigen zählen zur Salonmusik, allerdings der vornehmsten, die sich denken läßt. Es kommt ja schließlich nicht nur auf das Fahrwasser, sondern auch auf das Schiff an, dem man sich anvertraut, und so gesehen, kann man auch diesen leicht geratenen Polonaisen ein gutes Niveau, in ihrer Art natürlich, nicht absprechen.

Die beiden *allerersten Polonaisen von 1817*, die frühesten der bekannt gewordenen Kompositionen Chopins überhaupt, in g-moll, der Gräfin Skarbek gewidmet, und in B-dur sind frische und für einen Siebenjährigen überraschend «gekonnte» Stücke, wenn auch noch vom Oginskischen Vorbild stark abhängig. Die drei nächsten *Polonaisen* (in *As-dur* von 1821, Zywny gewidmet, in *gis-moll*, angeblich von 1822, vermutlich aber erst später entstanden, und in *b-moll* von 1826), hübsche Stücke, beweisen, daß schon der Knabe Chopin über einen ziemlich gefestigten, beinahe routinierten, glatten Stil verfügte, dem kaum etwas Schülerhaftes innewohnt. Auch der klavieristische Instinkt zeigt sich erwacht; inhaltlich sind diese Stücke trivial. Chopin hat, wie von so vielem anderem, aus Gründen des Geschmacks die Veröffentlichung nicht zulassen wollen, wie man aus seiner wenige Tage vor dem Tode noch einmal generell getroffenen Verfügung entnehmen kann, daß alles Nichtvollwertige an Nachlaßkompositionen vernichtet werden solle. Die Drucklegung dieser drei vorgenannten Erstlingswerke erfolgte lange Jahre nach ihres Verfassers Tod, und ihre Herausgabe entzog sich sowohl dem Einfluß seiner Familie als dem Fontanas, dem die Ordnung und Verwertung von Chopins künstlerischer Hinterlassenschaft anvertraut worden war und der die unter den Opuszahlen 66 bis 74 erschienenen Werke des Meisters veröffentlichen ließ.

Etwas mehr Gesicht als ihre Vorgängerinnen zeigt bereits die *Polonaise in d-moll* von 1827, *op. 71, 1*, insbesondere durch das erstmalige Auftauchen des später so häufig angewandten chromatischen Geriesels, während die mit dieser zusammen publizierte in *B-dur* von 1828/29 schon kräftigen persönlichen Anstrich zeigt. (Bemerkenswert die auffallende melodische Ähnlichkeit mit dem H-dur-Nocturne op. 32, 1). Als erste Polonaise, in der das Salonmäßige abgestreift ist, ist jene in *f-moll op. 71, 3* von 1829 zu bezeichnen, die durch ihre typische Gestaltung und ihre verhalten-resignierte, nachdenklich-elegische Stimmung gefangennimmt. Wie bereits bei den früheren, ist auch bei dieser, übrigens ersten konzertreifen Polonaise die große Spannweite der melodischen Linie und die relativ sparsame Verwendung von Sequenzen eine Wohltat für das Ohr. Bemerkenswert ist der Umstand, daß der Grundrhythmus

1

bei den meisten Polonaisen nicht unentwegt über die ganze Dauer des Stückes durchgehalten wird, sondern manchmal nur noch irreal mitläuft, wodurch jede Schablonenhaftigkeit vermieden wird. So stellen sich die Polonaisen in der Chopinschen Auffassung als nationale, romantisch-phantasievolle Manifestationen von kühnem und freiem Gedankenflug dar. Die schönste Ausprägung hat dies in der Fantaisie-Polonaise gefunden, deren rhythmischer Kern sich sozusagen nur einmal in voller Klarheit vorstellt, um dann nur noch zart angedeutet zu werden. (Wir kommen darauf noch zurück.) Der bezeichnende Rhythmus des letzten Taktes mit der Betonung auf dem zweiten Viertel hingegen

2

ist stets streng und mit aller Deutlichkeit eingehalten.

Nun zu den sieben Meisterwerken: Schon die erste Polonaise, die Chopin selbst im Druck erscheinen ließ, in cis-moll op. 26, 1, zeigt hochromantischen Flug und zählt zu seinen besten Werken überhaupt. Obwohl von prägnanter Kürze, liegen in ihr die verschiedensten Stimmungen ausgebreitet, doch nicht in rhapsodischer Folge, sondern unter dem Bogen einer wundervollen Einheitlichkeit. Gleich der trotzig-zackige Anfang und die anschließende edle, schwungvoll-melodische Linie ist genial. Der teils pathetische, teils wehmütig-sehnsüchtige Hauptteil wird durch ein sehr eindrückliches, liebliches und schwelgerisches Trio abgelöst. An einem Notenbeispiel sei die äußerst subtile und ausdrucksvolle chromatische Harmonik aufgezeigt:

In dem Mittelteil, dem das Beispiel entnommen ist, vergißt man beinahe, daß man es mit einer Polonaise zu tun hat. Doch die beiden letzten Takte führen wieder, wie notwendig, zu ihr zurück.

Ein nicht minder geniales Stück ist die der eben erwähnten gepaarte Polonaise in es-moll op. 26, 2. Wiederum ein urromantisches, höchst phantastisches, ja mystisches Werk. Gespenstisch und gruselig geht es darin zu, auch ängstlich, schreckvoll, herzbeklemmend aufgeregt. Der erste Anfang klingt nach Kettengerassel, wie wenn ein Gefangener sich freizumachen versucht und ob des Mißlingens in Wut und Verzweiflung gerät. Die eingestreuten Pianissimo-Episoden in ihrer unheimlichen Starre (einer Parade von wächsernen Panoptikum-Soldaten oder von Robotern angemessen) sind wirkungssichere Eingebungen. Das Ganze erweckt die Vorstellung typisch-slawischer, trostlos ergebener Seelenverfassung.

Ein größerer Gegensatz als der zwischen dieser es-moll-Polonaise und der nächstfolgenden in A-dur op. 40, 1 läßt sich kaum ausmalen. Dieses weltberühmte Stück gilt zwar dem musikalischen Feinschmecker als das wenigst bedeutende unter dem Siebengestirn der Polonaisen, doch ist es bestimmt der reinste und stärkste Ausdruck der glühenden Vaterlandsliebe und Siegeszuversicht des polnischen Patrioten. Hier ist nichts von Angst und Unsicherheit zu merken. Ein feierliches, fast hymnisches Triumphlied auf Polens Größe!

Die zweite Polonaise derselben Opuszahl, in c-moll stehend, erschließt eine andere Empfindungswelt. Sie ist die tragisch-elegische, unter der man sich die Klage eines gestürzten, vereinsamten Königs vorstellen könnte, der sein tiefes Leid mit vornehmer Würde und fatalistischer Ergebung trägt. Wie wärmender Sonnenschein bricht in diesem edlen Stück der schöne, ruhige Mittelteil in As-dur durch.

Die sehr ausgedehnte *fis-moll-Polonaise op. 44* hat wie die in A-dur etwas Heroisches, doch ist sie mehr kämpferisch drängend, während bei jener das Festlich-Sieghafte im Vordergrund steht. Hier kann man wieder den Meister der Melodieführung bewundern: äußerst eindrucksvoll, wie sich das Thema gleichsam immer weit in die Höhe kämpft, um dann in einem gewaltigen Sprung wieder in die Tonika herabzustürzen:

4

Mit welch sparsamen Mitteln, sozusagen nur durch pakkende Varianten, werden in diesem Werk größte Steigerungen erzielt! Tumultuarisch, wie ein Weckruf, wirkt die Episode in A-dur, die zur überraschend eingeschalteten Mazurka hinüberleitet. Die idyllische Verträumtheit dieses Zwischenstücks steht in starkem Kontrast zu ihrer Umgebung. Ein glücklicher Gedanke, die beiden Hauptformen der polnischen Musik in *einem* Werk zu verbinden. Der Polonaisen-Grundrhythmus ist hier ausnahmsweise stets und bis zuletzt durchgehalten, was schicksalhaft, unerbittlich, entschlossen energisch wirkt.

Die *As-dur-Polonaise op. 53* ist in der klavierspielenden Welt ebenso bekannt und beliebt wie die sieben Jahre jüngere in A-dur. Was Schwung, Glanz, Virtuosität angeht, steht sie allen übrigen voran. Ihr bestrickender Zauber beruht auf dem fabelhaften Elan, dem Lodernd-Feurigen und überaus Temperamentvollen. (Seltsamerweise läuft sie – wohl ihres obstinaten Oktaven-Getrappels wegen – unter der Bezeichnung *Geisterpolonaise*, ein Titel, welcher der es-moll-Polonaise op. 26, 2 entschieden besser anstünde!) Wenn schon von charakterisierenden Benennungen die Rede ist: alle vorerwähnten sechs meisterlich geratenen Polonaisen tragen so ausgesprochene Züge, daß es ein leichtes ist, sie darnach zu kennzeichnen, und zwar jene in cis-moll als romantisch-lyrisch, in es-moll dramatisch, in A-dur festlich, in c-moll elegisch, in fis-moll kämpferisch und in As-dur op. 53 feurig-glänzend.

Die Polonaise op. 61, ebenfalls in As-dur, ist die einzige, die einen ihr von Chopin selbst verliehenen Namen führt: *Fantaisie-Polonaise*. Ein hochbedeutendes Werk! Das Phantastische, durchaus Freie im Aufbau, das Improvisierte in der Gestaltung ist eine Stärke Chopins. Wie in den Balladen herrscht in diesem Opus trotz des bunten, fast rhapsodischen Charakters eine sich zwanglos, wie von selbst ergebende formale Geschlossenheit. Der Polonaisenrhythmus ist nur leise angedeutet in diesem Stück, das ein großer Erfindungsreichtum auszeichnet. Es beginnt nach präludierter Einleitung mit einem kernigen, majestätischen Thema. Einer grüblerischen, tiefernsten Stimmung entsteigt dann leuchtend das Hauptthema in Dur, und nun gibt ein unerwartetes Trompetensignal das Zeichen zum Beginn der eigentlichen Polonaise. Über zwanzig Takte erstreckt sich ihre Melodie! Welch anderer Komponist verfügte über einen so «langen Atem»? Es lohnt sich, von diesem Stück, das folgende fünf Themen verwendet, einmal ein Schema zu geben:

Einleitung: Thema a (präludierend); Thema b (Hauptthema) erscheint.

Polonaise: 1. Teil:

Thema b (unendliche Melodie), Wiederholung desselben, steigernd

Thema c (als Anhang), Wiederholungen in verschiedenen Tonarten

Thema b, frei improvisierend
Thema d (läuft dramatisch und kadenziert aus)

2. Teil (Mittelteil):
Thema e, variiert wiederholt
Thema d, in ganz veränderter Form
Thema e, als codaähnlicher Schluß (kurz)

3. Teil:
Thema a (ganz kurz, gleichsam zur Erinnerung)
Thema d, mit nachfolgender Improvisation (Polonaise ruft sich in Erinnerung)
Thema b, als Apotheose

Diese Fantaisie-Polonaise endet mit einem plötzlichen dröhnenden Fortissimo-Akkord, ein Abschluß, wie er sich öfters in Werken Chopins vorfindet, deren Tendenz einen leisen Ausklang erwarten läßt. Eine Schwäche, die zeigt, daß Chopin dem äußeren Effekt keineswegs immer aus dem Wege geht!

Den vorbesprochenen meisterlichen Polonaisen sei der *Boléro op. 19* angereiht, der ja im Grunde nichts anderes als eine Polonaise ist. Der Unterschied liegt in einer erhöhten rhythmischen Bewegtheit und dem Fehlen der typischen Schlußwendung. Von einem inhaltlich spanischen Einschlag ist, wie bei den Oginskischen Vorgängern auch, nichts zu merken. Das nette, wirksame und dabei technisch einfach gehaltene Stück, im Aufbau der Violoncello-Polonaise und der Grande Polonaise op. 22 ähnelnd, ist ein feines und geistvolles, spritziges Werk, wenn auch anspruchsloser und naiver als die Polonaisen.

Die eben genannte *Grande Polonaise brillante précédée d'un Andante spianato* op. 22 für Klavier mit Orchesterbegleitung, die Chopin im Alter von zwanzig Jahren geschrieben hat, bedeutet gewissermaßen den Gipfel seines Schaffens an Salonmusik im guten Sinne. Das einleitende Andante ist in seiner Art ein ausgezeichnetes Stück, von noblem Empfinden getragen und in sattem Wohlklang schwelgend. Die Polonaise selbst, aristokratisch bis ins Letzte, kann als eine der bravourös-virtuosesten Kompositionen Chopins gelten. Allerdings muß man bei ihr viel leeres Geklingel und hohles Pathos in Kauf nehmen und darf sie nicht in Vergleich setzen mit den sieben Meisterpolonaisen. Sie ist nur ganz wenig dunkel getönt, sonst von optimistischem, lebensprühendem Grundton, wie er sich in umfangreichen Werken Chopins ganz selten vorfindet. Das Orchester spielt hier eine gar dürftige Rolle. Es ist sozusagen nur Staffage, auf die man besser ganz verzichtet (was in der Praxis mitunter auch geschieht).

Nun bleibt von dieser Gruppe noch die recht harmlose Polonaise für Violoncello und Klavier op. 3 zu erwähnen. «Ausschließlich Blendwerk für den Salon» hat Chopin dieses unter leichtem Rossini-Einfluß stehende Jugendstück selbst gekennzeichnet. Dem Cellopart, der übrigens dem Instrument gut angepaßt ist, sind in durchaus natürlicher Weise die kantablen, dem Klavier die brillanten Stellen zugedacht. Man erkennt daraus den sicheren Sinn für das Praktisch-Richtige in diesem eines Salonroutiniers würdigen Werk.

Der die Idee des kämpferisch-heroischen Mannestums gesamthaft darstellenden Polonaise steht die *Mazurka* (oder der Mazur) als jener polnische Nationaltanz gegenüber, der das weichere, weibliche Element und die Mannigfaltigkeit des Einzelerlebens betont. Ist die erstere weniger ein Tanz denn eine festliche Demonstration, so ist die Mazurka in ihrer alten Form eine Verbindung von Tanz und Volksdichtung. In Masowien, ihrer Heimat, wurden ihr nämlich Gesangstexte unterlegt. Sowohl die Musik als auch in übertragenem Sinn der Inhalt der Strophen waren gegensätzlich in Dur und Moll moduliert. Der typisch slawische jähe Stimmungswechsel zwischen jauchzender Lust und banger Schwermut in Liebe und Leben, das im gesamten Volk (auch bei den Frauen) ungemein starke vaterländische Empfinden, der Tatendrang und das heimlich nagende Leid der Ohnmacht gegen das tragische Schicksal der Heimat wurden in einfachen Weisen und schlichten Worten besungen. Andernorts und später, wo es sich nur um Begleitmusik zum Bewegungsspiel handelte, kamen zu den Mazurkas häufig nachträglich noch Verse hinzu, und manche ist auf solche Art vom bloßen Tanzstück zum Volkslied geworden. (Auch einigen der von Chopin erdachten soll diese schöne Art des Eingehens in das Volksgut beschieden gewesen sein.) Tausende solcher populärer Tanzmelodien waren zu des Meisters Jugendzeit in Polen lebendig und zeugten von Volk und Vaterland. So ist es verständlich, daß er sich neben der

Polonaise mit Vorliebe der Mazurka zuwandte, wenn er dem nationalen Element in sich ungehemmt Fluß lassen und von Land und Leuten künden wollte. «In welch anderem Rahmen als in dem dieser Tänze, darin so viele Anspielungen, so viel schwungvolle Begeisterung und stumme Gebete Raum finden, hätten seine persönlichen Erinnerungen besser vermocht Dichtungen zu schaffen, Szenen und Stimmungen festzuhalten?» schreibt Liszt über dieses Kapitel der Muse seines Freundes Chopin und fährt poetisch fort: «Sie werden nun dank seinem Genius weit hinausklingen über die Grenzen ihrer Heimat und für alle Zeit zu den Idealgebilden zählen, welche die Kunst mit ihrem Strahlenglanze weiht!»

Zahlenmäßig nehmen die achtundfünfzig Mazurkas den breitesten Raum im Gesamtschaffen Chopins ein. Klar spiegelt sich in ihnen die nationale Verwurzelung und doch auch wieder seine persönliche Eigenart. In ihrer Stellung im Gesamtschaffen mögen sie etwa den ungarischen Rhapsodien Liszts, den Brahmsschen (eigenen) Volksliedern, besonders aber den Tänzen Schuberts entsprechen. Wie dieser letztgenannte Wiener Meister, so hat vermutlich auch Chopin seine Tänze ohne das Gefühl großer schöpferischer Verpflichtung, mehr improvisatorisch, zur Welt gebracht. Doch hat er sie mit mehr Absicht als Schubert auf dem Papier festgehalten, nämlich mit der des Erwerbs vor allem und der gleichzeitigen Erfüllung persönlicher Widmungswünsche seiner Verehrerinnen. Was künstlerischen Gehalt angeht, so sind die Mazurkas ungleich, doch einheitlich im meisterhaften Klaviersatz und in der formalen Untadeligkeit. Es gibt sehr volkstümlich gehaltene und äußerst raffinierte, unmittelbare, köstliche Eingebungen neben abgeklärten Reflexionen, Salonflachheiten neben Genieblitzen, Langweiligkeiten neben tollen Überraschungen! Chopin zeigt sich in diesen Tänzen, die sich über dreißig Schaffensjahre hinzogen, sowohl von seiner kühnsten als auch von seiner schwächsten Seite. Eigentümlich berührt die Tatsache, daß in ihnen sehr viel Fremdartiges, wie Russisches, Ungarisches, Nordisches, ja sogar exotisches Wesen spukt. Es läßt sich vielleicht aus den verschiedenartigen Volksstämmen erklären, die das alte Polen, das von Litauen bis an die Karpathen reichte, einstmals unter seiner Krone vereinigte. Galt Polen doch als das Gebiet stärkster Rassenmischung, dessen zahlenmäßig ins Gewicht fallende nordwestlichste Zuzügler Schotten, dessen südöstlichste Tataren und Armenier gewesen sind.

Die unter Opuszahlen veröffentlichten neunundvierzig Mazurkas (wovon acht erst nach Chopins Tod herauskamen) sind, mit der einen Ausnahme von op. 7, alle in Gruppen zu drei oder vier gebündelt. Op. 7 umfaßt fünf solcher Stücke. (Es gibt außer den eben genannten noch neun Mazurkas, die ohne Opuszahl aus dem Nachlaß einzeln veröffentlicht wurden.) Von den unter einer Sammelnummer herausgekommenen Mazurkas überragt in der Regel jeweils eine die übrigen. Diese sich auszeichnenden nun sind es, die wir hier beleuchten wollen. Alle Kompositionen dieser Art einer Betrachtung zu unterziehen, würde zu weit und in rein fachliches Gebiet führen.

Von den ersten unter op. 6 verlegten Mazurkas ist nur jene in *fis-moll* als charakteristisch und vielgespielt erwähnenswert. Die wohl ihrer leichten Eingänglichkeit wegen berühmt gewordene in B-dur aus op. 7 bietet in ihrer melodischen Idee ein klassisches Beispiel dafür, was sich aus einer einfachen Tonleiter machen läßt und wie sie Gestalt gewinnt, wenn sie reizvoll rhythmisiert wird.

Die russisch-slawischen Töne, die im kurzen Mittelteil angeschlagen werden, weisen Verwandtschaft mit Tschaikowskijs *Marche slave* auf. Auch die reizvoll harmonisierte, nachdenklich-melancholische *Mazurka in a-moll* derselben Gruppe ist mit Recht bekannt geworden. Wohlgelungen, eine der schönsten überhaupt, ist die letzte der unter op. 17 vereinigten. Sie zeigt nordischen, fast Griegschen Einschlag. Hier haben wir es mit einer jener Kompositionen zu tun, denen die theoretischen Interpretatoren nachträglich ein Programm unterlegt haben. Man will in diesem Stück eine Streiterei zwischen einem schmächtigen Schankwirt und einem ungeschlachteten, betrunkenen Bauern beschrieben sehen! Uns aber scheint sie voll des Herzeleids. Durch ihre Originalität fällt die *C-dur-Mazurka* aus *op. 24* auf. Sie ist von seltsam fremdartigem, auch von archaischem Timbre, was nicht zuletzt durch die vorzugsweise Benützung von weißen Tasten herrührt. (Fast könnte man sie als ein Gegenstück zu der *Etüde auf schwarzen Tasten* ansehen!) Die *op. 24* beschließende *Mazurka in b-moll* ist eine der ausgedehntesten und am gründlichsten durchgearbeiteten. Das hervorragende Werk ist dramatisch bewegt, bezeichnend im Dur-/Moll-Wechsel und von moderner Harmonik. Drei der unter *op. 30* herausgekommenen Stücke bewegen sich auf impressionistischer Bahn. Subtile Art ist allen zu eigen, und jede einzelne bringt reizvolle und wagemutige Überraschungen:

7

8

9

Aus *op. 33* ist die *Mazurka in D-dur* um des Umstandes willen erwähnenswert, daß Pauline Viardot-Garcia ihr einen spanischen Text unterlegte und sie so als eines ihrer glanzvollsten Koloraturstücke im Repertoire führte. Programmatische Auslegungen verschiedener Art wurden der in h-moll stehenden, letzten Komposition dieser Serie zuteil. Der Wechsel zwischen übermütigen und klagenden Stimmungen und die stete Rückkehr zum Hauptthema bildeten den Untergrund der Textierung durch Zelinski, die eine häusliche Komödie zum Inhalt hat, und durch Ujejski, der ihr die Liebesgeschichte eines Dragoners zudichtete. Amüsant die zweierlei Fassung der den letzten acht Takten unterlegten Texte: «Katja, Katja, komm, komm her, ich verzeihe dir», heißt es zärtlich bei dem einen, «Dröhne, dröhne, Glocke, Rosse tragen mich zur Tiefe nieder», schließt tragisch der andere Textverfasser. Zu den eigenartigsten und besten Mazurken ist jene in cis-moll aus op. 41 zu zählen. Sie steigert sich dramatisch zu gewaltiger Majestät und fällt auch durch melodischen Reichtum und aparte harmonische Wendungen auf.

Hochbedeutend ist die dritte der Mazurkas op. 50 in cis-moll. An Erfindungsgeist und Schönheit gebührt ihr unter allen die Palme. Sie ist formal sehr interessant, insbesondere durch die kontrapunktische Behandlung und vor allem durch die Coda, in welcher sich Modulationen von großer Eindrücklichkeit und Kühnheit zeigen:

Bemerkenswert auch die obstinate Melodie im Mittelteil, die in feinsinniger Weise immer wieder anders harmonisch unterlegt ist. Echt romantische Phantasie erhöht noch den Wert dieses Stückes. Wie die eben genannte ist auch die Mazurka in c-moll aus op. 56 großzügig und kunstvoll geformt. Ihre ergreifende Harmonik und der wehmütige Stimmungsgehalt machen sie noch besonders anziehend. Die drei benachbarten Werke dieser Gattung, op. 59, sind alle recht originell und liebenswert. Von sehr gegensätzlichem Stimmungsgehalt, doch ohne sonstige hervorstechende Merkmale sind die drei Mazurkas op. 63, die letzte von Chopin selbst (1847) zum Druck gegebene Gruppe. Aus den von Fontana veröffentlichten Serien op. 67 und op. 68 interessiert die Mazurka in g-moll op. 67, 2 als ein aus dem Todesjahr Chopins stammendes Stück recht heiterer Art, ferner jene dunkelgefärbte in f-moll op. 68, 4, die aus Schmerzen und Leid geboren und der erschütternde Abschiedsgesang des Meisters war. Im übrigen enthalten die beiden Gruppen die im Nachlaß vorgefundenen Mazurkas, die Chopin wahrscheinlich der Veröffentlichung nicht wert gehalten hat. Die von 1827 stammende Mazurka in a-moll ist wohl ihrer leichten Spielart wegen bekannt geworden und wurde übrigens auch für Gesang eingerichtet.

Zu der nationalen Werkgruppe zählen wir auch die volkstümlichsten Kompositionen Chopins, die *Walzer*, von denen er selbst acht und Fontana aus dem Nachlaß fünf zur Veröffentlichung gebracht hat, während einer – lange Jahre nach beider Freunde Tod erfolgten – Herausgabe von vier weiteren Walzern verlegerische Spekulation zugrunde lag. Die Mehrzahl der Walzer stellen vornehme Salonmusik in höchster Vollendung dar. Man spürt aus diesen, meist virtuosen, spielfreudig musikantischen Stükken, wie wohl sich Chopin in der Gesellschaftsatmosphäre fühlte und wie tadellos er sich ihr anpaßte. Wenn wir früher behaupteten, Chopins Musik bedeute fast immer Bekenntnis des Innersten, so gehören die Walzer zu den Ausnahmen, wiewohl das Wort geprägt wurde, sie seien «nicht Tänze des Körpers, sondern der Seele». In den Walzern zeigt sich nämlich Chopin ganz als Gesellschaftsmensch. Er spricht darin nicht von sich und dem, was ihn bewegt, er sucht seine eigene Seele zu verhüllen und gibt sich als vollendeter Kavalier von berückendem Charme, der zuzuhören versteht, der feinsinnig plaudert und seinen grazilen Nachbarinnen Komplimente macht und der mit dem Zauber seiner Persönlichkeit und der Poesie seiner Kunst die Herzen aller erobert. Es ist nicht Wiener Luft, die den Chopin-Walzern entströmt, sie scheinen vielmehr Blüten der einstigen Pariser Salonkultur, wie sie auch die vornehmen polnischen Emigrantenkreise dort pflegten. Dies war das Milieu, in dem Chopin heimisch war, und von ihm sind seine Walzer erfüllt; sie tragen aber dessenungeachtet doch den Extrakt polnischer Eigenart in sich. Darin bekundet sich wieder die geistig seelische Verwandtschaft zwischen Franzosen und Polen. Der Wiener Walzer ist aus dem Tanz und für den Tanz geboren, der Walzer Chopins ist mehr zum Spielen und Anhören bestimmt; mit ihm ist der *Konzertwalzer* geschaffen worden.

Mehr als bei den anderen vorzugsweise nationalen Werken hat in den Walzern der Pianist das Wort. In natürlicher und glücklicher Weise verband sich hier das Polnische mit dem Klavieristischen, dazu das Spielerisch-Oberflächliche und Versteckt-Schwermütige, – kein Wunder, daß die Ergebnisse recht chopinesk waren und von unbeschreiblicher Anmut. Die Walzer sind nicht alle gleichwertig. Zu der elegant-glänzenden, doch des tieferen Gehaltes entbehrenden guten Unterhaltungsmusik gehören:

Grande Valse brillante op. 18, As-dur op. 34, 1, F-dur op. 34, 3 und Ges-dur op. 70, 1. Ein ausgesprochen minderwertiger Walzer ist der in E-dur von 1829, dessen Veröffentlichung Chopin sicher niemals zugestimmt hätte. Nun aber zu den in ihrer Art meisterlichen Walzern:

Da ist op. 34, 2 anzuführen, der vielgespielte in a-moll, ein bezwingendes Stück, schwermütig und von rührend schlichter Einfalt.

11

Übrigens ist dies Chopin selbst der liebste aller seiner Walzer gewesen, wie er Stephen Heller, erfreut über dessen gleiche Neigung, gestand. Diesem Lentostück folgt der bravouröse, wirbelnde F-dur-Walzer, von dem erzählt wird, daß die Inspiration zu den ersten Takten von der Katze des Tondichters ihren Ausgang nahm, als diese auf die Klaviatur seines Flügels sprang und darüber hinwegeilte. Von frappanter Originalität ist der graziöse As-dur-Walzer op. 42. Ein besonderer Reiz liegt in seinen rhythmischen Verschiebungen, die durch den Zweiertakt der Melodie entstehen:

72

Ein äußerst glücklicher Wurf gelang dem Meister mit den drei Walzern op. 64. Durchweg lapidare und geniale Stücke voller Selbstverständlichkeit. Der erste in Des-dur ist als *Minutenwalzer* berühmt geworden. Sein eigentlicher Titel war indes *La Valse du petit chien*, wenn man George Sands Bericht glauben darf, die, um Chopin in einer müßigen Stunde zu beschäftigen, ihn angeregt haben will, das Spiel ihres Schoßhündchens in Musik zu setzen. Die Idee und geistvoll spritzige Anlage des Werkchens ist wahrhaft schöpferisch, während rein musikalisch gesehen nicht viel dahinter steckt. Der zweite Walzer, in cis-moll, ist nach unserem Empfinden der beste von allen durch seine wunderbare Verquickung von feiner Pianistik, intensiver Ausdeutung der polnischen Seele und romantischem Gebaren. Besonders stark ausgeprägt ist hier das Mazurkaähnliche, das übrigens mehr oder minder in fast allen Walzern anklingt.

73

Auch der die Gruppe beschließende As-dur-Walzer op. 64, 3 ist wegen seiner Geschmeidigkeit, seiner Eleganz und seines fröhlichen Ausklanges ein famoses Werk.

Die beiden Walzer op. 69 in As-dur und h-moll sind erst nach des Meisters Tod durch Fontana herausgegeben worden. Der erste war das Reiselied für Maria Wodzinska, die geliebte und ihm doch immer fremd gebliebene Braut. Ein ausgezeichnet gearbeitetes Stück, schmerzvoll, sehnsüchtig und mit tröstlichem Mittelteil. Von interessanter Harmonik ist der anschließende h-moll-Walzer, ebenfalls wehmütig gestimmt, schlicht und von eindringlicher, herzinniger Melodie.

Aus op. 70 haben wir noch den zweiten Walzer in f-moll und den letzten in Des-dur zu erwähnen. Jener berückt durch seine Melodie, ist edel, ausdrucksvoll und dabei doch ungemein liebenswürdig. Der andere ist ein Jugendwerk und hübsch durch die Zweistimmigkeit und sein schlichtes Trio. Es handelt sich um den in schwärmerischer Stimmung im Gedenken an die heimlich geliebte Konstanze Gladkowska geschriebenen Walzer, den er seinem Freund Titus Wojciechowski mit dem Hinweis schickte, auf eine mit x bezeichnete Stelle im Trio zu achten. Nun haben wir noch als letzten den Walzer in e-moll zu nennen, der die posthume Veröffentlichung wahrlich verdiente. Er ist energisch, temperamentvoll und anziehend durch Geist, Grazie und noble Virtuosität in bester Verbindung.

Um den Reigen tanzartiger Stücke nationaler Prägung zu beenden, mögen als vierte im Bunde die drei nachgelassenen *Ecossaisen* aus op. 72 genannt werden: polkaartige, sehr lustige Klavierstücke, inhaltlich ohne jedes Gewicht, doch nett durch amüsante Harmlosigkeit. 1826 geschriebene kleine, hübsche Nichtigkeiten.

Stärker als in den Walzern dokumentiert sich in den *Rondos* polnische Eigenart. Es handelt sich dabei eigentlich überwiegend um Mazurkas, die durch eine zwanglose, rondoartige Gestaltung länger und ausführlicher geworden sind. Die Anwendung der Rondoform geschah bei Chopin nur in den Frühwerken; dem ausgereiften Tondichter und der allmählichen Vertiefung seines romantischen Empfindens entsprach sie nicht mehr. Außer den Rondosätzen in den beiden Klavierkonzerten und einem Rondo für zwei Klaviere (Werke, die wir in die vorwiegend klavieristische Gruppe einreihen) schuf Chopin vier selbständige Kompositionen dieser Gattung, durchwegs Jugendarbeiten.

Schon gleich Opus 1 nennt sich *Rondeau pour le piano* (Chopin bediente sich zur Betitelung stets der französischen Sprache). Dieses Rondo war schon 1825 in einem Warschauer Verlag im Druck erschienen. Aus der Jugend des damals fünfzehnjährigen Komponisten läßt es sich erklären, daß der polnische Grundcharakter in diesem Stück besonders stark und rein zum Ausdruck kommt. Zwar erkennt man deutlich den wohl hauptsächlich von Rossinischen Opernarien herrührenden italienischen Einfluß und stellt fest, daß er wie ein Fremdkörper wirkt (im Gegensatz zu dem späteren französischen, der sich der persönlichen Tonsprache Chopins reibungslos und unauffällig eingliedert). In Spuren taucht solch italienischer Einschlag, der sich in der Hauptsache auf das Äußere der melodischen Linienführung bezieht, noch in frühen Polonaisen und dem Violoncellostück op. 3 auf, um sich dann ganz zu verlieren. In späteren Werken hingegen läßt sich Italienisches allenfalls nur in ganz allgemeinem, übertragenem Sinn (wie südliche Glut, satter, sinnlicher Klangrausch und so weiter) aufspüren. Einzig die Barcarole

Frédéric Chopin: Sein Bildnis, gemalt von Delacroix.

op. 60 mag als (gewollte) Ausnahme gelten, da dort die Melodienseligkeit auch äußerlich italienisch ist. Um das Jugendporträt des Komponisten noch des näheren zu verdeutlichen, sei auf die reizvolle Gleichzeitigkeit einer urgesunden kindlichen Naivität und der eleganten und feinen Struktur der Tondichtungen des schöpferischen Knaben hingewiesen. Vielleicht gerade dadurch wirken die allerersten Kompositionen, trotzdem auch ihnen die Mode ihren Stempel aufgedrückt hat, viel weniger wie Salonmusik als manche späteren, in denen ihr Verfasser der Gefallsucht erlag. Auffällig ist, daß bereits in den aus dem Nachlaß veröffentlichten Erstlingswerken und auch in Opus 1 keine eigentlichen Ungeschicklichkeiten zu entdecken sind, wie beispielsweise beim frühen Schubert. Alles läuft schon «glatt» ab, ohne formale, harmonische oder rhythmische Fehler. Wirklich erstaunlich ist der eminente klavieristische Instinkt und Erfindungsgeist, der sich da bereits zeigt.

Das Rondo op. 1 ist bei inhaltlicher Dürftigkeit gerade durch die besagte instrumentaltechnische Frühreife hochinteressant. Ziemlich viele auch für den späteren Chopin typische Klavierfloskeln, insbesondere die Weitgriffigkeit in den Arpeggien, sind schon vorhanden. Die reiche Chromatik, obwohl im Rahmen des Natürlichen bleibend, muß der damaligen Zeit überaus modern vorgekommen sein! Lebendige Rhythmik verleiht dem Stück etwas Jugendfrisches, während die Melodieführung bereits etwas sehr Persönliches hat. Ihr Hinauf-und-Herunter zeigt Verwandtschaft mit der einige Jahre später komponierten berühmten B-dur-Mazurka op. 7, 1 und der a-moll-Etüde aus op. 10. (Es ist nicht ausgeschlossen, daß dieses Rondo den Anstoß gegeben hat zu der später viel angewandten lebendigen Rhythmisierung einer an sich einfachen Tonleiter oder Arpeggie. Wer weiß, ob nicht der *Galop chromatique* von Liszt just durch das Rondo op. 1 des jungen Chopin beeinflußt worden ist!)

Das *Rondeau à la Mazur* op. 5 bedeutet gegenüber dem vorerwähnten indes doch noch einen großen Fortschritt. Das Stück mutet von Anfang bis Ende konzentriert polnisch an. Wiederum zeigt sich ein auffallendes Erfindungsvermögen an klavieristischen Spielereien, die stets anregend sind. Niemals läuft die Technik leer, immer zeigt sie sich geistvoll. Im ganzen gesehen ist dieses Werk ein unbeschwert fließendes, harmloses, entzückendes Spielstück, das nur zu lang und geschwätzig ist, um im Gleichgewicht zu bleiben.

Ähnlich verhält es sich mit dem *Rondeau* Es-dur op. 16, das für unsere heutigen Begriffe auch an zu großer Weiträumigkeit leidet. Dieses Werk, das eine freie, rezitativartige Introduktion hat, kann als eine Art Vorläufer zum letzten Satz des e-moll-Klavierkonzerts op. 11 betrachtet werden; einzelnes ist sogar «wörtlich» übernommen. Folgende Episode

ist ein Beweis für die Auswirkung Chopins auf Schumann, gemahnt sie doch sehr stark an eine Stelle in dessen *Kreisleriana:*

Wäre der Schluß dieses Rondos weniger trivial, so gäbe es ein ausgezeichnetes Vortragsstück ab, da es für die Entfaltung eleganter pianistischer Bravour prädestiniert ist.

Weit weniger gelungen ist der *Krakowiak, Grand Rondeau de concert F-dur op. 14* mit Orchesterbegleitung, der allerdings einige Jahre früher als das vorher erwähnte Rondo geschrieben ist. Seinen Namen verdankt dieser typisch polnische Tanz der Stadt Krakau. Er ist im schnellen Zweiviertel-Takt gesetzt und hat häufig den Akzent auf dem leichten Taktteil; mitunter sind Synkopen angewandt. Weniger leidenschaftlich als die beiden anderen bedeutenden Nationaltänze, statt dessen aber von ausgelassener, fast leichtfertiger Fröhlichkeit! Chopin hat sich nur dieses eine Mal dem Krakowiak zugewandt. Auch dieses Stück hat eine Einleitung, in welcher die Melodie im Abstand von zwei Oktaven sehr originell ist.

Dieses etwas exotisch wirkende, von späteren Komponisten (zum Beispiel Puccini, Ravel) oft angewandte Mittel dürfte hier wohl erstmals benützt worden sein. Es gibt in dieser Komposition des Achtzehnjährigen manche nichtssagende, mit reizlosen Passagen ausgefüllte Partien; andererseits weist sie bereits sämtliche Requisiten der Chopinschen Technik auf, mit der Einschränkung allerdings, daß sie hier mitunter noch Selbstzweck ist, während sie späterhin mehr und mehr und schließlich ganz im Dienste der musikalischen Idee steht, wie es am schönsten in den Etüden zum Ausdruck kommt. Das zweite Thema, einem Volkslied entnommen, ist geistvoll variiert. (Wiederum bemerkenswert der Einfluß Chopins auf Schumanns Klaviersatz und gewisse Durchgänge sowie auf Liszts Harmonik!) Die Orchesterbegleitung ist ärmlich, die Zwischenspiele sind meist trocken und ledern, doch kann man sie nicht weglassen. Begreiflich, daß diese Komposition nie Erfolg hatte!

Dasselbe gilt auch von der *Grande Fantaisie sur des airs polonais op. 13*, ebenfalls für Soloklavier mit Orchester. Es ist eigenartig, daß Chopin, dem so viele seiner Kompositionen ohne eigentliche Absicht zu Preisliedern auf sein Vaterland wurden, gerade in diesem Werk, das ganz auf heimatlichen Melodien aufgebaut ist und doch wohl als ein Hymnus auf Polen gedacht war, so versagte. Gleichförmig, spannungslos und sentimental ist dieses Stück, das eher noch als Lobgesang auf die Salonmusik (minderwertiger Art) aufgefaßt werden könnte!

Dagegen ist das dritte national geartete Stück aus dem Jahre 1829, *Marche funèbre in c-moll op. 72, 2*, ein Werk von überraschender musikalischer Frühreife und charakteristischer Eigenprägung. Interessant, wie darin schon der berühmte Trauermarsch aus der b-moll-Sonate vorgebildet ist:

17a

17b

In diesem Werk steht nun einmal das Pianistische ganz im Hintergrund, so daß die Vermutung aufsteigt, es könne sich um eine eigentlich für Orchester gedachte Komposition handeln, die später hätte instrumentiert werden sollen.

Der nationalen Werkgruppe sind auch die *Siebzehn polnischen Lieder* zugehörig, die Fontana – mit Ergänzungen der teilweise nur skizzierten Begleitpartien – als op. 74 veröffentlicht hat. (Ein nachträglich aufgefundenes achtzehntes Lied mit dem Titel *Verzauberung* wurde erst 1912 herausgegeben.) Die Texte, die es Chopin so angetan hatten, daß er sie zu seinem Privatvergnügen vertonte, stammten von Dichtern, mit denen er befreundet war. Unter ihnen steht Witwicki mit elf Gedichten an der Spitze, dann folgt Bogdan Zaleski mit dreien, Mickiewicz und Krasinski mit je einem. Der Verfasser des Textes zu dem Lied *Melodie* ist unbekannt.

In diesen aus verschiedenen Schaffenszeiten stammenden Liedern erweist Chopin ausgesprochenen Sinn für das Deklamatorische. Sie sind allesamt reizend-gefällige, natürlich empfundene Vertonungen von bestrickender Schlichtheit. Nichts ist hier von Salonatmosphäre zu verspüren, wohl aber das Edle und Ästhetische, das alle seine Schöpfungen auszeichnet. Die Hälfte der Lieder hat tänzerischen Rhythmus, ist mazurka- oder walzerähnlich. Wahrscheinlich sind dies die ganz chopineigenen, die ohne fremde Zutaten gebliebenen. Fünf sind Volkslieder, vier Kunstlieder und die übrigen eine Mischung beider Typen.

Das erste Lied, *Mädchens Wunsch* («Könnt ich als Sonne mich gen Himmel heben»), in schlichter Strophenform und im Walzerrhythmus ist weithin bekannt. Liszt hat dieses Lied, wie noch fünf andere, in geistvoller Weise für das Klavier allein transkribiert und in seinen *Chants polonais* veröffentlicht. (Diese Lisztschen Bearbeitungen sind infolge seiner näheren Wesensverwandtschaft mit Chopin weit glücklicher als jene von Liedern und Tänzen Schuberts. Ganz besonders gilt dies für *Mädchens Wunsch* und *Die Heimkehr*.) Zu den mazurkaartigen Liedern rechnen wir *Bacchanal* («Tolle Kleine, mit dem Weine geh' mir um gescheit»), das auch unter dem Titel *Hulanka* veröffentlicht wurde, dann *Was ein junges Mädchen liebt* («Bächlein liebet das Blumental»), ferner *Mir aus den Augen, mein Geliebter* («Hoch und schlank ist die Traute») und *Das Ringlein* («Einst in sel'ger Kindheit»). Das letztgenannte ist das Meisterstück unter diesen, entstanden im Strahl des jungen Liebesglücks mit Maria Wodzinska. Mehr dem langsamen Walzertyp zugehörig ist das besonders schöne Lied *Meine Freuden* («Girrt eine Taube»), das eine leidenschaftliche Steigerung aufweist und sich unter den von Liszt übertragenen Werken befindet. Sehr originell ist *Frühling*

(«Murmelnd singt die Quelle»). Das Lied beruht auf nur vier Takten, die vierzehnmal alternativ in g-moll und B-dur wiederholt werden, was ihm einen äußerst monotonen, slawisch-melancholischen Anstrich gibt. Wie dieses Werk, so steht auch *Der Reitersmann vor der Schlacht* («Wiehernd scharrt mein Roß die Erde») im Sechsachtel-Takt. Ein programmatisches Stück, kaum als chopinisch erkennbar. Alle nicht tanzartigen Lieder, die den Zweierrhythmus aufweisen, sind weniger bedeutend, doch gesanglich gut. So das ganz anspruchslose *Trübe Wellen* («Fluß, wer machte deine Wellen?»), ebenso *Der Bote* («Früh geht auf die Sonne») und *Zwei Leichen* («Sie liebten sich»). Letzteres sehr realistisch, alle drei jedoch ganz unpersönliche Stücke, als deren Verfasser man nicht ein Genie vermuten würde. Dagegen ist *Eine Melodie* («Kreuzfahrer, zogen sie zum Fernen Osten») des rezitativen, frei deklamatorischen Stiles und der sehr aparten Harmonik wegen beachtenswert. Auch *Die Heimkehr* («In dem Sturm zur bösen Stunde») verdient der starken Dramatik willen Interesse. Der (im Sinne Schuberts) am besten durchkomponierte Gesang ist *Litauisches Lied* («Früh, da sich leuchtend erhob»), zugleich dem Text am besten angeschmiegt. Einzigartig darin das dramatisch-realistische Moment und sehr reizvoll, wenn nach den zankenden Worten der Mutter: «Bei dem Geliebten bist du gewesen!» gleichsam als Erinnerung vier Takte einer Mazurka im Pianissimo angestimmt werden. (Notenbeispiel 18, Seite 392)

Das letzte Lied der Sammlung, *Polens Grabgesang*, ist in verschiedenen Ausgaben weggelassen. Es ist tief empfunden, doch in seiner Monotonie beklemmend.

Überwiegt bei den bis jetzt besprochenen Werken das nationale Element, so treten die musikalisch-heimatlichen Quellen bei allen weiteren nicht mehr so offensichtlich

zutage. Zwar durchzieht das Polnische sämtliche Kompositionsgattungen, die Chopin gepflegt hat (so etwa wie bei Brahms das Niederdeutsche durch alle seine Werke spürbar bleibt), aber es ist nebensächlicher als in den bereits beleuchteten Opera.

Zunächst wenden wir uns nun jenen Schöpfungen zu, in denen das *Pianistische* den Vorrang hat. Doch sei gleich betont, daß dieses Schaffenselement bei Chopin nicht zu verstehen ist als bloße Geläufigkeit und Virtuosität, also als pure Technik, sondern daß man den Begriff *pianistisch* viel weiter ziehen und umfassender nehmen muß, als dies allgemein üblich ist. Anschlag, Pedalbehandlung, ja die ganze Gestaltung gehört bei ihm auch mit zur Pianistik. Dies hat seinen Grund in dem bereits näher erörterten Umstand, daß das Klavier dem polnischen Meister das einzige Klangmittel war, das universale Instrument zur Realisierung seiner künstlerischen Vorstellung und zur Manifestation seines Schöpferwillens. Hier an dieser Stelle sollen unter den *vorwiegend pianistischen Werken* speziell jene verstanden sein, in denen die Freude am Spiel, die allseitige Virtuosität besonders zum Durchbruch kommt. Diese ist übrigens auch in den Werken Liszts der kompositorischen Idee verpflichtet, jedoch überwiegt bei ihm allzu oft das Virtuose und wird dann leicht zum Selbstzweck. Chopin ist von den beiden das ursprünglichere Genie, und es ist anzunehmen, daß Liszt gerade auch im Hinblick auf Übereinstimmung von schöpferischem Einfall und Virtuosität von seinem polnischen Freund viel gelernt hat.

Chopins pianistische Welt, sein edles, hohes Virtuosentum kristallisierte sich in seinen *Etüden*. Sie sind das beredteste Sinnbild des Klaviermusikanten, wie die Polonaisen gleichsam die Symbole seines Nationalismus darstellen. Chopin ist der Vollender der Etüde und zugleich der geistige Vater ihrer gesteigerten und vertieften Form, der *Konzertetüde*. Reine Fingerübungen, wie Tonleiter, Arpeggien-, Handgelenk- und Sprungübungen bezwecken lediglich die Förderung der Technik als solche, dienen also der Ausbildung grundlegender, allgemein-gymnastischer Spielfertigkeit. Werden solche Übungen aber in eine musikalisch-logische Form gekleidet und wird ihnen damit zugleich Inhalt gegeben, so unterstehen sie einer musischen Idee. Der Odem, der ihnen damit eingeblasen wird, verleiht der an sich trockenen, abstrakten Materie künstlerisches Leben, und nun ist aus der technischen Übung eine

Etüde geworden, deren Bewältigung von dem Spieler die Aktivierung des Geistigen und Seelischen verlangt. Man erkenne daraus, daß das wirklich sinnvolle Übungsstück sich nicht mit dem bloßen Anstreben technischer Vervollkommnung begnügt, sondern auch das musikalische Empfinden anregen und das Gestaltungsvermögen erweitern will. Damit wird die Interpretation einer aus lebendigem Musikgefühl erwachsenen Etüde bereits zum Musizieren. (Umgekehrt lassen sich auch aus einem Meisterwerk, das interessante technische Aufgaben bietet, Studien entnehmen.) Genau betrachtet, ist der höhere Zweck der Etüde demnach: die technische Materie in den Dienst musikalischer Gedanken zu stellen. Bei Chopin geschieht dies in idealer Weise, und seine Etüden bedeuten den Gipfel der sinnvoll aufgefaßten und durchgeführten klaviertechnischen Studien.

Die Etüden, deren Wurzeln in den ältesten Orgelschulen (zum Beispiel Paumanns *Fundamentum organisandi*) zu suchen sind und die für das Clavichord, einen Ahnen unseres Klaviers, erstmals in einem Lehrwerk von 1593 auftauchen, erreichten unter J. B. Cramer ihre erste Hochform. Seine Etüden – er war übrigens der erste, der die Studie so benannte – haben durchwegs Gehalt, manchmal sogar recht tiefen, und dienen gleich gut dem Vortrag wie der Technik. Ihrer Entstehungszeit entsprechend, bereiten sie selbstredend auf die Klaviersatztechnik der Klassik vor, und es ist ein Zeichen für ihren hohen Wert, daß Beethoven diese Cramerschen Etüden geschätzt und selbst gespielt hat. Musikalisch weniger interessant, doch technisch vielgestaltiger sind die Etüden Clementis, unter denen sich indes aber auch einige befinden, die man in modifiziertem Sinne ebenfalls als vorbildlich ansehen könnte. (Sie stellen der Technik unter anderem auch die Aufgabe, zu zierlicher

Gewandtheit und Eleganz zu erziehen.) Übrigens gehörten die Etüden von Cramer und Clementi neben Chopins eigenen und J. S. Bachs *Wohltemperiertem Klavier* zum «täglichen Brot» der Schüler des polnischen Meisters. Czerny, der letzte im Dreigestirn der großen Etüdenspezialisten aus der klassischen Epoche, hat über tausend Übungsstücke geschrieben, die vor allem Geläufigkeit erstreben und, rein technisch betrachtet, manches Nützliche bringen, jedoch vom musikalischen Standpunkt aus gesehen einen Niedergang gegenüber jenen der Vorgenannten bedeuten, da ihre technischen Aufgaben meist an geschmackloser Salonmusik erprobt werden.*

Chopin nun war der erste, der die Gattung der Etüde als Kunstwerk kultivierte und ihr sogar Podiumrecht verschaffte, indem er bestimmte technische Probleme von pianistisch-reizvoller Art zu Trägern scharf profilierter, musikalisch genialer Ideen gemacht hat. Seit seinem Wirken zeigt die einschlägige Literatur ein anderes Gesicht; denn alle namhaften neueren Etüdenkomponisten machten sich das Chopinsche Prinzip zu eigen, und eine moderne Vortragsetüde hat heutzutage nur Daseinsberechtigung, wenn sie mit den technischen Absichten auch musikalisch-hochwertigen Gehalt verbindet. Doch die Originalität und der absolute innere Wert der Chopinschen Etüden blieben bislang wohl unerreicht. Als einzigen Konkurrenten von Rang in dieser Beziehung könnte man Liszt ansehen, der die Gattung der Etüde ebenfalls als Konzertstück par excellence mit musikalisch verpflichtendem Inhalt pflegte.

* Als Zeitgenosse und Bekannter Chopins, der sich auf dem Gebiet der Etüdenkomposition auch bis heute behauptet, ist der lange Jahre in Paris ansässig gewesene Ungar Stephen Heller zu nennen. Er hat mit seinen reizenden, an Schumann gemahnenden Stückchen ebenfalls den erhöhten Anforderungen der Etüde Rechnung getragen, wenn auch in technisch und musikalisch anspruchsloserer Weise als unser Meister.

Er unterlegte den Etüden, wie den meisten seiner anderen Werke, sogar ein Programm. Dadurch aber, daß sie die allerletzten technischen Möglichkeiten zu erschließen trachteten, sind sie, verglichen mit jenen Chopins, doch allzu ausgesprochene Spezialstücke, die sozusagen über das Ziel hinausgehen. Wie schöne Treibhausblüten sind diese Lisztschen Etüden!

Nun aber zu den *Etüden* Chopins im einzelnen: Es ist klar, daß sie vornehmlich auf die seinen eigenen Werken entsprechende Technik abgestellt sind. Wichtig aber ist, daß diese Etüden trotzdem ganz allgemein, sowohl in technischer als gestaltungsmäßiger Hinsicht, von solcher Vielfältigkeit sind, daß sie dem modern gerichteten Pianisten ein Maximum an Rüstzeug aller Art bieten. Jedoch liegt es im Charakter der Etüde begründet, daß der Komponist sie nicht als Ausdrucksform tiefster Gedanken benützt, und somit gehören diese Werke, ungeachtet der erstaunlichen Fülle blühender Erfindung, die in ihnen pulsiert, nicht zu den inhaltlich bedeutendsten des Meisters. – Wird mit einer Komposition ein bestimmter praktischer Zweck verfolgt, wie hier der pianistisch-virtuose, und sei er auch nur ein nebensächlicher, so wird ihr absolut-musikalischer Wert stets hinter jenem rein musikschöpferischer Offenbarungen eines Tondichters zurückbleiben. – Auch Chopin zeigt sich da, wo jede *Absicht* der Virtuosität fehlt, wo sie sich gewissermaßen ganz von selbst ergibt und aufdrängt, von seinen besten und wertvollsten Seiten. So ist es bezeichnend, daß dem musikalisch Anspruchsvollsten gerade jene Etüden des Meisters die liebsten sind, in denen es am wenigsten virtuos zugeht. Der Musikliebhaber oder der noch im Studium begriffene Klavierspieler steht in Gefahr, die Chopin-Etüden als bloße Parade-Virtuosenstücke aufzufassen, ohne zu ihrem köstlichen Kern durchzudringen. Vielleicht genügt es für den einen oder anderen, darauf hingewiesen zu werden, daß diese Studienwerke Chopins wirklich das Vollkommenste dieser Art auch in musikalischer Beziehung bedeuten.

Chopin hat im ganzen *siebenundzwanzig Etüden* komponiert, *zwei Sammlungen* von je zwölf, *op. 10* und *op. 25*, sowie *Trois nouvelles Etudes*, die er 1840 zu der «*Méthode des méthodes* de Moscheles et Fétis» beigesteuert hat. Der erste, Liszt gewidmete Etüden-Zyklus op. 10, der 1833 im Druck erschien, beginnt mit einem majestätisch-feierlichen Präludium voller Glanz in *C-dur*. Ihm schließt sich ein duftiges Perpetuum mobile in *a-moll* an, elegant und rhythmisch pikant, vorüberhuschend. Als drittes folgt ein inniges, melodiöses Lied, das von einer dramatischen Episode unterbrochen wird. Diese *E-dur-Etüde* soll Chopins Heimweh entsprungen sein, sie führt seltsamerweise den populären (nicht von ihm selbst stammenden) Titel *Tristesse*.

79

An vierter Stelle steht eine feurige, in kernigem Rhythmus *(cis-moll)*. Schon in diesen vier Stücken gewahrt man die bunte Vielfalt der Eingebungen. Eine Fundgrube für den Studierenden und den Pädagogen! Die weiteren Etüden sind nicht minder reizvoll: da gibt es die berühmte in *Ges-dur* (ganz auf schwarzen Tasten für die rechte Hand),

die sich als eine brillante Geschwindpolka entpuppt; dann die tiefempfundene, sehr elegische sechste, in *es-moll*, die feine, subtil-graziöse in *C-dur*, die straffe, marschmässige, temperamentgeladene achte in *F-dur*. Neue Aspekte zeigen sich in den vier letzten: drängende, atemlose Aufregung in der *f-moll-Etüde*, froh beschwingte Lebenslust in derjenigen in *As-dur*, ruhige Beschaulichkeit in der in breiten Akkorden rauschenden *Es-dur-*

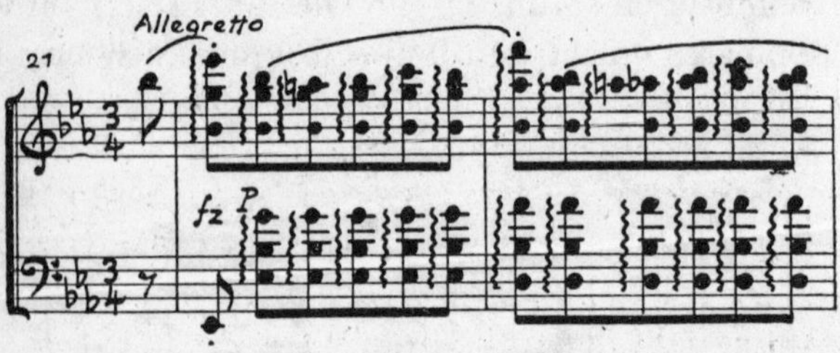

und wild-trotzige Verzweiflung sowie edles Pathos in der beschließenden, in Stuttgart entstandenen *c-moll-*, der sogenannten *Revolutions-Etüde*.

In allen diesen Stücken, sei ihr Ablauf nun geschwind oder gemessen, liegen geradezu ideale Versuchs- und Betätigungsfelder für das Studium, die Perfektionierung und schließliche Kulmination der pianistischen Kunst. Zunächst bereits in bezug auf allgemein-musikalische Höherbildung, zum Beispiel: Erreichung straffsten, rhythmischen Gefühls, edlen und subtilen Anschlags, plastischer Dynamik, Artikulation und so weiter. Unerschöpflich aber ist der Stoff, den diese Etüden für die Gewinnung technischer Virtuosität bieten: Kräftigung der Finger, Elastizität, Ausdauer, Lockerung und Dehnung, Geschicklichkeit, Gleichmäßigkeit, durchsichtiges, perlendes Spiel, Anwendung von Rollung, Schüttelung, Gewichtstechnik.

Die zweite, vier Jahre später herausgekommene, jedoch großenteils um die gleiche Zeit wie op. 10 entstandene Etüdenreihe op. 25 dürfte im ganzen genommen bedeutender sein als die erste. Finden wir in dieser noch einige Stücke, die auf Motorik angelegt sind, wie Nummer 4, 8 und 10, deren Etüdencharakter dadurch trotz allem Inhaltlichen eindeutig bleibt, so ist bei der Sammlung op. 25 der Begriff *Etüde* nahezu gesprengt. Insbesondere der hier gegenüber op. 10 noch weit stärker romantische Einschlag teils phantasievoller, teils sehr lyrischer Art läßt diese Etüden op. 25 noch mehr denn jene als konzertante Vortragsstücke erscheinen, von denen man einige als Préludes, manche gar als Balladen oder Nocturnes bezeichnen könnte.

Die erste Etüde des zweiten Zyklus, op. 25, ist die beliebte, klangschwelgerische *Harfen-* oder *Fächeretüde* in *As-dur*. Ihr folgt eine in *f-moll*, die durch ihre delikate Figuration auffällt, dann die dritte in *F-dur* mit eleganten, tänzerischen Sprüngen. Die nächsten beiden in *a-moll* und *e-moll* sind wie spukhafte Tänze mit einem Unterton von Dämonie. Echt romantische Gebilde! Sehr schön und edel wirkt der weitausladende Mittelteil der fünften Etüde mit der sonoren und beruhigenden Cellostimme. Auch das Irr- und Zwielichtige in der (ihrer Schwierigkeit wegen gefürchteten) *Terzenetüde* hat etwas typisch Romantisch-Geheimnisvolles. Am wenigsten erinnert die siebente in *cis-moll* noch an eine Etüde. Ein schwermütiger Zwiegesang, nachdenklich-elegisch, von intensivstem Ausdruck in der großen Steigerung bis zum entspannenden Es-dur-Höhepunkt. Dies ihr Grundgedanke:

Ihr schließt sich das Spiel der wiegenden und wogenden Sexten-Etüde in *Des-dur* an, und dieser dann die lustig-beschwingte in *Ges-dur* mit ihrer graziös hüpfenden Baßfigur. Zu den originellsten Eingebungen des Meisters überhaupt gehört die zehnte Etüde in *h-moll*. Gespenstisch-gruselig geht es darin zu, auch wild-drohend. Der Mittelteil, von sinnlichem Wohlklang und sehnsüchtigem Verlangen, steht in überraschendem Kontrast zum übrigen. Beschlossen wird die Reihe mit zwei gewaltigen Stücken: Das elfte in *a-moll* ist energiegeladen und von höchstem Schwung. Der Etüdencharakter tritt hier zwar wieder mehr in Erscheinung, und sie wird nicht zu Unrecht sogar als die *Königin der Etüden* bezeichnet. Die letzte ist ein entschlossenes, feurig-trotziges, imposantes Werk von großem Pathos und erschütternder Dramatik.

Von den *Trois nouvelles Etudes* verdient die erste in *f-moll* besondere Beachtung. Sie ist ein eigenartiges, zauberhaftes Stück, das in eine exotische Landschaft versetzt und etwas Geheimnisvoll-Rührendes hat. Chopin in reinstem Extrakt und daher in gewisser Weise vielleicht die schönste aller seiner Etüden! Die zweite ist eine Art Gondellied, die dritte ein graziöser Walzer.

Eine weitere Gattung der Kompositionen von speziell pianistischem Interesse umfasst die *Variationenwerke*. In seiner Frühzeit hat sich Chopin des öfteren damit abgegeben, doch verdienen von den sechs Opera dieser Art nur zwei eine nähere Würdigung, während wir es bei der bloßen Anführung der vier übrigen belassen können. Diese letzteren ohne Opuszahlen oder überhaupt nicht veröffentlichten Variationenwerke sind: Variationen über das Lied «Der Schweizer Bua» von 1824, vierhändige Variationen in F-dur von 1826, vierhändige Variationen über ein Lied von Moore von 1827 und *Souvenir de Paganini* von 1829. Ferner ist noch eine Einzelvariation zu erwähnen, die Chopin als einer von sechs Komponisten für ein *Hexameron* beisteuerte (ein Gemeinschaftswerk, das Liszt häufig aufgeführt hat, bei Gelegenheit sogar mit einer für seinen eigenen Gebrauch dazu verfaßten Orchesterbegleitung, die aber leider nicht überliefert ist). Alle diese Kompositionen ergeben den Eindruck, daß Chopin die Form der Variation mehr im Sinne klavieristisch-virtuoser denn rein kompositorischer, also melodischer oder harmonischer Abwandlungen behandelt hat. Dies gilt auch für die beiden großen Werke der Variierungskunst, die der Tondichter im Alter von siebzehn und dreiundzwanzig Jahren schrieb. Sie lassen sich selbstredend nicht mit jenen von Beethoven, Schubert oder Brahms vergleichen, doch liegt dies nicht allein an dem damaligen Frühstadium seiner musikschöpferischen Entwicklung, sondern vor allem daran, daß die Einhaltung solch strenger Form, wie sie das Variationenwerk verlangt, seinem Wesen nicht entsprach. Auch fehlte ihm die klassische Tradition, auf der er hätte aufbauen können. So sind die Variationen Chopins eher Schöpfungen des komponierenden Pianisten als des klavierspielenden Komponisten.

In den *Variationen* über das Mozart-Thema «*Là ci darem la mano*», *varié pour le piano avec accompagnement d'orchestre op. 2*, herrscht wieder Salonatmosphäre, jedoch ist sie diesmal von Ernst durchzogen. Das Werk ist gespickt mit allen möglichen technischen Finessen und ausgeklügelten Kunststücken (als solche fast den Brahmsschen Paganini-Variationen vergleichbar), die an die Artistik eines Jongleurs erinnern. Schumann, der 1831 seinen ersten Aufsatz in der *Allgemeinen musikalischen Zeitung* diesem Opus widmete und den ihm zuvor gänzlich unbekannten Komponisten als Genie feierte, vor dessen Streben und Meisterschaft man sein Haupt beugen müsse, empfing offenbar recht nachhaltige Eindrücke von diesem Jugendwerk Chopins. Denn nicht nur fühlte er sich zu einer an den Inhalt der betreffenden Szene im *Don Juan* angelehnten programmatischen Auslegung dieser Musik begeistert, sondern sie schwebte ihm wohl auch als Muster zu seinen *Abegg-Variationen* vor. Liszt hat übrigens das berühmte Thema ebenfalls variiert, doch handelt es sich bei ihm um ein Stück, das in seiner Reifezeit entstand, und es ist nicht verwunderlich, wenn seine rund fünfzig Jahre später geschaffenen Abwandlungen geistvoller sind und er darin auch die Klavierregister meisterlicher zu ziehen und zu mischen versteht, als es dem Jüngling Chopin gelingen konnte. Zweifellos aber hat Liszt dem Chopinschen Erstling unwillkürlich manches entnommen.

Objektiv betrachtet, sind die *Variationen op. 2* für unseren heutigen Geschmack zu fade, zu leer und etwas zopfig. Bemerkenswert bleiben jedoch Anfang und Schluß. Dem eigentlichen Thema geht eine lange, improvisatorische Einleitung voraus mit reichen Kadenzen und gleitenden Passagen, eine Orgie der Fingerfertigkeit geradezu, ein pianistisches Schwelgen von phantastischer Vielfalt. Als erste Variation: ein elegantes Feuerwerk in Triolen, als zweite ein bravouröses Unisono in Oktaven, darnach eine Art Etüde für die linke Hand und an vierter Stelle eine der Sprungtechnik gewidmete. Die einzelnen Abwandlungen werden jeweils durch einen Orchesterrefrain abgeschlossen, der reichlich naiv und zopfig wirkt. Die weitaus bedeutendste Variation steht am Schluß. Sie ist in die Form einer Polonaise gekleidet, und man spürt sofort, mit welchem Vergnügen Chopin hier gestaltete, wo er sich in seiner ureigenen Domäne tummeln konnte. Dieser Polonaisen-Variation geht eine mollgetönte, durch kaleidoskopische Klaviereffekte blendende Adagio-Einleitung voraus, der sich die Phase des Umgießens des Themas («Reich' mir die Hand, mein Leben») in den Rhythmus der Polonaise anschließt.

Sie ist wunderbar gelungen, ein wahrer Genieblitz! Das Werk, das in diesem sprühenden und bunt-lebendigen Schlußstück gipfelt, läßt sich mit Vorteil auch ohne den wieder sehr ärmlichen Orchester-Begleitpart aufführen; nur wird es dann notwendig, die zweite Variation mit der harmonischen Unterlage der vorgesehenen Begleitstimme zu ergänzen. (Eine Umarbeitung, für welche die Klindworth-Ausgabe übrigens eine sehr brauchbare Fassung bringt.)

Das zweite Werk dieser Art, die *Variations brillantes sur le Rondeau* de «*Ludovic*» *de Hérold:* «Je vends des scapulaires», op. 12 – glücklicherweise ohne Assistenz eines gelangweilten Orchesters – ist ungleich wertvoller als die Schwesternkomposition. Der aparte Reiz dieses Stückes wird von den meisten Chopin-Biographen nicht gewürdigt. Hier ist das Thema nun viel freier und gelöster behandelt als in dem vorgenannten Opus, und das Pianistische steht nicht mehr so aufdringlich im Vordergrund. Flitterkram ist einem feinen und geschmeidigen Konversationsstil gewichen, und der französische Esprit ist in die Bearbeitung eingeflossen. So ist mit diesen Variationen ein zärtliches Werk voll Duft und Grazie gelungen, das dabei doch auch gesund und männlich wirkt. Der sympathisch-geistreiche Humor eines jungen Mannes von Welt, der sich mit Charme in die Herzen schöner Frauen einzuschmeicheln begehrt, entsteigt diesem Werk. Trotz den empfindsamen Tönen, die darin angeschlagen werden, ist Chopin der Gefahr der Sentimentalität nicht erlegen. Hervorzuheben sind besonders die prickelnde Scherzo-Variation und die letzte, mazurkaartige.

Bevor wir uns den Klavierkonzerten zuwenden, die wir mehr aus Gründen ihrer Gestalt denn ihres Wesens den vornehmlich pianistischen Werken zurechnen wollen, seien noch drei Einzelkompositionen gestreift, wahre Kabinettstücke der Klaviermusik: *Berceuse*, *Barcarolle* und *Tarantelle*. Die beiden ersten sind einander verwandt durch das Wiegende, das ihnen gemeinsam ist, während das italienische Timbre die Barcarolle mit der Tarantelle verbindet.

Die *Berceuse* op. 57 von 1843 ist in Idee und Ausführung ideal und als ein köstliches Kleinod absoluter Musik zu werten. Über ein- und derselben wiegenden eintaktigen Baßfigur baut der Tondichter Variationen von nahezu barockem Reichtum auf. Die einzelnen Veränderungen überspannen jeweils eine Vierergruppe dieses Obstinato

25

so daß man darin formal fast eine einfachste Passacaglia sehen könnte. Erst gegen Schluß wird das auch in der Harmonik durchgehaltene Beharrliche, Obstinate, das sich äußert im primitivsten Wechsel von Grunddreiklang und Dominantseptakkord unter Beibehaltung der Tonika als Orgelpunkt von Anfang bis Ende, aufgegeben zugunsten des wahrhaft schöpferischen Einfalls der erstmaligen Verwendung der Septime ces, die den wundervollen, träumerischen Schluß vorbereitet. (Rein der Idee nach könnte man Ravels *Boléro* als eine Art Wiedergeburt der Chopinschen Berceuse ansehen.)

Auch die ein Jahr später herausgekommene *Barcarolle* op. 60 folgt einer Grundidee. Diesmal handelt es sich um die der Zweistimmigkeit. Wir folgen einem Zwiegesang auf dem Wasser, der sich nicht genug sein lassen kann an Terzen und Sexten und von sanftem Wellenschlag begleitet wird, zuweilen unterbrochen von heranrauschenden Wogen. Wiederum, doch hier erst gegen das Ende zu:

die Grundfeste eines riesigen Orgelpunktes! Bachgewaltig und von großer Kühnheit in der sich darübertürmenden Harmonik:

Überall ist das südliche Kolorit gewahrt, das sich am sinnfälligsten in der Melodie darbietet. Wie die Berceuse, so ist auch die Barcarolle eine hochoriginelle Neuschöpfung!

Den vorgenannten beiden Werken gegenüber ist die 1841 geschriebene *Tarantelle op. 43* nur eine Bagatelle, doch ist auch sie wohlgelungen. «Ein Stück in Chopins tollster Manier», nannte es Schumann und meinte, man sehe förmlich «den wirbelnden, vom Wahnsinn besessenen Tänzer vor sich». In vollen Zügen kostet Chopin hier das Italienische aus unter Benützung des besten Tarantellen-Vorbildes: Rossini.

Und nun zu den beiden *Klavierkonzerten*, von denen das 1836 im Druck erschienene in f-moll op. 21 aus dem Jahre 1829 stammt, während das drei Jahre zuvor verlegte in e-moll op. 11 erst 1830 entstanden ist. Chopin hatte selbstredend noch nicht zu den letzten Tiefen seiner Kunst gefunden, als er, knapp zwanzigjährig, diese Werke schuf, und es ist bedauerlich, daß er sich in seiner Reifezeit nicht noch einmal einer solchen Aufgabe zuwandte. Vielleicht wäre es ihm dann gelungen, auch den Orchesterpart seinem Gestaltungswillen untertänig zu machen und ein Idealklavierkonzert zu schaffen, in dem alle Faktoren durchwegs und restlos in wunderbarem Einklang gestanden hätten. – So aber findet sich nur in den Soloparts der beiden Opera 11 und 21 eine mozartähnliche Übereinstimmung von spielfreudiger Virtuosität und musikalischem Gehalt, während man von der Orchesterbegleitung den Eindruck gewinnt, Chopin habe den großen Klangkörper überhaupt nur herangezogen, um der Gepflogenheit zu entsprechen, nicht aber aus künstlerischem Bedürfnis.

Sieht man indessen von der unzulänglichen Behandlung des Begleitungsparts, diesem einzigen Schönheitsfehler der Klavierkonzerte, ab, so könnte man sie – es mag seltsam klingen – neben die Mozartschen stellen! Denn in keinem der zahlreichen Klavierkonzerte späterer Meister dürfte das Gleichgewicht zwischen dem Spieltechnischen und dem musikalischen Inhalt dem Mozartschen Ideal so weit angenähert sein, wie dies bei den Chopinschen Werken der Fall ist.

Der Unterschied liegt im wesentlichen darin, daß in den Klavierkonzerten Mozarts die Begleitung prachtvoll eingebaut und ein vollkommener Ausgleich zwischen Soloinstrument und Orchester erreicht ist. – Dennoch aber wäre es übertrieben zu behaupten, Chopin habe nicht instrumentieren können; denn ein gewisses Geschick dafür zeigen selbst die mißlungenen Orchesterpartie; wohl aber tritt das Fehlen jeder Originalität deutlich zutage. (Spätere

Versuche, die dürftigen Begleitungen zu verbessern – von Tausig, Mikuli, Minhejmer, Balakirew für das Klavierkonzert in e-moll op. 11, Klindworth und Burmester für das in f-moll op. 21 unternommen –, fielen nicht glücklich aus.)

Wenn wir nach einem Vorbild suchen, das sich für Chopin bei der Gestaltung seiner Klavierkonzerte richtunggebend ausgewirkt haben mag, so läßt sich kein anderes als J. N. Hummel finden. Sowohl hinsichtlich des Klaviersatzes als auch der inneren Grundhaltung, die sich darstellt als dramatische Spannung, weltschmerzliches Pathos und eine leise an Beethoven gemahnende Leidenschaftlichkeit, besteht eine gewisse Ähnlichkeit zwischen den Konzerten Chopins und den älteren Hummels. Betrachtet man jedoch den inneren Gehalt, so fällt der Vergleich wesentlich zugunsten Chopins aus, denn in dieser Beziehung überragen seine Konzerte die Hummelschen turmhoch.

In dem zunächst entstandenen der beiden Klavierkonzerte, dem *Second Concerto pour le piano avec orchestre in f-moll op. 21*, das der Gräfin Delphine Potocka gewidmet ist, zeigt sich Chopin in seiner Schaffensfolge erstmals als Tragiker und Grübler. Hochdramatische Momente und Spannungen, die durch den steten Stimmungswechsel noch erhöht werden und zuweilen etwas Quälerisches an sich haben, kennzeichnen den Einleitungssatz, der nicht ganz ohne Theatralik – in gutem Sinne – ist. Formal entwickelt er sich völlig selbstverständlich und ohne jede Verknüpfung mit der Klassik, wie dies für Chopin, den Romantiker ohne Bindung an die Tradition, das einzig Natürliche ist. Dieser Konstellation entsprechend, gibt er sich in der Durchführung gar nicht erst die Mühe, die Themen irgendwie ernsthaft zu verarbeiten; doch füllt er sie mit zahlreichen, höchst reizvollen Spielereien aus, wie es seiner

Auffassung der Gattung Klavierkonzert entspricht. Neben dem Sinn für das Weite und Großzügige sowie für die freie, zum Teil deklamatorische Melodieführung fällt in diesem von königlicher Noblesse durchdrungenen Satz die Durchsichtigkeit des Tongewebes auf. – Das Larghetto, anfänglich in seiner mitunter schmachtenden Süße nicht ganz frei von Salonreflexionen, ist im Gedenken an sein «Ideal», die jugendliche Sängerin Konstanze Gladkowska, geschrieben. Von ihr schwärmt er im Mittelteil, der zum Schönsten gehört, was Chopin je ersann: ein langgestrecktes, ungemein beredtes Rezitativ von eminenter Ausdruckskraft, ein Oktaven-Unisono der Hände von phantastischem, ja rhapsodischem Gehaben, untermalt von dramatischem (Streicher-)Tremolo (Notenbeispiel 27, Seite 409). Ein elegantes Finale, halb Krakowiak, halb Mazurka beschließt das Konzert.

Das *Grand Concerto pour le piano avec orchestre in e-moll op. 11* atmet, im ganzen gesehen, mehr Lebensfreude als das zuvor beleuchtete, ist unproblematischer und optimistischer als dieses. Bewundernswert die gute Verbindung von reichem und auch tiefem Inhalt mit vitaler Spiellust (im Solopart) und auch das äußerst Anregende und Kurzweilige des virtuosen Elements. Ernst, energisch und sehr männlich präsentiert sich das Hauptthema des ersten Satzes,

28

das dann gleich in ungezwungener, deklamatorischer Weise fortgeführt wird. Dieses Weiterspinnen der Melodie ohne viele Sequenzen, doch mit immer neuen Einfällen, die gleichsam der Improvisation entspringen, kommt hier ganz besonders schön zum Vorschein. – Der zweite Hauptgedanke wird in edlem Ausdruck vorgetragen und steigert sich zu leidenschaftlicher Sehnsucht. Auch hier ist die

Durchführung nicht im Sinne der Klassik, sondern mehr des Spielerischen gestaltet, wobei zwar eine motorische, dennoch aber lebensvolle Virtuosität Triumphe feiert. – Eine Köstlichkeit ganz eigener Art ist der Mittelsatz: eine Romanze von reizender Naivität und Ursprünglichkeit. Auch mit diesem Herzstück hat Chopin seine Liebe zu Konstanze Gladkowska besungen. «Das Adagio meines neuen Konzerts», schrieb er darüber an seinen Freund Titus Wojciechowski, «will nicht mächtig sein. Es ist sehr romantisch, ruhig, melancholisch; es soll den Eindruck eines trauten Rückblicks erwecken auf eine Stätte, die in uns tausend liebliche Erinnerungen wachruft. Eine Träumerei bei Mondenschein zur schönen Frühlingszeit!» Als eine unvergleichlich entzückende Episode sei der Übergang zur Reprise erwähnt, der eine klanglich bezaubernde, glitzernde Wirkung auslöst:

(und als Beweis für die eindeutige Beeinflussung gelten kann, die Debussy durch Chopin erfuhr). – Das beschließende Rondo: ein lebensfrohes, liebenswürdiges, geistvolles Stück von amüsanter und pianistisch idealer Art.

Trotz der Mangelhaftigkeit der Orchesterbegleitung muß man den Konzerten Chopins, insbesondere jenem in e-moll, innerhalb der Klavierkonzert-Literatur einen hohen Rang einräumen. Diese Werke, beide hochromantischen Wesens, können als den Konzerten Mendelssohns und

Schumanns durchaus ebenbürtig gewertet werden, obwohl ihr Autor im Gegensatz zu den eben Genannten kaum dem Jünglingsalter entwachsen, also noch keineswegs ausgereift und zu seinem ureigenen Wesen vorgedrungen war, als er sie schuf. An virtuoser Technik und pianistischer Vollkommenheit stehen sie jenen Liszts nicht nach!

Seiner Anlage entsprechend dürfte das *Allegro de Concert in A-dur op. 46*, das Chopin 1841 für seine Wiener Schülerin Friederike Müller schrieb, der Entwurf zu einem Klavierkonzert gewesen sein. Ein Fragment, dem es an Erfindungskraft mangelt und dessen Reiz lediglich in seiner mit Schwierigkeiten gespickten Technik liegt. (Die Ansicht einiger Biographen, es handle sich um den Torso des verschollenen zweiklavierigen Konzerts vom Herbst 1831, ist nicht stichhaltig. Der Versuch einer dementsprechenden Bearbeitung des Allegro für zwei Klaviere mit Orchesterbegleitung durch Nicodé kann als mißlungen betrachtet werden.)

Nun seien hier noch zwei weitere dem Charakter nach konzertante Werke angeführt. Das eine ist ein ohne Opuszahl 1833 veröffentlichtes Kammermusikwerk ohne besondere Bedeutung: *Grand Duo in E-dur* für Klavier und Violoncello über Themen aus Meyerbeers *Robert der Teufel*, eine Gemeinschaftsarbeit Chopins und seines Freundes Franchomme. Das andere ist das *Rondeau pour deux pianos in C-dur*, das Fontana aus dem Nachlaß als op. 73 veröffentlichen ließ. Ein Werk, das gut als letzter Satz eines Klavierkonzerts gelten könnte. Es stammt aus früher Jugendzeit, und seine Urfassung ist überhaupt nicht bekannt geworden. Man weiß nur aus einem Brief Chopins, daß er diesem Rondo erst durch eine Umarbeitung im Jahre 1828 die jetzige Gestalt gab. Doch hat es ihn auch im neuen Gewande offenbar nicht restlos befriedigt, denn die geplante

Aufführung in der Warschauer Ressource unterblieb, und fürderhin war überhaupt nicht mehr die Rede davon. Dies ist um so verwunderlicher, als es sich um ein reizendes und charmantes Werk von geistvoller Spielart handelt, um ein Glanzstück der zweiklavierigen Literatur leichten Genres. Wären die beiden Partien gleichmäßig bedacht, dann könnte das Rondo in seiner Art sogar als Ideal einer Komposition für zwei Klaviere bezeichnet werden. Auffallenderweise jedoch ist dem zweiten Instrument eine nur halb so virtuose Rolle zugewiesen wie dem ersten, was vielleicht damit zusammenhängen mag, daß die Spieltechnik des damals vorgesehenen Partners nicht an jene Chopins heranreichte. Sehr schade, daß der polnische Meister späterhin nicht mehr auf die Idee kam, weitere Kompositionen für zwei Klaviere, größere und gehaltvollere, mit seiner künstlerischen Entwicklung Schritt haltende, zu schreiben; denn er hätte sicherlich Wunderwerke an aufgelockerter Profilierung und Durchsichtigkeit geschaffen!

Es liegt nahe, im Anschluß an die Klavierkonzerte nunmehr die Sonaten einer Betrachtung zu unterziehen, Werke, deren Aufbau im Prinzip dem der Konzerte (und Sinfonien) entspricht, die bekanntlich erweiterte Sonatenform tragen. Damit verlassen wir die Gruppe der Kompositionen, in denen das pianistische Element im Vordergrund steht, und kommen zu jenen, in denen sich das *Romantische* als überwiegender Wesenszug dokumentiert.

Zu Chopins Zeiten war die Klassik am Ende ihrer Entwicklungsbahn angelangt und nach und nach in den neuen, erhöht individuellen Ausdrucksstil eingemündet. Schubert, der am Scheitelpunkt der Wende des klassischen zum romantischen Musikempfinden gestanden, hatte noch mit dem entscheidenden Problem gerungen und es, wie seine Werke bekunden, auch bestens gelöst. Ohne sich der hohen Bedeutung seiner Mission bewußt zu sein, hatte er den maßgebenden Schritt in die neue Musikära getan und das Tor zu einer bis dahin ungekannten Welt weit geöffnet. War es zuvor die Form gewesen, die den Inhalt weitgehend beeinflußte, so verhielt es sich in der romantischen Epoche umgekehrt: der Inhalt ward zu einem formbestimmenden Faktor. Dies ergab sich durch den Einbruch der Gefühlskräfte als wichtige, gleichberechtigte und auflockernde Elemente musikschöpferischer Gestaltung. Die Zeitströmung, in die sich Chopin gestellt sah, tendierte in allen Künsten wie auch in der Literatur zur Romantik, und es ist angesichts der ganzen Veranlagung Chopins einleuchtend, daß er sich von ihr angezogen fühlte. Höchste Sensibilität, starkes Persönlichkeitsbewußtsein, dualistische Seelenverfassung, reiche Phantasie, der Sinn für Bizarres, Groteskes – alle diese Merkmale seines Wesens sind Charakteristiken des romantischen Menschen. Nur in einer Richtung wich Chopin vom Typus des Vollromantikers ab, und zwar in seinem Verhältnis zur Natur. Das Verbundensein mit ihr, das sich sonst im romantischen Schöpfertum besonders plastisch auswirkte, ist bei ihm kaum auffindbar. Der Sinn für das Unmittelbare, für das Wachsen und Weben in der Natur ging dem eingeschworenen Freund des Salons und der Gesellschaft offensichtlich ab. – Gewiß: Chopin liebte die Blumen; aber er liebte sie in der Vase und um ihrer Schönheit, um ihres Duftes und der Poesie willen, die sie ihm in sein Heim zauberten. Selbst in der kalten Jahreszeit wollte er nicht auf sie verzichten. Woher sie kamen, darnach fragte er nicht, und für die tausend Wunder, die es überall und immerdar zu bestaunen gibt für den, der offenen Blick und Sinn dafür hat, fehlte ihm das Aufnahmeorgan. Vergebens sucht man nach irgendeiner Äußerung über das vielfältige Leben in Wald und Flur, über die Schönheit einer blühenden Wiese oder das Erwachen pflanzlichen Lebens nach dem Winterschlaf. Wo in seinen Tondichtungen das Walten der Natur vernehmbar wird, ist es nur in übertragenem Sinne, völlig objektiviert, indirekt. Nicht der lebendige Natureindruck wird durch die Musik Chopins vermittelt, sondern die geistig-seelische Auslegung, die er ihm gibt, gewissermaßen also die Wirkung. Und es ist nicht die Liebe zur Natur, die ihn bei ihrer Interpretation beseelt, sondern eher die Furcht, die Angst vor ihr, die er in Töne gießt. Elementares ist bei ihm gleichsam etwas Irreales, Phantastisches, ja Mystisches. Beispielsweise hat der Sturm, den Chopin schildert, nichts Kraftvolles an sich, nichts Reinigendes, Erfrischendes; bei ihm tritt er vielmehr als gespenstischer Zerstörer, als graueneinflößender Dämon auf. Regentropfen, die an die Fenster prasseln, wandeln sich ihm gleich zu Tränen, dünken ihn die rechte Begleitmusik zu melancholischen Empfindungen wie Einsamkeit, Sehnsucht und Todesverlangen. Zwar ist solche Projizierung von Naturerlebnissen ins Persönliche charakteristisch für alle Verkünder der romantischen Stilrichtung, jedoch nicht in so ausschließlicher Weise wie bei Chopin. Meister wie Schubert und Schumann stellten ihre Natureindrücke oft auch unmittelbar unter programmatischen Gesichtspunkten dar und bedienten sich wirklichkeitsnaher Hilfsmittel, nämlich der Wiedergabe von Naturlauten und -geräuschen (etwa Vogelzwitschern, Waldesraunen, Wasserrauschen, Windgeflüster, Gewitter, Sturmestoben). Selbst Beethoven, der in seiner Pastoralsinfonie fast zum Romantiker ward, verschmähte solche Zutaten nicht. Musik Chopins jedoch, in welcher sich seine Naturauffassung dokumentiert, verzichtet ganz und gar auf derartige Requisiten und beschränkt sich auf die Wiedergabe der seelischen Auswirkung elementarer Vorgänge. Ein wenig läßt sich diese Art der schöpferischen Verarbeitung solcher Eindrücke mit jener Mendelssohns vergleichen. Bei diesem Romantiker vermeint man oft die Sprache der Natur zu hören, doch ist sie fast immer mit Zauber und Märchen verbunden. Sie hat, ähnlich jener Chopins, etwas Magisches und Phantastisches, doch in einfacherer, harmloserer und seelisch unproblematischerer Form.

Doch zurück zu unserem Thema, den *Sonaten*. Im letzten Grund besteht ein Widerspruch zwischen der Sonatenform und der Romantik, ein Widerspruch, den nur ein Brahms befriedigend auszugleichen wußte, weil es ihm, wie keinem anderen, gegeben war, Hochromantisches in klassische Form zu bringen, ohne daß das eine oder andere zu kurz kam und ohne daß je der Eindruck von Zwang oder auch nur Beengung entstand. (Siehe seine Sonate op. 5.) Schubert und Schumann fühlten sich in ihrem Sonatenschaffen um so wohler, je weiter sie sich von der klassischen Tradition entfernten; Chopin hingegen nahm, wie wir früher bereits betonten, die gültigen Formgesetze überhaupt nicht als Basis. Wie von selbst entstand bei ihm eine Form, die der klassischen ziemlich nahe kommt und dabei viel zwangloser und natürlicher wirkt als bei den andern Romantikern. Obwohl seine Triebkräfte in seiner Phantasie und Pianistenseligkeit kulminierten, ergab sich doch ohne Umschweife eine richtige, das heißt gedrungene, knappe und architektonisch gute Form.

Die frühe *Sonate in c-moll op. 4* (die schon 1828 dem Wiener Verleger Haslinger zum Druck übergeben worden war, aber erst nach Chopins Tod, 1851, erschien) zeigt zunächst nur den *Willen* zur Form, während es am Können dem jungen Tonsetzer noch sehr gebrach. Offenbar hatte er damals den Sinn der Sonate nur instinktiv erfaßt! Bekundet doch kein anderes seiner Werke so wie dieses das noch Unfertige; dessenungeachtet aber hat man es hier immerhin mit einem Gesellenstück zu tun, das sich wahrlich sehen lassen darf! Denn bereits beging er darin pianistisch und harmonisch neue Wege, ein Beweis für seine tondichterische Eigenart und Frühreife. (Übrigens läßt die auffällige Bevorzugung der Chromatik in diesem Werk Vorahnungen von Wagners *Tristan und Isolde* aufsteigen.) Der Unterton der Sonate ist dämonisch, aufwühlend, dramatisch. Wieder einmal handelt es sich um eines jener c-moll-Stücke, die einander durchweg stimmungsmäßig ähneln – wir denken an solche von Mozart, Beethoven, Schubert und Brahms – und das Problem der Tonartencharakteristik aufrollen. (Die Betrachtung der Préludes wird uns Anlaß geben, diesen Punkt noch zu berühren.) In dem naiven Menuett der Sonate «schubertelt» es etwas, seltsamerweise; denn es ist mehr als unwahrscheinlich, daß man in Warschau ein Jahr vor Schuberts Tod überhaupt schon etwas von ihm gewußt hat. Sicher waren um diese Zeit noch nicht einmal Lieder von ihm dorthin gedrungen, geschweige denn Instrumentalwerke. Das Trio des Menuetts läßt schon den künftigen Meister der Mazurka vorausahnen. Sieht man von der Sequenzenhäufung in den Ecksätzen des Werkes ab, so liegt die Hauptschwäche in dem süßlich-faden, langsamen Satz, der eine Beeinflussung durch Field vermuten läßt. Er hat indes etwas sehr Beachtenswertes an sich: die Anwendung des Fünfviertel-Taktes, was als Neuheit für die damalige Zeit gelten kann. Dabei wirkt dieser Umstand nicht im geringsten als gewollte Originalität, sondern durchaus natürlich. (Hingegen ist das Umgehen der enharmonischen Verwechslungen als eine Marotte anzukreiden, die auch weiterhin anhielt und das Lesen der Chopinschen Werke unnötig erschwert.)

Das Finale ist leidenschaftlich erregt, kämpferisch und sehr pianistisch. Einzigartig der Erfindungsreichtum an virtuosen Kombinationen!

Zwischen diesem Jugendwerk und den anderen beiden Klaviersonaten Chopins liegt eine enorme Entwicklung! Diese nun sind wirklich geniale Schöpfungen, und man weiß nicht, welcher der Vorrang gebührt. Allerdings sind sie grundverschieden voneinander. Im Vergleich zu der hochdramatischen Sonate in b-moll op. 35 stellt sich jene in h-moll op. 58 als mehr episch geartet dar. Von der wahrscheinlich in Majorka und Marseille entworfenen, im Sommer 1839 in Nohant ausgearbeiteten *Sonate in b-moll op. 35* schrieb Schumann, daß schon die ersten Takte die Chopinsche Handschrift erkennen ließen und nicht minder die abschließenden, denn niemand ende wie Chopin «mit Dissonanzen, durch Dissonanzen in Dissonanzen. Es ist Übermut, dieses Werk Sonate zu nennen», fährt der sonst mit seinem Urteil stets das Richtige treffende, hier aber ausnahmsweise irrende deutsche Romantiker fort, «Chopin hat vier seiner tollsten Kinder zusammengekoppelt, um sie unter diesem Namen an Orte einzuschmuggeln, wohin sie sonst nicht gedrungen wären». Besonders mit dem letzten Satz des Werkes konnte Schumann sich nicht befreunden: «Was man da unter der Aufschrift *Finale* erhält, gleicht eher einem Spott als Musik. Und doch gesteht man sich», meint er weiter, «auch aus diesem melodie- und freudelosen Satz weht uns ein eigener grausiger Geist an, der alles, was sich gegen ihn auflehnen möchte, mit überlegener Faust niederhält, daß wir wie gebannt und ohne zu murren bis zum Schlusse zuhorchen. So schließt die Sonate, wie sie angefangen, rätselhaft, einer Sphynx gleich, mit spöttischem Lächeln!» Schumann, der, abgesehen von diesem einen Fehlurteil, auch Chopin gegenüber so sichere Prophet, mag an der für damalige Begriffe allzu kühnen Modernität der Sonate gestrauchelt sein; jedenfalls teilt heutzutage niemand mehr seine oben zitierte Ansicht. – Durch das ganze Werk zieht ein Grundton «für den, der heimlich lauschet» (um bei Schumann zu bleiben), und obwohl der Marsch etwas älter ist, so sind die «vier tollen Kinder» doch rechte Geschwister, die zusammengehören gleich den Sätzen einer zwar sehr phantastischen, doch in ihrer Art vollendeten Sonate. Der erste Satz mit seiner bezwingenden, in ihrer Kürze, Thematik und Harmonik genialen Einleitung

ist von tiefer Erregung durchpulst, eine Ekstase der Unrast! Zunächst: nervöse Atemlosigkeit, die fast ohne Übergang in den sich anfänglich lyrisch gebenden Seitenteil mündet; dieser jedoch nimmt großartigen Aufschwung, wird aber gegen den Schluß ebenfalls von der rastlosen Aufregung erfaßt. Bewundernswert gestaltet ist dann die ängstlich und geheimnisvoll beginnende Durchführung, in welcher nun das Introduktionsthema zum beherrschenden Element wird. Die Reprise beginnt ohne nochmalige Berührung des Hauptteils sogleich mit dem Seitensatz, was dem Ganzen Geschlossenheit und gedrungene Kürze verleiht. Wir haben es hier mit dem Ideal eines Sonatensatzes in neuartiger, freier Form zu tun. Das folgende Scherzo ist aus gleicher Seelenverfassung erwachsen. Fieber, Angst und Unruhe bringen dramatische Bewegung in diesen Teil, in welchem sich das Trio wie eine Insel beschaulicher Behaglichkeit ausnimmt. Beide Sätze können als Auftakt zu dem weltberühmten Trauermarsch betrachtet werden, der durch unzählige Aufführungen (ist er doch in verschiedenen Fassungen das meistgespielte Stück dieser Art seit bald einem Jahrhundert!) so abgegriffen erscheint, daß es gut tut, sich einmal des Eindrucks zu erinnern, den er nach seinem Bekanntwerden beispielsweise auf Liszt gemacht hat: «... Dies konnte nur ein Pole schreiben, denn alles, was der Leichenzug eines seinen eigenen Tod beweinenden Volkes Feierliches und Herzzerreißendes haben kann, klingt aus den dumpfen Glockenklängen heraus, die ihm das letzte Geleite zu geben scheinen. Das ganze Gefühl mystischer Hoffnung, frommen Anrufs einer himmlischen Barmherzigkeit, eines unendlichen Friedens, das ganze verzückte Leid, das mit märtyrergleichem Heroismus getragene Mißgeschick hallt wider in diesem Gesang, dessen Flehen Trostlosigkeit atmet ... Nicht der Tod eines einzelnen Helden wird hier beweint, sondern der Untergang einer ganzen Generation ...» Liszt weiß noch viel mehr über den Trauermarsch zu sagen, der – unbefangen und sachlich betrachtet – auch heute noch durch seine elementare Tiefe und schlichte Einfalt etwas Großartiges und Packendes hat. Selbst das Trio mit seiner platten Melodie ist als erlösender Kontrast nicht ohne Bedeutung. Das Finale

wird gern mit einem «über Gräber hinwegfegenden Sturmwind» verglichen; doch Chopin selbst dachte bei weitem nicht so dramatisch von ihm wie jene Ausdeuter. Schrieb er doch über diesen Schlußteil an Fontana: «... Nach dem Marsch plaudert die linke Hand unisono mit der rechten.» Wirklich bescheiden gesagt von einem Satz, der seinen Schöpfer als einen für seine Zeit unerhört wagemutigen und modernen Romantiker sowie unerreichten Pianisten erweist! Das kurze, originelle und gespenstische Stück führt stimmungsmäßig zum Anfang zurück und rundet die Sonate zu faszinierender Einheit.

Verglichen mit diesem Werk ist die ein Jahrfünft später entstandene *Sonate in h-moll op. 58* fast als «akademisch» geartet zu betrachten, soweit man davon überhaupt bei Chopin reden kann. Von vornehmer Zurückhaltung, entspricht sie allerdings eher als die vorgenannte den klassischen Gesetzen, doch dies wohl mehr zufällig, weil es sich gerade so ergab. Denn trotz dem organischen und logischen Aufbau wird doch gleich zu Anfang die Zwanglosigkeit der Gestaltung offenbar. Ein Einfall jagt den andern und alle sind gleichermaßen sowohl musikalisch als auch virtuos fesselnd. Der wundervoll breit ausgesponnene, freizügige Seitenteil schafft den wohlgelungenen Ausgleich zu dem konzisen Hauptstück. Die Durchführung nimmt beinahe beethovenschen Verlauf, nämlich mit Verdichtung und Höhepunkt. Hier nun haben wir es einmal mit einem der seltenen Streifzüge des Meisters in kontrapunktische Regionen zu tun. Auch diesmal ist übrigens – entgegen der Norm – das erste Thema in der Reprise ignoriert. – Das Scherzo ist eine graziöse, liebenswürdige Spielerei, die springbrunnengleich plätschert, während das Trio schwärmerisches Wonneempfinden verrät. – Der langsame Satz voll herrlicher Melodiebildungen und prächtiger

Modulationen mutet wie ein erweitertes Nocturne an. Einige Notenbeispiele mögen dartun, wie meisterhaft Chopin es verstand, die verschiedensten Tonarten zu streifen:

32 a

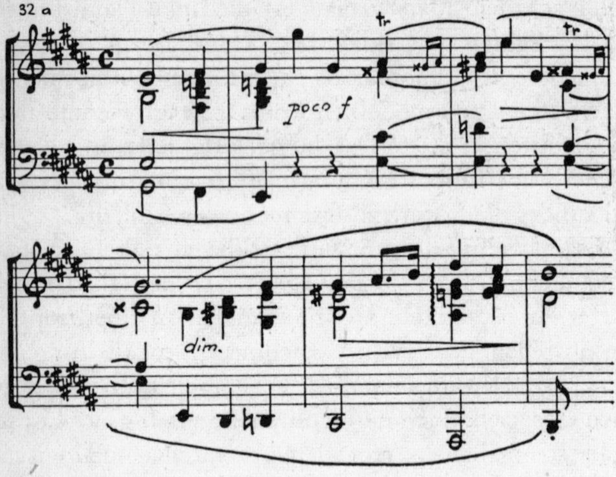

32 b

32 c

Schmerzvoll anklagend und drängend leidenschaftlich, von energisch-markanten Episoden unterbrochen das Finale.

Zur Vervollständigung des Sonatenkapitels sei an dieser Stelle auch noch der *Sonate für Violoncello und Klavier in g-moll op. 65* gedacht, des letzten von Chopin noch selbst numerierten Werkes, das 1847 veröffentlicht wurde. Dieser Schwanengesang stellt in seiner Werkreihe einen Außenseiter von recht problematischer Natur dar und bedeutet keineswegs den Höhepunkt des Gesamtschaffens. Aus innerem Bedürfnis ist diese Sonate sicherlich nicht geschrieben worden, zumal Chopin Kammermusik nicht lag. Vermutlich wollte er damit seinem Freunde Franchomme zu Weihnachten 1845 eine Freude bereiten. Erlahmt scheint darin die sonst doch so üppig blühende Phantasie, und trotzdem die Sonate unverkennbar die Züge ihres Schöpfers trägt, fehlt ihr das meiste dessen, was sonst seine Kompositionen im allgemeinen auszeichnet. Abgesehen von dem Trio im Scherzo, dem gelungensten Teil des Werkes, merkt man hier das erste und einzige Mal, daß ihm eine Komposition Mühe verursachte und von ihm buchstäblich erarbeitet werden mußte. Es fehlt der beglückende Fluß und Schwung, der fast allen übrigen, selbst großformatigen seiner Werke zu eigen ist. Zu reflektiert ist diese Violoncello-Sonate, und der Mangel an Einfällen, an denen Chopin sonst doch so überreich, wird offenkundig durch die zahlreichen Sequenzen, die ihn verdecken sollen. Es entsteht dadurch der Eindruck einer Schablonierung, die namentlich an einem Werk der Reifezeit als fremd auffällt. Selbst die Form, die sich sonst seinem Gestaltungswillen so selbstverständlich fügte, muß ihm diesmal zu schaffen gemacht haben. Es gibt nämlich viele Stellen, die gequält wirken, wie etwa allzu schroffe Übergänge, die sich als Notbehelf und Ausweg aus einem Dilemma erweisen. Nimmt man indes alles nur in allem, so bleibt immerhin auch in diesem Werk trotz den Mängeln auch der große Meister erkennbar, insbesondere an dem guten Klaviersatz und der Klanglichkeit. Hervorzuheben ist auch die verständnisvolle Behandlung des Celloparts. Innerlich bewahrt die Sonate eine ernste, ziemlich düstere Stimmung. Die Harmonik ist wieder äußerst reich und fortschrittlich. Sehr ungewohnt bei Chopin die tüftelige Gründlichkeit, mit der er hier vorging, und die stellenweise den Eindruck braver Bürgerlichkeit, ja, kraß ausgedrückt, eines gewissen Spießertums hervorruft. Doch gibt es etwas positiv deutsch Beeinflußtes in diesem Werk: eine Art Tiefe und würdigen Ernstes, die an Schumann gemahnt. Einige Episoden im letzten Satz könnten ebensogut von diesem Romantiker stammen! Wir belegen dies mit folgendem:

33a

33 b

33 c

Merkwürdig ist die Wechselwirkung zwischen diesen beiden Tondichtern: hat sich Schumann anfänglich stark von Chopin beeinflussen lassen, so nahm dieser am Ausgang seiner schöpferischen Tätigkeit wieder etwas von jenem zurück. Man muß indes annehmen, daß dies unbewußt geschah zu dem Zeitpunkt, als die eigene Erfindungskraft bei dem polnischen Meister nachließ; denn mit Wissen hätte er bestimmt nichts von einem Komponisten übernommen, den er als solchen nicht besonders schätzte. Von seiner um die Zeit des Entstehens der Violoncello-Sonate bereits ziemlich vorgeschrittenen Krankheit ist übrigens nichts weiter zu merken (abgesehen von besagten Unzulänglichkeiten, die wohl seinem Zustand zuzuschreiben sind); im Gegenteil: mehr als das übrige Schaffen stellt sich gerade dieses Stück als gesund und rotbackig dar!

Wesentlich anders steht es mit dem 1828/29 komponierten *Premier Trio pour piano, violon et violoncello in g-moll op. 8*, das wir als einziges weiteres in Sonatenform stehendes Kammermusikwerk hier behandeln wollen. Zwar lassen sich seltsamerweise Ähnlichkeiten in der Grundhaltung zwischen dem jugendlichen und dem späten Werk feststellen, und schon die gemeinsame Tonart lockt zu Vergleichen. Doch im Gegensatz zu der Violoncello-Sonate befindet sich in diesem Trio (das eigentlich ein nettes, spielerisches Klavierkonzertchen mit Begleitung von zwei Streichinstrumenten ist) die Aufgabe mit ihrer Erfüllung durchaus im Einklang, während bei der Sonate das vorgesteckte Ziel nicht ganz erreicht wurde und das Bemühen darum etwas leicht Verkrampftes an sich hat. Das Trio ist wirklich hübsch, doch ohne tiefere Bedeutung und von unbefangener, entzückender Naivität. In bezug auf handwerkliches Können ist dieses Werk erstaunlich frühreif, wenn auch nicht originell, denn der Einfluß Hummels macht sich – pianistisch wenigstens – noch gut bemerkbar. Gegenüber der zeitlich benachbarten ersten Klaviersonate ist ein auffallender Fortschritt festzustellen, vor allem in der weisen Ökonomie. Wie gelungen erscheint dieses Trio gegenüber dem sogenannten Klavierquartett (Adagio und Rondo concertante für Klavier und Streichtrio in F-dur) des gleichaltrigen Schubert, das etwas Ähnliches sein wollte. Nur in der Streicherbehandlung vermochte sich Chopin nicht über das Schubertsche Niveau zu erheben. Wie überraschend modern das Chopinsche Trio, das besonders in der Harmonik seiner Zeit vorauseilte, gewirkt haben muß, kann man durch Schumann erfahren, der schrieb: «... Es ist in dem Trio alles neu: die Schule, die Kunst des Pianofortespiels, das Individuelle, das Eigentümliche oder auch das Geniale, das in einer Leidenschaft sich so seltsam treibend mit seiner liebenswürdigen Innigkeit zusammenhält, mischt und wechselt, daß ihr bewegliches Bild dem Zeichner kaum Zeit läßt, es sicher und treu zu fassen ... Das alles aber wäre nur ein zweideutiger Ruhm, wenn nicht der Geist, der gleich alte und neue, die neue Form durchhauchte und sinnig machte.»

Unsere Betrachtung führt uns nun zu jenen Werken, in denen Chopin ganz zu seiner ureigenen Sprache gefunden und sich in ihr am reinsten ausgedrückt hat. Solche Höhepunkte nicht nur seines Schaffens, sondern der musikalischen Romantik überhaupt sind die Balladen, die Fantasie, die Scherzi, Nocturnes, Impromptus und Préludes, alles wahrhafte Offenbarungen seines Genies.

Die Anregungen zu seinen Balladen haben ihm Bardengesänge seines Landsmanns Mickiewicz gegeben, wie er einst zu Schumann äußerte. Nutzlos und vergebens wäre es indes, nach diesen Unterlagen zu forschen, denn keinesfalls hat Chopin mit diesen Klavierdichtungen eine programmatische Darstellung gegeben noch geben wollen. Doch sind sie so gestaltet, daß den Poeten verschiedenster Sprachen und Länder leicht neue passende Verse in die Federn flössen, würde es gelten, dieser Musik die Sprache zu gesellen und Gestalten und Begebnisse heraufzubeschwören. Und nicht nur den Dichtern allein, nein, der Phantasie jedes einzelnen Hörers dieser *Vier Balladen* Chopins ist weitester Spielraum für intuitive Vorstellungen gegeben! Woher dies kommt? Von seiner hohen Kunst des Erzählens in Tönen, nur in Tönen und ohne Worte!

Wie Legenden und Märchen sind diese Werke, die unmittelbar aus schöpferischem Einfall, maßvoll und schlicht, konzentriert und doch auch wieder beschaulich-liebevoll, ohne besonderen Aufwand und doch so gesättigt an Schönheit und Poesie, frei dahererzählt werden. So fesselnd, daß man beim Spielen und Lauschen seine eigene geheime Welt aufsteigen fühlt! Und mag man nun die Balladen als absolute, ganz allein aus sich selbst lebende Musik nehmen und genießen oder sie phantasievoll mit Erdachtem und Erlebtem füllen: immer wird der Eindruck tief und stark und nachhaltig sein.

Die Beschränkung in den Mitteln ist bei allen Balladen zu beobachten. Es sind eigentlich jeweils nur zwei Gedanken (etwa entsprechend dem Haupt- und Seitenthema eines Sonatensatzes), die mannigfaltig verarbeitet werden, und zwar so, daß der Eindruck einer freien, phantasievollen Improvisation* entsteht, die sich aber doch als ein wohlabgewogenes und gerundetes Ganzes darstellt.

Bei der ersten *Ballade in g-moll op. 23* ist Aufbau und Entwicklung besonders schön. Wie da ein Gedanke aus

* Sogar in der Handschrift Chopins (die wir aus dem Original der g-moll-Ballade kennen) findet die Ansicht von der sofortigen Niederschrift der Eingebungen solcher Art und des inneren Erlebnisses während des Schöpfungsaktes eine Stütze. Gemütsbewegungen und Stimmungen, wie sie sich in der Musik ausdrücken, finden sich in dem Notenschriftbild so sinnfällig widergespiegelt, daß man versucht ist, zu glauben, der Tondichter habe den Stoff während des Schreibens empfangen, durchlebt und geformt. George Sands Schilderung von der Arbeitsweise Chopins kann – wie sich aus dieser Beobachtung ergibt – kaum prinzipielle Geltung beanspruchen. Hand in Hand mit der Labilität der Handschrift geht übrigens eine Undeutlichkeit, die sich mancherorts bis zur Unleserlichkeit steigert. (Im Gegensatz zu Beethovens Notenschrift, die sich trotz aller Flüchtigkeit bei näherem Hinsehen doch als klar und eindeutig erweist.) Aus der Unklarheit von Chopins Manuskripten resultieren die vielen, stellenweise sehr voneinander abweichenden verschiedenartigen Versionen in den einzelnen Ausgaben seiner Werke.

34
Moderato
p dolce

dem andern hervorquillt, ist einzigartig und auch bei Chopin selbst in dieser Vollendung nur ganz selten erreicht. Nach einer kurzen, rezitativ-pathetischen Einleitung beginnt die Schilderung im Legendenton. Nun wird die stete Rückkehr zum Grundgedanken und das Aufwerfen immer neuer Fragen, denen nachgegangen wird, besonders eindrücklich. So, als ob der Komponist sagen wolle: «Laßt uns einmal sehen, was aus dieser Idee alles werden kann!» (Notenbeispiel 34, Seite 429)

Nun, er läßt eine einfache Klage daraus werden, die sich zu schmerzvoller Leidenschaftlichkeit steigert. Wie ein fernes, trautes Licht leuchtet dann das zweite Thema auf. Zunächst erscheint es ganz verträumt, dann aber lang und breit ausgesponnen, um später energiegeladen in äußerster Bestimmtheit wiederzukehren. Verzweifelt und resigniert schließt das Werk mit einem ungebärdigen Presto.

Von ganz anderer Art ist die *Deuxième Ballade* in *F-dur op. 38*, die teilweise in Valdemosa entstanden und vier Jahre nach der ersten im Druck erschienen ist. Diesmal hat man es nicht mit einer Erzählung in folgerichtiger Entwicklung zu tun, sondern mit einer packenden Darstellung des Aufeinanderprallens und Kräftemessens zweier ungleicher Größen. Die still wirksamen seelischen Nährquellen des Herzens und Gemütes werden angegriffen von wild sich gebärdender, unbeugsamer Macht und Stärke. Es ist nicht abwegig, in dieser Ballade eine Versinnbildlichung des Schicksals Polens zu erblicken, wie es der um sein geliebtes Vaterland leidende Chopin empfand und auslegte. Die Musik versetzt zunächst in freundlich-sonnige, friedliche Umgebung. Urplötzlich aber brechen entfesselte Elemente mit Wucht in die ruhvolle Beschaulichkeit ein und zerstören das glückhafte Idyll.

Schließlich beruhigt sich der Sturm, die Wellen der Erregung glätten sich. Doch nur scheinbar und auf der Oberfläche; darunter schwelt heimlich tiefe Unruhe und Besorgnis und lähmende Angst vor einer neuen Katastrophe. Abermals tritt eine solche mit verheerender Wirkung ein, und stürmisch drängend, mit letzter inbrünstig sehnsüchtiger Erinnerung an die vergangenen schönen Zeiten und das verlorene Glück endigt diese kontrastreiche, mit grellen Schlaglichtern operierende Komposition, «eine der wildesten und eigentümlichsten Chopins», wie sie Robert Schumann bezeichnete, dem sie gewidmet ist.

Formal gesehen, ähnelt die *Troisième Ballade in As-dur op. 47* der ersten, doch ist in ihr eine wesentlich andere Grundstimmung eingefangen. «Der feine, geistreiche Pole, der sich in den vornehmsten Kreisen der französischen Hauptstadt zu bewegen gewohnt ist, möchte in ihr vorzugsweise zu erkennen sein», schrieb Schumann, dessen Ruf als Musikkritiker damals nicht hinter dem des Komponisten zurückstand, über dieses Werk, und Louis Ehlert spürt in ihm einen typischen Wesenszug seines Schöpfers, nämlich «die Koketterie der Anmut, wenn man darunter das halb unbewußte Spielen mit jener Macht versteht, welche bezaubert und anfeuert, indem sie auf jedes Zugeständnis Zurückhaltung folgen läßt». Diese As-dur-Ballade ist unter den vieren die beliebteste und berühmteste. Ihr anmutiger Wohllaut, ihre duftige Poesie, spielerische Tändelei und verzückte Ungeduld, ganz besonders aber der liebeshymnische Ausklang

machen es begreiflich, daß sie zum Paradestück der ganzen klavierspielenden Welt geworden ist. Eines jener Werke, die mit ihrer Wiedergabe steigen und fallen und die, wie eben die As-dur-Ballade auch, bis zum Überdruß häufig und verkitscht gespielt werden. Ihr absoluter Wert steht indes fest; auch wohnt ihr ein bezaubernder Reiz inne, der sich insbesondere in dem Schillern feingestufter Gefühlsregungen dartut.

Die Krönung dieser Werkgruppe bildet nach unserem Ermessen die *Quatrième Ballade in f-moll op. 52.* Sie ist die tiefschürfendste, ernsteste und gewichtigste, zugleich aber auch kompositionstechnisch die interessanteste. Verläuft sie doch formal beinahe sonatenhaft, zugleich mit rondomäßigem Einschlag. Das wieder echt balladeske, wehmütige und ausdrucksvoll-sinnende Hauptthema

wird zweimal wundervoll variiert. Auch das anfänglich sehr schlichte, in sanft wiegendem Rhythmus verlaufende zweite Thema wird in bedeutender Weise abgewandelt. Mit ihren vielen virtuos-noblen Zwischenspielen, den nachdenklichen, einmal sogar kontrapunktischen Episoden, den seltsam abgebrochenen, dramatischen Akkorden vor dem letzten pathetischen Ausbruch und nicht zuletzt durch die Vielfalt der Begebnisse in ihr ist sie die farbigste und inhaltsreichste der Balladen und außerdem auch, vom pianistischen Standpunkt aus gesehen, die anregendste.

Von diesen Werken zur *Fantasie in f-moll op. 49* ist nur ein Schritt. Denn es handelt sich hier um nichts anderes als eine durch mehrere selbständige Teile erweiterte Ballade. Umgekehrt könnte man auch die Balladen als geballte Fantasien ansprechen. Die f-moll-Fantasie kann als das repräsentabelste Werk Chopins angesehen werden. Läßt man die Reihe der königlichen Schöpfungen auf diesem Gebiet im Geiste an sich vorüberziehen, so muß man der Chopinschen unter ihnen einen Ehrenplatz zuerteilen. Den urtümlichen Sinn der Fantasie als Musikgattung konnte eigentlich nur die Romantik restlos erfüllen, und so gesehen, lassen sich die dergestaltigen Tondichtungen von Schubert, Schumann und Chopin wohl als die drei phantasievollsten Klavierfantasien der Literatur bezeichnen. Die Fantasien J. S. Bachs beispielsweise sind von seinen Präludien und Toccaten schwer zu unterscheiden. Mit

Ausnahme der als selbständiges Werk geschaffenen c-moll-Klavierfantasie (die eine formvollendete zweiteilige, gesetzmäßige Komposition ist, nach dem Muster jener Tondichtungen, die ursprünglich die Bezeichnung «Sonate» führten) sind die Fantasien Bachs stets Spielstücke freierer Art, die meist vorbereitende Einleitungen zu seinen mehrstimmigen, streng polyphonen Werken sind. Doch ist es hochinteressant, daß sich in der Kühnheit des Inhalts dieser Introduktions-Fantasien des Altmeisters auch bereits ein romantischer Zug kundtut! Die erste Fantasie improvisierenden Charakters, welche von der Form losgelöst, oft mit bizarren Überraschungen aufwartet, stammt von Bachs Sohn Carl Philipp Emanuel. Mozart, dem Meister aller Musikgebiete, blieb es vorbehalten, die wirklich freie Fantasie zu erschaffen, die sich trotz aller romantischen Ungebundenheit nach den ewigen Regeln der höheren Ordnung abwickelt und in ihrer klassischen Symmetrie dem *absoluten* Wesen der Musik, dieser himmlischen Kunst, gehorcht. So seltsam es klingen mag: obwohl sich da ganz verschiedene Welten auftun, so lassen sich doch zwischen den Mozartschen und der Chopinschen Fantasie mehr Berührungspunkte finden als zwischen entsprechenden Werken Mozarts und Schuberts oder Mozarts und Schumanns, der anderen meisterlichen Vertreter der Klavierfantasie. Schubert und Schumann haben unter diesem Begriff ausgedehnte, mehrsätzige Werke geschrieben, jener sogar in sonatenhafter Gestaltung; eine Verbeugung vor der Klassik! Aber auch bei Schumann bleibt das innere Verbundensein mit den Formgesetzen trotz allen Loslösungsbestrebungen stark erkennbar (von Brahms, der ebenfalls bedeutende Klavierfantasien geschrieben hat, ganz zu schweigen!). Chopin, der weder Bindungen an die klassische Tradition besaß, noch sie beachtete, konnte in dieser Hinsicht naturgemäß viel selbständiger und radikaler verfahren. Mozart, der Klassiker, ist in seinen Klavierfantasien in bezug auf formale Eigenentwicklung tatsächlich romantischer als Schubert und Schumann, somit Chopin weit mehr angenähert als jenen. Wer vermag zu wissen, ob dem polnischen Meister da nicht vielleicht – bewußt oder unbewußt – Mozart gar als Vorbild gedient hat?

Chopins *f-moll-Fantasie* (die selbstredend nichts gemein hat mit der Grande Fantaisie über polnische Lieder, die mehr eine Paraphrase, eine Art Potpourri ist) beginnt mit einem Trauermarsch, schwer und schleppend:

Aus dieser Stimmung heraus entstanden, folgt dann ein leidenschaftliches, temperamentvolles Stück von reichster Erfindung und Mannigfaltigkeit der Gefühle, die in einem hymnischen Siegesmarsch gipfeln:

Ein langsamer Mittelteil von rührender Innigkeit, dessen Thema am Schluß bestimmt und mit Pathos wiederkehrt, läßt aufhorchen durch eine Episode subtilster Harmonik:

Für den Pianisten ist diese Fantasie – ganz abgesehen vom technischen Anreiz – ein wahres Labsal! Von hinreißendem Schwung und unerschöpflichem Erfindungsreichtum, rhapsodisch und doch wie aus einem Guß, bietet sie, die von keinerlei Kränklichkeit befallen, dem Interpreten alles, «was das Herz begehrt»!

Die *vier Scherzi*, die Chopin in der Zeit von 1835 bis 1843 herausgab, sind ungeachtet ihres romantisch-phantastischen Anstrichs der äußeren Form nach doch geschlossenere Werke als die vorbesprochenen. Soweit bei unserem Meister überhaupt davon die Rede sein kann, sind diese Stücke vom Klassizismus berührt. Formal sowohl als auch im Charakter läßt sich nämlich eine Annäherung an die Scherzi Beethovens feststellen. Allerdings entsprechen auch diese im Wesen nicht der Vorstellung, die man sich dem Wortsinn nach von einem Scherzo macht. Von leichtbeschwingter, frohgelaunter oder lustiger Art, wie sie diese Bezeichnung erwarten läßt, ist selten etwas zu verspüren, und es ist eher ein *bitterer* Humor, der den Untergrund der meisten Scherzi des großen Klassikers bildet. Er hat in seinen Sinfonien, an Stelle des bis zu Haydn und Mozart üblichen Menuetts, das Scherzo als schnellen, rhythmisch prickelnden Satz von ernstem Inhalt eingeführt. Seither hat das Scherzo (das in der Liedlyrik des sechzehnten und der Instrumentalmusik des frühen siebzehnten Jahrhunderts erstmals auftauchte) seinen meist zwischen dem langsamen und dem Schlußsatz gelegenen Platz in den Kompositionsgattungen, die Sonatenform tragen. Ebensowenig wie die Beethovenschen haben die Chopinschen Scherzi etwas mit sprudelnder Heiterkeit oder tollem Ausgelassensein zu tun. Sie sind mit Energie und Leidenschaft erfüllt, geistvoll und seelisch tief gefurcht. Den fröhlichen und auch übermütigen Chopin findet man nur in seinen Walzern und Ecossaisen, und überhaupt sucht man vergebens in seiner Musik nach dem «unter Tränen lächelnden» Humor, dem gemütvollen und wohltuenden, wie ihn Haydn, Mozart, Schubert und Brahms besaßen. Für die Art, wie Chopin das Scherzo auffaßte und als selbständiges Klavierstück gestaltete, findet sich weder ein vorgängiges noch zeitgenössisches Beispiel, noch eine Fortführung durch spätere Tonsetzer. Das Chopinsche Scherzo stellt sich somit als ein einmaliger, feststehender Begriff dar*. Stellt man nun die vier wiederum durch quellende Fülle der Einfälle gekennzeichneten Scherzi einander gegenüber, so verdient eigentlich nur das letzte, das *Scherzo in E-dur op. 54* aus dem Jahre 1843, diese

* Einzig Brahms hat ein im Wesen ähnliches Scherzo (op. 4) geschaffen, welches vermutlich bewußt das b-moll-Scherzo Chopins zum Vorbild hat.

Benennung. Von ihm hätte Schumann, wenn er es kennengelernt, wohl nicht gesagt, wie von den andern, daß man sich fragen müsse, wie sich der Ernst kleiden solle, wenn schon der Scherz «in dunklen Schleiern» gehe. Es trägt lichtere Farben als seine Schwestern, Leichtigkeit ist ihm zu eigen und stellenweise auch eine sehr neckische Pikanterie:

41

Die drei anderen hingegen sind durchaus gewichtige, fast aufwühlend-dämonische Stücke, die alle mehr oder weniger Abweisendes, Unmutig-Grollendes an sich haben. Kampfesstimmung, Auflehnung, trotziger Zorn und verzweifelter Schmerz lodert in dem ersten, 1835 gedruckten *Scherzo in h-moll op. 20.*

42

Das berühmte *Scherzo in b-moll op. 31*

ist ein Spiegel seelischer Erlebnisse verschiedenster Art. Wildes, ungezügeltes Temperament und glutvolle Leidenschaft durchbeben dieses Werk, dazwischen Episoden, lockend und ergötzend wie ein liebliches, taufrisches Wiesenstück inmitten einer von Urmächten geformten, steil aufsteigenden, felsigen Bergwelt. «Nicht uneben einem Lord-Byronschen Gedicht zu vergleichen, so zart, so keck, so liebe wie verachtungsvoll», schreibt Schumann von ihm.

Entfesselte Elementargeister scheinen in dem dramatischsten, in Majorka komponierten *Troisième Scherzo in cis-moll op. 39* ihr wunderliches Wesen zu treiben. Dennoch trägt es keine krankhaften Züge, eher bekundet es eine den Stürmen standhaltende Kraft (Notenbeispiel 44, Seite 440).

Die Mittelteile aller vier Scherzi kontrastieren ungemein zu dem übrigen Inhalt, ohne jedoch den inneren Zusam-

menhang je aufzugeben: Idyllischer Frieden im Wechsel mit sehnsüchtigem Schwelgen in Liebe und Zärtlichkeit kommt im ersten (zu dem Chopin ein polnisches Weihnachtslied als Einleitung benützte) zum Ausdruck; Bukolisch-Lyrisches im Alternativ mit Anklagen gegen das Schicksal im zweiten, Feierliches, Zuversichtlich-Gläubiges in Form eines Chorals im dritten und schließlich Barcarolengleiches, Wiegendes im letzten Scherzo. Während sich in dem b-moll-Stück und jenem in E-dur die Einfälle förmlich überstürzen und die Fantasie des Romantikers üppig blüht, tragen die beiden anderen gedrungenere Gestalt und sind noch mehr dem Klassischen zugeneigt*.

Wie wir schon gesehen haben, hat Chopin seine Mazurkas meist zu vieren in einer Opuszahl vereinigt. Merk-

* Allzuviele, völlig gleichlautende Wiederholungen, wie sie dem reiferen Chopin sonst nicht unterliefen, empfindet man in dieser Werkgruppe der Scherzi mitunter als Längen. Sie erweisen sich jedoch bei näherer Betrachtung als unwesentlich, da sie nur die rein äußere Formstruktur angehen, die ohne Schaden durch Zusammenziehung verdichtet werden könnte.

würdigerweise, aber vielleicht auch nur rein zufällig, hat der Meister zu wiederholten Malen von gleichgearteten Tondichtungen nicht mehr und nicht weniger als just vier geschaffen.

Nach den jeweils vier Sonaten, Einzel-Rondos, Balladen und Scherzi sei nun ein Blick auf die vier Impromptus geworfen, schöne Improvisationen romantischer Art. Den Schubertschen Impromptus (übrigens auch zweimal vier!) hinsichtlich des formal-architektonischen und erhöht-pianistischen Impulses der Gestaltung nicht unähnlich, sind die in Fis-dur und Ges-dur stehenden Chopinschen gleichnamigen Stücke als tiefer schürfende und gehaltreichere Werke, die anderen beiden in As-dur und cis-moll jedoch als nobelste Salonmusik zu erachten.

Das romantischste ist das 1840 herausgekommene *Deuzième Impromptu in Fis-dur op. 36*, das die Nacherzählung eines phantastischen Traumes sein könnte. In Nocturne-Stimmung getaucht, beginnt es weich und träumerisch mit einfacher Melodie:

45

Ein weltabgewandter, entrückender Refrain:

schmiegt sich an, um dann in überraschendem Trugschluß abgelöst zu werden von dem harten *Subito* einer straffen Marschweise:

die zunächst wie aus der Ferne, dann immer näher kommend, sich zu großer Bestimmtheit steigert. In frappierend fremder Tonart wird der Anfangsgedanke zurückgerufen und nunmehr mit bewegteren Begleitfiguren wieder aufgenommen, um in ein wundersam gewobenes Passagenspiel hinüberzugleiten.

Von herrlichem Fluß und voll blühenden melodischen Lebens ist das 1842 entstandene *Troisième Impromptu in Ges-dur op. 51*. Der ergreifend klagende Mittelteil dieses recht bedeutenden, unverdient selten gespielten Stückes wirkt wie eine wehmütige Cellokantilene. Die vielen schaukelnden Sextenbewegungen lassen es in die Nähe der Barcarole und des G-dur-Nocturne rücken.

Was musikalischen Gehalt anbelangt, so können die verbleibenden Impromptus, wie bereits angedeutet, einen Vergleich mit den eben genannten nicht aushalten. Das zuerst, und zwar 1834 komponierte, aber zurückgehaltene und von Fontana veröffentlichte *Fantaisie-Impromptu in cis-moll op. 66* erfreut sich zu Recht außerordentlicher Beliebtheit, wie sie auch das *Impromptu in As-dur op. 29* genießt, das ähnlich geartet ist. Beides schwungvolle Spielstücke, deren größte Schönheiten in den getragenen, fein empfundenen Mittelteilen liegen! Trotz dem in jedem der Impromptus mehr oder weniger ausgeprägten improvisatorischen Charakter ist bei allen die Klarheit der Form gleich gut gewahrt und erkennbar. Es ist das einfache dreiteilige Liedschema, dessen sich Chopin bediente (A+B+A).

Diese schöne, ausgeglichene und abgerundete Form gereicht auch der Mehrzahl der *Nocturnes* zur Zierde, die im Grunde ebenfalls Improvisationen sind, ähnlich den Impromptus; doch liegt ihr Hauptreiz nicht wie bei diesen im Virtuos-Spielerischen, sondern im Gesangvollen. Die Kantilene ist das Hauptmerkmal dieser Dichtungen in Tönen, deren Benennung schon darauf schließen läßt, daß Chopin zu ihnen durch die gleichbetitelten Stücke Fields angeregt wurde. Dieser irländische Klavierkomponist hat die Idee der Nocturnes (unter denen man ursprünglich nächtliche Blasmusikständchen, späterhin auch Serenaden für Streichinstrumente verstand) als erster auf das Klavier angewandt und zu lyrischen Träumereien umgewandelt. Den Grundton der Fieldschen Nocturnes, deren es zwanzig gibt, hat Chopin übernommen. Sonst aber sind seine Stücke dieser Art, gemessen an ihren Vorbildern, unendlich bereichert. Sind die Fieldschen ziemlich fade, sentimentale Mondscheinschwärmereien von gewisser Süßlichkeit, so die Chopinschen mehr phantastische Träumereien im Dämmerzustand, zwischen Wachen und Schlafen; oft aber auch sehr lebendige, zuweilen von Angstvorstellungen und Fieberwahn durchrüttelte Schilderungen seelischer Erlebnisse. Im allgemeinen jedoch bewegen sich diese Nachtstücke unseres Meisters in dichterischer Atmosphäre und sanft-milder Stimmung. Hier ward er wahrhaft zum Poeten der Melodie, zum Meister der Klavierkantilene. Im Bilden und Entwickeln weiträumiger, mit lebendigem Ausdruck erfüllter, klaviergerechter, also den Gesetzen des Klaviertons entsprechender, gleichsam aus dem Instrument herausgeborener Melodie ist Chopin unerreicht.

Von den 1833 als ersten der insgesamt einundzwanzig erschienenen, jedoch aus früheren Jahren stammenden *Trois Nocturnes op. 9* ist nur das letzte in *H-dur* seiner rhythmisch reizvollen Grazie und der Leidenschaftlichkeit des Mittelteils wegen von Bedeutung. Das zweite der Gruppe, *Nocturne in Es-dur op. 9, 2*, ist das berühmteste von allen überhaupt, eines jener Stücke, die in Mädchenpensionaten und Cafés – hier auf schmachtender Geige intoniert – heimisch sind und die man nur selten anders als in triefende Sentimentalität getränkt zu hören bekommt. Bei dieser Gelegenheit sei ein Wort zu den Übertragungen eingefügt: Wenn auch an diesem süßlichen Es-dur-Nocturne, dem wohl seichtesten Stücke aus der Feder Chopins, durch die Auswechslung des Klangmittels kaum noch viel verdorben werden kann, so gilt doch grundsätzlich für derartige Bearbeitungen, daß sie, vom künstlerischen Standpunkt aus gesehen, eine Geschmacklosigkeit darstellen. Es ist ein bedauerliches und verderbliches Unternehmen, diese so ganz aus dem Klavier erwachsene Musik auf andere Instrumente oder auch ins Vokale zu verpflanzen. Immer wird es eine Vergröberung des Feinen und Vornehmen, eine Versentimentalisierung und mitunter gar eine noch schlimmere Vergewaltigung bedeuten. Um die Verkitschung kommen solche Übertragungen Chopinscher Werke selten herum! Tremolando und Portamento passen in seine Klavierkantilene so wenig wie Sirup in edlen Wein. Auch die Orchesterfassungen aus alter und neuer Zeit sind verfehlt. Am ehesten noch lassen sich jene Verballhornungen (zu denen wir Bearbeitungen in der Art jener von Liszt, Godowsky und Reger nicht rechnen) ertragen, die sich im Gebiet der Jazzmusik abspielen. Wenn überhaupt eine Transkription so ausgesprochen klaviereigener Werke unternommen wird, dann dürften Saxophon und Schlagzeug dem Melodischen und Rhythmischen bei Chopin noch am ehesten Rechnung tragen. Jedenfalls ist eine Verjazzung einiger seiner Stücke weit weniger schmerzlich als eine solche anderer großer Tonsetzer.

Wenden wir uns dem verlassenen Thema wieder zu: Das erste der 1834 in Druck gegebenen, Ferdinand Hiller gewidmeten *Trois Nocturnes op. 15* ist das bestgeratene der Gruppe. Dieses *F-dur*-Stück wirkt wie eine nachdenkliche Erinnerung an genossene Seligkeiten (Notenbeispiel 48), unterbrochen durch Perioden schmerzvoller, leidenschaftlicher Erregung. Das *Fis-dur-Nocturne*, eines der beliebtesten Repertoirestücke der Pianisten, erreicht den musikalischen Wert des vorangehenden nicht, doch sei sein Mittelsatz, ein ergreifendes Klagelied wehmutsvoller Sehnsucht, hervorgehoben. Beachtung verdient bei dem dritten

Nocturne in g-moll der abschließende Teil, ein von vertrauensvoller Ruhe getragenes frommes Gebet.

Ziemlich ungleich sind die beiden *Nocturnes op. 27*. Gehört das erste in *cis-moll*,

das in melancholisch-philosophische Betrachtungen schrekkensvolle Verzweiflung mischt, zu den besten Offenbarungen, so ist das zweite in *Des-dur* zwar reizvoll in Klang und Stimmung, doch in der Erfindung nicht hervorragend.

Einfacher, friedlich-geruhsamer Natur sind die *Deux Nocturnes in H-dur und As-dur op. 32*. Beiden kommt keine besondere Bedeutung zu, doch erheischt der originelle Ausgang des ersten Erwähnung. Die Legende, die sich darum rankt – Chopin sei plötzlich aufgeschreckt worden durch das Pochen des Todes an die Türe seiner Klause in Valdemosa –, hat ihren Grund in den dumpfen Schlägen und anschließenden Angstrufen:

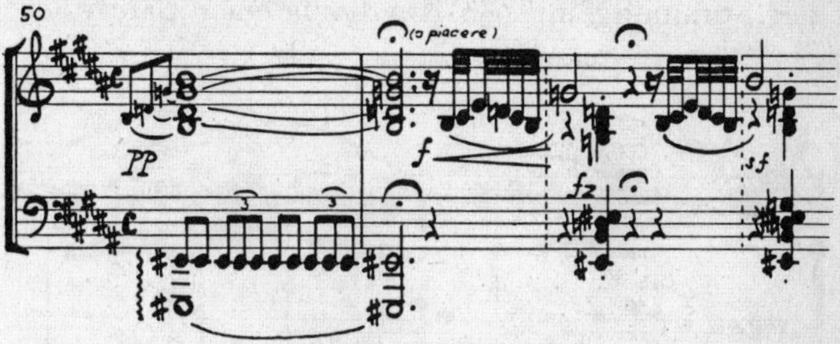

Der Eindruck des Insichzusammenfallens, des wie in einer Ohnmacht Versinkens und Erlöschens der Lebenskraft, der mit den letzten, rezitativischen Takten hervorgerufen wird, stützt sehr eindrücklich die Deutung, die man dieser Musik gegeben hat.

Sehr schön gelungen sind die – wie sich aus einem Brief Chopins ergibt – gewollt gegensätzlichen *Deux Nocturnes in g-moll und G-dur op. 37* aus dem Jahre 1840. Eine sehnsüchtig-sanfte Elegie mit himmlisch-tröstlichem Mittelteil das erste; ein pianistisch hochempfindliches Kabinettstück, in der Stimmung und im Rhythmus einer Barcarole geartet das zweite, wie folgt beginnende:

Den im Gotteshaus Trost suchenden Tondichter will die Überlieferung in dem ersten der *Deux Nocturnes in c-moll und fis-moll op. 48* dargestellt sehen. Dieses *c-moll*-Stück, großartig und tiefempfunden, ist von packender Ausdrucksgewalt. Die Wiederkehr des fast trauermarschmäßig anmutenden Hauptteiles nach den feierlich-mystischen Akkorden und ängstlichen Oktavengängen geschieht im *Doppio Movimento*; diese Verwandlung der anfänglich gleichsam starren Begleitung in aufgeregte Triolenfiguren, die den Eindruck einer trostlosen Verzweiflung erweckt, ist ein ganz genialer Wurf:

George Sand: Kopfbild im Oval (Foto).

Neben dem bereits besprochenen cis-moll-Nocturne op. 27, 1 ist dieses c-moll-Nocturne op. 48, 1 das beste und zugleich romantischste der gesamten Werkreihe. Auch das andere, in *fis-moll* stehende aus *op. 48* ist, wenn auch an Größe das Schwesterstück nicht erreichend, so doch recht bedeutend in seiner vorwurfsvoll-anklagenden, balladesken Stimmung und dem besänftigenden, rezitativisch zu spielenden Mittelsatz.

Nicht ohne Schönheit in Einzelperioden, im ganzen jedoch etwas blaß und schwach, ist das *Nocturnes*-Paar in *f-moll und Es-dur op. 55*, das Chopin 1844 seiner Schülerin Jane Stirling gewidmet hat. Das bekanntere, erste Stück in *f-moll* trägt vornehmlich polnische Züge, das zweite, eines Mittelteils entbehrende *Nocturne in Es-dur* zeigt aristokratische Noblesse.

Von den letzten zwei, durch Chopin selbst noch veröffentlichten *Nocturnes in H-dur und E-dur op. 62* fesselt das erstere hauptsächlich durch die Reprise, in welcher die Melodie in einen Kettentriller aufgelöst ist:

Seltsam, daß ein solch raffinierter pianistischer Effekt, wie ihn die vollendete Ausführung einer Trillerkette tonlich darstellen kann, von Chopin sonst nirgends angewandt wird. Das zweite Stück von op. 62 in E-dur dürfte von allen Dur-Nocturnes das schönste sein. Als lichtere, weißgekleidete Schwester ist dieses von feinster und edelster

Empfindung erfüllte Werk den beiden hervorragendsten dunkeln in cis-moll und c-moll (op. 27, 1 und op. 48, 1) an die Seite zu stellen.

Das 1827 komponierte, nachgelassene *Nocturne in e-moll op. 72, 1* ist, wie das aus dem gleichen Jahr stammende, erst 1938 gedruckte in *c-moll* ohne besondere hervorstechende Merkmale.

1875 wurde ein weiteres posthumes *Nocturne in cis-moll* durch einen Londoner Verlag veröffentlicht, das nach dem Vorwort aus dem Jahre 1830 stammt, von Chopin aus Paris an seine Schwester nach Warschau geschickt und schließlich bei einem als Sammler bekannten polnischen Edelmann aufgefunden wurde. Zwei Lieblingsmelodien Louise Jedrzejewicz', nämlich ein Zitat aus dem f-moll-Klavierkonzert und ein Motiv aus dem Lied *Mädchens Wunsch* sind darin enthalten; doch ist das Stück lediglich als Gelegenheitsarbeit ohne Bedeutung zu betrachten.

Die Chopinschen Nocturnes lassen sich gut mit Mendelssohns *Liedern ohne Worte* vergleichen. Handelt es sich doch hier wie dort um eine neuartige, ganz besondere und in dieser Form und diesem Umfang seither nicht wiederholte Pflege des Liedmäßigen im Klavieristischen. Interessant, wie verschieden die beiden die Idee auffassen und den Stoff behandeln! Trotz dem ausgesprochen klaviertonalen Empfinden kommt der viel primitivere Mendelssohn vom Gesangs-, ja, im Grunde sogar vom Volksliedartigen her, während der weit subtilere und beweglichere Chopin bei seiner Gestaltung der Nocturnes wirklich nur das Klavier im Ohr gehabt haben muß.

Bevor wir uns dem nach unserer Ansicht bedeutendsten Werk Chopins zuwenden, sei der Vollständigkeit halber noch eines nachgelassenen, ziemlich unwesentlichen *Prélude in As-dur* aus dem Jahre 1834 Erwähnung getan.

Wichtiger ist der Hinweis auf das 1840 komponierte *Prélude in cis-moll op. 45*, ein wertvolles Stück, das jenen in der Sammlung op. 28 vereinigten an Gehalt und Empfindung keineswegs nachsteht und als das einzige gelten kann, das im Wesen und satztechnisch an Brahms anklingt.

«Chopin ist und bleibt der kühnste und stolzeste Dichtergeist der Zeit», schrieb Schumann einst im Hinblick auf die 1839 in französisch-englischer sowie deutscher Ausgabe erschienenen (in jener Camille Pleyel, in dieser J.C. Keßler gewidmeten) *Vingt-quatre Préludes op. 28.* Mit Bedacht haben wir diese Sammlung an den Schluß unserer Betrachtungen gestellt. Sehen wir in ihr doch die Krönung von Chopins Schaffen und jenes Werk, das ihn den Allergrößten der Musik anreiht und das dazu ausersehen sein dürfte, die Zeiten zu überdauern. In diesen Präludien zeigt sich Chopin vollendet, hat er sein Wesentlichstes, sein Bestes und Letztes in seiner ganzen Tiefe, seiner ganzen reichen Mannigfaltigkeit und Vielgestaltigkeit offenbart. Da gibt es Stücke von süßer Wehmut und quälendem Schmerz, von jubelnder Freude und unsagbarer Trauer, von kindlicher Schlichtheit und grüblerischem Pathos, von spielerischer Leichtigkeit und dramatischer Wucht, von glühendem Feuer und eiserner Starre, von geballter Kraft und weich verströmender Empfindung. Aber auch äußerlich besehen sind diese Stücke erstaunlich vielseitig: Miniaturen von nur sechzehn Takten wechseln ab mit ausgedehnten Dichtungen, solche von klassischer, kristallklarer Formvollendung mit rhapsodischen Deklamationen. Der Meister führt im Quintenzirkel durch sämtliche Tonarten. Es liegt nahe, seinen Zyklus Bachs *Wohltemperiertem Klavier* gegenüberzustellen, einem Werk, das ja ebenfalls sämtliche Dur- und Molltonarten, jedoch in der Folge chromatischer Halbtonfortschreitung erfaßt. Auch die Bezeichnung Präludien entspricht den Einleitungen zu den Fugen Bachs. Außer diesen Übereinstimmungen äußerlicher Art haben jedoch beide Schöpfungen nichts gemeinsam als ihre einsame Größe. Die eine ist – neben der *Kunst der Fuge* desselben Meisters – das Standardwerk objektiver polyphoner Kunst, die andere: die Quintessenz romantischen Seelenbekenntnisses in pianistischer Vollendung. Als einziges dem Chopinschen in gewisser Beziehung ähnelndes und in seiner Weise auch vollkommenes Werk kann Schumanns *Kreisleriana* genannt werden, die zwar formal und in der Gestaltung anderen Wesens ist, jedoch wie jene eine fast krankhafte Überspannung, eine Anomalie schizoider Art durchschimmern läßt, allerdings in einem stärkeren, zuweilen bis an die Grenze des Irre-Seins gehenden Maße.

Der Umstand der Berücksichtigung sämtlicher Tonarten in den Chopinschen vierundzwanzig Préludes wirft die Frage auf, ob und inwieweit die *Charakteristik der Tonarten* eine Rolle spielt. Es übersteigt den Rahmen unserer Aufgabe, hier eingehende Untersuchungen darüber anzustellen. Wir wollen auch nicht entscheiden, ob den einzelnen Tonarten *wirklich* eine urtümliche, eigene, stimmungsmäßige Bedeutung zukommt oder ob solche tonartlichen Wesenszüge nur auf einer durch Überlieferung entstandenen Suggestion beruhen. Soviel aber ist sicher, daß Chopin wenigstens über einzelne Tonarten ganz bestimmte Vorstellungen besaß, und zwar solche, die im allgemeinen mit jener anderer Tonsetzer übereinstimmen.

Schon das erste der Präludien in *C-dur* zeugt dafür. Dieses Anfangsstück, übrigens das einzige, das die Bezeichnung Prélude mit vollem Recht führt, da es ein echtes Vorspiel zum Gesamtwerk ist, hat etwas Feierlich-Lapidares, sozusagen Neutrales. Es ist (gleich der die Sammlung op. 10 einleitenden C-dur-Etüde) das typische Eröffnungsstück, eine Art Ouvertüre. Demnach hat also auch für Chopin die Tonart C-dur den festlichen, eröffnenden Charakter, wie man ihn in unzähligen Werken von Bach, Mozart, Beethoven, Schubert, Brahms, Wagner und anderen antrifft. Auch aus den weiteren Préludes ist die jeweilige Grundstimmung und der Charakter herauszuhören, und zwar durch die tonartliche Basis. So ist es ein interessantes Unternehmen, diesen Tonarten-Charakteristiken, wie sie sich für Chopin, bewußt oder nicht, darstellen, in anderen seiner Werke nachzuspüren, indem man sich die Mühe nimmt, den Eindruck, den die einzelnen Tonarten erwekken, miteinander zu vergleichen. Diesem Anfangspräludium, im übrigen ein hinsichtlich der Harmonik sehr eindringliches Stück in wunderschönem Rundbogen, folgt ein solches, das fesselnderweise erst am Schluß als in *a-moll* stehend erkennbar wird. Monoton und langsam schleppt es sich dahin, vergleichbar einem schlammigen Gewässer, das träge vorüberzieht. Eine unsägliche Melancholie liegt darin eingefangen. Wie verlassen, hoffnungslos und lebensüberdrüssig muß sich Chopin gefühlt haben, als er dieses Stück an einem Septembertag 1831 unter dem Eindruck des Falls von Warschau in Stuttgart schrieb!

Sanft und lieblich, deutliches Kennzeichen für *G-dur* bei unserem Meister, fließt das dritte Präludium dahin mit der wiegenden Begleitung:

Ein wunderbarer Gegensatz: Nach dem bleiern sich wälzenden, trüben Sumpf nun ein silberklarer, munterer

Quell! Das vierte der Préludes, in *e-moll*, das durch den obstinaten Melodieverlauf etwas Eintöniges hat, ist von einem unerhörten Reichtum an chromatischen Modulationen, so fein und typisch, wie sie nur ein Chopin besaß. Eine zu Herzen dringende, schwermütige Klage, die dann in trostlose Resignation versinkt, ähnlich der im nachgelassenen e-moll-Nocturne zum Ausdruck kommenden. Erneut ein großer Kontrast: Frisch und frohgelaunt, in sprudelnder Geschwätzigkeit gibt sich das fünfte *Prélude in D-dur*. Zündender Esprit und reichstes Farbenspiel der Harmonik machen den besonderen Wert dieser Tonskizze aus.

Gleich Tränen, die dem Gefühl grenzenloser Vereinsamung entsteigen, tropft es in dem *h-moll-Prélude*,

dessen Entstehungsgeschichte jener des fünfzehnten in Des-dur verwandt ist. Das h-moll-Präludium erlebte seine Geburt, während George Sand mit ihren Kindern auf einem abendlichen Gang durch die Klosterruinen von Valdemosa begriffen war. Bei ihrer späten Heimkehr fand sie Chopin wie entrückt «an seinem Klavier sitzend, bleich, mit starren Augen und gesträubtem Haar», und es bedurfte einiger Zeit, bis er sie überhaupt erkannte und ihr dieses Stück vorspielte, das «die Seele in tiefste Niedergeschlagenheit stürzt». Mitunter wird diesem Tongedicht der Name *Regentropfen-Prélude* zugelegt, und zwar – sachlich genommen – berechtigterweise, da es fallende Tropfen viel anschaulicher in Töne umsetzt und auch eine melancholische Regenstimmung (ähnlich der des *Regenlieds* von Brahms) überzeugender wiedergibt als das so lieblich anhebende Des-dur-Prélude, dem nach George Sands Schilderung diese Bezeichnung gebührt. Das h-moll-Präludium ist von klassischer Zurückhaltung und bewunderungswürdig wegen der Einfachheit der Mittel, mit denen eine einzigartige, unbeschreibliche Stimmung hervorgezaubert ist.

Als ob er in der Erinnerung an seine Heimat Trost suchen wolle, fügte Chopin diesem ergreifenden Stück eine ganz kurze und schlichte, wehmütige Mazurka in *A-dur* an. Auf dieses sinnige folgt nun wieder ein von höchster Leidenschaft und drangvoller Unruhe erregtes *Prélude in fis-moll*, das zu den genialsten Eingebungen des Meisters gehört:

Ein Wunderwerk von stärkstem Ausdruck im Melodischen und großer Eindringlichkeit in der feinen, zukunftweisenden Harmonik!

Edles, religiös-feierliches Wesen beseelt das neunte *Prélude in E-dur*. Dieses, wie auch die beiden nächstfolgenden Stücke – das zehnte in *cis-moll*, das eine spritzige Mazurka darstellt, und das beschwingte, selig-wiegende elfte in *H-dur* – sind ebenso klar gezeichnet als kurz. Geistvolle Skizzen, mit wenigen Federstrichen hingeworfen!

Ein hochzuwertendes setzt die Reihe fort: das *Prélude in gis-moll*, ein aufgeregtes, unablässiges, zorniges Gestampfe und Gepolter von großer Dramatik. Ein Stück, das glauben läßt, daß Chopin während seines Wiener Aufenthalts das Schaffen des zwei Jahre zuvor verstorbenen Schubert bereits zu einem Begriff geworden war. Denn nicht nur Rhythmus und Artikulation, sondern auch Charakter und sogar Tonart stimmen mit einem der Tänze Schuberts überein.

58 a

58 b (Schubert)

Nach diesem aufwühlenden nun das zarte *Fis-dur-Prélude*, ein innig verträumter Gesang, dessen Höhepunkt in dem sehnsuchtsvoll-schwelgerischen Mittelteil liegt:

59 più lento

und das vierzehnte, ein dämonisches Grollen, gespenstisch vorüberfegend im Oktaven-Unisono (ähnlich wie in dem letzten Satz der b-moll-Sonate) in *es-moll:*

Das bereits erwähnte, beliebteste der ganzen Sammlung, in *Des-dur*, als *Regentropfen-Prélude* bekannt, schließt sich an. Ihm liegt wahrscheinlich jenes von uns in den biographischen Teil aufgenommene Erlebnis eines fürchterlichen Unwetters zugrunde, das den Regen auf das Dach und an die Fenster des Klosters Valdemosa peitschte und dem allein zu Hause gebliebenen Tondichter die Sinne verwirrte, so daß er glaubte, ertrunken zu sein. (Es gibt eine Ausdeutung, die in dem h-moll-Prélude eine Skizze der Idee sehen will, die in dem Des-dur-Stück angeblich voll zum Ausdruck gelangte. Daher kommen wohl die Zweifel, welchem der beiden die Benennung *Regentropfen*-Prélude nun eigentlich zufalle.) Der Publikumsgeschmack hat hier einmal zu Recht entschieden, denn die Berühmtheit dieses lyrischsten und weichsten Werkes der Reihe ist wohlverdient. Das nahezu durchgehende, obstinat wiederholte *As* – unablässige, fatalistisch wirkende Repetitionen sind übrigens in vielen Préludes anzutreffen – gibt der Dichtung untergründig den Reiz der Stille und des Beruhigtseins. Zuerst klingt es (als Basis der Melodie) wie leise Glockentöne;

später im Mittelteil bildet das *As* (nunmehr enharmonisch verwechselt als gis) eine sogenannte liegende Stimme,

die drohend und beängstigend immer lauter wird und schließlich gewaltig anschwillt, um nur kurz, gerade auf dem Höhepunkt, den Grundton zu verlassen. Nach diesem mächtigen Aufschwung: ein Zusammensinken, ein Sichverlieren in eine tiefe Traurigkeit, die ein frommer Glaube veredelt:

Wir sind versucht, auch das nun folgende großartige, temperamentgeladene *b-moll-Prélude* ebenfalls in das Erlebnis von Valdemosa einzubeziehen. Geht es doch in diesem von loderndem Feuer durchglühten, in die Stimmung wilder Verzweiflung getauchten, dämonischen, toll dahinjagenden Perpetuum mobile stürmisch genug zu! (Während wir in dem vorangehenden Präludium die Ruhe vor dem Sturm zu erkennen glauben. Dies entspräche allerdings nicht ganz der Sandschen Darstellung, da nach dieser sich Chopin während des Unwetters durch Klavierspielen besänftigt und von seinen Angstzuständen befreit habe. Dann allerdings müßte das Des-dur-Präludium die Ruhe *nach* dem Sturm bekunden.)

Nach diesem erregenden Stück wirkt das herrliche siebzehnte in *As-dur* wie das Klang gewordene Glück. Ein wunderbarer Orgelpunkt auf der Tonika gießt in die wahrhaft trunkene Verzückung einen Tropfen Wehmut und beschwört damit eine Abschiedsstimmung herauf, die jener des Schlusses der *Promenade* aus Schumanns *Carnaval* merkwürdig gleicht. Die As-dur-Tonart ist wiederum eine von jenen, die bei Chopin in typischer Charakteristik erscheinen. Freudig-helle, hoffnungsfrohe, quirlend-lebendige Grundstimmung ist zumeist ihr Merkmal in seiner Musik. Daß er sie öfter als alle übrigen Tonarten anwandte, mag mit dem Umstand zusammenhängen, daß As-dur besonders klaviergerecht ist; doch bleibt es immerhin auffällig, daß die fröhlichsten seiner Werke ohne Ausnahme in As-dur stehen.

Gewaltig die Dramatik des furiosen Rezitativs des nächsten, achtzehnten *Prélude in f-moll*,

das eine wahre Tragödie aufrollt, die sich in einigen Takten und im Zeitraum einer knappen Minute abspielt. – Hoffnung und Trost strahlt das nachfolgende *Es-dur-Prélude* aus mit seiner schlichten, schönen Melodie und den weitgriffigen, klangberauschenden Akkorden. Ein Stück, das an Anmut, Glanz und Lebensfülle seinesgleichen sucht. In aphoristischer Kürze, schicksalhaft und unerbittlich zieht mit dem neunzehnten Prélude in *c-moll* ein Trauermarsch vorüber,

der von Polens Größe und Tragik kündet und mit einer Koda schließt, die wohl keiner vergißt, der sie einmal gehört:

(Die charakteristische Bedeutung dieser c-moll-Tonart für Chopin streiften wir bereits bei der Behandlung seiner Sonate op. 4.)

Ein Wunder der Melodie und des feinen, aparten Gewebes der Stimmführung ist das bezaubernde *B-dur-Pré-*

lude, das einundzwanzigste der Reihe. Frühlingshaft duftig, aber nicht ohne tragisch-sehnsüchtige Note.

Und nun noch die drei letzten der Préludes op. 28: die hochdramatische, im besten Sinne theatralische, fieberhafte Aufregung und Spannung des *g-moll*, dann das reizende Wasserspiel des opalisierend-glitzernden, schwebend-duftigen in *F-dur* und schließlich das die Sammlung beendende, ausgedehnte in *d-moll:*

67

Ein gewichtiges Stück von äußerster Energie und Kraft, erschütternd in den Ausbrüchen von Zorn und verzweifeltem Sichaufbäumen gegen das Ungemach! Fürwahr ein hinreißender Abschluß des bewunderungswürdigen Werkes!

Wenn wir nun am Ende unserer Betrachtung das Schaffen Chopins noch einmal gesamthaft zu überblicken versuchen, so kann es sich nicht darum handeln, ein endgültiges Urteil über die tondichterische Kunst dieses einzigartigen und im Typus fest umrissenen Musikers zu fällen.

Bei aller Anerkennung seiner hohen schöpferischen Bedeutung, die wir in der überragenden Bereicherung und in der bis in unsere Gegenwart fortwirkenden Befruchtung der Klavierliteratur sehen, können wir nicht ermessen, ob das unleugbar vorhandene Große in Chopins Musik kräftig und mächtig genug ist, um bis in fernste Zukunft lebendig zu bleiben.

Überschaut man die Spanne vom Erscheinen seiner Werke bis in unsere Zeit, so ist eine gesellschaftliche Umschichtung hinsichtlich der diese Musik bevorzugenden Kreise unverkennbar. Vornehmheit und ritterliche Haltung stellen ja heutzutage keinen absoluten Wert mehr dar und sind nicht gleichzusetzen mit dem Begriff Größe. Waren es zunächst die adeligen Schichten, die Chopins Musik bereitwilligst aufnahmen, so traten späterhin jene des gehobenen Bürgertums hinzu und zuletzt die breitesten überhaupt. Der Aristokrat Chopin wurde populär, und seine Musik ward beliebtes Allgemeingut. Aber steht hinter dieser auffälligen Ausdehnung des Geltungsbereiches auch die Wirkung in die Tiefe, die allein den Fortbestand über die Geschlechter verbürgt? Weht den Unzähligen, die Chopins Musik lieben, auch göttlicher Atem aus ihr? Vereinzelt nur leuchtet in seinem Schaffen auf, was uns den Blick in die unendlichen Weiten der Ewigkeit freimacht, selten nur Urgewaltiges, Naturgesetzliches, Offenbarungen des Göttlichen im Menschen. Läßt das immerdar und überall sich bekundende Wahre und Schöne der lauteren Kunst eines Bach, eines Haydn, Mozart oder Brahms fast in jedem Takt das Walten einer höheren Macht verspüren, so wird uns bei Chopin zuvörderst und mehr als bei anderen großen Meistern der Musik das Zweifelnde und Anfällige seiner Seele, das Unzulängliche und Zwiespältige bewußt.

Vielleicht ist es das in seinen Werken spürbare Dualistische an ihm, dieses Schwanken zwischen Willen und Ohnmacht, Entschlossenheit und Verzagtsein, das ihn uns menschlich nahebringt. Die restlose Entfaltung des Seelischen aber, die Gestaltung des Leidvollen, Sehnsüchtigen und Leidenschaftlichen in seiner Musik ist unwiderstehlich und gewinnt ihm fort und fort die Herzen.

Unvergänglich ist Chopins Ruhm als Sänger seiner Heimat, dem Musik die Sprache seines Lebens war.

LEBENSCHRONIK
WERKVERZEICHNISSE
NAMEN- UND SACHREGISTER

LEBENSCHRONIK

1810 22. Februar. Fryderyk Franciszek Chopin kommt in Zelazowa Wola (Polen), als zweites Kind des Hauslehrers Nikolaus Chopin und seiner Frau Justyna, geb. Krzyzanowska, zur Welt. Im folgenden Winter übersiedelt die Familie nach Warschau, wohin Vater Chopin als Professor der französischen Sprache berufen ward.

1816 Der kleine Fryderyk beschäftigt sich mit Vorliebe und Eifer am Klavier.

1817 Beginn des Klavierunterrichts bei Adalbert Zywny, der in dem Knaben die Liebe zu Johann Sebastian Bach erweckt und die Improvisationen seines des Schreibens noch unkundigen Schülers notiert. Gegen Jahresende zeugen zwei durchgearbeitete Polonaisen, deren eine gleich gedruckt wird, von der Frühreife des Siebenjährigen.

1818 Erstes Auftreten in der Öffentlichkeit: in einer Wohltätigkeitsveranstaltung spielt Fryderyk ein Klavierkonzert von Gyrowetz. Der große Erfolg führt zu Einladungen des Wunderkindes in die Salons des hohen Adels.

1819 «Chopinet» ist zum erkorenen Liebling der vornehmen Gesellschaft geworden. Sein Spiel, das sich zumeist auf eigene Fantasien, Tänze und Variationen sowie auf den Vortrag von Modestücken leichteren Genres beschränkt, erregt allenthalben Bewunderung. Überraschende pianistische Fortschritte.

1821 Der lebhafte Verkehr im elterlichen Hause und die Geselligkeiten in dem angeschlossenen Internat für die Söhne des Landadels bieten Fryderyk Gelegenheit, seine mimischen, zeichnerischen und musikalisch-illustrativen Talente zur Geltung zu bringen.

1822 Neben technischen Klavierübungen füllen vornehmlich Kompositionsstudien seine Freizeit aus. Die weitere musikalische Ausbildung wird Joseph Elsner übertragen, der sich als vorzüglicher Pädagoge erweist.

1823 Übertritt Fryderyks aus der Schule des Vaters in die vierte Klasse des Warschauer Lyzeums. Die Ferien verlebt er in der Regel auf Gütern befreundeter Familien, wo er viele polnische Volkslieder, -tänze und -gebräuche kennenlernt.

1825 Schwärmerische Freundschaften verbinden ihn mit Jan Matuszynski, Jan Bialoblocki und Titus Wojciechowski. Zweimaliges Auftreten in öffentlichen Konzerten. Drucklegung seines « Premier Rondeau » op. 1.

1826 Erkrankung Fryderyks an einer « katarrhalischen Affektion ». Im Frühling Kuraufenthalt in Bad Reinerz, zusammen mit seiner tuberkulösen jüngsten Schwester. Komposition der Variationen in F-dur und mehrerer tanzartiger Stücke.

1827 Zwei Todesfälle erschüttern den sensiblen Jüngling aufs tiefste: im Februar stirbt seine jüngste, poetisch hochbegabte Schwester an der « galoppierenden » Schwindsucht und wenige Monate später erliegt sein Freund Jan Bialoblocki einem schweren Leiden. Der junge Tonsetzer verfaßt sein erstes « Nocturne ». Als wichtigstes Werk dieses Zeitabschnitts können die « Variationen über ein Mozart-Thema » op. 2 gelten. Austritt aus dem Lyzeum nach bestandener Reifeprüfung.

1828 Rege kompositorische Tätigkeit: « Sonate » op. 4, « Grande Fantaisie » op. 13, « Krakowiak » für Klavier und Orchester op. 14 und einige Mazurkas halten der eigenen und der Elsnerschen Kritik stand. Im Herbst Reise nach Berlin in Gesellschaft des Zoologen Jarocki. Opern- und Konzertbesuche in der preußischen Hauptstadt vermitteln dem jungen Musiker nachhaltige Eindrücke.

1829 Im Frühling verliebt er sich in die angehende Sängerin Konstanze Gladkowska, doch verheimlicht er ihr selbst und allen anderen seine Empfindungen. Nur seiner Musik vertraut er sich an. Es ist die Zeit der Entstehung seines ersten (als zweites erschienenen) « Klavierkonzertes in f-moll » und tanzartiger Stücke. Mitte Juli reist er in Begleitung dreier Freunde nach Wien, wo er am 11. August ein Konzert gibt. Angesichts des großen Erfolgs schließt sich eine Woche später ein zweites an, das ihm als Pianisten wie Komponisten hohe Anerkennung einträgt. Rückkehr nach Warschau.

1830 17. März Uraufführung des f-moll-Klavierkonzerts in Warschau, eine Woche später Wiederholung. Die Presse rühmt die tonschöpferischen und pianistischen Qualitäten des Konzertgebers, beanstandet aber sein «zu leises Spiel», wie dies auch schon in Wien geschah. Der Plan einer zweiten Reise nach Wien, mit anschließendem längerem Aufenthalt in Italien zur Kräftigung seiner schwachen Gesundheit taucht auf. Emsige Arbeit an seinem zweiten «Klavierkonzert in e-moll». Die im Gefolge der französischen Julirevolution vielerorts herrschenden Unruhen verzögern seine Abreise. Am 11. Oktober verabschiedet er sich mit der Uraufführung seines neuen Konzerts und einigen Solovorträgen von dem Warschauer Publikum. Konstanze Gladkowska, der er seine Liebe (mit Unterstützung seines Freundes Titus Wojciechowski) endlich gestanden, wirkt mit. Am 1. November scheidet er von den Seinen und – für immer – von der Heimat. Unterwegs trifft er sich verabredungsgemäß mit Titus und die beiden setzen die Reise gemeinsam fort.

1831 Die bestürzende Nachricht von dem Ausbruch einer Revolution in Warschau treibt Titus nach kurzem Aufenthalt in Wien wieder nach Polen zurück. Chopin bleibt allein, von Heimweh und der Sorge um sein Vaterland und seine Familie in schmerzliche Bekümmernis versetzt. Auch gesundheitlich geht es ihm nicht gut. Jan Matuszynski, der Freund, dessen Dienste als Postillon d'amour er nur einige Male zu beanspruchen Gelegenheit hatte, berichtet ihm von der Verheiratung Konstanze Gladkowskas. Mehr aus Pflichtgefühl seinen Eltern gegenüber denn aus Freude, gibt Chopin im Juni ein Konzert unter Mitwirkung hervorragender Wiener Musiker. Bekanntschaft mit Hummel, Czerny, Hellmesberger, Abt Stadler, den Verlegern Haslinger, Diabelli u. a. Resultat seines kompositorischen Schaffens in dieser Zeit sind neben kleineren Stücken das erste «Scherzo» und die «Grande Polonaise brillante» op. 22. Am 20. Juli verläßt Chopin Wien, um über München, wo er ein Konzert gibt, und Stuttgart, wo ihn die Kunde vom Fall Warschaus erreicht und in tiefste Trauer stürzt, nach Paris zu reisen. Diese Stadt mit ihrem unerschöpflichen künstlerischen Leben und den interessanten Persönlichkeiten nimmt ihn so gefangen, daß er seine ursprüngliche Absicht, sich in England niederzulassen, aufgibt und Paris zum dauernden Domizil wählt.

1832 Rasch findet er Anschluß an die führenden Pariser Musikerkreise. Rossini, Cherubini, Berlioz zählen zu seinen Bekannten; mit Liszt, Hiller, Baillot und manch anderem Kollegen von Rang steht er in freundschaftlichem Verkehr. Vergebens versucht Kalkbrenner, den ihm technisch kaum nachstehenden, in der Poesie des Spiels jedoch unendlich überlegenen Chopin als Schüler zu gewinnen. Nach mühevollen Vorbereitungen kommt am 26. Februar Chopins erstes Pariser Konzert unter Mitwirkung bedeutender einheimischer Künstler zustande. Liszt und Mendelssohn befinden sich unter den begeisterten Zuhörern. Doch der Erlös deckt kaum die Unkosten. Chopins Mittel sind ziemlich aufgebraucht; die geringen Aussichten auf Besserung seiner finanziellen Lage lassen den Gedanken der Rückkehr nach Warschau oder der Auswanderung nach Amerika aufkommen. Da bringt eine Soiree bei Madame Rothschild, zu der Fürst Valentin Radziwill ihn kurzerhand mitgenommen, die entscheidende Wendung. Chopins Spiel bezaubert die Anwesenden und man bestürmt ihn um Unterricht. Mit der nun einsetzenden, einträglichen Lehrtätigkeit ist sein Verbleiben in Paris gesichert.

1833 Chopin, in seinem Aussehen und Gehaben von vornehmster Art, edel in Haltung und Gesinnung, ist eine hochgeschätzte Erscheinung in den ersten Pariser Gesellschaftskreisen, zu denen auch fürstliche und gräfliche polnische Emigranten zählen. Allmählich werden seine national, also polnisch betonten Werke auch im übrigen Ausland bekannt. Eine große Anzahl wird verlegt, und zwar gleichzeitig bei Schlesinger in Paris und – dank der Empfehlung Robert Schumanns, der den ihm unbekannten Chopin bereits 1832 als verheißungsvollen Genius gepriesen – in deutscher Ausgabe bei Probst & Kistner in Leipzig. Die wichtigsten der Neuerscheinungen sind die zwölf Etüden (op. 10) und das e-moll-Klavierkonzert (op. 11).

1834 Polonaisen, Mazurkas, Nocturnes und kleinere Stücke entstehen in schneller Folge und werden unter äußerst günstigen Bedingungen verlegt. Die deutschen Ausgaben erscheinen nunmehr bei Breitkopf & Härtel, Leipzig. Mit verschwindenden Ausnahmen werden die Kompositionen Chopins günstig beurteilt. Am 5. Mai erspielt die fünfzehnjährige Clara Wieck (nachmalige Gattin Robert Schumanns und berühmte Pianistin) dem Chopinschen e-moll-Klavierkonzert im Leipziger Gewandhaus einen starken Erfolg. Die unvergleichliche pianistische Kunst des jugendlichen polnischen Meisters kann sich nur im intimen Raum voll auswirken, da er vor dem großen Publikum unter unüberwindlichen Hemmungen leidet und es ihm an Kraft gebricht, hinsichtlich des Tonvolumens einem geräumigen Saal zu genügen. Im Mai reist er mit Ferdinand Hiller zum Niederrheinischen Musikfest nach Aachen, wo sie mit Mendelssohn zusammentreffen, der sie nach Düsseldorf einlädt.

1835 Die Enttäuschung über die durch seine allzu zarte Interpretation mitverursachte kühle Aufnahme seines e-moll-Klavierkonzerts gibt Chopin den Anstoß zum endgültigen Verzicht auf das Konzertieren in breiter Öffentlichkeit. Er lebt jetzt in Wohngemeinschaft mit seinem Freund Jan Matuszynski, der als Professor an die Ecole de Médecine nach Paris berufen ward. Im August freudiges Wiedersehen mit den Eltern in Karlsbad. Ein Besuch bei der vorübergehend in Dresden weilenden gräflichen Familie Wodzinski läßt in Chopin die Liebe zu der schönen Maria Wodzinska, einer einstigen Jugendgespielin, aufkeimen; doch schlägt sich dies vorerst nur in seiner Musik nieder. Auf der Rückreise kurze Einkehr in Leipzig bei Schumann und in Heidelberg bei den Eltern seines Schülers Gutmann.

1836 Im Sommer bei angegriffener Gesundheit Aufenthalt in Marienbad, gemeinsam mit Gräfin Wodzinska und ihrer Tochter Maria. Am Abend vor der Heimreise kommt es zur Verlobung, die jedoch auf Wunsch der Gräfin einstweilen sogar vor ihrem Mann geheimgehalten werden soll. Sie macht Chopin zur Pflicht, auf sein Befinden achtzuhaben und den gesellschaftlichen Verkehr weitgehend einzuschränken. Auf der Rückreise abermals Besuch bei Schumann. Das Fernbleiben Chopins aus den Pariser Salons ist nicht von langer Dauer, da die Briefe seiner heimlichen Verlobten in ihrer sachlichen Kühle das Gefühl der Einsamkeit nicht zu mildern vermögen. Anfang Dezember erste Begegnung mit der Schriftstellerin George Sand bei Liszt, am 13. Dezember eine zweite in seinem eigenen Hause anläßlich einer Soiree. Sein f-moll-Konzert, das Andante spianato (op. 22), die Ballade in g-moll sowie die Polonaisen in cis-moll und es-moll erscheinen im Druck.

1837 Die Korrespondenz verschiebt sich mehr und mehr auf die Mutter Wodzinska, die offenbar unter dem Eindruck der ablehnenden Haltung ihres Mannes gegenüber einer Verbindung Marias mit dem kränklichen und besitzlosen Musiker auf ein Einschlafenlassen der Beziehungen hinzielt. Im Sommer muß der trotz aller Einsicht immer noch hoffende Chopin auch seine zweite Liebe begraben und seine Verlobung als gelöst betrachten. Die engsten Freunde sehen in diesem traurigen Erlebnis den Ausgangspunkt des rapiden Ansteigens seiner Anfälligkeit und der Mehrung seines Hangs zur Melancholie. Seiner anfänglich spontanen Ablehnung George Sands, dieser sich so männlich gebarenden Frau, folgt eine sich mehr und mehr steigernde Zuneigung des verwaisten Liebebedürftigen, der sich schließlich ihrem vielerprobten Zauber nicht mehr zu entziehen vermag. Die zweite Gruppe der Etüden (op. 25) wird verlegt, gleichzeitig in französischer und deutscher Ausgabe.

1838 Das Verhältnis zwischen Chopin und George Sand ist inzwischen ein recht inniges geworden. Er verbringt gemeinsam mit seinem Freund Grzymala einige Sommerwochen auf George Sands Gut in Nohant. Seiner steten, angeblichen «Bronchitis» wegen schließt er sich im Herbst ihr und ihren Kindern zu einer Reise auf die Balearen an. In Palma, auf Majorka, erkrankt Chopin schwer und George Sand pflegt ihn wie einen Sohn. Da man den «Brustleidenden» nicht länger in der gemieteten Villa duldet, muß die fürsorgliche Freundin eine neue Unterkunft suchen und findet sie in dem entlegenen und verlassenen Kloster Valdemosa. Obwohl sich unter ihrer Pflege der Zustand des Patienten bessert, erweist sich der Aufenthalt doch als denkbar ungeeignet für ihn, der unter schizoiden Zwangsvorstellungen leidet, ungemein sensibel und nicht leicht zu behandeln ist. Man beschließt die Rückkehr auf französischen Boden.

1839 Zwei Blutstürze Chopins auf dem Weg vom Kloster Valdemosa bis nach Palma, ein dritter bei der Ankunft in Barcelona! Die französische Marinestation leistet ärztliche Hilfe. Acht Tage Rast in der spanischen Hafenstadt und dann Weiterfahrt bis Marseille. Unter der Obhut eines bekannten Arztes erholt sich Chopin zusehends und die Besserung hat Bestand. Er fühlt seine Lebens- und Schaffenskräfte zurückkehren und nützt die Tage. Im April spielt er Orgel bei der Totenmesse für den befreundeten französischen Sänger Nourrit, im Mai wagt er einen Ausflug mit George Sand und den beiden Kindern nach Genua. Am 22. Mai verläßt die kleine Gesellschaft Marseille und tritt die Heimreise an mit Nohant als gemeinsamem Ziel. Dort einige Monate Nacherholung; dann kehrt Chopin tatenfroh und frischen Mutes wieder nach Paris zurück. Zunächst nimmt er Wohnsitz in der Rue Tronchet, dann zieht er um und richtet sich unmittelbar neben der Pariser Häuslichkeit George Sands ein. Das «Poem einer freien Gemeinschaft», das sie schon vor der Reise nach Majorka vereinbart hatten, war damit für lange Zeit Wirklichkeit geworden. Im September wird das bedeutendste seiner Werke, die Sammlung der vierundzwanzig Präludien, veröffentlicht.

1840 Das Jahr fließt verhältnismäßig ruhig und voll ausgefüllt dahin, und im großen und ganzen nehmen auch die folgenden Jahre äußerlich den gleichen Verlauf. Die dem Erwerb dienenden Wintermonate verbringt Chopin in enger Gemeinschaft mit George Sand, der überaus produktiven, viel verdienenden Schriftstellerin und großzügigen Frau, in Paris, tagsüber unterrichtend (er ist ein gesuchter, tüchtiger, strenger und ungemein beliebter Lehrer), abends in Salons, im Theater oder in Konzerten. Erstaunlich, daß ein so kranker Mensch, wie Chopin es ist, die Kraft aufbringt, diese anstrengende Lebensweise durchzuhalten! Außerhalb seiner vier Wände läßt er sich freilich nichts anmerken. Während der Sommerzeit, die er – mit einer Ausnahme – bis 1846 stets in Nohant verbringt, erholt er sich jeweils rasch von den Strapazen des Pariser Winters; er entfaltet in der ländlichen Umgebung eine reiche, schöpferische Tätigkeit und braucht auch der Gesellschaft nicht ganz zu entraten, da die Herrin von Nohant ein offenes Haus führt und, ganz wie in Paris, auch dort bedeutende Persönlichkeiten aus Literatur, Kunst und Politik zu ihren Gästen zählt. Die Letztgenannten unter den Freunden George Sands interessieren Chopin nicht weiter, denn seine Politik erschöpft sich in unwandelbarer Treue zur Heimat, in glühender Vaterlandsliebe, in Gebefreudigkeit gegenüber verarmten Landsleuten und in der Bewahrung, Bereicherung und Veredlung des polnischen Volksgutes an Liedern und Tänzen in seiner Musik.

1841 Auswanderung Fontanas, eines treuen Freundes, der Chopins Verlags- und andere Angelegenheiten mit Hingabe und Geschick besorgte. Hinfort tritt vornehmlich Graf Grzymala an Fontanas Stelle.

1842 Chopin erleidet einen schweren Verlust durch den Tod seines mit dem gleichen Übel wie er behafteten Freundes Jan Matuszynski. Mit seinem eigenen Befinden geht es sehr unterschiedlich: bald erscheint er seiner Umgebung frisch und wohlauf, bald vermag er nicht die Treppe zu steigen und muß sich von seinem Diener tragen lassen. Im Sommer lernt er in Nohant den Maler Delacroix kennen, und die beiden Künstler finden gleich in herzlicher und dauernder Freundschaft zueinander. Herausgabe weiterer gewichtiger Kompositionen.

1844 Der Jahresbeginn ist durch eine akute Erkrankung beschattet, eine Erscheinung, die sich nun jeden Winter wiederholt. Im Mai erreicht Chopin die erschütternde Botschaft vom Tode seines Vaters. Der Sommer beglückt ihn durch den Besuch seiner Lieblingsschwester Louise Jedrzejewicz mit ihrem Gatten, was ihm sichtlich wohltut. Nach dem Weggang seiner Angehörigen verfinstert das Heimweh sein Gemüt immer mehr, wozu auch die mit dem Heranwachsen der Kinder George Sands (aus ihrer geschiedenen Ehe) aufkommenden Spannungen innerhalb des Wahl-Familienkreises beitragen. Er, Chopin, hält guten Glaubens zu der leicht intriganten Solange, Madame Sand schlägt sich auf die Seite ihres eifersüchtigen Sohnes Maurice.

1845 Die Nervosität innerhalb des Sand-Chopinschen Lebenskreises steigert sich durch das Hinzutreten eines neuen Familienmitgliedes, einer Nichte der Hausherrin, und durch gegenseitige Eifersüchteleien. Wachsende Vereinsamung des Leidenden und Gereizten geht Hand in Hand mit der Steigerung seiner Sehnsucht nach den Seinen, die sich in umfangreichen Briefen kundtut. Noch fließt der Schaffensborn: Nocturnes, Mazurkas, die Berceuse und die h-moll-Sonate entstehen und werden auch gleich gedruckt.

1846–1847 Chopin ist den größten Teil des Winters allein in Paris. Viel später als in früheren Jahren und nur für kurze Zeit ist George Sand in die Stadtwohnung heimgekehrt, um sie überstürzt in dem Glauben zu verlassen, dadurch die unerwünschte Verbindung ihrer Tochter Solange mit dem Bildhauer Clésinger hintanhalten zu können. Dieser aber erzwingt sich in Nohant ihre Zustimmung zur Heirat, die dem Einverständnis auf dem Fuße folgt. Welche Kränkung für den langjährigen Freund, sich vor die vollendete Tatsache gestellt zu sehen! So hat George Sand die Ablehnung seiner Einmischung in ihre internen Familienangelegenheiten deutlich dokumentiert. Infolge Unaufrichtigkeit Solanges verschärft sich die unhaltbare Situation dermaßen, daß der Bruch zwischen George Sand und Chopin unvermeidlich wird. Ihre Wege trennen sich für immer, mit Solange aber bleibt Chopin in herzlichen, freundschaftlichen Beziehungen. Der Lebens- und Schaffensimpuls des Tondichters ist tödlich getroffen. Das letzte gültige Werk, das er zutage fördert und niederschreibt, ist eine Violoncello-Sonate (op. 65), welche die gewohnte Höhe nicht mehr erreicht.

1848 Krankheit und Melancholie schreiten fort. Um Chopins Apathie zu begegnen und seinen darniederliegenden Finanzen aufzuhelfen, arrangieren Freunde ein halböffentliches Konzert im Pleyel-Saal zu Paris. Finanzielle Gründe sind auch mitbestimmend für das bei seinem Gesundheitszustand sehr gewagte Unternehmen einer Reise nach England und Schottland. Man erweist ihm dort allenthalben Ehre, Anerkennung und großartige Gastfreundschaft. Er unterrichtet, er spielt in den Schlössern des Adels und einige Male in auserwählter Öffentlichkeit, aber es strengt ihn übermäßig an und er fühlt sich elend an Leib und Seele. Wochenlang ist er ans Krankenlager gefesselt. Endlich am 21. November kann er von London aus die Heimreise antreten.

1849 Aus gesundheitlichen Rücksichten entschließt er sich zu einem Wohnungswechsel und zieht mit Hilfe seiner Freunde in die am Stadtrand gelegene rue Chaillot, konsultiert eine Reihe von Ärzten, schont sich und fühlt sich doch immer kränker. Brieflich bittet er seine Schwester Louise um ihr Kommen. Es dauert Wochen. Dann aber ist sie da und erleichtert ihm, unterstützt von treuen Schülerfreunden, die letzten dunklen Monate, die auch noch durch einen Umzug ins Stadtinnere belastet werden. Tapfer und groß trägt Chopin, was ihm an Schwerem auferlegt. In den drei Tagen seines stillen Todeskampfes nimmt er Abschied von jedem einzelnen seiner Getreuen. Er vermißt die noch immer geliebte Freundin, die ihn verlassen; er weiß nicht, daß sie vergeblich Einlaß begehrte. In früher Morgenstunde des 17. Oktober 1849 senken sich die Schatten des Todes auf das leidgezeichnete, edle Antlitz.

UNTER OPUSZAHLEN VERÖFFENTLICHTE WERKE

ZU LEBZEITEN CHOPINS GEDRUCKT

Opus-Nummer und Titel		Komponiert	Erschienen
1	Premier Rondeau (c-moll) pour le piano. (Dédié à Mme de Linde)	1825	1825
2	Là ci darem la mano (B-dur) varié pour le piano avec accompagnement d'orchestre. (Dédié à Mr Wojciechowski)	1827	1830
3	Introduction et Polonaise brillante (C-dur) pour piano et violoncelle. (Dédiée à Mr Joseph Merk)	1829/30	1833
4	Sonate (c-moll) pour le piano*. (Dédiée à Mr Joseph Elsner)	1827/28	1851
5	Rondeau à la Mazur (F-dur) pour le piano. (Dédié à Mlle la Comtesse Alexandrine de Moriolles)	1827	1836

* Diese Sonate wurde 1828 dem Verlag Haslinger, Wien, zum Druck überlassen, blieb aber liegen und wurde erst 1839 gestochen und Chopin nach Paris zur Korrektur gesandt. Er gab die Bogen jedoch nicht zurück, da er viele Verbesserungen eintragen wollte. So unterblieb damals der Druck überhaupt und die Veröffentlichung (ohne Änderungen) erfolgte erst 1851.

Opus-Nummer und Titel		Komponiert	Erschienen
6	Quatre Mazurkas (fis-moll, cis-moll, E-dur, es-moll). (Dédiées à Mlle la Comtesse Pauline Plater)	1830/31	1832
7	Cinq Mazurkas (B-dur, a-moll, f-moll, As-dur, C-dur). (Dédiées à Mr Johns)	1830/31	1832
8	Premier Trio (g-moll) pour piano, violon et violoncelle. (Dédié à Mr le Prince Antoine de Radziwill)	1828/29	1833
9	Trois Nocturnes (b-moll, Es-dur, H-dur). (Dédiés à Mme Camille Pleyel)	1830/31	1833
10	Douze Grandes Etudes (C-dur, a-moll, E-dur, cis-moll, Ges-dur, es-moll, C-dur, F-dur, f-moll, As-dur, Es-dur, c-moll). (Dédiées à son ami Mr Fr. Liszt)	1829/31	1833
11	Grand Concerto (e-moll) pour le piano avec orchestre. (Dédié à Mr Fr. Kalkbrenner)	1830	1833
12	Variations brillantes (B-dur) sur le Rondeau favori de Ludovic de Hérold: «Je vends des Scapulaires.» (Dédiées à Mlle Emma Horsford)	1833	1833
13	Grande Fantaisie (A-dur) sur des airs polonais, pour le piano avec orchestre. (Dédiée à Mr J. P. Pixis)	1828	1834
14	Krakowiak, Grand Rondeau de Concert (F-dur) pour le piano avec orchestre. (Dédié à Mme la Princesse Adam Czartoryska)	1828	1834
15	Trois Nocturnes (F-dur, Fis-dur, g-moll) pour le piano. (Dédiés à Mr Ferd. Hiller)	1830/33	1834

Opus-Nummer	und Titel	Komponiert	Erschienen
16	Rondeau (Es-dur) pour le piano. (Dédié à Mlle Carolina Hartmann)	1832	1834
17	Quatre Mazurkas (B-dur, e-moll, As-dur, a-moll). (Dédiées à Mme Lina Freppa)	1825/33	1834
18	Grande Valse brillante (Es-dur) pour le piano. (Dédiée à Mlle Laura Harsford)*	1831	1834
19	Boléro (C-dur/a-moll) pour le piano. (Dédié à Mlle la Comtesse E. de Flahault)	1833	1834
20	Premier Scherzo (h-moll) pour le piano. (Dédié à Mr T. Albrecht)	1831	1835
21	Second Concerto (f-moll) pour le piano avec orchestre. (Dédié à Mme la Comtesse Delphine Potocka)	1829	1836
22	Grande Polonaise brillante (Es-dur) précédée d'un Andante spianato (G-dur), pour le piano avec orchestre. (Dédiée à Mme La Baronne d'Est)	1830/35	1836
23	Ballade (g-moll) pour le piano. (Dédiée à Mr le Baron de Stockhausen)	1831/35	1836
24	Quatre Mazurkas (g-moll, C-dur, As-dur, b-moll). (Dédiées à Mr le Comte de Perthuis)	1834/35	1835
25	Douze Etudes (As-dur, f-moll, F-dur, a-moll, e-moll, gis-moll, cis-moll, Des-dur, Ges-dur, h-moll, a-moll, c-moll) pour le piano. (Dédiées à Mme la Comtesse d'Agoult)	1831/37	1837
26	Deux Polonaises (cis-moll, es-moll) pour le piano. (Dédiées à Mr J. Dessauer)	1834/35	1836
27	Deux Nocturnes (cis-moll, Des-dur) pour le piano. (Dédiés à Mme la Comtesse d'Appony)	1834/35	1836

* Vermutlich Druckfehler, soll wohl Horsford heißen.

Opus-Nummer und Titel		Komponiert	Erschienen
28	Vingt-quatre Préludes pour le piano (C-dur, a-moll, G-dur, e-moll, D-dur, h-moll, A-dur, fis-moll, E-dur, cis-moll, H-dur, gis-moll, Fis-dur, es-moll, Des-dur, b-moll, As-dur, f-moll, Es-dur, c-moll, B-dur, g-moll, F-dur, d-moll). (Dédiés à son ami Pleyel, in der französischen und englischen Ausgabe. In der deutschen Ausgabe: Dédiés à Mr J. C. Kessler)	1836/39	1839
29	Impromptu (As-dur) pour le piano. (Dédié à Mlle la Comtesse de Lobau)	1837	1838
30	Quatre Mazurkas (c-moll, h-moll, Des-dur, cis-moll). (Dédiées à Mme la Princesse de Wurttemberg (sic.), née princesse Czartoryska)	1837	1838
31	Deuxième Scherzo (b-moll) pour le piano. (Dédié à Mlle la Comtesse Adèle de Fürstenstein)	1837	1838
32	Deux Nocturnes (H-dur, As-dur) pour le piano. (Dédiés à Mme la Baronne de Billing)	1836/37	1837
33	Quatre Mazurkas (gis-moll, D-dur, C-dur, h-moll). (Dédiées à Mlle la Comtesse Moctowska)	1837/38	1838
34	Trois Valses brillantes (As-dur, a-moll, F-dur). (Dédiées:		1838
	No 1 à Mlle de Thun-Hohenstein	1835	
	No 2 à Mme G. d'Ivri	1831	
	No 3 à Mlle A. d'Eichthal)	1838	
35	Sonate (b-moll) pour le piano	1837/39	1840
36	Deuxième Impromptu (Fis-dur) pour le piano	1839	1840

Opus-Nummer und Titel		Komponiert	Erschienen
37	Deux Nocturnes (g-moll, G-dur) pour le piano	1838/39	1840
38	Deuxième Ballade (F-dur) pour le piano. (Dédiée à Mr R. Schumann)	1836/39	1840
39	Troisième Scherzo (cis-moll) pour le piano. (Dédié à Mr A. Gutmann)	1839	1840
40	Deux Polonaises (A-dur, c-moll) pour le piano. (Dédiées à Mr J. Fontana)	1838/40	1840
41	Quatre Mazurkas (cis-moll, e-moll, H-dur, As-dur). (Dédiées à Mr E. Witwicki)	1838/39	1840
42	Valse (As-dur) pour le piano	1840	1840
43	Tarantelle (As-dur) pour le piano	1841	1841
44	Polonaise (fis-moll) pour le piano. (Dédiée à Mme la Princesse Charles de Beauvau)	1840/41	1841
45	Prélude (cis-moll) pour le piano. (Dédié à Mlle la Princesse Czernicheff)	1841	1841
46	Allegro de Concert (A-dur) pour le piano. (Dédié à Mlle F. Müller)	1840/41	1842
47	Troisième Ballade (As-dur) pour le piano. (Dédiée à Mlle P. de Noailles)	1840/41	1842
48	Deux Nocturnes (c-moll, fis-moll) pour le piano. (Dédiés à Mlle L. Duperré)	1841	1842
49	Fantaisie (f-moll) pour le piano. (Dédiée à Mme la Princesse E. de Souzzo)	1840/41	1842
50	Trois Mazurkas (G-dur, As-dur, cis-moll) pour le piano. (Dédiées à Mr Léon Szmitkowski)	1841	1842
51	Allegro vivace. Troisième Impromptu (Ges-dur). (Dédié à Mme la Comtesse Esterhazy)	1842	1843

Opus-Nummer und Titel		Komponiert	Erschienen
52	Quatrième Ballade (f-moll) pour le piano. (Dédiée à Mme la Baronne C. de Rothschild)	1842	1843
53	Huitième Polonaise (As-dur) pour le piano. (Dédiée à Mr A. Leo)	1842	1843
54	Scherzo No 4 (E-dur) pour le piano. (Dédié à Mlle J. de Caraman)	1842	1843
55	Deux Nocturnes (f-moll, Es-dur) pour le piano. (Dédiés à Mlle J. W. Stirling)	1843	1844
56	Trois Mazurkas (H-dur, C-dur, c-moll). Dédiées à Mlle C. Maberly)	1843	1844
57	Berceuse (Des-dur) pour le piano. (Dédiée à Mlle Elise Gavard)	1843	1845
58	Sonate (h-moll) pour le piano. (Dédiée à Mlle Comtesse E. de Perthuis)	1844	1845
59	Trois Mazurkas (a-moll, As-dur, fis-moll)	1845	1846
60	Barcarolle (Fis-dur) pour le piano. (Dédiée à Mme la Baronne de Stockhausen)	1845/46	1846
61	Polonaise-Fantaisie (As-dur) pour le piano. (Dédiée à Mme A. Veyret)	1845/46	1846
62	Deux Nocturnes (H-dur, E-dur) pour le piano. (Dédiés à Mlle R. de Könneritz)	1846	1846
63	Trois Mazurkas (H-dur, f-moll, cis-moll). (Dédiées à Mme la Comtesse L. Czosnowska)	1846	1847
64	Trois Valses (Des-dur, cis-moll, As-dur). (Dédiées: No 1 à Mme la Comtesse Potocka, No 2 à Mme la Baronne de Rothschild, No 3 à Mme la Baronne Bronicka)	1846/47	1847

Opus-Nummer und Titel			Komponiert	Erschienen
65	Sonate (g-moll) pour piano et violoncelle. (Dédiée à Mr A. Gutmann)		1845/46	1847

NACH DEM TODE CHOPINS VON FONTANA HERAUSGEGEBEN

66	Fantaisie-Impromptu (cis-moll)	um	1834	1855
67	Quatre Mazurkas, G-dur		1835	
	g-moll		1849	1855
	C-dur		1835	
	a-moll		1846	
68	Quatre Mazurkas, C-dur		1830	
	a-moll		1827	1855
	F-dur		1830	
	f-moll		1849	
69	Deux Valses, As-dur		1835	1855
	h-moll		1829	
70	Trois Valses, Ges-dur		1835	
	f-moll		1843	1855
	Des-dur		1829	
71	Trois Polonaises, d-moll		1827	
	B-dur		1828	1855
	f-moll		1829	
72	Nocturne (e-moll)		1827	
	Marche funèbre (c-moll)		1829	1855
	Trois Ecossaises (D-dur, G-dur, Des-dur)		1826	
73	Rondeau (C-dur) pour deux pianos		1828	1855
74	Siebzehn polnische Lieder, nach Texten von Witwicki, Mickiewicz, Zaleski usw.		1829/1847	1855

OHNE OPUSZAHLEN VERÖFFENTLICHTE WERKE

ZU LEBZEITEN CHOPINS GEDRUCKT

Titel	Komponiert	Erschienen
Polonaise (g-moll). (Gräfin Skarbek gewidmet). Erste gedruckte Komposition Chopins.	1817	1817
Militärmarsch: Ohne Namensnennung und mit Instrumentation eines unbekannten Verfassers veröffentlicht. (Dem Großfürsten Konstantin gewidmet.)	1817	1819
Grand Duo concertant (E-dur) sur des thèmes de «Robert le Diable», pour piano et violoncelle, par F. Chopin et A. Franchomme	1832	1833
Variation VI (Largo E-dur) aus dem Hexameron: Morceau de Concert. Grandes Variations de bravoure sur la marche des «Puritains» de Bellini, composées pour le Concert de Mme la Princesse Belgioso au bénéfice des pauvres, par MM Liszt, Thalberg, Pixis, H. Herz, Czerny et Chopin	1837	1841
Trois Nouvelles Etudes (f-moll, As-dur, Des-dur). Etudes de Perfection de la Méthode des Méthodes de Moscheles et Fétis	1839	1840
Mazurka (a-moll) pour le piano in «Notre Temps»	1840	1842
Mazurka (a-moll) pour le piano. (Dédiée à son ami Emile Gaillard)	1841	1841

NACH DEM TODE CHOPINS HERAUSGEGEBEN

Polonaise (B-dur) pour le piano	1817	1937
Polonaise (As-dur) pour le piano (Adalbert Zywny gewidmet)	1821	1902

Titel	Komponiert	Erschienen
Polonaise (gis-moll). (Dédiée à Mme Dupont)	1822	1864
Mazurka (G-dur) pour le piano	1825	1902
Mazurka (B-dur) pour le piano	1825	1902
Polonaise (b-moll) pour le piano («Adieu à Guillaume Kolberg»)	1826	1878
Variations sur un air national-allemand («Der Schweizer Bua»). (E-dur)	1826	1851
Nocturne (c-moll) pour le piano	1827	1938
Deux Valses (As-dur, Es-dur)	1827	1902
Souvenir de Paganini, Variations (A-dur)	1829	1881
Mazurka, eingetragen ins Gästebuch des Prager Museums. Veröffentlicht in der Prager Zeitschrift «Dalibor»	1829	1879
Polonaise (Ges-dur)	1829	1872
Mazurka (D-dur) von 1829		
Neufassung derselben	1832	1902
Valse (E-dur)	1829	1872
Valse (e-moll)	1830	1868
Lento con gran espressione, Nocturne (cis-moll)	1830	1875
Mélodie «Verzückung» (oder auch «Verzauberung») für Gesang und Klavier	1830	1912
Mazurka (C-dur)	1833	1851
Mazurka (As-dur)	1834	1930
Prélude (As-dur)	1834	1918
Feuille d'Album (E-dur)	1843	1927
Largo (Es-dur)	?	1938

UNVERÖFFENTLICHTE WERKE

Titel	Komponiert
Mazurka (Wilhelm von Kolberg gewidmet)	1824
Variationen (F-dur). (Titus Wojciechowski gewidmet) Vierhändig	1826
Walzer (C-dur)	1826
Andante dolente (b-moll)	1827
Variationen über ein Lied von Moore, vierhändig	1827

ANGEFANGENE, JEDOCH NICHT ÜBERLIEFERTE KOMPOSITIONEN

Variationen über ein Thema von Beethoven für Violine und Klavier, gemeinsam mit Joseph Slavik	1830
Konzert für zwei Klaviere. (Es besteht die Möglichkeit, daß Gedanken zu diesem Kompositionsplan in das Konzert-Allegro op. 46 übernommen wurden.)	1832

VERSCHOLLEN

Polonaise (mit Themen aus Rossinis «Barbier von Sevilla»)	1825

ZUSAMMENSTELLUNG

Durch Chopin veröffentlichte numerierte Werke	155	
nicht numerierte Werke	9	
später erschienen (op. 4)	1	165
Durch Fontana veröffentlichte numerierte Werke		40
Nicht numerierte Werke, die nach dem Tod des Komponisten einzeln (zwischen 1851 und 1938) veröffentlicht wurden		23
Bekanntgewordene, unveröffentlichte Werke		5
Verschollen		1
Gesamtzahl der Werke		234

VERZEICHNIS DER WERKE IN ALPHABETISCH-SYSTEMATISCHER ORDNUNG

ZUGLEICH REGISTER DER BEHANDELTEN WERKE

* Wenn nichts anderes bemerkt, sind die Werke für Solo-Klavier geschrieben. Die *kursiv* gesetzten Zahlen bedeuten Seitenzahlen dieses Buches.

Titel	Opuszahl	Veröffentl.
Douze Etudes	25	1837
1. As-dur *187, 213, 399*. 2. f-moll *187, 213, 399*. 3. F-dur *399*. 4. a-moll *399*. 5. e-moll *399*. 6. gis-moll *399*. 7. cis-moll *399f*. 8. Des-dur *400*. 9. Ges-dur *400*. 10. h-moll *400*. 11. a-moll *400*. 12. c-moll *400*		
Trois Nouvelles Etudes (von 1839) *240, 397, 401, 484*	–	1840
1. f-moll *240, 401*. 2. As-dur *240, 401*. 3. Des-dur *240, 401*		
Fantasien, zwei *433-436*		
Grande Fantaisie (A-dur) sur des airs polonais pour le piano avec orchestre *90f., 97, 125, 181, 354, 388, 435, 468*	13	1834
Fantaisie, f-moll *346, 427, 433-436*	49	1842
Polonaise-Fantaisie siehe unter Polonaisen		
Fantaisie-Impromptu siehe unter Impromptus		
Feuille d'Album, E-dur (von 1843) *485*	–	1927
Hexameron siehe unter Variationen		
Impromptus, vier *340, 427, 441ff.*		
Impromptu, As-dur *341, 441, 443*	29	1838
Deuxième Impromptu, Fis-dur *341f., 441f.*	36	1840
Troisième Impromptu, Ges-dur (Allegro vivace) *441, 443*	51	1843
Fantaisie-Impromptu, cis-moll *441, 443*	66	1855
Introduction et Polonaise brillante, pour piano et violoncelle, C-dur *81, 90, 384*	3	1833
Kammermusik (siehe unter den einzelnen Stichwörtern):		
Introduction et Polonaise brillante, pour piano et violoncelle, C-dur		
Premier Trio, pour piano, violon et violoncelle, g-moll		
Sonate pour piano et violoncelle, g-moll		

Titel	Opuszahl	Veröffentl.
Marche funèbre, c-moll (von 1829), siehe unter Trauermärsche		
Mazurkas, achtundfünfzig *340f., 344, 361, 373ff., 468, 470*		
Quatre Mazurkas, 1. fis-moll. 2. cis-moll. 3. E-dur. 4. es-moll *146, 375*	6	1832
Cinq Mazurkas, 1. B-dur. 2. a-moll. 3. f-moll. 4. As-dur. 5. C-dur *146, 375f., 385*	7	1832
Quatre Mazurkas, 1. B-dur. 2. e-moll. 3. A-dur. 4. b-moll (1. Fassung von 1825) *168, 376*	17	1834
Quatre Mazurkas, 1. g-moll. 2. C-dur. 3. As-dur. 4. b-moll *376*	24	1835
Quatre Mazurkas. 1. c-moll. 2. h-moll. 3. Des-dur. 4. cis-moll *376f.*	30	1838
Quatre Mazurkas, 1. gis-moll. 2. D-dur. 3. C-dur. 4. h-moll *377f.*	33	1838
Quatre Mazurkas, 1. cis-moll. 2. e-moll. 3. H-dur. 4. As-dur *223, 236, 304, 378*	41	1840
Trois Mazurkas, 1. G-dur, 2. As-dur. 3. cis-moll *378f.*	50	1842
Trois Mazurkas, 1. H-dur. 2. C-dur. 3. c-moll *379*	56	1844
Trois Mazurkas, 1. a-moll. 2. As-dur. 3. fis-moll *379*	59	1846
Trois Mazurkas, 1. H-dur. 2. f-moll. 3. cis-moll *273, 379*	63	1847
Quatre Mazurkas, 1. G-dur. 2. g-moll. 3. C-dur. 4. a-moll *311, 379*	67	1855
Quatre Mazurkas, 1. C-dur. 2. a-moll. 3. F-dur 4. f-moll *311, 379*	68	1855
Mazurka, Wilhelm v. Kolberg gewidmet (von 1824) unveröffentlicht *36, 486*	–	–
Mazurka, G-dur (von 1825) *485*	–	1902
Mazurka, B-dur (von 1825) *485*	–	1902
Mazurka, ?, in *Dalibor*-Prag (von 1829) *74, 485*	–	1879
Mazurka, D-dur (1. Fassung von 1829) *485*	–	–
Neufassung (von 1832) *485*	–	1902

Titel	Opuszahl	Veröffentl.
Mazurka, C-dur (von 1833) *485*	–	1851
Mazurka, As-dur (von 1834) *485*	–	1930
Mazurka, a-moll in *Notre temps* (von 1840) *484*	–	1842
Mazurka, a-moll, à E. Gaillard (von 1841) *484*	–	1841
Militärmarsch (von 1817), anonym veröffentlicht mit nichteigener Instrumentation *19, 484*	–	1819
Mozart-Variationen, siehe Variationen op. 2		
Nocturnes, einundzwanzig *343, 348, 355, 427, 443-450, 470, 474*		
Trois Nocturnes, 1. b-moll. 2. Es-dur. 3. H-dur *360, 444ff.*	9	1833
Trois Nocturnes, 1. F-dur. 2. Fis-dur. 3. g-moll *181, 445f.*	15	1834
Deux Nocturnes, 1. cis-moll. 2. Des-dur *446, 449f.*	27	1836
Deux Nocturnes, 1. H-dur. 2. As-dur *446f.*	32	1837
Deux Nocturnes, 1. g-moll. 2. G-dur *236, 443, 448*	37	1840
Deux Nocturnes, 1. c-moll. 2. fis-moll *448ff.*	48	1842
Deux Nocturnes, 1. f-moll. 2. Es-dur *449*	55	1844
Deux Nocturnes, 1. H-dur. 2. E-dur *449f.*	62	1846
Nocturne, e-moll (von 1827) *37, 450, 468*	72,1	1855
Nocturne, c-moll (von 1827) *37, 450, 454, 485*	–	1938
Nocturne, cis-moll (Lento con gran espressione), (von 1830) *450, 485*	–	1875
Orchesterbegleitung, Werke mit (siehe unter den einzelnen Stichwörtern)		
Là ci darem la mano, B-dur, varié pour le piano avec orchestre		
Grand Concerto, e-moll, pour le piano avec orchestre		
Grande Fantaisie sur des airs polonais, A-dur, pour le piano avec orchestre		
Krakowiak, Grand Rondeau de Concert, F-dur, pour le piano avec orchestre		

Titel *	Opuszahl	Veröffentl.
Second Concerto, f-moll, pour le piano avec orchestre		
Grande Polonaise brillante, Es-dur, précédée d'un Andante spianato, G-dur, pour le piano avec orchestre		
Polonaisen, neunzehn *340, 363-373, 403, 470*		
Introduction et Polonaise brillante, pour piano et violoncelle, C-dur *81, 90, 364, 372f., 384*	3	1833
Grande Polonaise brillante, Es-dur, précédée d'un Andante spianato pour le piano avec orchestre, G-dur *122, 181, 340, 348, 354, 364, 372, 469, 471*	22	1836
Deux Polonaises, 1. cis-moll. 2. es-moll *181, 367-370, 471*	26	1836
Deux Polonaises, 1. A-dur. 2. c-moll *368ff.*	40	1840
Polonaise, fis-moll *368ff.*	44	1841
Huitième Polonaise, As-dur *369f.*	53	1843
Polonaise-Fantaisie, As-dur *346, 366, 370f.*	61	1846
Trois Polonaises, 1. d-moll. 2. B-dur. 3. f-moll *81, 365f.*	71	1855
Polonaise, g-moll (von 1817) *19, 365, 467, 484*	–	1817
Polonaise, B-dur (von 1817) *19, 365, 467, 484*	–	1937
Polonaise, As-dur (von 1821) *365, 484*	–	1902
Polonaise, gis-moll (angeblich von 1822) *365, 485*	–	1864
Polonaise mit Themen aus Rossinis *Barbier von Sevilla* (von 1825), verschollen *36, 486*	–	–
Polonaise, b-moll (von 1826) *36, 365, 485*	–	1878
Polonaise, Ges-dur (von 1829) *485*	–	1872
Präludien, sechsundzwanzig *223, 239, 300, 333, 340, 343, 345, 348, 358, 360, 417, 427, 450-462*		
Vingt-quatre Préludes *451-462, 472*	28	1839
1. C-dur *452f.* 2. a-moll *453.* 3. G-dur *453f.* 4. e-moll *343, 454,* 5. D-dur *454.* 6. h-moll *224f., 454f., 457.* 7. A-dur *455.* 8. fis-moll *455.* 9. E-dur *455.* 10. cis-moll *455.* 11. H-		

Titel *	Opuszahl	Veröffentl.
Trio, Premier Trio pour piano, violon et violoncelle, g-moll (von 1828/29) *53, 55, 90, 426f.*	8	1833
Variationen-Werke, sieben *340, 401-404*		
Là ci darem la mano, B-dur, varié pour le piano avec accompagnement d'orchestre *37, 53, 67, 72, 79, 90, 104, 118, 145, 364, 402ff., 468*	2	1830
Variations brillantes, B-dur, pour le piano, sur le Rondeau favori de Ludovic de Hérold: «Je vends des scapulaires» *404*	12	1833
Variation VI, E-dur, aus dem Hexameron: Morceau de Concert. Grandes Variations de bravoure sur la Marche des Puritains de Bellini (von 1841) *212, 401, 484*	–	*1841*
Variations, E-dur, pour le piano sur un air allemand (Der Schweizer Bua) (von 1824) *36, 104, 401, 485*	–	1851
Souvenir de Paganini, Variations, A-dur, siehe unter Souvenir *485*		
Variationen, F-dur, vierhändig (von 1826) *36, 401, 468, 486*	–	–
Variationen über ein Lied von Moore, vierhändig (von 1827) *401, 486*	–	–
Walzer, achtzehn *90, 340, 361, 379-383, 437*		
Grande Valse brillante, Es-dur *178, 274, 381*	18	1834
Trois Valses brillantes, 1. As-dur. 2. a-moll. 3. F-dur *381*	34	1838
Valse, As-dur *381*	42	1840
Trois Valses, 1. Des-dur. 2. cis-moll. 3. As-dur *382f.*	64	1847
Deux Valses, 1. As-dur. 2. h-moll *383*	69	1855
Trois Valses, 1. Ges-dur. 2. f-moll. 3. Des-dur *57, 381, 383*	70	1855
Deux Valses (von 1827), 1. As-dur. 2. Es-dur *485*	–	1902
Valse, E-dur (von 1829) *90, 381, 485*	–	1872
Valse, e-moll (von 1830) *90, 485*	–	1868
Valse, C-dur (von 1826) *36, 486*	–	–

NAMENREGISTER

Vorbemerkung: Die polnischen Namen erscheinen nur hier in originaler Schreibweise, da diese sich aus drucktechnischen Gründen innerhalb des Textes nicht durchführen ließ. — Wo die Aussprache wesentlich vom Schriftbild abweicht, ist sie in ( ) beigefügt.

Zur Wiedergabe spezifisch polnischer Laute wurden folgende phonetische Zeichen verwendet:

ę = nasaliertes e wie in französisch «fin»
ǫ = nasaliertes o wie in französisch «son»
ș = stimmhaftes s wie bühnendeutsch «Sonne»
sçh = stimmhaftes sch wie in französisch «jour»

Die Betonung liegt jeweils auf der vorletzten Silbe, mit Ausnahme mehrsilbiger Fremdwörter, bei denen in der Regel die drittletzte Silbe betont wird.

Frédéric Chopin: Zeichnung von George Sand.

BIBLIOGRAPHIE

Askenase, St.: Wie Meister üben, F. Chopin — Berceuse op. 57. Wien 1966

Bidou, H.: Chopin. Paris 1925

Binental, L.: Chopin. Dokumente, Erinnerung aus seiner Heimatstadt (ins Deutsche übersetzt von A. v. Guttry). Leipzig 1932

Böhme, E.: Frédéric Chopin als Motiv in der deutschsprachigen, schöngeistigen Literatur. Nieder-Dollendorf (Rhein) 1960

Bory, R.: La vie de Frédéric Chopin (Vorwort: A. Cortot). Genf 1951

Boucourechliev, A.: Chopin, eine Bildbiographie. München 1962

Bourniquel, C.: Chopin in Selbstzeugnissen und Bilddokumenten. Hamburg 1959

Bronarski, L.: Chopin et l'Italie. Lausanne 1947

Cherbuliez, A. E.: Frédéric Chopin, Leben und Werk. Zürich-Rüschlikon 1948

Chopin, Gesammelte Briefe (Übers. von E. Scharlitt). Leipzig 1911

Cortot, A.: Chopin, Wesen und Gestalt (aus dem Französischen übersetzt von H. v. Winter). Wien 1950 — Zürich 1954

Czech, St.: Erdenweg eines Genius. Hattingen 1950

Dahms, W.: Chopin. München 1924

Dammeier-Kirpal, U.: Der Sonatensatz bei Chopin. Wiesbaden 1973

Egert, P.: Frédéric Chopin. Potsdam 1936

Enault, L.: Frédéric Chopin. Paris 1856

Eulate Sanjurjo, C.: Los amores de Chopin. Barcelona 1943

Ferra, G.: Chopin and George Sand in the Cartuja de Valldemose. Palma de Mallorca 1932 (deutsch 1934)

Franken, F.H.: Das Leben großer Musiker im Spiegel der Medizin. Schubert, Chopin, Mendelssohn. Stuttgart 1959

Galston, G.: Studienbuch 3. Abend — Frédéric Chopin. München 1922

Ganche, E.: Frédéric Chopin, Sa vie et ses œuvres. Paris 1910/1949

Ganche, E.: Souffrances de Frédéric Chopin. Paris 1935

Gavoty, B.: Frédéric Chopin. Tübingen 1977

Gide, A.: Notizen über Chopin. Frankfurt (Main) 1962

Gliński, M.: Chopin, the Unknown. Windsor (Kanada) 1963

Gras, J.: L'œuvre de Chopin. Toulouse 1954

Gronowicz, A.: Frédéric Chopin. New York 1949

Gumprecht, O.: Neuere Meister. Musikalische Lebens- und Charakterbilder. Leipzig 1883

Guttry, A. (Hrsg.): Briefe Chopins. München 1928

Guy, J.: Frédéric Chopin. Lyon 1956

Hadden, J.: Frédéric Chopin. London — New York 1934

Hedley, A.: Chopin. London 1947 (Deutsch Zürich 1950)

Hipkins, E.: How Chopin played. London 1937

Hoesick, F.: Slawentum und Chopin. Warschau 1932

Hoesick, F.: Frédéric Chopin. Krakau 1962

Huneker, L.: Chopin, The Man and his Music. New York 1900 (Chopin, der Mensch und Künstler. Einzig autorisierte Übersetzung von H. Lorma und H. Glücksmann. München 1917)

Hutschenruyter, W.: Friedrich Chopin. Den Haag 1939

Iwaszkiewicz, J.: Chopin. Krakau 1955 (Ins Deutsche übersetzt von L. Fahlbusch. Berlin 1958)

Jonson, E.A.: Handbook to Chopin's works. London 1908

Karasowski, M.: Friedrich Chopin, sein Leben, seine Werke und Briefe. Dresden 1877 — Berlin 1914

Kelly, E.: Chopin, the Composer. New York 1969

Kociemsky, L.: Come vivió Chopin en Mallorca. Barcelona 1960

Korngold, Luise: Lieber Meister Chopin. Zürich 1960

Kraft, Z.: Große Musiker, berühmte Tonsetzer als Menschen. München 1961

Kusche, L.: Frédéric Chopin. München 1960

Leclercq, P.: Chopin et son Epoque. Brüssel 1948

Leibowitz, R.: Le secret de Chopin. Liège 1950

Leichtentritt, H.: Frédéric Chopin. Berlin 1905 und 1920

Leichtentritt, H.: Analyse der Chopinschen Klavierwerke. Berlin 1921/1922

Liszt, F.: Frédéric Chopins Individualität, frei ins Deutsche übertragen von La Mara. Leipzig 1880

Liszt, F.: Frédéric Chopin. Nach der neuaufgefundenen Urfassung von 1852, übersetzt von Hans Kühner. Basel 1948

Manuel, R.: Frédéric Chopin. Paris 1949

Mariotti, G.: Chopin. Florenz 1933

Matray, M., A. Krüger: Die Liebenden. München 1977

Mayzner, T.: Friedrich Chopin. Berlin 1949

Maine, B.: Chopin. London 1930

Meister, E.: Stilelemente und geschichtliche Grundlage der Klavierwerke Frédéric Chopins. Diss. Hamburg 1936

Mizwam, St. P.: Frédéric Chopin 1810—1849. New York 1949

Neumann, W.: Frédéric Chopin, eine Biographie. Cassel 1855

Niecks, F.: Friedrich Chopin als Mensch und Musiker (a.d. Englischen übertragen von W. Langhans). Leipzig 1890

Niecks, F.: Frédéric Chopin, the man and his music. London 1888

Orga, A.: Chopin. His life and times. Tunbridge Wells 1970

Ottich, M.: Chopins Klavierornamentik. Wolfenbüttel 1938

Petzoldt, R. (Hrsg.): Frédéric Chopin, Sein Leben in Bildern. Leipzig 1960

Poirée, E.: Chopin. Paris 1907

Porte, J. F.: Chopin, the composer and his music. New York — London 1935

Pourtalès, G. de: Chopin ou le poète. Paris 1927 (Deutsch: Der blaue Klang. Frankfurt (Main) 1964)

Pozniak, B.: Chopin, praktische Anweisungen für das Studium des Chopin-Werkes. Halle 1949

Pugliatti, S.: Chopin e Bellini. Messina 1952

Redenbacher, E.: François Frédéric Chopin. Leipzig 1911

Reich, W.: Chopin, Briefe und Dokumente. Zürich 1959

Remy, S.: George Sand et la mort de Chopin. Paris 1942

Sand, G.: Histoire de ma vie. Paris 1854

Schallenberg, E. W.: Frédéric Chopin. Bern 1947

Scharlitt, B.: Friedrich Chopin. Leipzig 1919

Schucht, J. F.: Frédéric Chopin und seine Werke. Leipzig 1880

Swartz, A.: The mazurkas of Chopin, Phil. Diss. Pittsburgh 1973

Stehman, J.: Chopin. Brüssel 1945

Tarnowski, St.: Chopin as revealed by extracts from his diary. London 1905

Valetta, H.: Chopin, La vita, le opere. Turin 1910 — Mailand 1953

Volkmann, H.: Chopin in Dresden. Dresden 1933

Vollmer, E. (Hrsg.-Verlag): Chopin und seine Zeit. Wiesbaden 1972

Vuillermoz, E.: La vie amoureuse de Chopin. Paris 1947

Wagner, G.: Die Klavierballade um die Mitte des 19. Jh. München — Salzburg 1976

Weinstock, H.: Chopin — der Mensch und seine Musik (übertragen von Erik Maschat. München 1950

Weissmann, A.: Chopin. Berlin 1912

Wierzynski, C.: The life and death of Chopin. London 1951

Willeby, Ch.: Frédéric François Chopin. London 1892

Wodzinski, C.: Les trois romans de Frédéric Chopin. Paris 1886

Zagiba, F.: Chopin Jahrbuch. Zürich — Leipzig 1956

Zagiba, F.: Chopin und Wien. Wien 1951

SACHREGISTER

GANCHE, E.: Les Souffrances de Fr. Chopin. Paris 1935

GUTTRY, A. v.: Chopins gesammelte Briefe. München 1928

HILLER, Ferdinand: Aus dem Tonleben unserer Zeit. Leipzig 1868
Künstlerleben. Köln 1880

KARASOWSKI, M.: Leben, Werke und Briefe Fr. Chopins. Dresden 1877
In polnischer Sprache schrieb Karasowski:
Die Jugend Chopins. Warschau 1862 und
Fryderyk Chopin. Warschau 1882

LISZT, Franz: Frédéric Chopin. Paris 1852. Zuerst erschienen 1851 in «La France musicale», Paris

LISZT-D'AGOULT: Briefwechsel aus den Jahren 1835—1840. Ins Deutsche übertragen und herausgegeben von Daniel Ollivier. Berlin 1933

NIECKS, Fr.: Friedrich Chopin als Mensch und als Musiker. Übertragung aus dem Englischen von W. Langhans. Leipzig 1890. Die englische Ausgabe: Fr. Chopin the Man and his Music, erschien 1888 in London

OPIEŃSKI, H.: Sammlung der Briefe Chopins. In der Übertragung ins Deutsche von A. v. Guttry. München 1928. Später erschienen in französischer Sprache: Lettres de Chopin. H. Opieński et St-Danysz. Paris 1933

SAND, George: Un hiver à Majorque. Paris 1843
Histoire de ma vie. Paris 1865

SCHARLITT, Bernhard: Fr. Chopins gesammelte Briefe. Leipzig 1911

SCHUMANN, Robert: Gesammelte Schriften über Musik und Musiker. Leipzig 1854

WEITERE WERKE sind aus dem Text ersichtlich

INHALTSVERZEICHNIS

DIE GESCHICHTE DES LEBENS UND DER WERKE

DER MUSIKER UND SEINE WERKE

LEBENSCHRONIK · WERKVERZEICHNISSE
NAMEN- UND SACHREGISTER